새로운 대중의 탄생

KB138759

VOM SOG DER MASSEN UND DER NEUEN MACHT DER EINZELNEN

새로운 대중의 탄생

군터 게바우어, 스벤 뤼커 지음 | 염정용 옮김

흩어진 개인은
어떻게 대중이라는
권력이 되었는가

Vom Sog der
Massen und der neuen
Macht der Einzelnen

21세기북스

일러두기

1. 한글 전용을 원칙으로 하고, 필요한 경우에 원어를 병기했다. 인명, 작품명, 정기 간행물 제호, 지명 등은 국립국어원의 외래어 표기법을 따랐지만 관례로 굳어진 경우는 예외를 두었다.

2. 단행본, 장편소설, 신문에는 겹낫표(『』), 단편소설, 시, 기사, 논문에는 홑낫표(「」), 연극, 영화, 드라마, 텔레비전 프로그램, 노래, 그림에는 홑꺾쇠(〈 〉)를 사용했다.

3. 본문 중 고딕체는 원서에서 이탤릭체로 강조한 부분이다.

우리는 개인들이 모인 사회에서 살고 있다. 개개인의 자기중심적 인생 계획에 비춰 볼 때 대중이라는 개념은 오랜 기간 과거의 잔재처럼 보였다. 대중이 동원되고, 길거리에 운집하고, 전력을 다해 역사의 변화를 이끌어냈던 시절은 완전히 지나간 것으로 보였다. 개인주의의 시대가 온 것이다. 사회과학에서는 유일성을 가진 개인으로 관심을 돌렸다. 그사이에 우리는 이러한 가정이 얼마나 성급한 것이었는지 알게 되었다. 월가 시위에서부터 아랍의 봄의 항쟁을 거쳐 키예프, 이스탄불, 서울 그리고 2019년 런던과 베를린의 가두시위에 이르기까지, 지난 10년은 다양한 대중운동이 특징을 이루고 있었다. 실제로도 대중은 새로운 개인주의 시대가 왔다는 일반의 가정과는 반대로 결코 사라진 적이 없다. 그렇지만 이미 오래전부터 단지 대중으로만 보기는 힘든 새로운 대중이 생겨났다─그 이유는 이 대중이 귀스타브 르봉Gustave Le Bon과 가브리엘 타르드Gabriel de Tarde의 전통적인 이론들이 보여준 모습과는 전혀 일치하지 않기 때문일 것이다. 새로운 대중은 문화와 정치, 팝과 스포츠, 소비 분야의 곳곳에 퍼져 있다. 여기서 그들은 파괴를 일삼는 대중과 분노하는 폭도가 아니라 항의하고, 열광하고, 즐기는 대중으로 등장한다. 여기에 속하는 사람들은 자신을 비록 특이하지는[1] 않다 해도 자율적인 개인으로 인식한다.

　2015년의 난민 위기 이후로 유럽인들은 다시 과거의 대중 개념에 일치하는 듯한 대중과 마주하고 있다. 시리아, 아프가니스탄, 아프리카 위기 지역에서 탈출한 난민들의 긴 행렬을 목도하면서 대중에 대한 과거의 불안이 되살아난 것이다. 20세기 초에 이 현상을 처음 다룬 이론가들도 대중에 대한 정서적 거부감을 부추겼다. 귀스타브 르봉은 1895년에 출간한 『군중심리』에서 대중이 모든 형태의 문화와 문명을 파괴할 것이라고 염려했다.[2] 1929년에 호세 오르테가 이 가세트는 '대중의 봉기'가 일어날 것이라고 경고했다.[3] 초기의 대중에 대한 설명은 오늘날의 대중 인식에도 그 어조가 여운으로 남아있다. 그토록 오랫동안 대중이 이론의 주목을 받지 못했기 때문에 부담스러운 대중의 출현은 사회와 정치에 뜻밖의 충격을 안겨주는 것이다. 특히 구동독 지역에서는 포퓰리즘적 대중이 외부에서 유입되는 대중, 즉 난민, 외국인, 무슬림, 비독일인에 무차별적으로 반대하고 있다. 과도한 외국의 영향, 자국의 지원 역할과 이슬람화에 격렬하게 반대하는 수천 명의 시위자들이 (동독뿐 아니라 서독 출신도) 기회만 되면 거리로 몰려나온다. 지난해 여름에 켐니츠에서 열린 축제에서 독일-쿠바계의 한 남자가 정체 모를 괴한의 칼에 찔려 살해된일이 있었다. 그 후 두 명의 난민이 살해 혐의를 받자 훌리건 집단인뉴 소사이어티 2004New Society 2004는 경찰의 최초 공식 발표가 나오기도 전에 페이스북을 통해 시위에 나설 것을 촉구했다. 즉각 시위행진에 나선 집회자 800명의 슬로건 내용은 '누가 이 도시의 주인인지다 함께 보여주자!'였다.[4] 다음날 저녁에 우파 연맹인 프로 켐니츠Pro Chemnitz는 시위자 6000명을 동원했다. 우리가 거의 인식하지 못하는 새로운 대중이 탄생한 것도 사실이지만 그들과 명확히 구분되는 포퓰리즘적 대중으로 퇴행하는 현상도 일어나고 있는 것으로 보인다.

이런 변천에 대해 설명해주는 새로운 사회과학 이론은 아직까지 개진되지 않았다. 우리는 대중이 벌이는 대사건에 직면해 있는 동시에 그것을 서술할 적절한 이론은 없다는 이중의 문제를 안고 있다. 이 현상들에 전통적인 대중 이론을 적용하는 데는 한계가 있다. 페터 슬로터다이크는 이렇게 설명한다. "사회학자들 대다수는 대중의 변화된 겉모습에 현혹되어, 대중의 사건이 현대 정치와 문화의 근본 문제가 되었던 대중의 시대는 지나갔다는 생각을 품게 된다. 이보다 더 잘못된 견해는 없다. 그렇지만 미디어 시대의 대중은 매스 미디어의 영향으로 잡다한 혹은 개별화된 대중으로 변해버렸다."[5]

이 책에서는 대중이라는 명칭으로 과거의 현상과 새로운 현상을 함께 다루지만, 새로운 대중과 포퓰리즘적 대중은 서로 구분한다. 다만 이 두 가지는 인간 공동체가 특수하게 응집된 상태와 관련되어 있다는 점을 강조하고 싶다. 두 대중은 많은 사람들이 어떤 (현실의 혹은 가상의) 장소에 모여서 당장 성취하기를 원하는 공동의 행동 목표를 추구할 때 생겨난다. 이렇게 방향이 정해진 협력 상황에서는 행동, 태도, 기분, 자발적 언행이 일치된다. 새로운 대중은 참여한 개인들이 서로 다른 역할을 한다는 면에서 포퓰리즘적 대중과 구분된다. 새로운 대중은 과거의 이론들이 주장하듯이 집단적 주체인 대중 속에서 사라지지 않는다. 의식 없이 행동하는 대중이 있다는 생각은 오늘날에는 과감히 수정되어야 한다. 주체 개념은 제한된 자율성을 가지고 행동하는 인간이라는 의미로 변했다. 하지만 다른 한편으로 새로운 대중은 의식 없는 인간들 사이에서 일어나는 유행성 추세로만 파악될 수는 없다.

최근 몇십 년 동안 대중 현상은 다양해졌다. 우선 이 현상은 정치 영역에서 벗어나 생활방식 대부분의 분야로 밀고 들어갔다. 여가, 유행, 예술 같은 거의 모든 분야에서 이제는 예전에 일부의 몫으로만 여겨졌던 그런 곳들을 자신감 있게 차지하는 '대중문화'가 생겨났다.[6] 다음으로 새로운 대중은 디지털 미디어와 실제 행동의 공동 작용을 통해 생겨난다. 뉴미디어의 도움으로 지금의 대중은 전통적인 대중보다 더 즉흥적으로 행동하고, 더 민첩하게 실행하고, 그 수가 더 빠르게 늘어날 수 있다. 또한 동시에 서로 다른 장소에 나타날 수도 있다. 이 대중은 때로는 플래시몹처럼 일시적으로만 잠시 보였다가 사라지기도 하고, 때로는 급진주의자들이 정치 시위를 벌일 때처럼 강제로 거리를 점령하기도 한다.

이런 변화된 대중의 사회적 역할과 정치적 의미는 어떻게 설명되고 평가될 수 있을까? 이 질문에 대한 답변은 대중의 탄생에서부터 시작된다. 과거의 대중 이론이 오늘날까지 영향을 미치는 이유는 특히 오늘날의 항쟁과 난동이 르봉과 타르드가 진술한 것과 유사한 틀에 따라 진행되는 것으로 보이기 때문이다. 이 책에서는 이 견해를 이 시대의 실질적 대중이 생겨난 사례를 들어 검증할 것이다. 보잘것없이 시작된 시위에서 어떻게 역사적 변혁을 불러오는 엄청난 대중운동이 생겨나는가? 이 문제에서 전통적 이론가들은 신뢰할 수 없다. 대중의 사안에 자신의 선입견을 투사하기 때문이다. 이 때문에 대중의 기원과 작동 원리를 새롭게 설명해야 할 필요가 있다. 여기서는 무엇보다 대중과 그 구성원인 개인들 사이의 관계가 변했다는 관점이 중요하다.

····역사적 구분

여기서는 설명을 위해 대중뿐 아니라 대중 이론의 개념 구상 또한 특색이 서로 다른 세 시기로 구분한다. 대중 이론을 촉발한 사건은 프랑스 혁명으로, 그 후에 프랑스에서는 또 다른 혁명이 연이어 일어났다. 초기 이론가인 귀스타브 르봉과 가브리엘 타르드는 이 사건들을 이론에 끌어들이고 있다. 그들의 고찰은 1900년경의 현시점과 그 후로 예측되는 전개 양상을 대상으로 삼는다―대중 관념의 근본적인 변화는 1930, 40년대에 미국에서 시작되며, 1950년대의 유럽에서도 전후 시대라는 여건하에서 비슷한 방식으로 이행된다. 대중은더 이상 폭력적 전복 세력이 아니라 평화로운 여건에서 순응적 생활을 하는 보통 사람들로 구성된 문화의 주류라 할 수 있다―1960년대 중반부터 특히 미국과 유럽 국가들의 대학가에서 새로운 대중운동이 생겨났다. 이 운동은 '대중사회'의 소위 순응적 생활에 반발해정치, 보수주의, 사회 활동의 여지가 협소해진 상황에 맞서는 청년들의 저항으로 조직화되었다. 그들은 어느 정도 지속적으로 유지되고계승, 발전될 수 있는 새로운 생활방식을 찾아 나섰다.

　　이 연속적인 시기들을 한 시기가 다른 시기를 완전히 대체했다는 식으로 이해해서는 안 된다. 미국풍의 대중사회가 한창이던 1950년대에 청년들의 반란이 일어났다. 이때의 맹목적인 파괴적 에너지는 아래 첫 번째 시기의 국가 전복을 꾀하던 대중과 유사했다. 미국에서 현대적인 소비대중이 생겨난 것과 같은 시기에 유럽에서는 극우파 대중이 조직되었다. 에른스트 블로흐Ernst Bloch의 '비동시적인 것의 동시성'이라는 의미에서 이전 시기와 이후 시기는 병존할 수도 있다.

첫 번째 시기: 전통적인 대중과 그 대중을 이론화한 이 위대한 시기는 20세기 전반부에 해당한다. 대중이 이론 형성의 대상이 되었던 19세기 말경에는 기술 혁신과 사회 변혁이 가속화되고 극단화되었다. 새로운 발전이 찾아올 때마다 대규모 대중을 탄생시키는 기폭제 작용이 일어났다. 소비재와 대량 상품의 속성 생산, 19세기 후반부 도시계획에 따른 수도들의 재건(넓은 도로와 거대한 광장의 건설은 대중 형성을 위한 여지를 만들어냈다), 사진과 영화 같은 뉴미디어를 이용해 생겨나는 팝문화, 현대적인 집단 전쟁(종전과 더불어 오스트리아-헝가리, 러시아, 독일의 군주정이 무너지고 정치적 대중운동과 정당 독재가 생겨났다). 르봉이 1895년에 '대중의 시대'가 도래했다고 선언했을 때는 이미 이 현상들 중 상당수가 서서히 모습을 드러내고 있었다.

르봉은 대중의 어떤 두드러진 점 때문에 대중에게 심지어 새로운 시대의 특성이 있다고 믿게 되었을까? 그는 대중 개념을 이용해 새로운 사회 구성체에 주목하게 만들었다. 신분, 계급, 계층, 집단, 공동체, 단체, 조합, 길드, 씨족, 친족 같은 기존의 집합체 개념과는 달리 어떤 대중에 참여하는 데는 전제조건이 없다. 기본적으로는 누구나 대중에 참여할 수 있다. 개별 참가자들이 규정을 지켜야 할 의무가 있다 하더라도 그것은 의례적인 성격을 띠는 편이다(가령 어떤 특정한 장소에 정해진 시간에 모이는 일). 대중의 대부분의 공동 행동은 즉흥적으로 그리고 어떤 특별한 의례도 필요 없이 모두가 일체화되어 행해진다. 타르드의 입장에서 대중은 인간을 사회적 존재로 만들어주는 (모방과 의사소통) 능력을 강화하는 것에서 생겨난다.[7] 초기의 대중 이론은 역사적 경험, 특히 프랑스 혁명 시절의 경험을 근거로 내세운다. 이 이론은 믿을 만한 출전에 의존하기보다는 뚜렷한 이념적 성격을 띠며 기술하고 있다. 초기 이론에서 실제의 사건과 허구를 구분하기란 불가능하다. 따라서 이 대중 이론을 지금에 와서 나름의 출전으로 사용하는 것은 부적절하다. 이론가들이 대중을 동질적이고 집단적인 현상으로 해석한다면, 대중이 당시에 실제로도 그렇게 움직였다는 의미가 아니라 이론가들이 그렇게 받아들였다는 의미일 뿐이다. 오늘날의 관점에서는 당시 이론가의 시선이 외부에서만 보도록 맞춰져 있어서 개인들을 올바로 파악할 수 없었는지, 아니면 대중행동이 모든 개인 특성을 드러나지 못하게 했는지 판단할 수는 없다. 그러나 이론의 상당 부분은 소망과 두려움이 뒤엉킨 복합 감정에 떠밀려 행해진 투사일 가능성이 높다. 그러므로 이 책에서 말하는 '과거의 대중' 혹은 '전통적인 대중'은 실제로 역사적으로 출현한 형태와 관련된 것이 아니라 대중에 관한 이론 구상을 염두에 둔 것이다.

르봉과 타르드는 대중이 일으키는 대사건에는 폭력의 원동력, 특히 봉기를 통한 사회 질서의 파괴가 들어 있다고 판단한다. 그럼에도 타르드는 그런 사건에 어떤 건설적인 역할이 있다고 인정한다. 하지만 이 관점은 그의 업적으로 거의 언급되지 않는다. 대중 현상을 상세히 다룬 대부분의 내용들은 르봉의 관점을 따르고 있다. 1차 세계대전이 발발하기 전 그리고 특히 1918년부터 2차 세계대전이 끝날 때(1945)까지 대중이 폭력적으로 일으킨 대사건들은 그들이 철두철미하게 파괴적이고 질서를 무너뜨리는 세력이라는 일반 국민들의 신념을 강화했다. 대중의 이 파괴 행위는 사회의 모든 조직체와 그 상징적 대표 기관들을 향하고 있다. 다시 말해 귀족 사회의 위계질서, 성직자들과 제 의식과 축일을 포함한 종교, 법률과 소유와 교육이라는 사회제도를 향한 것이다. 그보다 뒤에 나타난 혁명을 추종하는 대중도 자신과 최고위 권력자 사이에 놓인 '중간 조직들'을 공격한다.[8] 가령 1968년 5월에 일어난 프랑스의 학생운동은 시험을 폐지하라는 요구로 시작되었지만, 자본주의 체제를 철폐하라는 요구로 확대되었다. 사회과학에서 직접적이고 집단적인 행동을 하는 행위 당사자를 나타내는 용어는 '대중' 외에는 전혀 없다. 역사적 사례들을 살펴보면 권위적인 국가의 권력자들은 자신의 통치권 범위 내의 어떤 상징적 장소에 대중이 모여드는 것을 불안해한다. 대중이 모여드는 목표는 어떤 공원을 보호하기 위해서일 수도 있고, 수도의 핵심 장소를 점령하기 위해서일 수도 있다. 이스탄불과 카이로와 서울에서 드러났듯이, 대중은 경찰이 나서서 해산시키는 것으로는 제거되지 않는다는 사실이 명백해졌다. 대중의 위력은 그들의 시위 장소가 비어 있더라도 계속 파급된다. 이 모든 현상들에는—더구나 최근의 포퓰리즘적 대중에는 더더욱—적어도 전통적 대중 이론의 몇 가지 개념이 전용될 수 있다. 이 개념들은 제대로 완성되어 있지 않더라도 대중이 벌이는 일의 원동력과 정서 반응emotionality에 관심을 가지게 해준다. 이 때문에 이 책의 설명은 더 적합한 서술 방식을 만들어내기 위해 이 개념들에 초점을 맞출 것이다.

두 번째 시기: 미국의 대중사회에서 대다수 시민들의 삶은 중산

층 수준에 도달하고, 그 수준을 유지하는 것을 중심으로 돌아갔다. 소위 아메리칸 드림을 실현하는 것이다. 그들은 물질적 풍요를 성취하고 과시하는 일에 매달린다. 여기서 동질성은—첫 번째 시기처럼—개인 특성을 난폭하게 파괴하는 것이 아닌 순응적 태도의 총합으로서 생겨난다. 이런 대중사회를 조기에 이론적으로 예견한 것이 마르틴 하이데거의 Man(세인)과 에른스트 윙거Ernst Jünger의 '노동자'이다. 여기에 관해서는 앞으로 상세히 다룰 예정이다. 이 대중사회의 본질적 특성은 연속적 방식seriality이다. 어디에서나 똑같아 보이는 대부분의 미국 소도시들과 대표적으로 미국에서 발전된 연속적인serial 팝아트 모두가 이 특성을 잘 보여주고 있다. 이 연속적 원리를 통해 첫 번째 시기에 비해 동등함이 생겨나는 방식과 형태가 달라진다. 텔레비전 같은 뉴미디어 덕분에 더 이상 사람들이 집결해서 남들과 동시에 행동해야 할 필요가 없어지는 것이다. 집 안의 텔레비전 화면 앞에서 똑같은 뉴스, 텔레비전 쇼, 광고를 보는 것으로도 충분하다.

이렇게 해서 대중과 개개인의 새로운 관계가 성립되지만, 그 주요 특징은 여전히 동질성으로 남아 있다. 대중사회에서 개인들은 서로 융합되는 것이 아니라 전면이 똑같아 보이는 집에 각자 고립되어 있다. 대중이 벌이는 일이 예전에는 사적인 것이 공적인 것으로 바뀌는 것이었다면, 이제는 거꾸로 공적인 것이 사적인 것으로 넘어간다. 대중행동이 몸에 배어 자신의 일부가 되는 것이다. 주체는 대중 속에서 사라지는 것이 아니라 자신의 사회적 신분 상승이나 지위 보존에 대한 관심, 개인적인 행복과 소비에 대한 관심에 따라 행동에 나선다. 여기서 대중은 일상생활의 한 조직 형태이다. 대중사회의 모든 구성원들이 동일한 목표를 이루려고 애쓰는 한 이웃들과의 은밀하고 끈질긴 경쟁이 벌어진다. 이 시기의 미국 중산층은 자기 자신을 위해 힘들게 노력하며 살아가는 개인들로 이루어진 대중으로, 사회적 지위를 얻기 위해 분투한다. 다시 말해 한 가족이 금욕 생활과 열성적인 노동을 통해 성취한 것은 이웃 사람들의 힘든 노력에 의해 다시 그 가치가 반감된다. 대중사회의 대중은 전통적인 대중과는 근본적으로 구별되지만, 그 구성원들은 여전히 독자적 주체가 아니다. 전통적인 대중은 저항 활동을 외부에 있는 공동의 공격 방향에 집중한다. 반면에 대중사회에서 개인적인 풍요를 얻으려는 노력은 모든 경쟁자들이 사회적 경쟁에 비슷한 몫을 투입하는 한 바라는 결실을 맺지 못한다.

대중사회의 복고적restorative 성격이 미국의 사실주의 소설에만 반영되어 나타나는 것은 아니다. 무수히 많은 영화에서도 그 내막을 자세히 알려준다. 〈스텝포드 와이프The Stepford Wives〉라는 영화 속 사례는 특별히 심각하다. 여기서는 1950년대의 미국의 한 소도시 남자 주민들 모두가 부인을 로봇으로 대체한다. 그런데 당사자 누구도 그 차이를 알아차리지 못한다. 사회학적으로 이 성격은 데이비드 리스먼의 사회 연구서인 『고독한 군중』에서 분석되고 있다. 제목만 해도 이미 당시의 우울한 분위기를 강조하고 있다.[9] 1950년대의 미국 대중사회는 고독한 군중이다. 이들은 똑같이 고립된 다수의 개인들로 이뤄져 있다. 이들은 어떤 목표도 없으며, 따라서 활기찬 추진력도 더 이상 없다. 이들은 약속이나 희망도 전해주지 않고, 기존 여건을 변화시키려는 노력도 하지 않는다. 귄터 안더스의 『시대에 뒤진 대중의 행태』[10]도 이와 비슷하게 우울한 분위기로 분석하며, '개별로 고립된 대중 은둔자들'을 심지어 현대적인 생활을 한다고 여기기도 한다.

이 책에서는 이 시기가 대중에 대한 부정적인 판단을 고착화할 우려가 있는 사안에 한해서만 상세히 다루기로 한다. 그 외의 사안에서는 이 시기도 첫 번째 시기와 같은 내용이 통용된다. 다시 말해 대중사회에 대한 ―대부분 문화비관론에 물든 ―비평도 비평가들 자신의 투사와 관심에 영향을 받고 있다. 그래서 어디서 사실과 관련된 설명이 끝나고 평가가 시작되는지 판단하기 힘들다. 이 시기는 더 자세히 고찰해보면 ―적어도 1950년대에는 ―사후에 돌이켜보는 관점에서 여겨지는 만큼 그리 순응적이지는 않았다.

1950, 60년대에 사회가 변하기 시작하고, 이 과정 속에서 새로운 유형의 대중이 생겨났다는 사실은 가장 먼저 주변 현상들에서 명확히 드러난다. 가령 1950년대에는 뒤이어 발생할 청년 문화의 선구자들이 생겨났다. 그들의 가장 중요한 특성은 대중사회에 대한 경멸이다. 이것 자체가 대중운동으로까지 확산되었다. 청년 문화는 비트 문학이자 비순응적이고 자유로운 삶을 찬미하는 잭 케루악Jack Kerouac의 『길 위에서On the Road』에서 독자적 표현을 얻는다. 이 문화의 젊은이들은 로큰롤 콘서트장에서 마구 날뛰고, 심하면 장비를 부술 정도로 과격하게 감정을 분출함으로써 갑갑한 현실에서 탈출한다. 청년들의 모습은 제임스 딘이나 말론 브란도 같은 젊은 영화배우을 통해 표현된다. 이 배우들은 청년들로 이뤄진 새로운 대중 유형을 구체적으로 보여주었다. 심지어 독일에서는 반항아라는 별명을 얻었고, 부르주아 관객들을 무척 심란하게 만들기도 했다. 이 유형을 가장 인상적으로 보여주는 사례는 1955년 개봉한 제임스 딘 주연의 〈이유 없는 반항Rebel Without a Cause〉이다. 젊은이들의 이유 없는 반항은 과거의 이상을 대체할 아무런 이상도 내놓지 않는다. 그들의 반항

은 사회 적응과 순응적 태도를 거부하고 일탈된 행동을 미화할 뿐이다. 이로써 대중사회가 돌아가는 핵심 원리가 손상을 입는다. 〈이유 없는 반항〉에서 이 문제는 세대 간의 단절을 소재로 묘사된다. 여기서 아버지의 권위는 대중사회에 순응하도록 압박하는 것과 같은 의미가 된다. 모든 분노는 그 압박에 대한 것이며, 또 모든 고뇌도 그 압박에서 비롯된다.

독일에서는 1950년대 말에 서독의 핵무장에 반대하는 가두시위인 '부활절 행진'이 시작되었다. 나중에 정당으로 탄생한 녹색당의 발기인 세대는 무엇보다 여기에 참가한 사람들로 이뤄졌다. 베트남전쟁에 반대하는 가두시위로 준비가 갖춰진 학생운동과 더불어 전통적인 생활방식을 기피하는 현상이 뚜렷이 드러나기 시작했다. 이 학생운동의 선구자인 1950년대의 청년 문화에 비해 달라진 점은 그 주역들이 어떤 방식으로 인용되고 또 변화되는지에서 엿볼 수 있다. 1960년대에 사람들은 〈이유 없는 반항〉의 주인공 제임스 딘을 빗대어 청년들의 새로운 정치 대중운동의 대변자인 밥 딜런의 얼굴이 나온 플래카드를 인쇄해서 거기에 "이유 있는 반항"이라는 글을 적어 넣었다. '이유 없는' 반항이 비순응적 태도를 구체적으로 표현하는 데 그쳤다면, 이 '이유 있는' 반항은 과거의 규범을 대체할 새로운 규범을 찾아내려 했다. 이 새로운 반항은 개인들이 순응 압박에 대대적으로 반발하는 것을 보여줄 뿐 아니라 새로운 집단적 표현 방식을 찾는다는 점에서 자신을 대중의 전위부대로 여겼다. 그들은 만인을 대표해서 반항한 동시에 자기 자신의 이름으로 반항했다.

세 번째 시기: 대중의 다원화와 1960, 70년대 이래로 새로워진 대중과 주체의 관계를 중점적으로 다룬다. 이 시기에 독일과 그 주변

국가들에서는 개개인의 사회 혹은 피에르 로장발롱이 2011년에 서술했듯이 특수성singularity의 사회가 이뤄졌고,[11] 또 그것이 대중 현상과 결합하는 일이 벌어졌다. 이러한 결합 현상이 사회학 이론에서 거의 나타나지 않는다는 사실은 이 이론이 얼마나 개인의 범주에 고착되어 있는지 보여준다. 이론가들은 피에르 부르디외가 학자적 오류 scholastic fallacy[12]라고 분석하는 어떤 특정한 환상에 사로잡혀 있어서 관찰 대상이 되는 인물의 상황을 자기 자신의 개인적인 상황과 같다고 여긴다. 그들은 무의식적으로 자신(그들의 개인으로서의 의식)의 경우가 대상 인물의 경우에도 해당된다는 결론을 내린다. 이때 그들은 사회가 변한다고 해서 그리 쉽게 떨어져나가지 않는 집단 현상들이 계속 작용하는 것을 파악하지 못한다. 이 '비동시성'의 작용은 갑작스럽게 대대적인 공포 혹은 폭동이 시작되는 사회 위기의 순간에 가시화된다. 금융 시장이 붕괴되고 나서 금융위기를 겪는 동안, 유로화를 위협했던 그리스 외환 위기 동안, 2017년 프랑스 대통령 선거전의 국내 정치가 위기를 겪는 동안 그런 일이 벌어졌다. 은행가, 외환 거래상, 정치인, 은행 고객은 일시적으로 공포에 빠진 대중이 되었다.

　전통적 대중 이론에 나오는 설명은 오늘날의 대중 현상에는 제한적으로, 신중하게 적용될 수 있을 뿐이다. 그런데도 우리는 다른 문화권의 난민들을 받아들이지 못하게 하려는 정치인들이 국민의 이름으로 과거의 대중이 즐겨 쓰던 말을 거리낌 없이 사용하는 것을 목격한다. 20세기 초의 메커니즘이 새삼스럽게 많은 유권자들에게 호응받는 것으로 보인다. 20세기 후반에 들어 대중 현상이 바뀌었다고 해도 오늘날에도 과거 시절을 떠올리게 해주는 모습들이 보인다. 즉 수많은 사람들이 방향을 정해 연대를 하고, 그들의 행동과 태도와 기분이 일치한다는 점이다. 이러한 '사회적인 면의 강렬한 상태intensity form'[13]는 과거의 대중뿐 아니라 새로운 대중도 두드러지게 드러내는 특성이다. 이 두 대중의 모습 모두에 공통되는 다른 특성은 많지 않다. 그러나 이 체험의 속성experience quality은 그 외의 일상 현상들에 비해 너무나 인상적이어서 아무리 분리하려고 애써도 커다란 유사성이 있다는 점을 부인할 수 없다.

이러한 유사성에도 불구하고 새로운 대중은 그 전의 르봉과 타르드 시절의 구성체와는 성질이 다르다. 이것은 적어도 선거권이 주어지고, 미디어가 자유롭게 허용되고, 여론이 깨어 있고, 인터넷과 소셜 네트워크에 접근할 수 있는 여건을 가진 사람들이 살고 있는 나라들─따라서 개개인이 의견을 밝히고, 어딘가에 소속될 수 있는 가능성을 가진 나라들에서는 통용된다. 이러한 법률적 수단과 정보 교환 수단뿐 아니라 사상의 자유와 집회의 자유가 주어진 다원화된 사회에서는 개인의 무리가 특정한 장소에서 특정한 시간에 몸소 집결할 수 있다. 그들의 등장은 실시간으로 전 세계에 전해질 수 있고, 사진으로 전송될 수 있고, 거기에 소식이나 요구가 첨부될 수도 있다. 이 소식을 접하는 사람들은 모두 이곳, 이 장소에 대중이 형성되어 있으며, 그들에게 어떤 계기와 특정한 목표가 있다는 사실을 알게 된다. 이러한 대중의 존재는 그 자체만 놓고 보더라도 이미 중요한 뉴스거리가 된다.

변화된 사회에서 새로운 대중 속의 개인은 대변자, 조직자, 감독자, 괴짜, 코미디언, 정보 전달 전문가의 모습으로 드러난다. 대중 행사를 통해 구성원들은 함께 참여하고 있다는 의식을 명확히 보여준다. 특히 관찰자들도 자신의 관점을 바꾼다. 다시 말해 그들이 예전에는 밖에서부터 대중을 바라보았다면, 오늘날에는 거의 언제나 대중에 속해 있다. 각 개인은 벌어지는 일을 휴대폰으로 촬영해서 영상을 곧장 전송할 수 있게 해주는 뉴미디어 덕분에 대중의 입장, 참가자들 자신의 입장에서 보는 내부자 시각을 가질 수 있다. 예전에는 따로 떨어져나온 개인들이 높은 자리를 차지한 지휘관의 시각에서 대중을 내려다보았다. 오늘날에는 사람들이 비록 가상으로만 대중에 포함되어 있다 해도 대중 속에서 밖을 바라본다. 이것은 이제 모두와 공유할 수 있는 개개인의 시각이 된다. 거꾸로 대중 속의 개개인은 외부에서부터 소식을 전달받음으로써 자신이 속한 대중의 영향력을 확인할 수도 있다. 관찰자와 행위자를 더 이상 분리할 수 없는 경우도 자주 있다. 2017년에 함부르크에서 열린 G20 정상회담에서 경찰은 영상을 촬영하는 무리에게 끊임없이 확성기를 통해 '폭력 행위자들에게서 공간적으로 거리를 유지하도록' 촉구함으로써 양측을 분리하려고 시도했다. 하지만 이 뒤섞인 무리를 분리할수 없었고, 이것은 폭동이 그토록 과격해질 수 있었던 이유 중 하나이기도 했다. 관찰자가 행위자로 변한 것이다. 마찬가지로 행위자도 그들 자신의 행동을 촬영해서 인터넷에 올림으로써 관찰자로 변하기도 했다.

　　오늘날의 대중은 문화 비평이 전통적인 대중과 관련해 주장하듯이 더 이상 하류층 현상이 아니다. 새로운 대중은 대부분 중산층으로 구성되어 있다. 가장 대표적으로 문화 대중이 여기에 속한다. 문화 대중의 구성원들은 결코 자신을 어떤 대중의 일원이라고 여기지 않는다. 그들은 대규모로 등장하는 개개인들이다. 컬트 성격을 가진

문화 행사, 예술 행사, 콘서트 공연장, 세계적으로 유명한 박물관, 호평받는 여행지에서 찾아볼 수 있다. 그들 모두는 문화에 참여하려고 애쓰며, 동일한 의도를 가지고 있고, 동일한 매스 미디어를 통해 정보를 얻는다. 그들은 서로 소망을 상당히 일치시켜놓았다. 동일한 가치를 존중하며, 행사를 즐긴다는 점을 의식하고 있다. 그들은 동등한 사람들로 이뤄진 대중의 일부다. 자신이 추종하는 스타, 영웅, 스포츠 팀, 컬트 지휘자에 황홀하게 매료된 또 다른 사람들도 모여들어 컬트 대중으로 뭉친다.

우드스탁(1969)과 몬터레이(1967)에서 열린 전설적인 뮤직 페스티벌 이후로 대규모 대중 이벤트는 록, 재즈, 포크, 헤비메탈 등으로 늘어나고 다양화되었다. 대중은 천막, 자치단체 회관, 게스트하우스, 노천에서 숙식을 하는 개별 집단, 부부, 외톨이, 오토바이 단체, 동승자 단체로 이뤄진다. 그러나 다른 사람들이 어디에 살든 상관없이 모두가 물밀듯이 밀려와 동일한 음악 취향, 동일한 리듬과 몸동작을 통해 하나가 된다. 서로 다른 대중들 사이에는 차이들이 있고 심하면 불화를 일으키기까지 한다. 루돌슈타트 포크 루트 페스티벌Folk-Roots-Festival Rudolstadt 참가자들은 결코 러브 퍼레이드Love Parade에 찾아가지 않을 것이며, 그 반대의 경우도 마찬가지다. 베를린 재즈 페스티벌의 팬들은 록 암 링Rock am Ring을 멀리한다. 제각각 꾸민 분장을 선보이며 파티를 벌이는 집단들의 사정도 이와 똑같다. 일본 만화 등장인물로 분장한 코스튬 플레이 팬들은 서남 독일 지역의 가장 행렬에는 나타나지 않을 것이다.

이런 대중에 참가하는 사람들은 바로 자신의 개인 특성과 자신의 취향을 마음껏 누릴 권리를 찬미한다. 자기 자신을 개인적인 구경

거리로 보여줌으로써 자신이 속한 대중 전체의 공연에 기여한다. 개개인은 일부분으로서 대중 전체를 보여주며, 대중은 개인의 성격을 띤다. 모든 참가자들이 동일한 문화적 관심, 동일한 사회적 취향을 통해 하나로 뭉침으로써 개개인의 힘과 또 새로운 대중의 힘이 생겨난다. 다원화된 사회에서 이들은 자신을 (스스로 판단하기에) 돋보이게 해주는 공통점을 지속적으로 과시한다. 동등한 사람들로 이뤄진 대중은 그들의 사회적 공연에, 심지어 자기 자신에게 확신을 부여한다. 이런 대중은 참가자들에게 코스튬 플레이 행사에서의 아무리 엉터리 같은 분장도, 러브 퍼레이드에서 몇 시간 동안 비트에 맞춰 발을 굴러도, 축구 경기에서 과격 집단들이 거친 상투어를 외쳐도, 저스틴 비버를 숭배하는 여성들이 실신까지 할 정도로 열광해도 이런 것들이 남들과 공유하는 취향의 당연한 표시라고 여기도록 해준다. 만약 그들이 자기만의 각별한 대중에 둘러싸여 보호받고 정말로 격려받고 있다고 느끼지 않는다면, 남들에게 자신의 유별난 태도에 대해 끊임없이 변명을 늘어놓지 않을 수 없을 것이다. 그래서 누군가가 자신이 속해 있는 각별한 대중을 언급하는 것만으로도—나는 과격분자다, 나는 저스틴 비버의 팬이다, 우리는 망가 페스티벌에 간다 등—주변 사람들에게 자신의 태도를 이해시키기에 충분하다. 이것은 말하자면 대중이 그 구성원들에게 순응 압박을 가하는 대신 일탈된 행동을 해도 좋다는 허가를 내주는 것과 비슷하다.

그러나 대중에게 실제로 순응하기를 바라는 마음만 있는 것은 아니다. 대중이 다양화되면서 수많은 대중들 중 어느 편이 자신에게 맞는다고 느끼는지 결정하라는 압박도 추가된다. 경합을 벌이는 유사한 대중들이 존재하면 각 대중은 자신의 유일성을 상시적으로 내

보이지 않을 수 없으며, 이렇게 해서 그 구성원들은 주변 사람들과 거리를 두어야 할 의무가 커진다. 일탈된 행동을 해도 좋다는 허가는 조건 없이 주어지는 것이 아니다. 애니메이션 시리즈 〈사우스 파크South Park〉에서 비순응적인 이탈자들은 휴게실 한구석에 모였을 때 그 조건을 다음과 같이 간략히 표현한다. "네가 비순응주의자가 되길 원한다면 우리와 똑같은 모습을 하고, 똑같은 음악을 들어야 해." 몬티 파이선Monty Python 그룹이 제작한 영화 〈브리안의 삶Das Leben des Brian〉에서도 브리안은 다시 떨쳐버리고 싶은 '제자들'에게 호소한다. "너희들은 모두 개인이잖아!" 그러자 그들 무리는 로봇처럼 동시에 이렇게 대답한다. "우리들 모두는 개인이야." 기어드는 목소리로 유일하게 "난 아니야" 하고 항변하는 제자는 곧장 나머지 사람들에게서 입을 다물라는 위협을 받는다.

　새로운 대중 현상들이 나타난다고 해서 개개인이 집단의 구속에서 해방되는 것은 아니다. 만약 이런 견해가 있다면, 개개인과 대중 사이의 모순을 새롭게 포장해놓은 것뿐이다. 다원화된 사회는 오히려 대중의 다원화를 초래한다. 이제는 대중사회에 관한 소문이 주장해왔듯이 단 '하나의' 순응적 대중이 존재하는 것이 아니다. 또한 고립된 개개인만 존재하지도 않는다. 그 대신 수많은 개별 대중들이 있다. 이 대중들은 한편으로 다른 대중들과 거리를 두어야 하지만, 다른 한편으로는 내부의 동질성을 이뤄내는 전략도 만들어내야 한다. 다시 말해 개개인을 사라지게 하는 것이 아니라 개개인에게 자신을 스스로 보는 대로 혹은 남들에게 보이고 싶은 대로 보여줄 수 있는 가능성을 부여하는 전략이 필요하다.

　새로운 문화 대중에게 해당되는 내용은 정치 대중에게서도 발견된다. 정치 대중도 관심을 끌기 위해 다른 대중들과 경쟁을 벌이며, 마찬가지로 대중의 다원화와 다양화의 문제에 시달리고 있다. 오늘날 대규모 정치 시위대는 다시 서로 다른 '진영들', 즉 '국제 공산주의 진영', '반파시즘 진영', '퀴어-페미니스트 진영' 등으로 나뉜다. 하물며 대규모 정치 대중이 형성되면 그와 동시에 다른 대중이 형성되도록 도발하는 것은 불가피하다. 바르셀로나에서 카탈루냐 독립을 지지하는 사람들이 거리에서 집회를 벌였다면, 거기에는 반대자들의 집회가 이어진다. 포퓰리즘적 집회가 예고되면 즉각 맞저항하자는 호소가 뒤따른다. 정치 분야의 대중 분파들은 지속적으로 상호작용하고, 대립하고, 경쟁하는 관계에 놓여 있다.

정치 대중은 아무리 다양화된다 해도 기득권층 대표자들에게 파괴의 잠재력이 있다는 의구심을 불러일으킨다. 민주주의에 관한 견해에 따르면 정치적 의사 형성과 비판과 저항은 정당, 노동조합, 미디어, 의회, 시민 집회 등의 정치적 제도 조직들에 의해 조성되고 표명된다. 이 조직들이 대중이 아닌 것은 명확하다. 그 외에도 1960년대 이후로는 정치에 직접적으로 참여하는 새로운 형태인 시민 발의안, 시 구역 포럼, 국민 투표를 위한 행동도 서서히 생겨났다. 정치 대중은 의견 주창자들이 가두시위나 집회, 항의 행진이나 그 외의 공개적 저항 형태(봉쇄나 대학 총파업)에 나서자고 촉구하는 순간부터 형성된다. 발의안은 인터넷을 통해 준비될 수도 있다. 하지만 결정적으로 중요한 것은 참가자들이 길거리와 광장에 다 함께 나타나는 것이다. 이것이 중요한 이유는 정치 대중은 폭력의 발생을 막으려는 경찰력과 마주치기 때문이다. 경찰이 작전상 어떻게 하면 가장 효과적으로 대처할 수 있는지는 논란이 많았던 문제이다. 경찰은 전통적 대중 이론의 관점에서 시위대가 폭력을 휘두를 가능성이 높다고 평가할 것인가? 이 경우에 경찰은 혹시 모를 폭력의 발생을 막기 위해 시위자들에게 제2의 대중으로서 맞서게 된다. 이렇게 해서 이중 대중double mass이 형성된다. 이때 경찰은 위험을 가해 물러서게 하는 전략을 추구하고, 시위대는 도발을 받는다고 느낀다. 양측이 그때마다 상대측 행동에 반응을 보이다 보면 원래는 저지되어야 할 폭력이 발생한다. 최근의 경찰 전략은 단계적 완화라는 구상을 성공적으로 적용하고 있다. 하지만 이것은 황색 언론들(그중에서도 폭력 장면을 소개해서 발행 부수를 올리는 신문들)로부터 심한 비판을 받고 있다. 이중 대중이라는 개념을 이용하면 대칭형 폭력이 발생하는 과정이 규명될 수 있다. 우리는 2017년에 함부르크에서 열린 G20 정상회담과 관련된 사건들을 예로 들어 이를 논의할 것이다.

···· 대중의 개념에 관하여

대중 이론이 만들어지는 현장에서 그 착상의 뿌리가 1920년대와 30년대까지 거슬러 올라가는 엘리아스 카네티Elias Canetti의 『군중과 권력Masse und Macht』이 1960년에 나온 이후로는 근본적이고 새로운 논문은 거의 나오지 않았다. 르봉, 타르드, 프로이트, 오르테가의 전통적인 대중 이론들 이후에 발표된 논문은 그들의 명제를 재구성하고, 기껏해야 그것을 새로운 역사적 여건에 맞게 만들었을 뿐이다. 대표적인 사례가 1952년에 발행된 카를 미슈Carl Misch의 『대중의 시대의 독일 역사Deutsche Geschichte im Zeitalter der Massen』이다. 대중의 시대가 소비에트 연방의 집단주의에 의해 계속 이행된다는 것이다. 전통적인 이론에서 대중에게 있다고 간주한 모든 부정적인 면은 이제 '동구'로 투사된다. 역사에서 깨달음을 얻은 '서구'는 개인의 '자유'와 '합리적' 정치 스타일로 관심을 돌린다. 더구나 이것은 '철의 장막' 반대편에서 벌어지는 일이다. 개인과 대중의 차이는 지정학적으로 해석되고, 양측 이데올로기의 대결로 형태가 바뀐다.

　　이런 식으로는 대중을 공정하게 살펴보기 힘든 것이 명백하다. 전통적인 이론들부터가 이미 대중이라는 표현을 예외 없이 규범에 따라 이해했고, 개념의 정확성에는 별 관심을 기울이지 않았다. 그러나 이 개념의 불명료성은 부분적으로는 이 사안 자체에 놓여 있기도 하다. 이 개념을 순전히 기술하는 목적으로 사용하면서도 군중, 무리, 다수, 단체, 집단, 다중 같은 다른 집합체 개념과 대중 사이에 명확한 경계는 정해지지 않는다. 이 명칭들 중 바꿔 사용해도 좋은 경우도 수없이 많다(그래서 이 책의 여러 곳에서 '대중' 대신 '무리, 집단'이라는 말을 사용할 것이다). 속성을 규정하는 분야에서 개념의 불명료성은 루트비히 비트겐슈타인이 지적하듯이 정상적인 언어 용법에 속한다. 어떤 장소에 모인 사람들을 대중이라 부를 것인지는 우리가 그 상황을 어떻게 인식하고 평가하느냐에 달려 있다. 이 판단은 주관적이기는 하지만 결코 자의적이지 않으며, 특정한 특성들을 기반으로 삼을 수도 있다. 일요일에 산책을 나와 광장에서 돌아다니고, 벤치에 앉아 있고, 카페에 들르는 사람들에 관한 문제라면, 우리는 이런 사람들의 무리를 대중이라 부르지는 않을 것이다. 그러나 우리가 엄청난 사람들의 무리가 바퀴 달린 트렁크를 끌고 광장을 건너가고, 다른 무리는 돌진해서 카페의 의자를 차지하고, 또 다른 무리는 어떤 교회

입구에 몰려 있는 모습을 본다면 사정은 달라진다. 특정한 특성들을 이용해서 우리는 대중을 그냥 모여 있는 일반인들과 구분할 수 있다. 이 경우에 특성이란 수많은 사람들의 결집과 그들 행동의 지향성의 공통점이다.[14] 다시 말해 그들의 움직임이 한 방향으로 향하는 것과 그들의 행동이 의도하는 바가 된다. 대중을 보통 사람들 무리와 구분하는 데 사용할 수 있는 몇 가지 중요한 기준이 있다. 이 기준은 과거의 대중과 새로운 대중 모두에 적용된다.

집결하기: 대중 내부의 상태를 보여주는 전형적인 특징은 참가자들의 흥분, 마음의 동요, 긴장이며, 이것은 그들의 외적인 태도에서도 드러난다. 그들은 이 이례적인 상태를 특정한 이유들 탓으로 돌릴 수 있다. 대중은 일단 움직이기 시작하면 더 많은 움직임을 만들어낸다. 대중은 자신의 반대자들도 결집시킨다. 이 결집은 일정한 시간 동안만 지속된다. 늦어도 그들이 결집할 이유가 없어지고 나면 대중의 활동도 끝난다.

지향성: 대중 구성원들의 행동은 공동의 목표를 향하고 있다. 이것이 대중과 기다리며 모여 있는 사람들이나 같은 장소에서 우연히 함께 어울리고 있는 사람들과의 차이점이다. 목표는 공간적인 종류일 수도 있고(법정), 특정한 인물(환영받지 못하는 국빈)이나 적대 관계인 대중(경찰 대 검은 복면단)일 수도 있다. 목표 지향점은 다 함께 앞으로 나아가기(관광객들의), 공개적인 요구사항, 슬로건, 노래(정치 시위의 경우), 공동으로 추구하는 오락, 음악과 춤 즐기기, 관능적 분위기, 신체 접촉, 분장(카니발, 러브 퍼레이드, 뮤직 페스티벌), 스포츠 경기 관람을 통해 나타날 수 있다.

변화: 대중이 형성된 상태에서 참가자들은 일상생활과는 다른

분위기와 감정 상태에 놓여 있다. 그들은 공격적이거나 흥분하거나 신이 나거나 또는 의례적이거나 격식을 차린 엄숙한 태도를 보일 수 있다. 이런 이례적인 상태를 참가자들 자신은 변화로 경험하며, 이들은 관찰자에게도 변한 사람처럼 보인다. 그렇지만 이 변화는 일시적으로만 지속된다. 더구나 이 변화의 영향은 인격 전체에 미치지는 않는다.

즉흥성: 대중은 거의 언제나 즉흥적으로 형성된다. 이 점에서 대중은 성립되려면 친교, 친밀, 공동생활, 공통점 같은 특정한 선행 조건이 필요한 집단이나 공동체와는 구분된다. 이런 것들과는 달리 대중은 구성원들 사이에 지속적인 관계를 맺게 해주는 경우도 매우 드물다. 대중은 주변 사람들에 매우 민감한 반응을 보인다. 경찰이 헬멧을 쓰거나 누군가가 깃발을 흔드는 것 같은 지극히 사소한 일도 격렬하고 즉각적인 (비록 문란하지는 않지만) 반응을 불러올 수 있다. 대중은 즉흥적인 행동을 보이기에 앞서 대개는 그 전에 각자의 삶에서 오랜 발효 과정을 거쳤다. 이 발효 과정은 개개인의 결집과 감정화emotionalizing를 통해 겉으로 드러난다. 이 발효 과정은 먼저 사생활에서 일어나고, 그 후 어쩌면 더 가까운 사회 여건에서 그와 비슷한 과정과 마주치고, 마지막에는 공개적이고 집단적인 행동으로 이어진다. 대중의 참가자들은 각자가 혼자서도 거칠 수 있는 이 발효 과정 외에는 공통적인 것을 전혀 가질 필요가 없다.

육체성: 대중 행사의 참여에 있어서는 육체적 행위가 핵심이다. 성찰을 하고, 메일을 보내고, 의사소통을 하는 것도 대중을 준비시키기 위한 중요한 활동이 될 수 있다. 그러나 대중 활동에서는 다 함께 격렬한 동작을 하고, 세차게 구호를 외치고, 위력적인 행동을

보여주는 것이 중요하다. 대중은 남들이 자신의 주장을 들어주거나 심지어 두려워하기를 바란다.

　사회적 융합: 대중행동을 할 때 특정한 사회 계층에 속하는 것은 그 외의 결속 때보다 훨씬 덜 중요하다. 대중 속에서는 사회 계층들이 뒤섞인다. 대중이 사회 계층 사이의 경계를 일시적으로 없애준다는 점에서 대중 속에는 상대적 평등이 지배적이다. 사람들을 일상생활에서 갈라놓는 차이들은 더 이상 중요한 의미를 지니지 못하지만 완전히 사라지는 것도 아니다.

　정서 반응emotionality: 대중의 즉흥적인 결집은 한편으로 구성원들을 감동시키는 동기들 때문에 일어난다. 다른 한편으로는 대중이 벌이는 일 자체가 강렬한 감정을 불러일으킨다. 대중은 누구도 '냉담하게' 있도록 내버려두지 않는다. 대중은 단순히 존재하는 것만으로도 어떤 식으로든 정서적 반응을 일으키게 한다. 이 반응이 주로 연대 의식을 밝히는 것인지 아니면 거부 반응을 표시하는 것인지는 상관없다.

　구별짓기와 상대적 개방성: 다른 집합체들에 비해 대중에 접근할 때는 규제가 덜하다. 대중에는 공식적인 시험과 대기 기간이 전혀 없다. 이 개방성은 대중이 수를 늘리기 쉽게 해주며, 사회적 구별 메커니즘의 중요성이 덜하다는 점에서도 명확히 드러난다. 그러나 대중은 새로운 참가자들에게 개방적이라 하더라도 어떤 목표를 지향하고 있으며, 이 때문에 그 목표를 저지하려 드는 사람들은 모두 밀쳐낸다. 경계 설정은 이중 대중의 경우에는 명확히 드러나지만, 그렇지 않을 때는 그리 뚜렷하지 않다. 그러나 대중은 항상 적어도 간접적으로는 그들 자신과는 다른 인물 집단에 맞서고 있다.

폭력: 일반 국민들이 인식하기에 대중의 출현은 폭력과 결부된다. 이것이 옳다는 것을 확인해주는 역사상의 사례는 충분히 있다. 모든 대중이 다 폭력을 휘두를 태세를 하고 있는 것은 아니다. 그럼에도 결집한 대중은 국외자들에게는 종종 위협으로 느껴진다. 이러한 인상은 대중이 몸소 그 자리에 나와 있고, 참가자들의 수가 엄청나며, 목표를 지향하고 있기 때문에 생겨난다. 그리고 참가자들 자신도 남들에게 미치는 이 작용을 자신에게 힘이 있다는 느낌으로 받아들인다. 이것은 축구 경기와 팝문화에서 열광하고 찬미하는 무해한 대중에게도 해당된다. 예를 들어 선거의 경우와는 달리 구성원들은 자신의 권한을 남들에게 위임하는 것이 아니라 그 행사에 포함된 채 머물고 있다. 그들은 자신이 가진 힘의 위력—다른 참가자들을 통해 더 강화되고 배가된—을 직접적으로 경험한다.

양면 가치: 양극단을 이리저리 오가는 것은 대중의 인식과 경험에 있어 특징적으로 드러나는 현상이다. 대중은 한편으로 약탈하는 폭동 가담자로, 다른 한편으로는 해방운동의 주체로 인식될 수 있다. 또 때로는 개인 특성의 파괴자로, 때로는 정치 주체로 받아들여지기도 한다. 이것은 서로 다른 해석 때문일 수 있지만, 그들의 변덕스러운 태도 때문일 수도 있다. 대중은 두 얼굴을 하고 있어서 밝은 면과 어두운 면이 있다.

대중의 특성들을 이렇게 나열함으로써 대중 개념의 특징을 개략적으로 소개했다. 이제는 대중에 관한 설명과 분석에 논의를 집중하기로 한다. 여기서 우리는 대중들 사이의 차이들뿐 아니라 공통점들도 드러내주는, 유래가 서로 다른 사례들을 살펴볼 것이다. 일단 다양한 대중들의 탄생을 상세히 설명하고 나서 전통적 이론들에 대한 비판적 고찰로 넘어간다. 이때 우리는 그 이론들의 부족한 점들을 확인할 것이다. 그 이유는 무엇보다 사회학적 그리고 사회철학적 고찰 방식이 결여되어 있기 때문이다. 이것은 매우 오래전의 대가들뿐 아니라 초시대적이고 근원적, 인류학적 시각을 발전시킨 엘리아스 카네티에게도 해당한다. 현대 사회학의 개념 구상에 의하면 대중 속의 개개인의 역할은 전통적인 이론에 의한 것과는 다르게 규정될 수 있다. 완전하게 성숙된 사회 주체, 즉 성인 연령이 된 인간이라고 해서 대중 속에서 전혀 다른 주체로 변하지는 않는다. 우리는 피에르 부르디외의 아비투스habitus 개념을 기반으로 대중 속에서 인간의 어떤 점이 바뀔 수 있으며, 그들의 아비투스가 얼마나 지속성을 가지는지 보여줄 것이다. 이때 이론적인 접근과는 큰 차이가 나지만 문학과 영화에서 대중을 묘사한 부분도 소개하기로 한다. 대중을 고찰하는 미학적 관점은 무엇보다 대중 형성의 즐거운 측면도 보여준다. 그 외의 경우에 이 측면은 폭력과 파괴와 권위가 상상 속에 떠오르기 때문에 뒷전으로 밀려나게 된다.

그렇다고 해서 우월한 태도를 보이며 전통적 이론을 배제해버리는 것은 너무 단순한 생각이 될 것이다. 전통적 이론은 오늘날에도 우리가 만들어내고 계승 발전시키려는 몇 가지 통찰을 전해준다. 우리는 엘리아스 카네티의 이중 대중이라는 개념을 독자적인 성찰의 출발점으로 삼는다. 가브리엘 타르드에게서는 '자기애에 빠져 있고, 자기 자신을 위해 모이는' 축제 대중에 관한 생각을 차용하며, 지그문트 프로이트에게서는 지도자에 대한 관계의 리비도적 측면을 그리고 귀스타브 르봉에게서는 창발emergence이라는 아이디어, 즉 대중은 그 부분들의 총합 이상이 된다는 생각을 받아들인다. 그러나 우리는 대중이 무엇을 '생각'하거나 '원하는지' 밝힐 생각은 없다. 이와 연관하여 사람들이 범할 수 있는 가장 큰 실수는 무엇보다 대중의 이름으로 말하는 것이다. 반면에 이 책에서 대중에 관해 말하는 내용은 많은 경우에 대중에 대한 개인적인 경험에서 나온 것이다. 바로 여기에 새로운 대중과 과거의 대중의 차이가 있다.

····대중 개념의 기원에 관하여

'대중'이라는 용어는 현대의 사회 대중이 출현하기 훨씬 전으로 거슬러 올라가는 발생사를 가지고 있다. 대중 개념과 관련된 사변적인 작업에는 대중 개념이 어떻게 생겨나게 되었는지에 대한 해명도 필요하다. 역사적으로 이 표현은 얼핏 인간들 무리와 전혀 관계가 없어 보이는 특수한 맥락에서 생겨난다. 고대 그리스어 maza는 빵으로 굽기 위해 보릿가루로 짓이겨 만든 반죽을 나타낸다. 이 원래의 의미가 현대의 사회 대중으로 이어지는 길은 전혀 없어 보인다. 그럼에도 대중이라는 말의 의미 내력이 여기서부터 시작되는 것은 우연이 아니다.

반죽이라는 덩어리의 원래 의미를 추적한다면, 요리책을 들여다보면서 일반적으로 덩어리가 어떻게 만들어진다고 소개하는지 알아보는 것이 유익할 것이다. 요리책에는 빠짐없이 이런 상투적 표현이 나온다. "모든 것이 찰진 덩어리로 뒤섞일 때까지……." 여기서는 각각의 첨가물들이 더 이상 구분될 수 없을 때, 분리할 수 없게 뒤섞여서 균일한 반죽을 이룰 때 덩어리라고 부른다. 덩어리가 되게 해주는 것은 이 내부의 동일성이다. 엘리아스 카네티도 자서전에서 대중에 대한 경험을 반죽 속에 함께 뒤섞인 것으로 표현한다. "나는 대중을 경험했고, 나 자신은 반죽 같았다."[15] 개개인은 대중 속에서 자신을 가변적이고, 익명의 세력들에 의해 개어지고 짓이겨진 것, 타인의 몸과 뒤섞이고 들러붙은 것으로 경험한다. 그렇지만 우리는 사람들의 무리를 구분 없이 모두 대중이라 부르지는 않는다. 그들은 어느 정도 필요한 내적 동일성을 갖추고 있어야 한다. 가령 독자층(애호가들)은 너무 개별적이고 이질적이어서 대중으로 표현할 수 없다.

그리스어에서 나왔고, 현대의 개념 masse(대중)가 파생한 어원이기도 한 라틴어 표현 massa도 함께 짓이겨진 덩어리 혹은 '반죽'을 지칭한다. 그러나 이 표현은 동시에 원래의 고유한 의미를 넘어 확대되어 일반적인 은유로 변한다. 로마의 시문학에서 massa는 이미 비유적인 의미에서 '혼돈'과 동의어로 사용되었다. 혼돈의 상태는 덩어리 상태로, 뒤죽박죽 섞인 것으로 표상되었다. 반죽 덩어리처럼 혼돈도 내적 동일성이라는 특징이 있다. 덩어리, 혼돈, 혼합이 결합된 것을 보여주는 특별히 뚜렷한 사례는 오비디우스의 『변신 이야기』이다. 오비디우스는 이 작품에서 세상의 탄생을 형체 없는 덩어리인 혼돈에서 질서로 넘어가는 것으로 서술한다. "세상 전체가 단 한 가지 모습으로 보였다. 그것은 혼돈이라고 불렸다. 가공하지 않고, 형체도 없는 덩어리였고, 활기 없는 무거운 물체……, 사물의 맹아에 지나지 않았으며, 어수선하게 뒤섞인 혼합물로 쌓여 있었다. 그것의 형태는 어떤 것으로 지속적으로 머물러 있지 않았다. 서로가 서로에게 훼방을 놓았다."[16] 세상의 존재는 그것이 단순한 덩어리로 머물러 있지 않는 순간에 시작된다. 성서의 창세기와 비슷하게 신의 질서의 힘이 개입해서 차별과 또한 고유성을 만들어냈다. 우주 질서는 식별 가능성과 연결되어 있고, 이 가능성은 다시금 차이를 필요로 한다. 로마인들에게는 기원을 올리는 고유한 경계의 신 테르미누스Terminus가 있었다. 반면에 혼돈의 덩어리는 거꾸로 신의 경계 설정이 없다는 점이 특징이다. '혼돈에서 우주로'라는 뜻은 '덩어리에서 모습으로'라는 뜻과 같다. 뒤섞인 것의 표시로 혼돈과 덩어리를 결합함으로써 그 후로 대중에 대한 인식을 좌우할 기반이 마련되었다.

단어의 대체적인 내력만으로도 이미 덩어리가 물질을 아무렇게나 모아놓은 것이 아니라 뒤섞이고 뒤엉긴 것의 집합 상태라는 사실이 명확해진다. 오비디우스에게서 세상이 창조되는 출발점이었던 것이 여기서는 사회 대중의 탄생에 전용된다. 대중의 이 본질적인 특성들은 긍정적으로 나타낼 수도 있다. 즉 대중의 내부에서는 사회적 격차가 해소된 결과로 평등이 지배적이다. 이 때문에 대중은 역사적으로 (프랑스 혁명 동안 대중의 봉기를 통해 처음으로 실현된) 평등 약속 fraternité(형제애, 동포애)의 수행자가 될 수 있었다. "모든 인간은 형제가 된다." 이 이상적인 주장은 혁명을 외치는 대중의 동질성을 통해 가장 효과적으로 구현될 것으로 보였던 것이다.

대중 개념의 내력에서 특징적으로 드러나는 대중에 대한 인식과 경험의 상반된 가치는 이렇게 대중의 탄생에서부터 이미 우리의 주목을 받고 있다. 대중이 개인 특성의 파괴자로도 또 정치 주체로도 인식될 수 있다는 사실은 동질성을 서로 다르게 해석한 데서 기인한다. 이 해석의 차이는 대중에 대한 인식의 차이에서 드러난다. 대중과 '평등'해지려는 그들의 성향은 어떤 때는 파괴적인 폭도로, 어떤 때는 해방운동으로 받아들여진다. 종종 대중의 양면성은 심지어 동일한 해석에서도 나타난다. 대중을 비방하는 사람은 대개는 동시에 또 다른 '선량한' 대중의 모습을 보여줌으로써 양면성을 드러내는 것이다. 가령 언론계의 거물이자 독일국가당 대표인 알프레드 후겐베르크Alfred Hugenberg는 바이마르 공화국의 기반을 파괴한 히틀러와 연합해 1928년에 베를린 지역 광고지에 강령조의 제목을 단 글을 발표했다. "죽(뒤죽박죽)인가 아니면 덩어리(진영)인가?" 후겐베르크는 국가주의 진영에 찬성표를 던졌다. 다시 말해 그는 '더 큰 뒤죽박죽보다는 차라리 더 작은 덩어리'를 이끌겠다는 것이다. 균일하게 뒤섞인 대중(죽)에 대한 거부는 단단히 뭉쳐진 대중(덩어리)에 대한 긍정과 상통한다. 덩어리는 너무 굳어버린 반죽이고, 죽은 너무 묽게 남아 있는 반죽이다. 대중의 이 두 가지 극단적인 변형 속에서 개개인은 전혀 중요하지 않다. 일련의 명령을 통해 획일화하는 것도, 휘저어 섞어서 죽으로 만드는 것도 모두 그 구성원들 사이의 차이들을 없애고 그들의 개인 특성을 파괴한다. 그러나 이렇게 하기에는 뒤섞는 것만으로는 충분하지 못하다. '모든 격차의 해소'[17]가 일어나기 위해서는 두 번째 특성이 추가되어야 한다. 재료를 응축시키고 짓눌러야 하는 것이다.

대중의 이 두 번째 특성도 이 단어의 내력에 새겨져 있다. 영어 crowd는 중고지독일어 kroten과 같은 어족으로 press(눌러 짠다)라는 의미이다. 대중을 나타내는 프랑스어 표현 foules는 라틴어 fullo에서 파생했으며, 무두장이를 나타낸다. 대중과 무두질의 언어사적 유사성은 대중 형성의 폭력적인 면을 암시한다. 무두질은 작업 재료를 변형하는 것이기 때문이다. 가죽 가공을 할 때 물에 젖은 모피는 형태를 갖추도록 하기 위해 극도로 팽팽하게 당겨진다. 중세에 천을 무두

질할 때는 흐르는 물에 천을 담그고 망치로 두들기거나 발로 마구 짓밟았다. 이렇게 강한 힘을 가하는 목적은 언제나 천을 압축하기 위해서다. 고대 고지독일어 walchan도 바로 이것, 주무르는 것을 의미한다. masse(대중)의 어근인 고대 그리스어 동사 massein도 마찬가지로 반죽을 '주무르다'는 뜻이다. 이 단어는 오늘날에도 '마사지'라는 말에 그 여운이 남아 있다.

르봉과 타르드의 전통적 대중 이론은 이 오래된 생각을 받아들여 일종의 사회물리학으로 과격화한다. 대중도 응축될 수 있다고 간주되며, 응축은 심하면 '융합'까지도 가능하다는 것이다. 두 이론가들은 대중은 형성될 때마다 매번 그 발생의 역사를 가지고 있다는 사실을 간과한다. 그들의 사회물리학은 대중의 역사적 기원을 파악할 능력이 없다.

역사적으로 인간으로서의 대중은 처음에는 이스라엘 민족이 이집트에서 빠져나온 것 같은 대규모의 이주 활동, 원정 행렬, 대군의 형성, 봉기, 굶주림으로 인한 반란, 탄압에 대한 저항을 통해 생겨났다. 그 모범은 인간의 무리가 아닌 다른 무리였을 것이다. 한 장소에서 아직 인간의 수가 거대한 단위로 뭉치기에는 충분치 않던 시절에 그들은 짐승들에게서 무리가 발생하는 것을 목격했을 것이다. 야생 짐승, 물고기 떼와 새 떼, 거대한 짐승들 무리의 행렬, 메뚜기 떼의 습격. 이런 현상들에서는 반드시 어떤 매력이 풍겨나오기 마련이다. 그 이유는 인간이 아닌 생물들의 엄청난 수와 이해하기 힘든 조직, 인간 문화에 대한 침략(메뚜기 떼의 습격), 알아볼 수 없는 의도 때문이다. 이 동물 무리를 이루는 개체들은 우리가 잡을 수 있지만, 거대한 무리에서 따로 떨어져나온 일부를 보고 그 전체를 이해할 수는 없다. 자연에서 무리들이 출현하면 인간이 이해하기 힘든 그들의 폭력성 때문에 불안이 야기된다. 이것은 비단 동물들뿐 아니라 무리를 상징하는 것으로 여겨지는 다른 자연 현상들, 불, 지진, 눈사태, 홍수에도 해당된다. 신화 이야기에서 이것들은 대재앙의 징후로 등장하며 동시에 인간의 연약함도 명확히 보여준다.

　인간의 이주 활동을 보여주는 최초의 이야기이기도 한 성서의 출애굽기는 대재앙을 눈앞에 둔 인간의 무리와 자연의 무리의 상황을 모범적으로 서술하고 있다. 파라오가 이스라엘인들을 이집트에서 내보내주기를 거부하자 신은 자신의 땅에 생각할 수 있는 모든 끔찍한 무리들을 보낸다. 열 가지 재앙 중 다섯 가지—개구리, 모기, 말파리, 우박, 메뚜기—는 대부분 잔혹한 자연의 무리이다. 나머지 재앙—가축 흑사병, 종기, 암흑, 모든 장자의 죽음—도 광의의 의미에서 대발생 현상으로 해석될 수 있다. 신을 부인하는 이집트인들이 자연의 무리들에게 시련을 당하는 반면에 이스라엘인들은 마침내 대규모 탈출에 성공해서 승리를 거둔다. 모세는 자연의 무리들의 지배자임을 보여준다. 자기 민족이 바다를 건널 수 있도록 엄청난 물을 가르는 반면에, 추격하는 파라오의 전사들 위로는 파도가 덮치게 만든다. 수많은 호러 영화와 재앙 영화에는 오늘날에도 인류의 암담한 미래상을 생생히 알려주기 위해 자연의 여러 무리들이 대부분 서로 조합을 이뤄 등장한다.

　엄청난 해일은 자연의 무리에 의해 유발되는 대재앙을 보여주는 가장 인상 깊은 사례 중 하나다. 하지만 인간 대중의 발생 시나리오는 해저 지진에 의해 일어나는 쓰나미의 경우와는 다르다. 거대한 파도가 밀어닥칠 때 우리는 지각의 구조운동상의 변동에 의해, 땅속의 힘과 충격파에 의해 유발되는 일련의 사안들에 관해서는 알지 못한다. 쓰나미를 연구하는 현상학은 바다 깊은 곳에서 돌발적으로 솟구치는 거대한 파도만 파악할 뿐이다. 이것은 말하자면 과거의 경과에 대한 설명도 없이 곧장 시나리오를 진행하는 것과 같다. 이 점에서 성난 파도는 흔히 혁명을 외치는 대중운동이 갑작스럽게 발발하는 것을 보여주는 모델로 이용되지만 불완전한 표상이다. 1917년에 일어난 러시아 혁명 100주년 기념일과 관련한 최근의 연구들은 이 표상이 아무튼 이 역사적 사건에는 맞지 않는다는 사실을 입증했다. 이 사건에 참여한 혁명을 외치는 대중의 발생은 대재앙의 시나리오를 따르지 않는다. 이것은 오히려 한스 마그누스 엔첸스베르거가 『타이타닉의 침몰』에서 서술한 물의 점차적인 침입과 유사하다.

"그것은 도살이나 폭탄과 같지 않다. (…) 오로지 서서히 불어나고, 어디로나 흘러가려 하고, 모든 것이 물결 모양을 이룰 뿐이다. 조그만 물방울들이 맺혀서 줄줄 흘러간다. 그래서 당신의 신발 밑창을 적시고, 소맷부리로 스며들고, 당신의 옷깃은 목덜미에서 축축해진다. 물은 안경에서 흘러내리고, 금고 속으로 줄줄 흘러가고, 석고 세공 꽃 장식에는 희미한 얼룩이 생긴다. 그래서 모든 것에서 냄새 없는 물 냄새가 나는 것이다. 물은 방울로 떨어지고, 뿜어져나오고, 줄줄 흐르고, 솟아나오면서 단순히 하나씩 차례로가 아니라 아무렇게나 마구 뒤엉겨서 바싹한 과자를 적시고 펠트 모자와 속옷을 적신다. 물은 휠체어 바퀴에 얕게 와 닿는다. 남자용 화장실에 짠내 나게 고여 있고, 오븐 속에서 출렁출렁 소리를 낸다. 그런 다음 다시 그곳에 멈춰 있기만 한다, 축축하고, 깜깜하고, 조용하고, 잔잔하게. 그리고 아주 천천히 차오르면서 조그만 물건들을 밀어올린다, 장난감,

장신구……. 그것들을 함께 띄우고 가다가 마구 빙글빙글 돌리며 휩쓸어간다……. 마침내 당신은 몸소 느낀다, 당신의 몸통 속에서, 물이 역겹게 짠맛을 내며 서서히 뒤섞이는 것을. 물이 차갑고 부드럽게 처음에는 오금에, 그 후에는 허리에 와 닿는 것을. ……마침내 물은 당신의 목에 다다르고, 마침내 당신은 그것을 마시고, 당신은 느끼게 된다……. 물이 끈질기게 입으로 밀려들고, 물이 입안을 가득 채우고, 물이 목구멍으로 삼켜지는 것을, 그리고 당신을 삼켜버리려는 것을."18

같은 제목의 할리우드 영화와는 기반이 완전히 다른 엔첸스베르거의 차분한 연출 기법은 대중의 발생을 대재앙의 장면들보다 더 효과적으로 서술하고 있다. 폭력적으로 밀려드는 것이 아니라, 처음에는 밋밋하게 시작되다가 은근하게 수위가 높아진다. 대량의 물이 쏟아지듯 흘러들지 않는다. 물은 느린 과정을 통해 스며든다. 언제 '위험한 수위'에 이르게 될지, 언제 늘어나는 물이 휩쓸어가는 급물살을 일으킬지는 언급되지 않는다. 처음에는 느리고 꾸준하게, 그러다가 갑자기 비약적으로 불어나는 추세를 보인다. "세를 늘리려는 열망은 대중의 가장 두드러진 특성이다." 엘리아스 카네티는 『군중과 권력』에서 이렇게 주장했다. 대중의 수가 늘어나는 것은 반죽이라는 최초의 의미를 떠올리게 해준다. 반죽 덩어리에 효모가 첨가되면, 그것은 발효하면서 오븐 속에서 커지기 시작한다. 인간이 이룬 덩어리에도 다소 긴 발효 과정이 선행하고 있다.

'완전히 형성된' 대중이 갑작스럽게 출현한 것처럼 보인다 해도 그것은 형태가 변하는 지속적인 과정에 머물러 있다. 짐승의 무리, 쏟아져 들어오는 물, 구름의 형성처럼 대중은 끊임없이 움직이고 있다. 널리 유포된 선입견과는 반대로 대중은 '느릿하지' 않다. 대중 시위에 참가하는 사람들은 자신을 어떤 '운동'에 소속된 사람으로 여긴다. 카네티가 대중의.수가 늘어나서 도달하게 되는 종착점을 '방전 (감정의 분출)', 즉 에너지의 방출이라고 설명한 것은 부당한 일이 아니다. 방전은 대중을 몰아가고, 느슨한 무리를 하나의 '움직임'으로 만든다. 대중은 수가 늘어나는 동시에 밀집된다. 대중의 수가 얼마나 늘어날지, 그 한계는 제시될 수 없다.

1장

대중은 어떻게 탄생하는가?

대중이 무엇인지는 누구나 알고 있다. 하지만 순전히 수량으로 규정해서 대중의 특수성을 제시하기란 불가능하다. 대중을 형성하기 위해 특별히 많은 사람이 모일 필요조차 없다. 전차 안에서는 축구 경기를 관람하고 집으로 돌아가는 몇 명의 축구 팬조차 조용히 지낼 수 없어서 못마땅해하는 다른 승객들에게는 대중으로 보인다. 대중은 실제의 사안, 의도, 정서, 평가를 결합시키는 데서 생겨난다. 실제의 사안이란 동일한 장소에 수많은 사람들이 함께 존재하는 것이다. 참가자나 관찰자 모두 모인 사람들의 규모가 점점 더 커져가는 것을 인지한다. 이때 내부자 시각은 외부자 시각과 구분될 수 있다. 대중 속의 한 개인의 인식에서는 대중의 수가 늘어남에 따라 힘을 가졌다는 느낌도 커진다. 외부자 시각에서는 대중의 수가 점점 불어나는 경향은 오히려 가슴이 조여드는 느낌이나 심지어 불안을 유발한다.

벌어지는 일, 행동의 의도, 정서라는 세 가지 측면과 외부자 시각과 내부자 시각이라는 두 가지 관점은 항상 서로 결합된 상태로 관찰되어야 한다. 어떤 경우에나 즉각 가능한 일은 아니다. 예를 들어 정서적 체험에 대한 단서나 어떤 대중 구성원의 내부자 시각에 대한 단서가 나오지 않거나 해독할 수 없는 경우도 있다. 관찰자가 어떤 대중에 속하는 구성원들의 언어를 이해하지 못해서 그들의 내부자 시각을 모른다면, 그 대중은 금세 적대적인 느낌을 줄 수도 있다. 만약 그 무리가 언어를 전혀 가지고 있지 않고, 그 구성원들이 말은 하지 않고 소리만 낸다면, 그 무리는 으스스한 느낌을 준다. 알프레드 히치콕은 이런 무리를 자신의 걸작 〈새〉에서 보여준다. 그는 새들을 독자적인 연기자로 출연시킨다. 새들은 말을 하지는 않지만 어떤 비밀스러운 계획을 따르고 있는 것처럼 보인다. 말이 없으면 인간에게는 이해가 되지 않고, 그 무리의 내부자 시각에 접근할 수도 없고, 적대적인 것이 분명해 보이는 새들의 행동을 해석할 방도도 없다. 말 없는 동물들에게서 우리는 불안을 유발하는 대중의 탄생을 모범적으로 관찰할 수 있다.

· · · · 새 떼의 공격(알프레드 히치콕)

어떤 무리는 공중에서 동물적 본능에서 생겨나는 비밀스러운 질서를 이루는 반면에, 마구 뒤엉겨 나는 새, 딱정벌레, 곤충, 메뚜기 떼는 혼돈의 모습을 보여준다. 이집트인들의 열 가지 재앙을 말해주는 그런 신화적인 글에서는 이 동물들이 물어뜯고, 찌르고, 쪼고, 수확물을 먹어치우면서 인간 문명을 공격함으로써 한 사회를 위기로 몰아넣는다. 짐승들의 문란한 행동은 공동체를 이루는 인간의 질서를 위협한다. 히치콕의 〈새〉의 원전이 되는 대프니 듀 모리에의 중편소설[1]에서 인간들은 새들이 공격을 할 때 그 종류가 뒤섞인다는 사실에서 새들 세계의 질서가 전복된 것을 알아차린다.[2] "이것은 이치에 어긋나는 일이야." 영화에 등장하는 여성 조류학자는 이렇게 말한다. 그녀는 새들이 공격을 한다는 보고를 처음에는 전혀 믿지 않았다.

히치콕은 새 한 마리가 어떤 인간을 최초로 공격하는 장면을 처음에는 기이한 사건으로 보여준다. 인기 있는 변호사 미치를 따라 캘리포니아의 보데가Bodega만으로 온 아름답고 부유한 멜라니가 모터보트를 타고 만을 건너갈 때 (그에게 새장에 든 새 두 마리를 가져다주기 위해) 별안간 갈매기 한 마리가 공중에서 돌진해 부리로 그녀의 머리를 찌른다. 이 공격적인 짐승은 그 지역으로 들이닥친 무시무시한 새 떼에 관해 미리 알려주는 전령이다.

그 후의 사건 전개는 위협적인 무리를 소개하는 전형이라 할 수 있는 또 다른 장면을 통해 예고된다. 갈매기의 공격을 받은 후로 무척 불안해하고 있던 멜라니는 차를 몰고 학교로 간다. 미치의 여동생을 만나서 가장 빠른 지름길로 집으로 데려다주기 위해서다. 수업은 아직 끝나지 않았다. 학교 건물에서 아이들이 노래하는 소리가 들려온다. 멜라니는 건물 옆의 벤치에 앉는다. 뒤편에는 체조 기구가 하나 세워져 있다. 그녀는 초조해하며 담배를 꺼내 불을 붙인다. 자신도 모르는 사이에 커다란 까마귀 한 마리가 소리도 없이 날아와 체조 기구에 내려앉는다. 멜라니는 담배 연기를 빨아들인다. 아이들은 수를 셀 때 웅얼거리는 운율처럼 어떤 동요를 몇 절이나 연이어 부른다. 아이들의 노래는 끝이 없을 것 같다. 까마득히 높은 곳에서 또 다른 까마귀가 날아 내려온다. 멜라니는 그 까마귀를 눈길로 뒤쫓고, 그 새는 그녀 가까이에서 날고 있다. 그녀는 몸을 휙 돌려 바로 뒤편의 체조 기구를 바라본다. 봉에는 수많은 까마귀들이 바짝 몰려 웅크리고 있다. 학교 주변 전체에 걸쳐 엄청난 무리의 새들이 내려앉아 있었다. 새들 무리를 바라보는 데서 오는 섬뜩함은 아이들의 단조로운 노래에 의해 더욱 강화된다. 사방에는 그야말로 마음을 심란하게 만드는 적막한 분위기만 퍼져 있고, 이 분위기는 이따금 날개를 퍼덕이는 소리에 의해 더욱 고조된다. 별안간 까마귀들이 날아오른다. 멜라니는 공포에 사로잡혀 벌떡 일어나 교실로 달려간다. 그녀는 안절부절못하며 여교사에게 경고를 하고 아이들을 대피시키는 일을 돕는다. 모두가 다 함께 거리를 따라 달려 내려간다. 그들이 달리기 시작하자마자 새들은 사납게 까악 까악 소리를 내며 공격을 하고, 겁에 질려 비명을 지르는 인간들을 쪼아댄다.

이것은 새들의 최초의 대규모 공격이다. 뒤이어 새들은 건물들을 망가뜨리고 보데가만의 주민들(그들 중에는 여교사도 포함되어 있다)을 죽인다. 미치와 그의 가족들은 새들이 집을 공격하는 것을 간신히 막아낼 수 있었다. 그 악몽의 밤이 지나간 영화의 끝부분에서 그들은 자동차를 타고 피난을 가기로 결정한다. 마지막에 그들은 집의 문을 열 때 눈앞의 들판 전체에 새들이 빽빽이 몰려 앉아 있는 모습을 본다. 꼼짝도 않고 있는 엄청난 새 떼는 말없이 무언가를 기다리고 있는 듯이 보인다. 무엇을 기다리고 있는지는 영화에서 밝혀지지 않는다. 자동차가 구불구불한 길을 따라 불가사의하게 빛을 뿜어내는 하늘 아래로 사라지는 장면이 보인다. 가슴을 옥죄는 고요함은 지하에서 낮게 웅웅거리는 소리에 의해 더욱 두드러진다. 히치콕은 이 마지막 장면에 관해 이렇게 말한다. 그것은 "고요함이지만, 그 어떤 임의의 고요함이 아니라 단조로움에서 오는 고요함이다……. 새들의 대화로 옮기자면 이 소리는 인위적인 고요함을 의미한다. '우리는 아직

너희들을 공격할 정도로 완전히 갖춰진 건 아니지만 준비하고 있어. 우리는 부르릉거리고 있는 엔진과 같아. 이제 곧 출발할 거야……."[3]

영화의 이 사건에서 우리는 하나의 무리가 첫 단계로 눈에 띄고 전략적으로 중요한 장소를 점거함으로써 생겨나는 모습을 볼 수 있다. 히치콕의 영화에서 새들의 무리 형성은 이해하기 힘들게도 인간의 장소인 학교 앞의 광장을 자기들의 장소로 차지하는 순간에 명확히 드러난다. 히치콕은 여기에 관해 프랑수아 트뤼포 감독에게 이렇게 말한다. "나는 까마귀들만 모두 한꺼번에 보여주면서 장면을 자르지도 않고, 어떤 일이 벌어지지도 않은 채 30초 동안 그 새들에 머물러 있었다."[4] 그 짐승들이 꼼짝도 않고 응시하는 것은 단호한 결의를 가졌다는 인상을 불러일으킨다. 이것은 그 무리가 있는 힘을 다해 덤벼들기 전의 몇 분 동안 정신집중을 하는 순간이다. 히치콕은 기다리고 있는 멜라니의 모습을 보여줌으로써 이 순간을 의도적으로 지연시킨다. 새들의 무리가 비약적으로 늘어나자 모든 것이 바뀐다. 무리의 수가 워낙 많아서 사람들은 새들을 더 이상 쫓아버릴 수가 없다. 새들은 그토록 공격적이 될 만한 일종의 자의식을 얻은 것이 분명해 보인다. 새들의 공격성은 그곳에 모인 새들이 특별히 위험한 종이 아니기 때문에 더더욱 주목할 만하다. 히치콕은 트뤼포 감독과의 대화에서 "새들이 참새, 갈매기, 까마귀 같은 아주 평범한 새들이라는 사실이 마음에 들었다"고 명확히 밝혔다.[5] 그런 새들이 많이 있고, 수가 점점 더 많아지며, 인간에게로 향하고 있다. 이것은 이런 종류의 새들이 보통은 하지 않는 짓이다. 이 영화는 공격적인 생명체들이 아주 바짝 붙어 있는 데서 생겨나는 전율을 내보낸다. 새들의 무리는 이를 통해 신화적인 것과 비슷한 힘을 얻고, 이 힘은 그들의 공격이

심해지는 것을 통해 더욱 강화된다. 점점 더 많은 새들이 인간들에게 달려들고, 인간들을 자신의 공간 밖으로 몰아낸다.

수많은 다른 사람들과 함께 한 장소에 모이는 것이 대중 형성의 첫 단계다. "사람들은 어디서 모이는가? 사람들은 이미 사람들이 모여 있는 곳에 모인다." 작가 페터 한트케는 젊은 시절 '살인 광란을 위한 조언'이라는 제목의 글에서 이렇게 간결하게 단언했다.[6] 사람들이 이미 모여 있는 곳에 사람들이 모인다는 사실은 대중행동의 자기 지시성을 함축성 있게 표현하고 있다. 이 반복되는 요인은 인력을 발생시키고, 대중은 소용돌이를 일으킨다. 대중은 자동적으로 시선과 발걸음을 끌어들이며, 더 많은 대중을 이미 포함하고 있을수록 밀도는 더욱 높아진다. 엘리아스 카네티는 이렇게 언급했다. 대중 속에 있으면서 "나는 여기에 물리학에서 중력으로 알려져 있는 무언가가 관련되어 있다는 느낌이 들었다."[7] 다소간 우연하게 생겨난 사람들 무리는 그 수가 저지할 수 없게 재빨리 늘어나고, 그들의 몸과 시선이 상대방을 향해 동일하게 정렬되는 것을 통해 대중으로 변한다.

· · · · 지하철의 역에서

대중이 성장하는 두 번째 단계는 수많은 사람들이 한 방향으로 움직이는 것이다. 이것은 집단적인 자체 운동으로 변한다. 가장 단순한 대중 구성체는 한 방향으로 달리는 사람들의 형태이다. 함께 달리기 시작하는 사람은 지극히 짧은 시간 내에 자신이 대중의 일원이 된다고 느낀다. 참가하지 않는 관찰자도 달리는 사람들의 무리를 대중으로 지각한다. 그들이 움직이는 방향이 동일한 목적지를 가리키기 때문이다. 다 함께 앞으로 돌진하는 것은 반대 방향에서 마주 오는 개개인에게는 불안을 유발할 수도 있다. 이런 경험은 우리가 대도시의 지하철에서 출퇴근시간 때 겪을 수 있다.

아침 7시의 파리, 교외로부터 노동자들과 회사원들이 거대한 지하철역에 도착한다. 객차에서 사람들이 쏟아져 나온다. 계단을 따라 몸을 바짝 붙인 수많은 사람들이 위로 이동한다. 위에서 어둠에 싸인 이 사람들을 내려다보는 행인은 아래위로 움직이는 머리들만 볼 뿐 더 자세한 사항은 분간할 수 없다. 얼굴들만 환한 반점이 되어 어둑한 계단에서 위로 비치고 있기 때문이다. 그 얼굴들이 이 무리의 인간적인 부분이다. 에즈라 파운드의 시 하나가 지하철 통로에서 밖으로 내비치는 얼굴들을 서술하고 있다. 파운드는 원래는 여러 연으로 된 이전의 판본을 거듭 새로 줄여서 미니멀 아트 시 형태로 축소했다.[8]

In a Station of the Metro
The apparition of these faces in the crowd:
Petals on a wet black bow.

지하철의 역에서
대중 속의 이 얼굴들이 모습을 드러내네:
젖은 거뭇한 가지에 핀 꽃잎들이구나.

이 시는 사람들 간의 간격을 없애주는 대중의 가장 중요한 작용을 간결한 형식을 통해 모범적으로 보여주고 있다. 여기에 나오는 대중에게는 위험한 면이 전혀 없다. 이들의 특성은 오히려 덧없는 편이다. 바람에 사방으로 흩날리는 꽃잎들처럼. 도착하는 지하철 객차에서 사람들이 내려서 대중을 형성했다가 다시 흩어지는 순간은 몇 분밖에 되지 않는다. 그러나 이 짧은 시간에 공통된 일이 벌어진다. 아침 일찍 교외에서 파리의 도심으로 몰려드는 노동자들의 복잡한 삶이 그것이다. 대중의 중요한 특성들 중 하나는 그들의 시간 구조다. 이 구조는 발생, 성장, 확산, 전진, 해산이 순차적으로 반복되며 이뤄진다. 이것은 유기체와 비슷한 시간 속의 삶이다. 이 때문에 대중은 종종 생물학적 은유를 들어 설명되고는 했다. 개개인에 머물지 않고 수많은 다른 사람들의 몸으로 퍼져나가는 전염병이나 감염으로. 대중의 힘은 대중이 확산되는 역동성에 따라 달라진다. 대중의 수가 재빨리 늘어나면 그때까지 참가하지 않고 있던 사람들은 매력과 두려움 사이의 어떤 감정에 처한다. 대중은 그 수가 늘어나는 속도만으로도 짧은 기간 내에 한 정권을 약화하고 심지어 무너뜨릴 수도 있다(아랍의 봄의 경우처럼). 이렇게 '감염'을 일으키는 유발자는 인간 특유의 행동 방식과 능력이다.[9] 바로 모방을 통해 남들을 따라 하고, 대중행동에 있어 공동의 목표 방향과 의도를 가지는 것을 말한다.

수많은 사람들이 같은 방향으로 다 함께 움직이는 것에서는 지하철역 행인들의 경우와는 달리 무언의 의견 일치가 생겨나며, 이것은 확신으로 변할 수도 있다. 다시 말해 그들은 내면에서 커져가는 힘을 느끼는 개인들로 된 대규모의 대중을 이루는 것이다. 정치적 동기에서 생겨난 대중이라면 단순한 항의로 만족하지는 않을 것이다. 그들은 함께 머물고 있는 동안은 권력자들에게 위협이 된다. 누가 더 오래 견뎌내는가? 누가 더 강한가? 권력자에게는 물러나는 일만 남은 것인가? 만약 권력자가 끝까지 견뎌내고 대중이 세력을 잃는다면, 권력자는 위기를 모면할 것이다. 하지만 권위의 손상은 불가피하다.

많은 대중들이 앞으로의 상황이 어떻게 전개될지 판단하기 어렵고, 위험해 보이지도 않는 초기 단계에서 생겨난다. 대중은 형성되는 초기 시점에는 참가자들이 보기에는 명확히 정해진 목적도 가지고 있지 않다. 남들을 매료시키려는 관심이 점점 더 늘어나서 마침내 참가하지 않는 사람들도 그들의 행동에 동조하는 경우가 아니라면, 아직 그들은 서로 유대가 깊지 못하다. 참가자들은 일체화된 행동을 통해 자신이 속한 대중에 대한 의식과 생각을 형성하기 시작한다. 대중은 이제 실제의 행동, 몸을 움직이고 구호를 외치는 것에서만 존재하는 것이 아니라 상상력을 통해서도 생겨난다. 이것이 대중 형성의 세 번째 단계다. 대중은 생각 속의 대중으로 변한다. 처음에 이 생각은 그리 많이 진척되어 있지 않다. 누구도 이 생각을 사건이 벌어지는 초기에 곧장 명확히 표현할 수는 없을 것이다. 이 생각은 시간이 지남에 따라 의도와 목표로 발전한다. 나중에 돌이켜보면 이 생각은 종종 당시에 진행되었던 때와는 다르게 인식되기도 한다. 이 일을 사후에 보고하고 분석하는 것은 종종 대중 형성의 시간의 측면을 간과하게 된다.

행동이 생각과 결합되는 순간에 대중은 정치적 잠재력을 얻을 수 있다. 참가자들 사이에서 자신이 지금 무언가를 바꿀 수 있는 대중의 일원이라는 의식이 생기는 것이 대중 형성의 네 번째 단계다. 이 때는 공동의 움직임과 공동의 목표만 의식되는 것이 아니라 모두가 공감하는 단호한 결의도 의식되며, 여기에는 자기 확신과 위험을 감수할 각오도 수반된다. 참가자들은 이 순간부터는 단순히 행동하는 것 이상을 원한다. 이들은 자신이 성취하기를 원하는 상황의 근본적인 변화를 그려보기 시작한다. 이 생각은 대중이 강력하게 유지되는 동안에는 계속 활발하게 돌아간다. 대중이 해체되면 그들의 상상도 날아가 버린다. 그들의 상상은 활기를 잃고 시간이 흐를수록 희미해진다. 그러나 희망, 앞날에 대한 구상, 결속, 일이 벌어지는 동안 구성원들이 얻었던 기분과 태도, 이런 것들에 대한 기억은 남게 된다. 이 기억은 더 이상 즉각적인 행동으로 표출되지는 않지만 분노와 저항을 불러올 잠재력으로 계속 작용할 수 있다.

·····대중과 대중 의식(1966년 베를린)

공동 행동에 나서는 동안 자아의식을 얻게 된 대중의 탄생을 보여주는 사례가 있다. 바로 1966년에 베를린 자유대학에서 일어난 독일 최초의 점거 농성sit-in이다. 이 사건은 나중에 재구성하는 과정에서 과도한 정치적 해석을 낳았다. 이 사건에 대한 그들의 해석에 맞게 재단되는 과장된 기억들도 대중 현상의 일부이다.

베를린의 『타게스슈피겔』이 2016년에 이 사건에 관한 회고 기사를 내보냈다.[10] 1966년 6월 22일에 "3천 명의 대학생들이 헨리-포드 건물 안팎에 모여 농성을 벌였으며, 여기에 소위 토론회teach-in가 이어졌다." 이 보도는 마치 대중이 정치 시위의 새로운 형태를 시험해 보려는 의도를 품고 자유대학의 핵심 건물 앞으로 몰려간 듯한 느낌을 준다. 행사 전체가 그 전에 이미 사회주의 학생 연맹SDS 잡지 『노이에 크리틱Neue Kritik』에서 면밀히 검토되었다고 한다. 그런데 여기서 마침 '그것을 실질적으로 검증해볼 기회'가 생겼다는 것이다. 당시의 목격자로서 질문을 받았던 한 SDS 동료의 진술도 그런 취지로 들린다. 그 이론은 즉각 정치적 실행으로 옮겨졌고, 모든 대학생들이 그것을 따랐다고 했다. 한 참가자가 50년의 세월이 흐른 후에 미화하는 눈길로 바라보는 모습은 이런 식이다.

헨리-포드 건물에서는 당시에 자유대학의 최고 정책 위원회이자 대부분 교수들로 구성된 학사평의회AS가 회의를 열고 있었다. 학사평의회와 전체 대학생 대표단인 총학생회AStA 사이에 법학부의 시험 규정 문제를 두고 심각한 의견 다툼이 벌어졌다. 이런 상황에서 총학생회는 최대한 많은 학생들을 그 건물 앞에 동원함으로써 평의회에 압력을 가하기로 결의했다. 베트남 전쟁이 벌어지던 그 시절에 수많은 대학생들이 참가한 항의와 시위는 드문 일이 아니었다. 더구나 자유대학 대학생들은 비교적 쉽게 결집될 수 있었다.

15시경에 상당수의 대학생들이 결행 장소에 모였고, 기대에 찬 표정으로 잔디밭에 앉아 있었다.[11] 총학생회는 항의 메시지를 발표했다. 첫째, 법학부에 새로 도입된, 정규 수학 연한이 지나면 강제 제적시킨다는 조항은 많은 대학생들에게 생존의 위협이 되므로 폐지할 것을 주장했다. 둘째, 대학에서의 권한 분배를 근본적으로 개혁하라는 더 한층 대담한 요구가 나왔다. 정책 위원회의 새로운 보직 임명을 통해 그때까지 전적으로 교수들에게만 주어진 권한을 조교들과 대학생들 사이에도 균등하게 분배해야 한다는 것이다. 시위자들은 전권 대표들을 뽑아 몇 번이나 평의회 회의장 안으로 들여보냈다. 대학생들에게 근본적으로 호의적이었던 (아무튼 이 시점까지는) 대학교 총장은 후일을 기약하며 대학생들을 달랬다. 그 자리에 있던 대학생들은 꾸준히 늘어나는 동료들에 감명을 받기도 해서 자신을 일종의 풀뿌리 민주주의 집회자로 여기기 시작했다. 이것은 그들의 광범위한 대학 정책 관련 요구들에 어느 정도 합법적인 정당성이 있음을 보여주었다. 대학생들은 질질 끄는 총장의 답변을 보수적인 대학 평의회의 무언의 적대적 태도로 해석했다. 시위는 점차 총학생회가 건물 내에 모여 있는 교수진 대표들과 대결을 벌이는 양상으로 변했다.

처음에 밋밋하던 집회는 집회자들이 17시경에 즉흥적으로 헨리-포드 건물 안으로 몰려가면서부터 긴장되는 분위기가 점차 고조되었다. 그들은 회의 중인 평의회 회의장까지 밀고 들어가 사실상 문 앞에 진을 치고 앉았다. 미국의 시민권 운동에서 발전하게 된 비폭력 시위 형태인 농성을 통해 평의회를 겨냥한 상징적 정치 행위가 이뤄진 것이다. 참가자들 중 몇 사람은 이런 행동을 처음부터 염두에 두고 있었는지도 모른다. 실제로는 그 행동은 참가자들이 용기를 내서 즉흥적으로 학사평의회와 대결을 벌이기 시작했을 때 비로소 생겨난 것이다. 그 행동과 더불어 시위자들은 생각 속에서도 대중으로 변했다. 하지만 여기서 '대중'이라는 표현은 사용되지 않았다. 이 표현은 경시할 만한 대상이라는 뜻으로 사용되어 너무 부담스러웠던 것이다. 당시에는 대학생들이 정말로 저지하려 했던 모든 것이 '대중'이라는 말로 비방받고 있었다. 대중문화, 대중 대학, 대중 소비, 한마디로 질이 낮고, 생각이 없고, 정치를 거부하는 모든 것이 비방받던 시절이었다. 가세트에서 겔렌Arnold Gehlen과 셸스키Helmut Schelsky에 이르기까지의 보수주의적 문화비평뿐 아니라 프랑크푸르트학파의 좌파 이론도 대량으로 된 모든 것을 거부했다. 이와는 반대로 곧장 소문이 퍼지기 시작한 '농성'이라는 명칭은 미국 시민권 운동과 연결되는 계기를 마련해주었다.[12]

자유대학 구내에서 길을 터주라는 총장의 요구에 맞서는 행동으로서 끈질기게 앉아 버틴 이 농성은 미국에서 인종차별주의에 맞서는 시위를 벌이는 것과는 전혀 다른 의미를 얻었다. 농성이 토론회로 변했던 것이다. 대학생 대표자들은 의사 일정과 연사 목록을 갖춘 즉흥 토론을 준비했다. 이 초기 단계에 이미 즉흥적인 집회에 특정한 조직 형태를 부여하려는 시도가 있었던 셈이다. 행사 주최 측은 '연단'을 설치할 무대를 얻었고, 다양한 연사들이 발언에 나섰다. 대학생들의 행동과 연대를 하겠다고 선언한 조교협의회 대표도 있었다. 저녁 무렵에는 총장인 리버가 직접 나타났다. 대학생들의 요구사항에 대한 답변을 내놓기로 약속했지만 즉각적인 입장 표명은 거부했다. 대신 그는 집회를 해산할 것을 부탁했다. 대학생들은 이에 아랑곳하지 않고 농성을 계속했다. 그들은 학사평의회를 상대로 '승리'를 거둘 수 있다고 생각했기 때문이다. 더 한층 흥겨운 분위기 속에서 연사들의 목록은 계속 이어졌다. 이 일에 대한 소식을 접한 저명한 교수들이 찾아와 농성 중인 대학생과 합류했다. 교수들 중 몇몇은 발언에 나서 열렬한 박수갈채를 받았다. 자정이 되자 다른 대학들의 총학생회에서 보내온 축하 전보들이 도착했다. 환호성 속에 캘리포니아 대학교UC 버클리 학생들이 보낸 전보가 큰 소리로 낭독되었다. 캘리포니아 대학교는 학생들이 국가에 맞서는 저항의 형태로 토론회를 최초로 도입한 대학이었다. 그들은 이제 자유대학 학생들이 대서양 너머의 정치적 동맹자임을 인정했다.

『타게스슈피겔』이 보도했듯이 '이론적으로 준비된' 것은 학사평의회에 대한 시위였을 뿐, 대중이 벌인 이 대사건 자체는 아니었다. 결정적인 조처들, 즉 집회장을 헨리-포드 건물 안으로 옮긴 것과 즉흥적인 토론회 준비, 교수들과 동맹을 맺은 대학 총학생회들의 유대를 표명하는 연설, 참가자들 수의 꾸준한 증가, 고조되는 분위기, 일체감, 학생회에 중요한 권한 이양이 이뤄지리라는 확신—이 모든 사안과 판단에서 대중에게 전형적으로 나타나는 원동력이 생겨났던 것이다. 행사를 임시로 조직할 때 개별 인물들은 감동적인 연설을 함으로써 자신의 능력을 마음껏 뽐냈다. 자신이 중요한 인물이라는 느낌과 별안간 생겨난 상징적 권력에 도취되어 참가자들은 이 행사가 끝난 이후에도 정치적 참여를 이어갔다. 그것은 자극이자 격려로 남았고, 무엇보다 자신의 행동을 통해 사회 상황을 바꿀 수 있는 가능성을 확인한 환상적인 경험으로 남았다. 그 후에 대학생들이 폭력으로 과격화되면서 권한을 남용한 것은 공동 행동을 통한 상징적 권력 획득을 사후에 과도하게 해석했기 때문이다. 많은 참가자들에게 그 일은 "대학 관료주의의 견제에 저항하는 학생들이 갑자기 많아졌다는 사실을 깨달은" 근본적인 경험이었다. 참가자들 중 한 사람은 오늘날까지도 열광해서 『타게스슈피겔』에 이런 말을 했다. 집회 지도자였던 또 다른 사람은 1966년의 농성을 "결국 독일 전후사를 근본적으로 변화시킨 각성의 시작"이라고 판단했다. "그 후로 서독 대학들에는 새로운 바람이 휩쓸고 갔다." 즉흥적으로 하나의 대중으로 뭉친 대학생들이 자기 대학의 체제 변화를 사회 변혁과 동일시한 것은 이례적인 일은 아니었다.

농성과 토론회는 사실상 시간의 흐름에 따라 즉흥적으로 일어난 일련의 사건의 결과였다. 애초의 상황에서 보자면 한 단계에서 다음 단계로 어떻게 이어질지 예측할 수 있는 일이 아니었다. 1966년에 자유대학에서 벌어진 대중행동에서는 계획의 대체적인 노선은 전혀 찾아볼 수 없었다. 흐름과 결과는 누구도 단정할 수 없었다. 우리는 이 예측할 수 없는 원동력을 지난 몇십 년간의 다른 대중 사건들, 즉 1968년에 파리에서 벌어진 대학생 시위, 1989년에 라이프치히에서 일어난 월요일 가두시위, 한 튀니지 과일상의 분신으로 촉발되어 남부 지중해 국가들에 엄청난 결과를 불러온 아랍의 봄에서도 발견한다. 이 모든 경우에 항의를 하기 위해 주목받는 장소에 모이고, 가두시위를 정규적으로 되풀이하고, 그때마다 계속해서 늘어난 사람들 무리가 변해서 정치권력에 도전하는 자부심 강한 대중이 탄생했다. 베를린 서부 변두리에 있는 달렘에서 벌어진 자유대학의 운동은 1년 후인 1967년에는 쿠르퓌르스텐담까지 번져갔다.

1968년의 프랑스 대학생들의 경우에는 자신이 대중운동의 구성원이라는 의식이 베를린에서와는 비교도 되지 않을 정도로 뚜렷했다. 여기서 나타나게 될, 참가자들을 변화시킨 질적으로 새로운 점은 모든 것이 달라질 문턱을 넘고 있다는 깨달음이었다. 달렘에서 농성을 벌이고 있던 대학생들의 경우에 이 동인은 아직 대학 본관으로 밀고 들어가는 사소한 행동에 머물러 있었다. 이 행동의 도발적인 내용은 적었고, 당국자들의 답변도 전면적인 대결로 향하고 있지 않았다. 양측에서 투입한 세력이 적었기에 그에 걸맞게 시위대 대중에게 돌아간 권한은 눈에 띄기는 했지만 그리 많지 않았다. 독일의 현대적인 대학에서 처음으로 집단적 저항 비슷한 것이 이뤄진 것이다. 권한도 별로 주어지지 않고 명목상으로 규정되어 있던 총학생회AStA를 배경으로 여기서 처음으로 대학생들이 실질적인 대중으로 나타난 것이다.

· · · · · 파리는 깨어난다(1968년 5월)

1968년 상반기에 프랑스에서 일어난 이 사건은 이전의 그 어떤 학생운동보다 훨씬 큰 대중 원동력을 불러왔다. 처음에는 대수롭지 않던 충돌들이 정말로 혁명의 규모로 커지게 되었다. 이 사건의 원인에 대한 설명과 정치적, 사회학적, 역사적 중요성과 결과의 해석에 관해서는 오늘날까지도 논란이 그치지 않고 있다. 하지만 우리는 이 사례에서 지역 문제를 계기로 어떻게 소위 '유연한' 과목들(사회과학)을 전공하는 대학생들이 매우 적극적이고 행동에 나서기 좋아하는 대중으로 형성되는지 알아볼 수는 있다. 이들은 당국의 엄격하고 무자비하기까지 한 폭력과 격돌하면서 점점 더 과격해졌다. 이 사건이 벌어진 직후인 1968년 7월에 이미 에드가 모랭 같은 명석한 관찰자는 세간의 증인 진술과 보도는 왜곡되고, 일면적이고, 불충분하다고 밝힌 바 있다.[13]

원래는 하나의 부수적인 사건이 계기가 되었다. 1968년 1월 8일 청소년 체육부 장관 조제프 미소페Joseph Misoffe가 낭테르 대학에서 수영장 개장식을 거행했다. 낭테르는 1964년에 파리 외곽에 세워진 신설 대학으로, 인기 없는 몇 개 학과가 라탱 지구Quartier Latin

에서 이곳으로 밀려나왔다.[14] 적극적인 대학생들을 주축으로 장관에 항의하는 단체 행동이 벌어졌다. 대학은 경찰의 도움을 요청했고, 학생 몇 명이 체포되었다. 구속자의 석방을 요구하는 가두시위에 또다시 경찰력이 투입되었다. 갈등은 격화되어 학업 여건을 개선하라는 일반적인 요구로 확대되었다. 경찰의 강경 대응에 맞서고 대학 학사 업무의 개혁을 요구하기 위해 대학생들은 서로 굳게 단결했다. 3월 22일 100명 이상의 대학생들이 대학의 행정처 건물을 점거하면서 대중이 형성되는 상황으로 급변했다. 적극적으로 행동에 나서는 학생들의 수는 아직 적었지만, 대학 지도부의 안일한 대응으로 사태는 걷잡을 수 없게 되었다. 지도부가 시험 직전 대학 전체에 한 달 동안 휴교령을 내렸던 것이다. 시위대 내에서는 공권력에 단호히 맞서려는 결의가 늘어났다. 갈등은 파리의 도심인 라탱 지구와 소르본 대학으로 옮겨 갔다. 5월 초의 날씨는 봄날답게 따뜻했다. 기대에 찬 분위기가 넘쳐났다. 프랑스 엥테르France Inter 라디오 방송은 아침마다 그 시즌의 히트곡인 자크 뒤트롱Jacque Dutronc의 'Paris s'éveille(파리는 깨어난다)'를 틀었다. 이 곡은 정치적 함의는 지니고 있지 않지만 5월이 지나가는 동안 사건의 배경 음악이 되어주었다.

5월 3일에 여러 대학생 단체들이 공동 대처를 협의하기 위해 소르본 대학에 모였다. 낭테르 대학에서와 같이 총장은 경찰의 도움을 요청하고 휴교령을 내렸다. 이 조처에 맞서 대중의 즉흥적인 가두시위가 벌어졌다. 경찰은 대학생들을 무자비하게 진압했고, 대학생들은 여기에 대응해 바리케이드를 설치했다. 밤에는 양측이 격돌해서 부상자가 발생하고 체포가 이어졌다. 바로 다음 날 13명의 대학생에게 경찰 측의 증인 진술을 근거로 가혹한 처벌이 내려졌다. 파리와 그 외 도시들에서 경찰 폭력에 항의하는 시위대가 점점 더 많이 생겨났다. 시위 참가자들의 범위는 대학가를 넘어 확산되었다. 5월 8일 서부 프랑스에 하루 동안 총파업을 하겠다는 선언이 나온 것이다. 대학생 시위대에 맞서 경찰 특수대가 투입되었다. 파리에서는 대결이 극단화되었다. 10일에서 11일로 넘어가는 날 밤에는 시위대 1만 명이 유리한 방어 수단이 많은 라탱 지구의 옛 중심부로 물러났다. 이어진 시가전에서 그들은 도로 포장을 걷어내고 그 아래 놓여 있던 포석들을 파내 바리케이드를 설치했다. 경찰 폭력에 대한 저항은 밤새 계속되었다. 수백 명의 부상자가 발생했다. 이 저항으로 대학생들은 자신감이 높아졌다. 그들은 공공연하게 국가 권력에 맞설 수 있을 것으로 여겼다.

이란을 공식 방문하고 돌아온 수상 조르주 퐁피두가 소르본 대학의 휴교령을 철회하고 구속자를 석방하도록 지시했지만 때는 너무 늦었다. 소르본 대학뿐 아니라 전국의 다른 대학들도 학생들에 의해 점거되어 모든 희망자들에게 개방되었다. 바로 이 순간에 노동조합 대표들이 이 대결에 개입했다. 공산주의 노선의 노동총동맹CGT의 지배를 받는 노동조합들이 하루 동안의 총파업을 촉구하자 수많은 곳에서 여기에 호응해왔다. 그때까지 대학생들에 오히려 적대적인 태도를 보여왔던 노조 세력이 이렇게 전향한 이유는 대학생들에게 호응하는 전체 노동자들에 대한 통제를 상실할까 봐 두려웠기 때문이다.

총파업에 대한 통제는 노동조합의 손아귀에서 벗어났다. 5월 15일과 20일 사이에 프랑스 곳곳에서 파업과 사업장 점거가 확산되었다. 노동자들도 즉흥적으로 위원회를 구성해 자신의 현재와 미래의 상황에 관해 토론을 벌였다. 노동자와 대학생 사이에는 시각과 관심사의 차이가 있었지만, 프랑스의 당장의 정치적, 사회적 상황에 대한 저항이 두 집단에게 일시적으로나마 통합된 대규모 집단이라는 인상을 심어주었다. 드골 대통령은 대학과 사업장에 공동 결정권을 도입하겠다는 약속으로 '자신의 국민들'의 마음을 돌려보려고 시도했지만 허사였다. 대중은 이 순간에 조직과 행동의 자율성을 획득했고, 이것은 수많은 참가자들에게 자신의 사업장과 교육 제도를 자체적으로 운영해 나갈 수 있다는 환상을 심어주었다. 5월 20일에는 전국이 총체적인 마비 상태에 빠졌다. 이 상태는 그달 말까지 지속되었다.

　　자율과 자주를 성취하려던 꿈은 두 세력에 의해 깨졌다. 한편으로 공산주의 노동조합은 노동자 지도부이자 정부의 대화 창구로서의 위상을 되찾기 위해 파업 종결을 유도했다. 다른 한편으로 퐁피두 수상은 위력적인 맞불 시위를 위해 보수 시민층을 샹젤리제 거리에 집결시키는 데 성공했다. 총파업이 와해되자 대학생 시위대는 이것을 패배로, 그 적대자들은 권력 탈환의 전기로 받아들였다. 역사가 새로운 기회를 제공하리라 믿었던, 대학생 시위 참가자들의 오랜 희망은 결코 이뤄지지 못했다.

・・・・・국민들에게 도전받는 국가(1989년 동독)

독일의 최근 역사에서 성공적인 대중행동을 보여주는 가장 감명 깊은 사례 하나는 1989년에 일어났다. 동독에서 점점 규모가 커지면서 전국적으로 확산된 대중들의 지속적인 저항이 대단히 짧은 기간 내에 국가와 당의 정치 조직을 붕괴시켰던 것이다. 초기 단계에는 시위자들의 규모가 '몇 군데의 교회에 수용될 수 있을 정도였지만', 몇 주가 지난 1989년 11월 4일에는 50만 명이 베를린 알렉산더 광장에 운집했다. 저항이 갈수록 고조되자 국가 지도부는 충격으로 마비 상태에 빠졌다. 대처할 능력을 잃은 이들은 대대적으로 행동에 나선 국민들에게 그야말로 깔아뭉개졌다. 닷새 후에는 장벽이 무너졌다.[15]

　다른 대중운동들도 마찬가지지만 여기서도 운동의 확실한 시작은 없었다. 1988년부터 베를린과 라이프치히의 몇몇 교회에서 항의 집단들이 형성되어 있었다(특히 노이에 포럼Neue Forum). 어느 정도 상징적 가치가 있는 시작 날짜를 들면 동독 국가 수립 40주년 기념일인 1989년 10월 7일 전후가 될 것이다. 그 전날 저녁에 10만 명의 청소년들이 에리히 호네커 사회주의통일당Sozialistische Einheitspartei Deutschlands, SED 서기장과 사회주의 국가들에서 온 저명 정치인들 앞을 행진하며 지나갔다. 기념일 당일 오후 늦게 소규모 항의 집단들이 미하엘 고르바초프를 포함한 국빈들이 행사를 성대하게 치르고 있는 공화국 인민궁전 앞에 모여들어 외쳤다. "고르비, 고르비", "우리가 국민이다", "고르비, 우리를 도와줘요."[16] 18시경에 수천 명이 참가한 가두시위 행렬이 겟세마네 교회 방향으로 움직이기 시작했다. 그곳에서는 정치범들을 위한 침묵시위가 벌어지고 있었다. 경찰은 즉각 가까이 있는 쇤하우저 알레역 주변을 철통같이 차단했다. 자정 무렵에 시위대를 향해 돌진하라는 명령이 떨어졌다. 동독의 다른 도시들에서도 정치 시위대가 경찰력에 의해 해산되었다.

　10월 8일 드레스덴에서는 약 5천 명의 사람들이 경찰이 그 전날 무자비하게 진압한 것에 대해 '노이에 포럼'이 벌인 항의 행사에 참가했다. 그다음 날 라이프치히에서는 매주 월요일에 열리는 가두시위에 7만 명이 참가해 도심을 가로질러 행진했다.[17] 동독에서 1953년 6월 17일 이후로 벌어진 가장 대규모의 저항 행위였다. 시의 라디오 방송을 통해 성명이 전달되었다. "우리들 모두는 이 나라에서 사회주의의 계승, 발전에 관한 자유로운 의견 교환을 필요로 한다."[18] 여기에 서명한 사람은 사회주의통일당의 지구당 서기장 세 명, 지휘자 쿠르트 마주어르Kurt Masur, 목사 페터 치머만Peter Zimmermann 그리고 카바레 작가 베른트루츠 랑게Bernd-Lutz Lange였다. 이 성명은 시위대에게 중단을 촉구하는 내용이었고 동시에 정치권에 변화가 불가피하다는 지적도 했다.

교회, 문화, 학문 분야의 저명인사들이 갈수록 항의에 많이 참가했다. 호소 내용은 신중하고 사려 깊었다. 호소문은 선거권의 개혁, 권력 분산, 파업권을 가진 독자적인 노동조합, 종업원의 공동 결정을 통해 사회주의를 지속 가능하도록 만드는 것을 목표로 하고 있었다. 당 정치국은 마지못해 대화 예고를 하는 것으로 대응했다(10월 11일). 내무부 측에서는 수개월 전부터 늘어나고 있는 체코슬로바키아 공화국을 통한 자국민의 출국 물결을 저지하려는 시도가 있었다. 10월 12일에 연금 생활자와 노동 불능자만이 체코행 여행 신청서를 제출할 수 있다는 발표가 나왔다. 같은 날 학문과 문화를 담당하는 당 중앙위원회 이념 담당 서기장 쿠르트 하거Kurt Hager는 '국가의 현안 문제 해결에 관한 토론회'를 열자고 호소했다. 수많은 시위 구속자들이 석방되었다(10월 15일). 베를린의 구세주 교회에서는 '폭력에 항의하는 콘서트'가 열렸다. 가수와 작가들은 근본적인 개혁을 촉구했다. 작가 크리스토프 하인Christoph Hein은 '공공연하게 가해진 보안 요원들의 폭행'에 대한 조사위원회를 구성하라고 요구했다.[19] 플라우엔에서는 과감한 변화를 요구하는 2만 명의 시민들이 시위에 나섰고, 할레에서도 동일한 수의 시위대가 동원되었다.

라이프치히에서는 (10월 16일에) 그 어느 때보다 많은 참가자들이 모인 월요일 가두시위가 계속 이어졌다(12만 명). 니콜라이 교구의 투레크Turek 목사는 시위대의 수가 매주 엄청나게 늘어나는 이유를 이렇게 설명했다. "호소와 경찰 투입과 그 외의 억압으로는 아무것도 멈추게 할 수 없습니다. 시위대는 누구에 의해서도 조직되지 않았기 때문에 거기에 호소할 수도, 개입할 수도, 무엇을 하지 못하도록 제지할 수도 없습니다."[20] 위계적으로 체계화되지 않은 운동은 일련의 명령에 의존하는 국가의 법 집행 세력들과는 근본적으로 다르게 작동한다.

대중 시위는 심대한 효과를 보여주었다. 10월 18일에 일반 국민들은 사회주의통일당의 총서기장 에리히 호네커가 사임했다는 소식을 접하게 되었다. 그의 후임은 에곤 크렌츠가 맡았다. 당 정치국의 주요 위원들이 면직되었다(귄터 미탁Günther Mittag과 요아힘 헤르만Joachim Herrmann). "이로써 에리히 호네커의 실질적인 권력 기반이 무너졌고, 동독 역사에서 한 시대 전체가 끝났다."[21] 그렇지만 당 수뇌부를 교체한다고 해서 항의를 종결하기에는 역부족이었다. 전국에서 시위가 이어졌다. 정치국 위원 귄터 샤보브스키Günter Schabowski와 베를린 수석 시장 에르하르트 크라크Erhard Krack가 시위대와의 토론에 나섰다. 그러나 이 직접적인 대화 시도는 정치적 갈등을 더 이상 누그러뜨릴 수 없었다. 라이프치히에서는 10월 22일에 콘서트홀에서 공개 토론이 열렸다. 10월 9일의 시위를 비폭력적으로 진행하는 데 결정적인 기여를 했던 쿠르트 마주어는 라이프치히를 타협적인 토론의 '모델케이스'로 거명했다. 정치 여건의 개선, 교육 제도의 개혁, 생태학, 도시개발 같은 테마들은 "모든 이해 당사자들의 참여하에 상의되어야 하며……, 그래야만 구체적인 의결 권고안이 생긴다."[22] 10월 23일에 구도심을 에워싸는 순환 도로에서 벌어진 그다음 월요일 시위에는 30만 명이 참가했다. 그 외의 20개 시에서도 수만 명이 길거리로 몰려나왔다.

10월 24일에는 에곤 크렌츠가 최고인민회의에 의해 국가평의회 의장 겸 국방위원회 위원장으로 선출되었다. 국가수반 선출 사상 처음으로 만장일치가 이뤄지지 않았다. 반대표와 기권표도 나왔다. 동독 미디어들은 시사적 사건들에 관해 대단히 솔직하게 보도했다. 노이에 포럼의 발기인인 베르벨 볼라이Bärbel Bohley, 옌스 라이히Jens Reich, 제바스티안 플루크바일Sebastian Pflugbeil이 귄터 샤보브스키의 대화 초청에 응했다. 이와 비슷한 만남이 로슈톡, 게라, 드레스덴에서도 이뤄졌다. 당은 사태를 완화하기를 원했다. 저녁에는 샤보브스키가 훔볼트 대학에서 연설을 했다. "동독에 도입된 변화들이 매우 늦어진 것은 사실이지만, 완전히 늦은 것은 아닙니다."[23] 이것은 동독 지도부가 개혁에 불만을 보인 것에 관해 고르바초프가 언급한 내용을 넌지시 빗대어 한 말일 가능성이 높다.

10월 27일에 국가평의회는 불법으로 출국한 동독 시민들의 사면을 결의했다. 이로써 시위대의 요구사항 하나가 성취되었다. 동독의 수뇌 정치인들이 대규모 행사에서 주민들과의 토론에 나섰다. 그들은 국가안전부, 경찰, 당 정치국, 당 정치국 소재지인 반틀리츠에 대한 비난을 듣지 않을 수 없었다. 라이프치히에서는 또다시 수십만 명이 월요일 시위에 참가했다. 에곤 크렌츠의 방침에 맞서 11월 3일에 사회주의통일당 드레스덴 지부는 한스 모드로Hans Modrow의 주도로 작성된 성명서를 발표했다. 일련의 개혁의 조짐이 명확히 인식되었다. 크렌츠 자신은 그날 저녁에 텔레비전과 라디오로 중계되는 연설에서 모든 시민들에게 도움을 호소했다. 그는 대대적인 개혁과 함께 동독에서의 삶에 중대한 영향을 미쳤던 정치인들의 사퇴를 예고했다. 그들 중에는 에리히 밀케Erich Mielke(국가안전부 수장), 쿠르트 하거, 헤르만 악센Hermann Axen(당 중앙위원회 외교 정책 담당 서기장)도 포함되어 있었다. 여기서 약속된 혁신안은 무엇보다 헌법재판소의 설립과 정치제도, 행정, 경제 분야에서의 폭넓은 개혁이었다.

크렌츠의 이 연설은 연극인과 예술가 들이 준비한 대규모 시위가 예고되고 승인까지 받은 상황을 배경으로 나왔다고 볼 수 있다. 11월 4일에 벌어진 시위운동은 오늘날 참가자들 사이에서 동독 국가 지도부에 대한 저항의 결정적인 사건으로 간주되고 있다. 이 사건은 당시까지 동독 역사상 가장 규모가 큰 시위 대중을 한곳에 집결시켰다. 참가자 수는 50만 명이 넘었을 것으로 추산된다. 이 행사는 국영 텔레비전에 의해 생중계되었다. "인민 경찰과는 안전 협약을 맺었습니다. 제복을 입은 경찰들은 거의 어디에도 보이지 않습니다."[24] 투입 병력은 '시위 장소에서 확실히 멀리 떨어져 뒷전에 머물고 있었다.'[25] 베를린의 알렉산더 광장에서 열린 행사 종료 선언에 나선 연사들 중에는 저명한 지식인, 작가, 배우, 예술가, 민권 운동가 들이 있었고, 무엇보다 슈테판 하임Stefan Heym, 크리스타 볼프Christa Wolf, 크리스토프 하인 그리고 심지어 귄터 샤보브스키 같은 당 고위 간부들도 있었다. 이 대규모 시위는 최종적인 전환점을 기록했다(이 표현은 당시에 이미 사용되었다). "이제부터 더 이상 후퇴는 없다."[26] 하지만 연사들이나 대부분의 참가자들이 결코 동독을 해체하려는 시도를 하지는 않았다. 오히려 동독을 현대화되고 인간 친화적인 사회주의 국가로 개조하는 것을 중요하게 여겼다.

11월 6일 월요일에는 새로운 여행법 초안이 발표되었다. 이것이 시위대의 분노를 사게 되었다. 출국 서류의 처리 기간이 너무 길다고 받아들여졌기 때문이다. 그들은 이 초안이 국가 지도부가 근본적인 변화를 가져올 능력이 없음을 보여주는 것이라고 비판했다. 라이프치히 월요일 시위에서는 수십만 명의 참가자들이 연호했다. "너무 늦다, 너무 늦어!" 그들은 더 이상 약속에 속아 넘어가지 않았다. 요구는 갈수록 과격해졌다. "우리는 법을 필요로 하지 않는다. 장벽은 제거되어야 한다!" "사회주의통일당은 물러나야 한다." 그다음 날 최고인민회의의 법사위원회는 법률 초안을 불충분하다며 기각했다. 정부는 물러섰다. 출국 문제가 해결되지 않았음에도 불구하고 체코슬로바키아를 통한 출국 행렬은 줄지 않고 이어졌다.

11월 8일 오전에 당 중앙위원회 전체 회의가 열렸다. 국민들은 대대적인 인적 쇄신이 나올 것으로 기대했다. 정오에 라디오 방송은 당 정치국 전체가 철폐되었다고 알렸다. 동독 역사상 완전히 새로운 사건이었다. 에곤 크렌츠가 총서기장으로 재선출되었다. 중앙당사 앞에는 일반 대중 당원 5만 명이 모였다. 여기서 처음으로 맞불 시위를 벌이는 대중이 모습을 드러냈고, 구 지도부와 비통한 마음으로 결별했다. 에리히 호네커를 파면시키기 위해 당 중앙위원회 건물 앞에서 연사들 중 한 명은 이렇게 주장했다. "10월 9일에 이미 라이프치히의 대중 시위를 온갖 수단을 동원해 저지하라는 명령을 하달했다. 그날 동독은 내전에 직면해 있었다."[27] 크리스타 볼프는 동독 텔레비전 방송에 출연해서 수많은 예술가들과 야당 단체 대표들 명의로 출국을 원하는 모든 사람들에게 국내에 머물러달라는 호소문을 낭독했다.

결정적으로 중요한 11월 9일이 찾아왔다. 당 중앙위원회는 전체 회의를 속개했다. 귄터 샤보브스키가 외신 기자단 앞에 나와 회의 결과를 알렸다. 며칠간의 마라톤 회의로 지치고 상황에 떠밀려 우왕좌왕하고 있는 것이 확연해 보였다.[28] 무심코 한 말인지는 몰라도 그는 기자회견이 끝나기 직전(정확히 19시 07분)에 "동독은 국경을 이미 개방했습니다" 하고 털어놓았다. 메모지 한 장을 꺼내 다음과 같은 글을 큰 소리로 낭독했다. "사적 목적의 외국 여행은 전제조건(여행 사유와 친척 관계) 서류를 제출하지 않고서도 신청할 수 있습니다. 내일 오전 8시부터 누구나 담당 관청에서 비자를 수령할 수 있습니다."[29] 회견장의 누구도, 샤보브스키 자신도 이 발언이 정확히 무슨 뜻인지 몰랐다. 하지만 참석한 기자들은 그 말에 명확한 의미가 있다고 받아들였고, 따라서 그 발언은 기정사실이 되었다. 서베를린으로 통하는 국경이 개방된 것이다. 미국 텔레비전 방송 NBC의 수석 리포터 톰 브로카우Tom Brokaw는 샤보브스키의 발언 직후 브란덴부르크 문과 연결된 장벽 앞에 서서 생방송으로 미국에 보도했다. "오늘 밤은 역사적인 날입니다. 동독 정부는 방금 동독 시민들이 내일 아침부터 장벽을 통과할 수 있다고 발표했습니다. 아무런 제한도 없습니다."[30] 여러 국경 통과 지점에서는 서베를린으로 가려는 사람들 무리가 정체되기 시작했다. 국가의 명령 메커니즘은 더 이상 작동되지 않았다. 국경 수비대는 명확한 지침을 받지 못해서 출국자들 무리가 위태하게 늘어나는 것을 보고 어떻게 행동해야 할지 몰랐다. "자정에 각 국경 지휘관들은 문을 그냥 열어주기로 결심했다."³¹ 그날 밤과 그다음 날에는 동독 시민들이 꼬리에 꼬리를 물고 서부 방향으로 밀려왔고, 환호를 보내는 서베를린 시민들의 환영을 받았다.³²

장벽 개방과 더불어 동독의 개혁을 요구해왔던 대중운동도 그 성격을 바꾸었다. 그다음 몇 달이 흐르는 동안 시위를 하던 기간보다 훨씬 더 심한 격동이 벌어졌다. 11월 10일부터 인민 경찰의 등록소에는 여행 비자가 나오기를 기다리는 사람들이 밀어닥쳤다. 당시 벌어진 사건들은 동독 지도부의 권위를 송두리째 뒤흔들었다. 지도부는 개혁 요구를 실행할 의사가 있다는 신호를 보내기는 했지만 아무런 신뢰를 얻지 못했다. 국민이 국가의 통제에서 벗어나면 위에서부터의 개혁은 무의미하다. 그러나 시위 대중이 원래 의도했던 아래로부터의 개혁도 이런 여건에서는 제대로 이뤄질 수 없었다. 서독 정치권은 동독 국내 주민의 이탈 행렬(비록 저녁에는 다시 집으로 돌아왔지만)과 국가 조직의 계속되는 세력 상실로 상황이 유리하게 돌아가자 동독 사태에 대한 영향력을 점점 더 키워갔다. 헬무트 콜 수상은 본에서 미하엘 고르바초프와 통화를 했다. "콜은 동독에서 개혁이 시작된 것을 환영하며, 개혁이 조용한 분위기에서 시행되기를 바란다고 구소련 당 의장에게 전했다. 다음으로 그는 고르바초프에게 자신은 상황이 조금이라도 과격해지는 것을 거부하며, '동독 사태가 혼란에 빠지는 것을 전혀 바라지 않는다'고 단언했다. 고르바초프는 콜 수상에게 사회주의통일당이 '방향 전환'을 하는 데 시간 여유를 주고, 부적절한 행동으로 그 일에 해를 끼치지 말도록 신신당부했다."³³ 같은 날 오후에 서베를린 경찰청장이 찰리 국경 검문소Checkpoint Charlie 한

가운데서 동독의 국경 사령부 사령관 대행과 만났다. 이로써 "국경에서 군사 행동과 유혈사태가 벌어질 위험은 제거되었다."[34] 그러나 이와 더불어 자발적으로 행동하고 독자적인 조직 형태를 갖추었던 자신감 넘치는 시위 대중의 시절도 끝났다. '방향 전환'을 '통일'로 변화시킨 그다음 사건들은 무엇보다 글로벌 정치권과 그들의 타결 절차가 짜놓은 각본대로 일어났다.

　　대중운동을 통해 정권을 무혈로 전복한 것은 이례적인 일로 보인다. 하지만 1974년에 포르투갈에서 일어난 카네이션 혁명이 보여주듯이 특이한 일은 아니다. 이런 진전을 불러오기 위해서는 특별한 상황, 무엇보다 그 전에 어떤 정당, 국가 혹은 집권 당파의 권력 조직 내부에서 세력이 상실되기 시작해야 한다. 2016년에 서울에서는 권위적으로 통치하던 박근혜 대통령의 열성 비판자들이 시위대를 도심에 집결시키는 데 성공했고, 참가자들의 수도 꾸준히 늘어났다. 대통령과 측근 최순실의 명백히 드러난 부패상에 대한 저항은 원래는 지식인, 예술가, 대학생, 시민단체 대표들의 반복적인 평화 시위로 시작되었다. 갈수록 참가자 수가 늘어나는 가운데 그들은 매주 서울 도심의 광화문 네거리에 모여 68년 파리의 5월 항쟁 때처럼 대규모 거리축제의 성격을 띠는 시위를 벌였다. 아이들을 데리고 나온 가족들도 많이 포함된 시위대는 촛불을 손에 들고 대통령에게 물러날 것을 요구했다. 커다란 무대에는 발언자들이 등장했다. 그들의 연설 모습은 대형 스크린을 통해 중계되었다. 바그너라는 한 독일 작가는 이때 자신이 받은 인상을 이렇게 설명했다. "나는 자신감 넘치고, 행복해하고, 감동받고 또 매우 결의에 찬 많은 얼굴들을 보았다. 그들의 표정은 이렇게 말하고 있었다. '우리는 우리의 요구사항이 이뤄질 때까지 여기에 앉아 있고, 여기에 서 있을 것이다. 필요하다면 다음 주에도 다시 나올 것이다. 그 후에도 또.' 그래서 나는 이렇게 받아들였다. 여기서는 시위를 벌여도 되는 자유가 스스로 자축하고 있는 것이라고."[35] 우리가 관찰한 내용도 별 차이가 나지 않았다. 예전 독재자의 딸이자 아버지의 추종자들에 둘러싸여 있던 박근혜를 군부 세력이 도우러 나설 것이라는 염려가 오랫동안 있었다. 경찰과 군대가 나서지 않을 것이라는 사실이 밝혀지자 시위대는 국회에서 탄핵 소추안을 통과시키기 위해 여당을 이길 수 있다는 자신감을 얻었다. 시위대는 참가자 수가 200만 명이 넘는다고 추산될 때까지 그리고 대통령이 완전히 고립된 신세가 될 때까지 축제를 벌였다. 결국 박근혜는 자신을 지지했던 여당과 아버지의 추종 세력에게서 버림받고, 국회에서의 원군도 잃고, 대통령직에서 쫓겨나 법정에 세워졌다. 우리가 참가자들에게서 들은 보고에는 새로 성취한 민주적인 한국 시위문화에 대한 자부심과 긍지가 배어 있었다.

· · · · 대중 속의 개인들

우리는 대중운동의 발생과 흐름을 몇 가지 사례들을 들어가며 꽤 상세히 설명했다. 그래야 과거의 대중 이론(르봉, 타르드, 프로이트, 카네티)이 새로운 대중운동과 대조해볼 때 얼마나 일면적인지 알 수 있기 때문이다. 이 계획은 새로운 대중에 대한 앞으로의 설명과 과거의 대중 이론에 대한 비판에 길잡이가 되어줄 것이다. 앞서 소개한 사건들의 참가자들에 관한 설명에서 대중 체험을 할 때 흔히 간주되듯이 자신의 자아를 상실한 사람은 없다는 사실이 명확히 드러난다. 오히려 대중이 형성되는 순간에 그들이 경험하는 자아-강화ego-strength는 뚜렷해진다. 다시 말해 용기와 일체감을 경험하고, 집단의 위력과 자신의 자아를 느끼는 것이다. 1966년의 베를린, 1968년의 파리, 1989년의 라이프치히, 2016년의 서울. 이 대사건에 참가한 사람들과 대화를 해보면, 함께 참여했다는 자부심이 묻어나온다. 참가자들은 '그것은 나의 사건이기도 했다'는 근본적인 경험을 보여준다. 그들은 대중 행사에 대한 강렬한 경험을 그 후의 삶에서도—단지 기억으로서만이 아니라 자아의 구성요소로서도—간직하고 있다. 그렇게 되면 참가하지 않은 것은 기회 상실처럼 여겨진다. 대중이 일으킨 역사적 사건에 참가한 것은 정당하건 아니건 간에 개인의 기억 속에서는 자기 자신의 중요성이 높아지는 결과로 이어질 수밖에 없다. 그렇지만 실제로는 참가자들 중 누구도 대중의 일에 이렇다 할 영향을 미치지 못했다. 누구도 그 일을 조종할 수 없었을 것이다. 대중 현상을 비판하는 사람들은 개인의 기여가 보잘것없음을 강조한다. 그들의 역사관이 소위 역사의 흐름을 조종할 수 있다는 위대한 개인의 모습에 영향을 받은 것은 공공연한 사실이다.

'의식 없는 대중 속의 개인들'과 전략적으로 계획을 짜는 지도자들을 단순히 대비하는 것은—아무튼 1960, 70년대부터 등장한 새로운 대중에게는—더 이상 통하지 않는다. 지도자는 독자적으로 행동하는 자율적 주체도 아니고, 대중 속의 개인도 지도자를 맹목적으로 따르지 않는다. 지도자가 없는 대중을 지도자가 있는 대중과 구분하는 주요 특성은 무엇보다 두 대중의 서로 다른 사회 여건에 있다. 지도자가 없는 경우에 대중은 즉흥적으로 형성되며 지속적인 조직을 가지지 않는다. 지도자가 있는 경우에 대중은 체계화되고 대부분 제도화되어 있다. 즉흥적인 대중과는 달리 조직은 제도화된 대중을 꽤 오랜 기간에 걸쳐 지속될 수 있게 해준다. 첫눈에는 두 유형이 서로 명확히 구분될 수 있을 것 같아 보인다. 더 자세히 살펴보면 즉흥적인 대중도—물론 간헐적으로만—특정한 규칙들을 따를 수 있다는 사실이 드러난다. 즉흥적 대중은 심지어 대단히 엄격한 조직을 가질 수도 있다. 가령 어떤 축구팀 팬들은 리더를 갖춘 체계화된 대중 집합체를 이룬다. 리더들은 경기가 벌어지는 동안 오래되고 경험 많은 팬들의 지원을 받아 의례 행위가 지켜지도록 주의를 기울인다. 즉흥적 대중은 의례 문제에 있어 종종 제도화된 대중보다 더 엄격히 규정을 준수하도록 요구한다. 아무런 내부 조직도 없는 즉흥적 대중은 드문 편이지만, 그들은 도주 집단과 공포 집단으로 보이게 하는 모습으로 일반인들의 뇌리에 남게 된다.

제도화된 위계적 대중은 공동 행동에 나설 때 종종 짐작보다 덜 체계화된 것처럼 보이기도 한다. 가령 전시의 군인 집단에서는 열병식을 할 때와는 달리 편성 대형 내에서 종종 계획된 작전을 망쳐놓는 교란이 나타나기도 한다. 이상적으로 따져보면 고도의 규율이 필요한 전투 행동에서는 엄격한 질서가 유지되어야 한다. 그래야 각 단위 부대가 공격을 할 때 흡사 본부의 지시에 의해 원격조종되는 것처럼 할당된 조별로 나뉘어 투입되고, 전체 작전의 일사불란한 총체적 움직임이 생겨난다. 하지만 전투를 벌이는 현실에서는 정평이 난 부대에서조차 면밀하게 짜낸 전투 계획이 무용지물이 되어 군인들이 마치 무질서한 대중처럼 행동하는 일이 벌어질 수도 있다. 이러한 고찰을 모범적으로 보여주는 사례는 레프 톨스토이가 『전쟁과 평화』에서 나폴레옹의 러시아 출정 때 벌어진 대전투를 묘사한 부분이다. 그의 소설은 조직화된 집단의 패배를 서사적으로 방대하게 묘사한 것으로 해석될 수 있다. 대중행동에는 무수히 많은 행위들이 섞이고 결합되고 서로 상승작용을 일으키지만, 서로를 방해하기도 해서 전혀 뜻밖의 일이 벌어지기도 한다. 이 두 경향은 서로 어떤 관계에 있는가? 이것이 톨스토이가 나폴레옹의 엄청난 군인 집단과 러시아 차르의 군대의 대결에 관해 역사철학적으로 깊이 있게 살펴본 중요한 주제다.

1968년에 벌어진 파리의 5월 항쟁 때 중요한 프랑스 지식인들 중 한 사람이었던 자크 랑시에르는 에세이 「전장에서: 톨스토이, 문학, 역사」에서 톨스토이가 고찰했던 부분에 대해 언급한다.[36] 랑시에르에 의하면 톨스토이는 이 소설에서 위대한 군사 전략가들이 전장에서 벌어지는 일에 대해서는 아무런 위력이 없음을 입증한다는 것이다. 전투를 벌일 때의 활동은 그들에게 달려 있지 않다. 그것은 오히려 우연, 착오, 오해, 불안, 실제 상황에 대한 무지에 의해 수행된다. "명령을 받지 않거나 넋이 나간 상태에서 공격하는 사람의 무분별한 행동이 질서정연한 모든 전략들보다 더 효과적인 것으로 드러날 수도 있다."[37] 위대한 전략가들의 지식은 전투에서 별로 중요하지 않다. "반대로 그 지식은 허상으로서는 가치가 높다."[38] 역사 기록자들은 전투를 자신이 사후에 "전투에서 실제로 벌어진 일을 전략 개념에 맞도록 다시 옮겨 놓고, 그렇게 해서 공식적인 허구를 완벽하게 꾸미는" 식으로 고쳐 쓴다.[39] 실제로는 "필요에 따라 질서정연한 행동을 보여주는 모델 전체가…… 와해된다."[40] 진정한 승자는 전략가 쿠투조프Kutuzov이다. 그는 "대중이 진정한 영웅이라는 사실을 알고 있다." 그러나 대중은 위대한 영웅을 대신하는 것이 아니라 '바로 그들에게 영웅적 자질이 없기 때문에' 스스로가 영웅인 것이다.[41]

톨스토이는 성찰을 통해 나폴레옹 전쟁에서 대중이 역사의 주체가 되기는 했지만, 그들은 위대한 인물들, 성공적인 전략가들에 대한 전형적인 역사 기술에는 적합하지 않다는 결론을 내린다. 역사적 대중의 출현의 역동성을 사실적으로 묘사하는 것은 질서, 예측성, 계획성을 원하는 역사가의 욕구에 방해가 된다. 일어나는 일들을 전체적으로 조망할 수 없고, 그것을 유발하는 인자가 무엇인지 확인도 불가능한 상황이 대중을 비이성적이라고 혹평하는 이유가 된다. 톨스토이가 내린 가치 판단은 대중의 숭배가 아니라 사실주의적 시각이다. 대중을 통제하는 것이 무의미하다 해도 우리는 그들의 즉흥적인 행동이 일으킨 결과가 자신이 도모하는 일에 유익해지는 순간을 기다릴 수는 있다.

톨스토이의 작품을 읽어본 사람은 전쟁에서 왜 특정한 일에서 성공을 거두고, 그것을 왜 하필이면 특정한 전략을 통해 이루는지에 대한 이유가 전혀 존재하지 않는다는 사실을 이해하게 된다. 이것은 19세기 초에 일어난 전쟁만이 아니라 20세기 후반의 전쟁에도 해당된다. 이때는 중무장한 군대와 최고의 교육을 받은 장군들이 전략적 규범에 부합하지 않는 적에게 빈번하게 패했다. 특히 침투 부대가 점령당한 나라의 주민들을 상대로 벌인 전투에서 참패했다. 톨스토이는 (스탕달과 빅토르 위고도 주목했던) '전장의 주변부에서' 벌어지는 사건들을 진정한 결판이 벌어지는 전투의 중심지로 고찰한다. "위대한 행동들은 무수히 많은 사소한 우발적 활동들로 이뤄질 뿐 아니라 행하고 행하지 않는 것도 분간할 수 없게 된다."[42] 개입할 수도 개입하지 않을 수도 없는 상황은 쿠투조프 장군의 활동에서 드러난다. "전략을 따르지 않는 전략가인 그가 전투에서 승리하는 이유는 계획을 무시하고 우연과 각 집단들에게 자신의 업적을 이룩하게 해주고, 역사를 만들어가는 진정한 힘을 인정해주기 때문이다."[43] 승리는 우연의 힘을 믿는 사람에게 돌아간다. 통제 상실을 감수하는 사람은 일이 자체적으로 돌아가게 해주는 동력을 신뢰한다. 그는 니체의 말을 빌리자면 어떤 명령, 어떤 말을 통해서도 이뤄질 수 없는 '생성의 무죄'를 믿는다.

결국에는 역사를 서술하는 사람은 승자들이 아니다. 나중에 정해질 '승자들'과 '패자들' 사이에서 일어나는 우발적인 사소한 사건들의 주인공인 말없고 이름 없는 다수가 역사를 서술한다. 이 다수는 위대한 개인들의 행동을 모범으로 삼는 공식적인 역사 서술에 의해 '목적의 세계(니체)'로 옮겨진다. 다수는 이렇게 해서 하나의 '의미'를 얻고 후세가 이해할 수 있게 되는 것이다. 실제의 역사는 '권력자의 비서들'에 의해 기술되지 않는다. 실제의 역사는 '말없는 사람들의 행동에 대한 증거들에 근거를 두고 기록되는 대중의 역사'다. 이 대중의 역사는 마르크 블로크와 뤼시앵 페브르에 의해 '대중과 물질적 삶의 장기적 주기의 역사'라는 개념 구상으로 계승, 발전되었다.[44] 이 개념화는 프랑스의 영향력 큰 역사가 집단인 아날Annales 학파의 토대가 되었다.

2장

대중은 어떤 원리로 움직이는가?

역사 기술에서 오랜 기간에 걸쳐 다수의 사람들을 신분과 관계없이 포괄하고 공통된 특성들을 통해 표시하는 용어는 하나밖에 없었다. 바로 민중이다. 낭만주의 이전 시대에 이 특성들은 공통의 역사, 언어, 문화, 가치관, 성격 특징이 아니었다. 오직 민중이 경계가 정해진 지역에서 거주하면서 특정한 법적 보호 장치, 계약, 통치 관계, 전통을 인정한다는 사실밖에 없었다. 미셸 푸코는 17, 18세기의 통치자들은 민중에서 주민이라는 특수한 범주를 만들어냈다고 지적한다. 이것은 통치 기능상의 명칭으로, 한 지방의 거주자 무리를 그들의 생산성과 인원수와 관련시킨 것이다.[1] 그 외에도 마치 우수리를 뭉뚱 그린 범주인 것처럼 최하층 주민들에 대해 경멸적으로 사용되는 '천민', '하층민' 같은 명칭도 있었다. 이 명칭들은 민중으로 아우러지지 못하는 수준 이하의 불안정한 개인들을 나타내는 일종의 집합명사로 이해되었다. 오늘날의 어법으로 표현하자면 사회 부적응자라 불릴 것이다.

　1789년에 프랑스 혁명이 발발하자 이 역사적 대사건에 참여한 사람들을 보는 시각이 바뀌었다. 이제 이들은 혁명적 사건을 기술하는 데 있어 하나의 역사적 세력으로 변한 대중이 된다. 그러나 명확히 알아볼 수 있는 의도와 목표를 가진 집단적 주체가 된 것은 아니다. 오히려 예견할 수 없고 종종 까닭 모를 이유에서 불붙기도 하는 불꽃에 비유할 수 있다. 대중의 매력적인 면은 즉흥성과 행동의 파괴력이다. 역사 기술에 있어 사태의 흐름에 미치는 그들의 영향력은 극적이고 심하면 과도한 것으로까지 묘사된다. 하지만 대중을 사회적, 심리적, 정치적 현상으로 분석할 수 있는 학문은 역사 외에는 전혀 없었다. 새로 도입된 학문 분과인 심리학과 사회학이 확고한 기반을 잡은 19세기 말에 와서야 두 명의 프랑스인 학자들, 즉 가브리엘 타르드와 귀스타브 르봉이 이 현상을 분석하기 시작했다. 프랑스에서는 대중이 가장 인상 깊게 출현했을 뿐 아니라 신학문도 가장 폭넓게 발전해 있었기 때문이다. '대중'은 엄청나게 모인 사람들 무리를 나타내는 집합명사였다. 그뿐 아니라 대단한 정치 효과를 유발할 수 있는 긴박하고 역동적인 사회-정신적 상태를 나타내는 명칭으로도 여겨졌다. 이 두 학자들이 품었던 최초의 의문은 대중 특유의 속성에 관한 것이다. 어떤 사회-정신적 동력이 대중을 형성하는가?

· · · · · 르봉과 집단 최면 상태

대중이 형성될 때는 개인들 사이에 새로운 사회-정신적 상태가 생겨난다. 대중 속의 개인의 상황은 개인 자신은 물론이고 다른 참가자들에 대한 관계도 변화시킨다. 대중의 탄생과 더불어 정신적 동력이 실린 새로운 사회 집합체가 생겨난다. 르봉이 이 인식을 처음으로 명확히 표현한 것은 아니다. 시기상으로 그에 앞서 스키피오 시겔레Scipio Sighele와 가브리엘 타르드도 그와 비슷한 생각을 제시했다. 대신 르봉은 가장 강력한 주장들을 내세워 이들의 생각을 뒷받침했다. 그는 무엇보다 대중이 장래의 세계사적인 힘이라는 주장을 함으로써 영향력을 얻었다. 인류는 '대중의 시대'에 직면해 있다는 것이다.[2] 르봉은 이 새로운 사회 세력이 미래에, 특히 정치에 미칠 중요성을 알아차렸고, 이것이 작용하는 방식을 상세히 서술했다. 그는 타르드의 사회적 모방 이론과 프랑스 심리학이 획기적으로 발견한 최면 상태에서 결정적인 자극을 받았다.

　　이로써 르봉은 두 가지 해명 단서를 손에 넣었고, 이 둘을 단 하나의 개념 구상으로 결합시켜 대중 현상에 대한 최초의 학문적 설명으로 내놓았다. 대중의 정신 상태는 최면에 빠진 인간의 상태에 견줄 수 있으며, 이 상태는 모방을 통해 수많은 사람들에게 전파된다는 것이다. 이렇게 결합된 르봉의 개념은 자신이 추가한 두 가지 유추 해석을 통해 더욱 심화되고 강화되었다. 심리학자가 최면에 걸린 시험 대상자를 조종하듯이 민중의 보호자도 청중들에게서 집단 상태를 불러일으킨다. 이 상태는 사회적 모방을 통해 확산된다. 사회적 모방은 대규모 군중에게서는 병균을 통해 감염되는 것과 같은 작용을 한다. 다만 대중이 형성된 경우에는 질병이 아니라 정서가 확산된다는 차이가 있다. 르봉은 개인심리학으로부터 최면 상태라는 개념을 대규모 군중에 전용했고, 이렇게 해서 그 범위를 사회심리학으로 확대했다. 그는 최면술사 자리에 지도자라는 인물을 내세웠다. 최면 상태에서처럼 대중은 의식을 잃게 만드는 다른 상태에 빠져든다는 것이다.

거의 같은 시기에 사회학자 에밀 뒤르켐은 (타르드와 르봉과는 달리 인종학적 고찰의 경험적 기반에서) 학문적으로 큰 성과를 거두게 될 개념들을 이용해 종교적인 면의 사회학을 발전시켰다.[3] 대중사회학과 종교사회학이라는 두 이론 방향은 보통 별개로 취급된다. 그러나 실제로는 중첩되는 부분이 많다. 뒤르켐은 종교적인 면을 사회적으로 생겨난 주술의 한 형태로 간주했다. 이 주술이 위력을 보이는 이유는 참가자들이 평소와는 다른 몸 상태를 불러오는 공동의 제의식 행위를 통해 그것을 만들어내기 때문이다. 이 비일상적인 몸 상태는 말하자면 그들의 내면을 들끓게effervescence 만들고, 공동체 전체를 사로잡고, 그 구성원들에게 새로운 느낌이 들게 해주고, 그들의 생각에 지속적으로 영향을 미친다. 이것은 오늘날까지도 감각적 인상과 정서적 효과를 일으키는 대규모 종교 행사에서 의례 행위, 무릎을 꿇고 일어나고 기도를 올리는 집단행동, 공경하는 자세와 합창, 성호를 긋는 엄숙한 행위를 통해 얻어지는 작용들이다. 종교적인 면의 사회적 역할은 1900년경에 밝혀져 있었지만, 그때까지 사회학적 현상으로 설명되지는 않았다. 학문적으로 분석하려는 뒤르켐의 시도는 성스러운 것은 해명이 불가능하고 유일무이하다는 신념과의 단절을 의미한다.

르봉도 이와 유사하게 기존의 통념들에 (그러나 뒤르켐과는 관련 없이) 강력한 일격을 가하려는 생각을 품고 있었다. 그는 합리적으로 행동하는 유럽인의 모습 옆에 자신이 알아낸 이성이 조종받는 행동을 이용해 유럽인을 비합리적으로 보이게 해주는 또 다른 모습을 나란히 세우려 했다. 그는 뒤르켐과 마찬가지로 종교적인 면을 대중의 공동체 형성communitization과 감정화emotionalizing의 결정적인 요인으로 보았다. 하지만 그 이유는 전혀 달랐다. 그는 대중의 모든 신념은 종교적 형태를 띤다고 주장했다. 대중은 '더 높은 것으로 추정되는 존재를 숭배하기' 때문에 종교적 감정들에 의해 지배되며, '그 존재에게 있다고 여겨지는 폭력이 두려워서' 그의 명령에 맹목적으로 따른다는 것이다.[4] 대중행동은 집단적 믿음과 대중 의식Massenseele에 의해 지탱된다고 한다.[5]

　　르봉이 대중에게 부여한 특성은 '미개인들'의 생각에 대한 당대의 인종학의 주장에 영향을 받은 것이 명백하다. 엄격히 유럽 중심적인 견지에서 미개인들의 생각은 연관성 없고, 개념 없고, 반이성적인 사고 형태로 해석되었다. 이 형태는 아동의 정신 발달의 최하위 단계에 해당하며, 일관성 있는 의식을 형성하는 것이 불가능하다는 것이다. 르봉에 의하면 무엇보다 자아−의식의 결여는 '미개인들'뿐 아니라 대중 속의 인간들의 두드러진 특성이기도 하다. 대중의 상태는 주로 정서적이고, 엄청나게 강렬하며, 인간들끼리 서로 친할 수 있게 해준다. 이것은 합리적 행동과는 완전히 동떨어진 비정상 상태이다. 최면에 걸린 사람의 경우처럼 대중 속의 개개인의 주요 특성은 다음과 같다. "의식하고 있는 개성이 줄어들고, 무의식적 기질이 우위를 보이며, 암시와 전이를 통해 생각과 감정을 동일한 방향으로 몰아가며, 주입받은 생각을 즉각적으로 실행하려는 경향이 있다. 개개인은 더 이상 본인 자신이 아니며, 자신의 의지대로 움직이지 못하는 자동인형이 되어 버렸다."[6] 개별 인간들뿐 아니라 대규모 집단, 심지어 국민들 전체가 이런 상태에 빠져들 수도 있다. 르봉은 이러한 퇴행이 어떤 원인 때문인지는 처음에는 미해결 상태로 버려둔다. 단지 퇴행은 사건들이나 특별한 사정에 의해 유발될 수 있다고만 말할 뿐이다. 대중의 구성원들은 일단 이 현대의 '미개인들'로 변하면 위험한 전염병에 걸린 것처럼 빠른 속도로 무수히 많은 개인들을 감염시킨다. 이 작용에 대해 르봉이 붙인 명칭 정신적 감염contagion mentale은 오늘날의 사회심리학 용어인 정서 전이emotional contagion와 정확히 일치한다. 감염은 우리에게 의식되지 않고 일어나는 일이다.

이런 식으로 생겨난, 정서적이고 초기 발달 단계에 머무는 대중의 특성들은 프랑스 혁명에 대한 서술에서 모범으로 많이 등장하고 있다. 르봉과 타르드는 이 보고들을 사례로 즐겨 인용한다. 인종학에서 '미개인들'에 관해 설명하는 내용을 이들은 자신의 역사적 전통으로 옮겨 놓는다. 대중은 현대 문명 내부의 미개인이라는 것이다. 프랑스 혁명에 대한 설명에서는 문화와 도덕의 버팀목 전체가 부러져나갔다는 사실이 끊임없이 강조된다. 민중은 자신을 마음대로 조종하는 유혹자들에게 몸을 내맡겼다는 것이다. 대중의 출현은 몰락 현상, 문화의 최종 상태로 과장되어 표현된다. 르봉은 자신이 찾아낸 역사적 '전거(이것은 터무니없는 내용들을 선정적으로 서술한 것 이상은 아니다)'에서 또 하나의 생각을 가려내 요약한다. 즉 대중은 극도로 흥분해서 행동한다는 점에서 사건을 불러일으키는 세력이기는 하지만 역사의 주역은 아니라는 것이다. 그 이유는 대중이 자신을 스스로 이끌어갈 수 없기 때문이라고 한다. 대중은 자신의 행동에 통일된 방향도 지속성도 부여할 수 없다. 대중은 정처 없이 돌아다니고, 일시적으로 축적해놓았을지도 모를 힘이 아무리 많아도 홀로 남겨지는 즉시 흩어진다는 사실이 끊임없이 입증된다. 대중이 자신의 행동에 지속성을 부여받으려면 지도자가 필요하다. 대중은 그들의 메커니즘을 능숙하게 이용하는 인물—르봉이 역사적 모범으로 여기는 사람은 나폴레옹이다—의 수중에 들어가면 매우 위험한 권력의 도구가 된다. 이 주장으로 인해 르봉의 얇은 책자는 비록 일관성 없고 억지 해석투성이지만 20세기 들어 성과가 가장 큰 저서들 중 하나가 되었다. 물론 그가 그럴 의도를 가지고 저술하지는 않았지만, 이 책은 독재자들에게 일종의 입문서로 사용되었다. 무솔리니, 히틀러, 스탈린은 이 책을 읽었을뿐더러 자신의 행동에 철저하게 적용하기도 했다. 오늘날에도 이 책은 그 취지에 맞게 포퓰리스트들의 행동에 큰 영향을 미치고 있는 것으로 보인다.

르봉은 독재자들을 위해 두 가지 인식을 더 갖춰놓았다. 대중이 처해 있는 집단 최면 상태는 인간의 정신에서 의식하고 있는 부분만 지워버리며, 반면에 개인의 생활에서 별로 드러나지 않는 다른 부분은 강화시킨다. 그것은 바로 우리들-감정(유대감)으로, 커다란 공동체에 소속되어 있다는 느낌을 말한다. 우리들이라는 집단이 나라는 개인을 대체하는 것이다. 르봉의 입장에서 대중은 각 구성 인자들을 합한 것이 아니라 새로운 성질을 띤다. 이와 비슷한 설명을 내놓은 타르드에게서는 인간의 사고와 행동의 모방적 특성에 대한 언급이 발견된다. 인간의 사회적 기질은 사회적 모방 능력과 성향에서 비롯된다는 것이다. 우리들-감정이 생기는 것은 남들이 나의 내면에 반영되어 나타나는 것이라는 설명이 가능하다. 나의 자리에 개인 존재의 집단 형태인 우리들이 들어서는 것이다. 르봉은 대중을 이루는 우리들을 개인인 내가 유아기로 퇴행한 형태로 여긴다. 우리들은 권위와 수완을 이용해 대중에게 방향과 의지를 부여해줄 지도자가 나타나기를 기다리는 집합체로, 내부적으로는 분류되어 있지도 않고 의식도 없다.

르봉의 설명은 대중의 참가자가 관찰하는 것에 기반을 두고 있지 않다. 그에게는 관찰 대상이 낯설다. 르봉은 경험에 의해 검증될 수 있는 어떤 인종학 자료나 사회학 자료를 내세우지 않는다. 대중의 행동 현장에 나가보지도 않은 것으로 보인다. 그래서 그에게는 대중의 내부자 시각이 결여되어 있다. 이 시각은 우리가 대중과의 접촉을 두려워하지 않을 때만 가질 수 있다. 르봉은 자신의 대상에 차근차근 접근하지는 않고 도덕적 권위에 대해 따지려 든다.

르봉은 사건이 내려다보이는 높다란 자리에 앉아서 지도자의 감화력이 무엇을 노리는지 간파한다고 믿는다. 바로 우리들의 '무의식'이다. 지도자들은 인상적인 말과 수사적 비유를 이용해 대중 구성원들의 내면으로 파고들어 특정한 '생각'을 은연중에 믿게 만든다. "그러나 어떤 생각이 마침내 대중의 의식에 새겨졌다면, 저항하기 힘든 위력을 발휘한다."[7] 이 생각은 '대중 의식'이라는 상상력을 점령한다. 르봉은 이렇게 해서 생겨나는 공상을 대중행동의 진정한 동인이라고 설명한다. 지도자는 매스 미디어를 이용해 자신의 연설을 보강하고 널리 퍼뜨린다. 르봉은 그 시대의 문명에 비하면 통찰력 있는 관찰자였던 것으로 드러난다. "주장하는 사실 그 자체가 아니라 그것이 어떻게 실현되는가 하는 방식이 민중의 의식을 자극한다. 사실을 간결하게 줄여서 정신을 가득 채우고 사로잡는 적절한 표상을 만들어내야 한다. 대중의 상상력을 자극하는 기술이 대중을 통치하는 기술이다."[8]

르봉의 이런 성찰이 대단히 날카로워 보이는 것은 사실이다. 아무리 그렇다 해도 위에서부터 내려다보는 시선으로는 대중 속의 개인들이 어떤 원리에 따라 움직이는지 설명할 수 없다. 그는 무의식에 관해 진술하면서 무의식이 대중의 상상력에 미치는 중요한 역할을 지적하는 데서 그치지 않을 수 없었다. 당시에는 아직 사회심리학이 생겨나지 않았다. 르봉은 아직 대중행동의 정신 역동론에 관한 인식은 활용할 수 없었다. 지그문트 프로이트가 1912년에 저서『집단심리학과 자아분석』에서 르봉의 생각의 실마리를 받아들여 자신의 정신분석학적 대중 이론에 적용하게 된다.

· · · · 프로이트의 대중심리학:
최면 상태와 리비도(본능적 욕망)

지그문트 프로이트는 대중이라는 현상을 개인의 정신에 관해 얻은 자신의 인식을 대규모 인간 집단으로 확대하는 계기로 삼았다. 그는 『집단심리학과 자아분석』[9]에서 타르드와 르봉의 전통적 이론을 실마리로 삼지만, 결정적인 부분에서는 완전히 다른 대중 개념 구상을 만들어 냈다. 프로이트는 자신의 과제를 이렇게 묘사했다. 한자리에 모인 수많은 나에서 공동의 우리들이 생겨나게 하는 과정을 심리학적으로 어떻게 파악할 수 있는가? 그는 '대중 의식'이라는 생각은 받아들이지 않았다. 프로이트는 개인의 정신으로 관심을 돌렸고, 개인의 정신이 대중을 형성하려는 내적인 성향이 있음을 보여주었다. 이를 위해 선배들이 아직 규명하지 못한 새로운 관점을 만들어냈다. 바로 내부자 시각이다. 그의 성찰의 기반이 된 것은 과거의 저서들을 연구해 파악한 인간 정신의 복합적인 구도이다.

　타르드와 르봉처럼 프로이트도 대중 속에서는 개인의 정신이 최면에 의해 변한다는 사실은 받아들였다. 그가 이 생각에 대해 개방적인 태도를 보인 이유는 자신이 프랑스에서 행해진 실험들을 커다란 관심을 가지고 ─ 부분적으로는 파리의 현장에서 직접 ─ 지켜보았기 때문이다. 프로이트가 대중 이론을 만들 계획을 세우게 된 것은 르봉의 성찰 때문이었다. 즉 많은 사람들이 함께 모여 있으면 자아는 무의식에 의해 조종당한다는 점에서 다르게 변한다는 것이다. 그렇지만 프로이트는 이 성찰을 다른 방식으로 이어나갔다. 그는 여기에 대해 개인은 대중 속에서 새로운 속성을 얻는 것이 아니라는 견해를 밝혔다. 이 새로운 속성이란 "다름 아닌 인간 영혼의 온갖 악한 것들이 기질로서 포함되어 있는 저 무의식의 표출일" 뿐이라고 한다.[10] 그렇지만 대중 속에서는 개인 생활에서와는 다른 정신력이 작용하며, 심지어 정신은 대중 속에서는 보통 상태에서와는 다르게 움직인다고 가정해볼 수 있다. 즉 "개개인에게서 그토록 다양하게 형성되어 있는 정신의 상부구조는 허물어지고 쇠약해지며, 모두에게 동질적인 토대가 겉으로 드러난다(작동된다)고 말할 수 있다."[11] 프로이트에게서 이 '토대'는 모든 개인들에게 고르게 주어진, 사회적 존재가 되려는 기질을 말한다. 대중 속에서 벌어지는 작용들을 설명하기 위해 어떤 사회적 본능이 있다고 가정해야 할 필요는 없다. 개인심리학은 "애초부터 동시에 사회심리학이기도 하다."[12] 프로이트는 로맹 롤랑에게 보낸 편지에서 자신의 대중심리학은 "개인에 대한 분석에서 사회에 대한 이해로" 가는 길을 제시한다고 밝혔다.[13]

첫 단계에서 프로이트는 최면 상태에 대한 자신의 개념 구상을 대중 이론에 보충해 넣는다. 이 최면 상태는 대중 속에서 모든 개개인에게 일어나는 일로 받아들일 수 있다. 그렇지만 개개인을 전혀 낯선 많은 사람들과 연결해주는 '접착제(결속 수단)'[14]에 관해서는 설명이 필요하다. 이 출발 지점에서 두 가지 과제가 생겨나며, 프로이트는 이것을 차례로 시도한다. 먼저 최면에 빠지는 과정, 특히 개인의 정신이 암시를 받아들일 태세를 갖추기 위해 거쳐야 하는 양상들이 해명되어야 한다. 이때 정신 속에서 어떤 변화가 일어나는지도 보여주어야 한다. 다음으로 그토록 많은 사람들이 최면술사, 즉 '지도자'에 의한 암시에 어떻게 빠져드는지, 그리고 이 암시를 어떻게 공통적인 상태로 경험하게 되는지 알아내야 한다.

프로이트는 이 시도의 시작점은 자아의 구조가 일시적으로 변하는 데 있다고 판단한다. 물론 대중 체험에 매료된다고 해도 정신의 기본 구조의 중요한 부분들은 그대로 유지되고 있다. 그렇지만 그 구조의 한정된 부분에서는 일시적으로 형태가 변한다. 프로이트는 인류사에 그 근원을 두고 있고, 선사 시대에 형성된 메커니즘을 다시 회복시키는 작용으로 간주한다. 그는 르봉에게서 대중의 모순적인 능력과 행동 방식에 대한 설명을 차용한다. 다시 말해 대중은 한편으로는 병적인 파괴욕과 비합리적 행동을, 다른 한편으로는 올바른 행실과 '천재적인 정신적 창작'을 할 수 있는 능력을 보인다는 것이다.[15] 그러나 대중을 그때마다의 구성 형태에 따라 구분한다면 이 모순은 제거될 수 있다. 르봉과 타르드는 '다양한 개인들로 뭉뚱그려진 지속성이 짧은 부류'의 대중을 주시한다. 하지만 다른 예들도 있다. 이 예들은 사회의 제도 조직을 통해 자신을 구현하는 "인간들이 살아가면서 어울리는 그런 안정적인 집단이나 공동체 형성의 가치를 인정하는 것"에서 생겨난다. 여기에 대한 사례로 프로이트는 교회와 군대를 든다. 그는 이것들을 모범으로 삼아 자신의 이론을 전개한다.

그의 관심사는 위계적 조직과 지도자를 갖추고 있고, 제도상으로 만들어지고, 체계화되고, 영속하는 집단이다. 그의 사례에 등장하는 지도자는 그리스도와 사령관이다.

프로이트는 1920년에 나온 윌리엄 맥두걸William McDougall의 저서 『집단 심리The Group Mind』를 연구하다가 독자적 이론을 만들어 낼 돌파구를 찾아냈다. "대중 형성에서 나타나는 가장 중요한 현상은 각 개인들에게서 유발되는 감정 상태affectivity의 고조다."[16] 프로이트는 맥두걸에게서 이 가치 판단을 차용하지만, 대중은 동시적으로 사고가 단절될 때 감정이 고조되는 특징이 있다는 그의 가정은 받아들이지 않았다. 이 변화는 각 개인에게는 해당되지만, 집단적 통일체 전체와는 관련이 없기 때문이다. 개개인은 대중 속에서 남들에게 동화되도록 변한다. 프로이트는 감정이입gefühlsbindung(공감empathy)이라는 정신분석 이론으로부터 "정신 신경증을 공부할 때 우리에게 그토록 탁월한 도움을 주었던" 개념인 리비도를 도입한다.[17] 프로이트는 이 성과를 이용해 대중의 감정 고조를 자신의 대중 이론의 핵심 테마로 만들었다. 대중의 형성과 대중 속 인간들의 일체성은 서로 화합하려는 충동에 근거하고 있다. 무엇보다 이 충동은 육체적 사랑에서 효과를 보인다. 원래는 성적 결합을 하도록 몰아가는 충동들은 "성적인 목적에서 밀려나거나 그것의 달성이 저지되면" 다른 사회적 형태를 띨 수도 있다.[18]

프로이트는 대중 현상을 자신의 리비도 이론의 응용 분야에 적당히 들어맞도록 만들었다. 다시 말해 조직화된 대중에 초점을 맞춤으로써 타르드와 르봉에 의해 기술된 난폭한 대중 현상들이 연구에서 누락된 것이다. 이 폭력에도 흥미로운 특성이 있을 텐데 프로이트는 나중에도 이 현상들에 관해서는 더 이상 언급하지 않는다. 프로이트의 한정적 고찰의 장점은 지도자에 대한 열광, 사랑, 애착에 의해 움직이는 그 모든 대중들에 대한 분석의 시각을 날카롭게 해준다는 것이다. 지도자가 있는 체계화된 대중 속에서는 "모든 개개인을 똑같이 사랑하는 우두머리—가톨릭교회에서는 그리스도, 군대에서는 사령관—가 있다는 환상이 생겨난다. 이 환상에 모든 것이 달려 있다. 이 환상을 없애버리면 즉각 외부의 강제력이 미칠 수 있는 한에서 교회도 군대도 무너져버릴 것이다."[19] 프로이트에게는 지도자가 갖춰진 이 두 집단의 리비도 구조가 관심의 대상이다. "각 개인은 한편으로 지도자에게, 다른 한편으로는 다른 구성원들에게 리비도 관계로 묶여 있다."[20]

대중의 존속에 미치는 감정이입의 본질적으로 중요한 역할을 지적함으로써 프로이트는 대중을 판단하는 데 있어 오늘날까지도 의미가 깊은 중요한 인식을 얻어냈다. 즉 개개인은 대중 속에서 자신이 편안하다고 느끼는 한 그 대중에 대해 긍정적인 평가를 내린다는 것이다(이것은 오늘날 특히 팝문화계의 대중에게서 관찰된다). 리비도적 관계에 있는 사람들은 자신이 애착을 느끼는 대상으로부터 관심과 애정을 보여주는 적절한 반응이 나오기를 기대한다. 따라서 대중의 리비도는 지도자에게 자신을 알아주고 적절한 반응을 보여달라는 요구를 한다. 대중 속의 모든 개인들은 동일한 공명으로 파동을 내보낸다. 개인들은 대중 행사에서 서로 비슷해지거나 상황에 맞는 인격 특성을 통해 서로 맞게 적응된다.

프로이트는 분석의 그다음 단계에서 감정이입의 '가장 초기에 나타나는 표현', 즉 어린 소년으로서 자신을 아버지와 동일시해 아버지의 자리를 차지하려는 소년의 소망으로 돌아간다. 어린 소년은 '아버지를 자신의 이상형'으로 삼고, "자신의 자아를 '모범'이 된 그 이상형과 비슷하게 만들려고" 애쓴다.[21] 이 자아는 리비도의 대상을 내면화되고 이상화된 존재로, '자아 이상형ego ideal'으로 넘겨받으며, 이렇게 해서 이 이상형은 자아의 일부로 변한다. 프로이트는 이 과정을 아주 생생하게 설명하고 있다. 자아는 '두 부분', 즉 자아와 자아 이상형으로 '분열'한다는 것이다. 많은 경우에 자아 이상형은 자아의 (내면의) 상대역으로 변한다. 자아는 이 상대역을 대상으로 자기 관찰과 검열을 할 수 있다. 이 생각은 대중 이론에 전용하자면 내면화된 대상, 즉 대중의 지도자가 '자아 이상형을 대신하게 된다'는 뜻이 된다.[22]

대중의 지도자는 최면술사처럼 자신에게 매료당한 사람들에게 자아 이상형을 자신으로 대체하도록 만든다. 이 수단을 통해 대중의 형성과 대중의 내적 관계는 하나의 이론적 기반을 얻는다. 지도자는 자신과 리비도적 관계로 연결되어 있는 대중을 이렇게 변화시킨다. "최면에 빠졌을 때의 관계는 성적인 만족이 배제된 상태에서 무제한으로 열중해 있는 사랑의 헌신이다. 반면에 사랑에 빠졌을 때의 관계는 단지 일시적으로만 밀려나 있을 뿐 차후에 목적 달성이 가능한 것으로 이면에 머물러 있다."[23]

대중의 형성을 바로 공동의 '감정의 분출' 작용에, 따라서 실제적인 감정의 충족에 있다고 판단하는 엘리아스 카네티와는 달리 프로이트에게서는 대중의 유대가 생겨나게 하는 것은 이 충족의 저지다. 리비도가 충족되면 제도적 집단의 확고한 조직은 와해된다는 것이다. 카네티는 감정을 공동으로 분출한 후에는 흩어지는 일시적 대중을 고찰한다. 프로이트에게서는 바로 이 작용이 목적 달성을 방해하는 것을 통해 저지된다. 욕구는 그 달성이 저지됨으로써 영원히 정지된다.

프로이트가 지도자에 대한 리비도적 관계 외에도 관심을 가졌던 유대는 대중 속의 개인들 상호 간의 관계이다. 대중 속의 개인들은 이상화된 대상인 지도자 앞에서는 모두가 동등하다. 그들은 동등한 사람으로서 상호 간의 관계에서도 서로를 동일시한다.[24] 자신의 감정을 동일한 대상으로 향하게 하고, 이 대상을 자신의 자아 이상형으로 만들고, '그 결과 그들의 자아에 있어서도 서로를 동일시한다'.[25]

하지만 프로이트는 최면 현상에 대한 자신의 '매끄러워' 보이는 해결책에는 아직 많은 것이 '이해되지 않은 채로' 남겨져 있음을 인정한다. 가령 최면에 걸린 사람이 다른 점에서는 순종적이라 해도, 그의 도덕적 양심은 암시에 '반항적인' 태도를 보일 수도 있다.[26] 프로이트는 대중이라는 주체의 도덕적 판단에 있어 대단히 중요한 이 생각에 계속해서 끈질기게 매달리지는 않는다. 그의 관심은 '원초적 의식 활동으로 퇴행한 상태'를 '원시 부족의 부활'로 해석하는 데 집중된다. 프로이트는 자신의 논문 「토템과 터부」에서 이 길을 미리 구상해놓았다. 집단들은 남자 구성원들의 가부장의 권위에 대한 리비도적 관계를 통해 그리고 동시에 작용하는 상호 간의 일치단결된 유대를 통해 결속된다는 것이다.[27] '가부장'은 지도자의 원형이다. '아들들' 그리고 그들의 뒤를 잇는 대중 구성원들은 그들의 정신 속에서 작용하는 존재를 통해 거역할 수 없는 권위, 즉 '아버지'나 '원칙'에 대해 의무를 지고 있다. 프로이트는 그들의 '연대 의식'을 집단 내부에서 작용하는 구성원들 간의 연결 고리로 이해한다. 「토템과 터부」

에서 나온 자신의 생각을 대중과 관련된 테마에 전용하면서 이렇게 결론을 내렸다. "대중의 지도자는 여전히 두려움의 대상인 인류 최초의 아버지이며, 대중은 아직도 무제한의 폭력에 의해 지배받고 싶어 한다."[28] 이런 해석에 따르면 대중 형성은 '인간 리비도의 계통발생사에서 물려받은 유전 침전물로부터' 생겨난다.[29]

·····권력자에 대한 대중의 유대라는 프로이트의 개념에 관하여

지도자라는 인물에 대한 대중의 유대는 오늘날 프로이트의 대중 이론에서 가장 납득이 가지 않는 부분이다. 이런 점에서 프로이트는 이보다 먼저 지도자 없는 대중을 서술했던 선배 타르드에 뒤진다.[30] 대중 속의 개인들 간의 리비도적 관계는 왜 지도자를 거치는 우회로를 택해야 했는가? 프로이트의 경우에 이 문제는 개인심리학을 기반으로 대중심리학을 구성하려 한 그의 복잡한 계획 때문에 생겨났다. 타르드의 구도는 더 단순하며 따라서 더 세련되기도 했다. 즉 대중이 개인에게 부여하는 정서의 힘은 감각을 통한 대중 체험에서 생겨난다는 것이다. 일체감은 수행에 의한 현상으로서 발생한다. 그들이 수많은 타인들과 함께 행동하고, 동일한 체험을 공유한다는 사실에서 오는 효과다. 반면에 프로이트는 권위자를 중심으로 하는 자신의 생각 때문에 이렇게 주장한다. 즉 자신의 원칙을 아들들에게 유언으로 남긴 인류 최초의 아버지가 있었던 것이 틀림없다는 것이다. 이렇게 해서 아버지는 사후에도 계속 위력을 발휘한다. 프랑스 혁명 기간에

'형제 같은' 무리가 그랬던 것처럼 사람들은 아버지를 죽여도 그의 권위에서 빠져나오지는 못한다. 왕은 물러났지만, 그의 자리는 비어 있지 않았다. 그 자리는 국가라는 개념 구상에 의해 채워졌고, 그 때문에 위대한 국가Grande Nation로 불리는 것이다.

또 다른 중대한 논점은 대중 구성원들 사이에 권위적인 지도자와의 관계를 통해 평등이 생겨난다는 생각이다. 그렇지만 비록 체계화되어 있다 해도 수직적이 아니라 수평적으로 체계화된 비위계적 대중도 있다. 이 대중은 모인 사람들 무리가 독자적으로 수행하는 행위로부터 형성될 수 있다. 가부장이 없는 형제들 무리에서는 특정한 과제를 위해 평등을 기반으로 구성원들의 분업이 이뤄질 수 있다. 가령 2010~11년에 발생한 아랍의 봄 운동은 권위적인 국가에 맞선 항쟁이 정치적 리더 없이도 (적어도 일시적으로는) 성공을 거둘 수 있다는 것을 보여주었다. 시위자들이 소셜 네트워크를 통해 자신의 행동에 관해 서로 의사소통을 할 수 있었기 때문이다. 카이로 타흐리르 광장에서 통신회사 보다폰의 한 직원에 의한 임시로 잘 조율된 공동 행동을 통해 그 일이 가능했다. 휴대폰을 손에 들고 있고, 그에 맞는 규모의 네트워크가 갖춰져 있다면, 전혀 알려지지 않았지만 재능을 가진 통신 전문가들이 잠시 리더로 변했다가 그다음에 다시 대중 속으로 사라질 수도 있는 것이다. 이 정치 운동이 이집트군에 의해 그들의 목적에 맞게 유도되었다고 해서 전혀 성과가 없었다고 입증되는 것은 아니다. 어찌 보면 폭력적 정치 시위와 또 그로 인해 초래된 권력 조직의 일시적 붕괴에 의해 유발된 강렬한 감정이 참가자들의 내면에 살아남아 그들의 행동과 생각을 재정립할 가능성도 있다. 튀니지의 사회학자 모하메드 케루Mohamed Kerrou의 분석에 따르면 이 사건은 아랍 국가들에 정치적 공공 공간을 형성하도록 해주었다고 한다. "아랍의 봄은 무엇보다 먼저 민족국가 체제를 갖추고 있고, 개인의 자율과 집단적 소속 사이에서 우왕좌왕했던 국민들에 의해 공공 공간이 점거된 것으로 해석되어야 한다. 이 공공 공간은 미디어가 너무나 자주 '아랍의 길거리'라는 상투어로 암시하는 것과는 정반대로 결코 증오의 논리를 따르는 불특정한 대중의 군중 본능을 보여주는 무대로 축소되지 않는다. 이 공간은 오히려 정치적 논쟁을 벌이는 장소이며, 자유를 추구하는 개인들로 넘쳐나는 집회와 토론, 파티와 축제의 장소다. 이런 평판은 인권운동가, 노동조합원, 페미니스트, 사이버 활동가, 정당원 같은 사회 활동가들에 의해 그리고 범주상 국가와 자유 민주주의 체제와 분리해서 설명될 수 없는 자유롭고 자발적인 개인들에 의해 생겨난다."[31]

하지만 대중의 사안이 일으키는 이 긍정적인 효과는 부정적인 것으로 뒤집혀서 자기 과대평가, 부당한 중요성 내세우기, 교만한 자의식을 불러올 수도 있다. 카를 프리드리히 그라우만은 세르주 모스코비치의 저서 『군중의 시대』 독일어판 후기에서 전통적인 대중심리학에 관해 이렇게 주장했다. "저자의 주장에 따르면 우리들에게 진보와 민주주의를 의미하는 모든 것—주민들의 도시 집결, 의사소통 수단과 생산 수단의 비약적인 발전—이 권위가 새롭게 번성하고 그것이 극소수 사람들의 손아귀에 집중되는 결과를 초래할 것이라고 한다."[32] 그라우만의 예측은 현실이 되었다. 소셜 네트워크, 블로그, 언론 기사 댓글 같은 새로운 대중 현상들에서는 대중을 이루는 개인들이 부당하게도 종종 자신에게 실제의 사회적 역할과 역량을 훨씬 넘어서는 권력이 있다고 생각한다. "페이스북이나 트위터의 프로필 하나를 가지는 것만으로 오늘날에는 누구나 마이크를 손에 들고 있다."[33] 이런 유형의 개인들은 더 이상 열성적으로 지도자에게 매달리지 않는다. 오늘날에는 누구나 엄청난 수의 '팔로워'를 가지고 일종의 지도자로 행세할 수 있고, 자신을 추종하는 사람들의 수를 보여줄 수도 있다. 자아 이상형의 억압에서 해방된 개인들이 축제 대중으로 합류하는 것에 대한 프로이트의 생각도 이런 발전 양상과 일치한다. 그들의 태도는 "자기애의 표시이며, 자기주장을 내세우려고 애쓰는 자기도취증이다."[34] 자기애가 중요한 이유는 바로 자아와 자아 이상형, 지도자와 추종자가 여기서 하나로 합쳐지기 때문이다. 정해진 행동 노선에서 개인적으로 이탈하는 것은 용납되지 않는다.

이런 종류의 대응 방식은 도시 간의 경쟁, 축구 경기에서 '팬들의 적대 관계', 과도한 민족 감정 같은 다른 대중과의 구별짓기에서 발견된다. 자기애와 적대적 집단에 대한 공격성이 결합해서 상대방을 없애버리겠다는 광적인 각오를 다지게 할 수도 있다. 동등한 사람들에 대한 애정과 남들에 대한 살해 욕구가 격하게 뒤섞인 감정은 1차 세계대전이 발발할 때 적대시하던 국가들 간의 분위기가 특징적으로 보여주었다. 슈테판 츠바이크는 오스트리아가 1914년에 선전포고를 한 것에 대한 열광을 광적인 대중의 감정 분출로 여기고 내부자 시각에서 이렇게 서술했다.

"진실을 존중한다는 의미에서 나는 대중의 이 최초의 궐기에는 위대한 면, 감동적인 면, 심지어 쉽게 떨쳐버리기 힘든 유혹적인 면이 있었다는 사실을 고백하지 않을 수 없다. (…) 수십만의 사람들이 평시에 느꼈어야 더 좋았을 것을 유례없이 강하게 느끼고 있었다. 그들이 일체화되었다는 사실을……. 신분, 언어, 계급, 종교의 모든 차이들이 이 한순간 동안에는 밀려드는 형제애의 감정에 휩쓸려가버렸다. 일면식도 없는 사람들이 거리에서 말을 걸었다. 몇 년이나 서로 외면하던 사람들이 악수를 했고, 곳곳에서 생기 넘치는 얼굴들이 보였다. 개개인 모두가 기분이 고조되는 것을 체감했고, 더 이상 예전의 고립된 인간이 아니라 대중 속으로 들어가 있었으며, 국민이었다. 평소에는 관심을 받지 못했던 그들 자신이 하나의 의미를 얻었다."[35]

대중 속의 우리들 집단은 자아를 강화하는 작용을 한다. 츠바이크는 '평소에는 관심을 받지 못했던 인물'에게 '의미'를 부여하는 '기분의 고조'에 관해 언급했다. 그는 당시를 되돌아보면서 대중이 형성될 때 드러나는 이 입장을 '천진난만하고 어리석은 믿음'이라 불렀다. 이 기분은 자신의 권위에 대한 거리낌 없는 신뢰로 굳어지기 때문이다. 츠바이크는 이 말로 사후에 스스로 자기 검열을 했다. 그가 처음에 말한 '신분과 계급의 차이들'이 '휩쓸려'가버렸다, 다시 말해 전래된 권위 모델이 해체되었다고 말했다면, 사후에는 대중 형성을 권위에 대한 '주저 없는 신뢰'의 표시라고 판단한다. 따라서 그는 즉흥적이고 위계질서와 형식을 해체하는 대중 체험을 사후에는 위계질서 구조에 다시 연결하는 것이다.[36]

1914년에 1차 세계대전이 발발할 때 보인 민족주의적 도취는 일차적으로 권위적 통치의 산물이 아니었다. 츠바이크가 서술한 전쟁을 반기는 '축제 대중'은 오로지 황제에 대한 리비도적 유대에 의해서만 생겨난 것은 아니다. 통치자들은 사실—실무 담당자들의 서신 교환에서 드러나듯이—마지막 순간까지도 갈등의 고조를 막으려고 노력했다.[37] 그러나 관련 국가들의 대중을 움직이는 자가 동력은 그것을 허용하지 않았다. 전쟁 발발에 대한 대대적인 환호는 첫눈에는 프로이트의 지도자 중심의 대중 분석이 옳다는 점을 입증하는 것처럼 보인다. 그러나 실제로 이 환호는 상황이 통치자들의 손에서 최종적으로 벗어나 그들 자신이 대중운동에 떠밀리는 입장으로 변하는 순간을 뚜렷이 보여준다. 낡은 통치 수법으로는 이 흥분된 집단을 더 이상 제어할 수 없었다.[38]

· · · · '내면의 대중', 몸소 겪는 대중 체험

과거의 권위 중심의 대중 개념 구상에 맞서 우리는 개인이 대중 속에서 어떻게 변하는지, 그 자신의 기분이 어떻게 고조되고 강화되는지를 보여주었다. 이제부터는 대중과 개인의 관계를 또 다른 측면에서 밝혀보려고 한다. 말하자면 대중이 개인들을 포함하고 있듯이 각 개인도 대중을 내면에 포함하고 있다. 이것은 처음에는 직관에 반하는 것으로 보인다. 그렇지만 프로이트의 인식은 이 방향으로 향하고 있다. 대중이 형성될 때 정신의 변화는 각 개인의 내면에서 이뤄진다는 것이다. 니체가 판단하기에 고정된 개인적 정체성이라는 의미에서의 자아는 나의 내면에서 권력을 다투는 내부 세력들 다수로 짜 맞춰진 구성체와 다르지 않다. 정체성은 한 세력이 나머지 세력들을 누르고 확고한 지위를 차지하거나 아니면 이 세력들이 서로 영향을 미치는 것을 통해 다툼의 산물로서 생겨난다. 자아는 한 가지의 여러 모습이 아니라 다수이다. 일치하는 자아의 형성은 대중이 형성되는 패턴에 따라 일어난다. 마치 대중의 지도자처럼 하나의 우세한 충동이 생겨나거나 아니면 충동들의 '연합'이 결성됨으로써 내부의 대중 스스로가 구조화된다. 자아 자체는 어떤 특정한 대중 구도의 결과물이다. 이 생각은 합산하는 식의 대중이라는 견해와는 모순된다. 이 대중 견해에 따르면 (우리가 살아가는) 사회 세계social world는 특별한 계기가 주어지면 대중을 형성할 수 있는 개별 주체들로 구성되어 있다고 한다. 이러한 관점에서 니체만이 아니라 주체철학에 대한 후기구조주의 비평도 대중이 자아에 비해 부차적인 구성체라는 사실을 인정하지 않는다. 대중 자체가 자아의 탄생 과정의 일부인 것이다.

니체는 한 걸음 더 나아간다.[39] 그는 힘을 가진 세력들의 집단에 의해 이뤄진 자아가 빠진 감정 세계와 충동 세계를 진정한 세계라고 선언한다. 자아는 언어의 도움으로 만들어지는 구성체에 지나지 않는다. 이러한 인식을 하는지 아닌지에 따라 '위대한 개인들'과 '복종적 시민'이 구분된다. 평범한 인간들은 대중 속에 섞여 사라지는 반면에 위대한 개인은 대중을 내면으로 받아들인다. 위대한 개인은 대중을 안으로 편입하며, 자기 자신에게 다수의 인격을 부여한다. 즉 한 번의 삶에서 수많은 개인이 되고, 수많은 인물의 화신이 될 수 있다는 것이 그의 특권이다. 그는 내면에서 다수를 이룸으로써 세계를 여러 다양한 관점에서 살펴볼 능력이 생긴다. 니체의 관점주의 perspectivism는 공감할 수 있는 진리 개념을 얻어내는 과제 다음으로 철학에 남아 있는 생산적인 인식을 얻을 수 있는 유일한 가능성이다. 위대한 인간의 자아는 대중과 융합되는 것이 아니라—스스로 대중을 이루기에 충분할 정도까지— 확장된다.

니체의 염려스러운 논제는 '대중이 자아를 이룬다'는 내용이다. 니체와 프로이트의 작품을 주의 깊게 읽은 엘리아스 카네티는 이 문장을 간략히 '나의 내면의 대중'으로 표현했다. 이 표현은 대중에 관한 연구들이 거의 언제나 간과하는 내용이다. 그 이유는 어쩌면 이 표현이 제목에 대중이라는 말이 들어 있는 카네티의 주요 작품들이 아니라 그의 유일한 장편소설인 『현혹』에서 나오기 때문일 것이다. "(…) 교양은 개인 자신의 내면에 들어 있는 대중을 막는 개인의 요새 지대야. 우리는 소위 생존 경쟁을 치르고 있어, 이 경쟁은 굶주림을 물리치고 사랑을 얻기 위한 것 못지않게, 우리 내면의 대중을 근절하기 위해서이기도 해. (…) '인류'는 개념으로 만들어지고 그 의미가 퇴색하기 오래전부터 이미 대중으로 존속하고 있었지. 우리들 모두의 내면에 들어 있는 거대하고 사나운 짐승인 대중은 아주 깊은 곳, 자궁보다 훨씬 더 깊은 곳에서 들끓고 있어. (…) 대중은 아직은 금세 흩어져버리고는 하며, 그럴 때 우리는 다시 불쌍하고 고독한 악마, 우리 자신이 되지. (…) 그러는 사이에 우리 내면의 대중은 새로운 공격을 할 채비를 한다. 언젠가는 대중은 흩어지지 않을 거야, 어쩌면 어떤 나라에서 처음으로, 흩어지지 않고 이 나라에서부터 자기 주변을 파먹어 들어갈 거야, 누구도 대중임을 의심할 수 없을 때까지. 왜냐하면 나도, 너도, 그도 없고 오로지 그들, 대중만 있을 것이기 때문이야."[40]

카네티의 이 암울한 인용문에서 대중의 '승리'는 개인들의 해체를 불러온다. 하지만 대중은 개개인과 맞서는 것이 아니라 외부에서부터 위협한다. 대중은 '짐승'이며, 각 개인의 내면에 잠복해 있는 미개함이다. 신경증에 걸린 이 소설의 주인공 킨은 외부로부터의 위협에 맞서 책으로 벽을 쌓아 자신을 보호하려고 한다. 그는 대중에 맞서는 대치물로 이 벽을 배치한다. 그러나 결국은 '내면의 대중'이 부수고 나와 시민적이고 박식한 그의 정체성을 파괴시킨다. 내면의 대중에 의한 위협은 킨을 미쳐 날뛰게 만든다. 위의 인용문은 정신과 의사인 킨의 형제가 내뱉는 내적 독백의 일부다. 대중이 나와 맞서 있든 아니면 나의 내면에 들어 있든—어떤 경우에도 대중은 일단 활발하게 움직이기 시작하면—나 개인의 정체성을 파괴시킨다.

과거의 대중 이론가들은 개인의 정체성에 매달려 있었다. 그들은 확실한 윤곽이 정해진 정체성을 가지지 않는 인물을 불편해한다. 정체성의 상실이 비록 짧은 기간만 지속된다 해도 그들에게는 받아들일 수 없는 상태로 통한다. 그러나 자아의 활동을 잠시 정지한다고 해서 어떤 문제가 생긴단 말인가? 어떤 특정한 계기가 와서 나의 자아를 평소의 궤도에서 벗어나게 만드는 열광적 상태에 처한다고 해서 어떤 위험이 도사리고 있단 말인가? 전형적인 대답은 '자아가 자신에 대한 이성적 통제를 상실한다'는 것이다. 그러나 바로 정체성이 변함없이 주체의 단일성에 묶여 있었기 때문에, 활동을 일시적으로 중지함으로써 자유로운 계발의 여지를 만들어낼 수 있는 것이다. 축제 대중 속이나 축구 경기장 혹은 콘서트 연주회에서 나는 나 자신의 감정에 빠져들 수 있다. 나는 언제까지나 나 자신과 일치하도록 행동할 필요는 없다. 일시적인 자아 상실이 병적인 것이 아니라 그 문제에 대해 지나치게 불안해하는 것이 병적이다. 대중 체험을 통해 우리는 전념해서 애쓰지 않더라도 평소의 자아를 초월하는 그런 상태를 경험할 수 있다. 대중은 예를 들어 어떤 종파와는 다르게 절대적이고 끈기 있는 복종을 요구하지는 않는다.

대중을 다른 사회 집합체와 구별되게 해주는 것은 바로 개방성이다. 개방성은 누구에게도 어떤 정체성을 강요하지 않고, 오히려 한

정된 기간에 자신의 정체성과 거리를 두고 지낼 가능성을 안겨준다. 가령 청소년들에게 팝문화와 스포츠를 즐기는 축제 대중은 일정한 시간에 가족의 속박에서 벗어날 기회가 된다. 대중은 자주 권위자들 주변에 모여든다. 그러나 권위자들을 피해 달아나는 중에도 서로 모인다. 대중 속에서 개인의 기분 고조—이것이 대중이 신비주의와 가까운 점이다—는 한계를 벗어나는 체험이다. 전통적인 대중 이야기에서 한계를 벗어나는 것은 혼돈, 폭력, 해체와 동일시된다. 그러나 정체성 자체가 속박의 한 형태일 수도 있다는 점을 고려한다면 한계를 벗어나는 것을 긍정적으로 평가할 수도 있다. 우리는 우리 자신에게서 벗어나지 않고서는 정체성에서 벗어날 수 없다. 자아와 대중의 절대적인 반목이 있다고 여기는 것은 아무튼 현혹하는 일이다. 대중이 발생의 역사를 가지고 있듯이, 자아와 대중의 대립도 이 둘이 서로 번갈아가며 목소리를 내는 발전 양상을 통해 생겨난다.

···· 대중을 이루는 새로운 우리들

노르베르트 엘리아스는 『개인들의 사회Die Gesellschaft der Individuen』에서 대중 속의 개인에 대해 타르드, 르봉, 프로이트와는 다른 개념 구상을 만들어냈다. 그는 일상생활을 하는 인간들 상호 간의 관계에서부터 논의를 시작한다. 그들이 "겉으로는 서로 관계없이 스쳐 지나가는 듯 보인다 해도 마치 보이지 않는 수많은 사슬에 의한 것처럼 다른 사람들과 연결되어 있다."[41] 그들은 남들과의 교제를 통해 뚜렷이 드러나는 '결합태' 모양을 하고 있다. 서로 간의 관계의 그물망을 통해 개인은 마치 엮어서 만든 제품처럼 하나의 '자동 조절 장치'를 이룬다.[42] 개인의 태도는 한 사회 집단이나 계층에 소속되는 것을 통해 간접적으로 규제되며, '모델링'을 기반으로 그 사회의 규범에 구속된다.[43] 개인들은 자신이 서로 어울려 관계를 맺어가는 법을 배운 '인간 집단'을 통틀어 우리들이라고 부른다. 대중 속에서는 습득한 이 사회적 조절 장치가 더 이상 작동하지 않을 듯이 보인다. 하지만 군대와 교회에서는 구성원들이 새로운 요구사항과 명령 체계를 통해 새 모습이 된다 하더라도 원래 습득한 개성의 기본 구조와 몸에 익힌 행동 방식을 완전히 버리지는 않는다. 엘리아스가 설명하는 자기 조절 능력은 개인이 대비되어 있지 않은 새로운 상황을 헤쳐나갈 수 있는 가능성도 포함하고 있다. 위의 두 제도 조직에서는 윤리적 행동, 상관에 대한 충성심, 순종이야말로 가입하고 승진을 위해 선택받는 전제 조건이 된다. 구조화된 집단은 습득한 유대와 조직을 복종과 믿음이라는 새로운 특성으로 돌려놓는다. 전통적인 교육에서는 이것들이 어린 시절에 체득되었다. 이제 이것들은 군대나 교회라는 유기적으로 조직화된 위계 집단에 맡겨진다.

구조화되지 않은 집단에서는 일찍부터 전통적인 질서의 해체가 일어날 수도 있다. 이들은 가족이나 씨족, 사회적 위계질서와 공공질서의 체계를 다른 형태의 사회적 유대로 대체할 수 있다. 하지만 구조화된 집단과 구조화되지 않은 집단의 대립 관계는 이상형에 맞춘 설명에서나 생겨난다. 현실에서 이것들은 순수한 형태로는 거의 나타나지 않는다. 혁명을 꾀하는 대중 속에도 명령과 복종을 통해 분명히 드러나는 권위적이고 위계적인 조직들이 있다. 이와 마찬가지로 구조화된 집단에서도 무규범 상태라는 모호한 부분이 생겨날 수 있다. 예를 들어 이것은 위계질서에 의해서는 파악되지 않는 은밀한 유사 조직을 통해 생겨난다.

일상적인 생활 여건에서 뚜렷이 드러나는 결합태는 많은 경우에 구조화된 집단의 내부적 위계질서를 이루는 기반이 된다. 비록 체계화된 집단에서 전혀 다른 행동 방식이 요구된다 하더라도 마찬가지다. 교회와 군대의 구성에는 전통적으로 사회의 편성과도 관련되어 있는 태생, 교육, 재산, 사회관계 등과 같은 외부의 위계질서도 일정 부분 기여한다. 사회의 위계질서가 교회와 군대의 편성에 적어도 부분적으로는 영향을 미치는 것이다. 가령 두 집단에는 개인의 사회생활을 구성하는 본질적인 규제 요인들이 통합된다. 다른 집단들에서도 이와 비슷한 현상이 관찰된다. 카니발 행렬에서는 도시의 유지들이나 명망이 높거나 재력이 상당한 시민들이 행렬의 선두와 귀빈석에서 눈에 띄는 자리를 차지한다. 축구 팬의 경우에 응원가와 팬들을 독려하는 일을 이끄는 리더들은 마찬가지로 위계적으로 조직되어 있는 청년 문화에서도 뛰어난 구성원이 되는 특별한 자질들을 가지고 있다. 정치 시위를 벌일 때는 가장 유명한 정치인, 기자, 활동가, 작가, 가수가 시위 행렬의 선두에서 행진하고, 행사 종결을 선언할 때도 가장 먼저 발언에 나선다.

따라서 대중 속에서는 사회에서 특별한 사회적 지위를 얻게 해주는 특별함이 사라지지는 않는다. 자신의 권위를 이용해 남들을 이끄는 데 익숙한 사람은 이 능력을 대부분의 대중 구성체에서도 계속 발휘한다. 여기서 사회적 연관관계는 일상생활에서의 연관관계와 다르기는 하다. 그렇지만 이 연관관계도 권력을 행사하고, 지배권을 쥐고, 어떤 집단을 대표해서 말하고, 목표를 명확히 규정하는 능력이 곧 뛰어난 지위에 오를 자격을 얻게 해주는 결정적인 자질이 되는 사회 형상체(엘리아스의 figuration)로서 조직되어 있다. 하지만 이들은 구조화되지 않은 집단에서는 사회에서 보통 행해지는 것과는 다른 방식으로 자신의 영향력을 얻어낸다. 다시 말해 이들은 구호를 단호하게 외치고, 냉철한 판단력을 유지하고, 활기찬 몸동작을 보여주는 것을 통해 영향력을 얻어낸다. 대중에게 영향을 미치는 데 특별히 중요한 한 가지 자질은 결속을 바라는 소망을 받아들여 일체화된 행동을 통해 표현하는 능력―우리들을 이루는 능력―에 있다. 이것은 정당, 단체, 클럽, 특수한 집단과 서클에 속한 우리와는 다른 우리들이다. 이 임무에 적합한 대중 속의 개인들은 대중의 소망, 분위기, 요구 사항을 제시하고, 목표를 명확히 표현하고, 적수의 이름을 거명하는 행동하는 주체로서의 우리들이 생겨나게 해주는 특별한 발화 행위 speech act를 통해 하나로 묶어준다.

구조화된 제도 집단에서도 마찬가지로 우리들이 만들어진다. 이것은 그 집단에 가입할 때부터 여러 개별 단계들을 거치면서 일어난다. 결정적으로 중요한 첫 단계에서 신입 구성원은 입회식을 치러야만 한다. 교회의 경우에는 각 종파에 따라 종교적 가르침이나 교리 수업을 통해 미리 준비시키는 영성제나 견진성사가 있다. 군대에는 '민간인'에서 '군인'으로 신분이 바뀌는 기본 병역과 사관 양성 교육을 치러야 한다. 이 두 경우 모두 인격의 변형이 일어난다. 이것은 교회 기관이나 군대 기관에 받아들이는 의례 행사와 더불어 종결된다.

구조화되지 않은 집단에서는 인격의 변형이 의례 행사나 예배 없이 아주 짧은 시간 내에 즉흥적으로 이뤄진다. 가령 불만이 있는 시민이 시위 현장에 도착해서 공동 행동에 참가하고, 시위자들의 구호를 따라하고, 엄청나게 투입된 경찰 숫자에 위협이 느껴진다고 판단하는 순간 분노하는 시위자로 변한다. 이것이 '슈투트가르트 21'이라는 프로젝트를 둘러싼 대결의 출발점이었다. 이 프로젝트는 슈투트가르트 도심에 지하 역사를 건설하는 일로, 궁정 정원의 오래된 나무들을 베어내는 것으로 시작되었다. 처음에는 환경보호론자들이 벌목에 항의하는 별로 정치화되지 않은 시위가 있었다. 대부분 고등학생들로 이뤄진 시위대에 대한 경찰의 이해하기 힘든 무자비한 대처가 슈투트가르트 시민들의 격렬한 저항을 불러왔다. 들끓는 분노는 격렬한 항쟁 상황을 불러일으켰다. 에밀 뒤르켐은 이 들끓는 단계를 물질을 변화시키는 발효 상태라 불렀다.[44] 이미 '발효'가 시작되었다면 들끓는 과정은 통제하기가 더욱 어려워져서 결국에는 예기치 못한 결과를 불러올 수도 있다.

　어떤 점잖은 노인이 살수차의 물줄기에 맞아 눈에서 피를 흘리며 궁정 정원을 가로질러 이송되었을 때 슈투트가르트는 바로 끓어 넘치는 상황이 되었다. 원래는 대단하지 않은 항의가 집단적 분노로 번져갔다. 경찰서장이 시위를 진압하기 위해 투입한 경찰 집단에 맞서는 단호한 대치 대형이 지극히 짧은 시간에 자발적으로 생겨났다. 발효 과정에서 진압 집단에 맞서는 우리들 무리로 변한 것이다. 무리에는 궁정 정원에서 항의를 하며 모여 있던 모든 사람들과 미디어를 통해 이 사건을 접하게 된 무수히 많은 동조자들이 포함되어 있었다. 이 우리들 무리는 나무들의 보호를 훨씬 넘어서는 명확한 목표를 설정했다. 그것은 경찰에 대한 저항과 정치와 경제계의 권위자들에 의해 강요된 건축 계획에 대한 저항이었고, 결국에는 경찰 집단과 그 프로젝트를 지지하는 정치권력에 대한 저항이었다. 궁정 정원과 오래된 역사의 보존을 위해 전력을 기울였던 악의 없는 시민들이 '분노한 시민' 대중으로 돌변한 것이다. 우리들 무리는 격정적인 자기규정self definition을 통해 통제할 수 없게 된 국가에 대한 근본적인 저항 세력임을 보여주었다. 이 변화는 거의 모든 미디어들이 대중의 시각을 그대로 반영하는 결과를 불러왔다. 그 결과 여당인 기독민주당CDU은 바덴뷔르템베르크주에서 요지부동으로 여겨졌던 우위를 상실하고 말았다.

뒤르켐의 '발효 과정' 이론은 종교 분야에서 대중의 행동으로 전용된 것일 수도 있다. 이것이 가능한 이유는 뒤르켐이 매우 폭넓은 종교적 개념을 사용하기 때문이다. 그는 이 개념을 믿음, 계시, 영적인 작용과 관련시키는 것이 아니라 일상적인 것이 비일상적 상태로 변하는 것과 관련시킨다. 대중이 사회적 발효 과정을 거치면서 구성원들에게는 종교적인 것과 유사한 소명의식이 생겨난다. 그들의 행동은 자기 성찰(내성)을 통해 더욱 숭고하게 변한다. 여기에 도달하기 위해서 구조화된 집단은 여러 단계가 필요하지만, 즉흥적인 대중은 단시간 내에 이 상태에 이른다. 리비도적 관계는 하나의 전체(우리들)로서의 대중뿐 아니라 서로 관계를 맺고 있는 수많은 개별 자아들에서도 생겨난다. 시위 대중은 지도자가 없어도 함께 공유하는 정서와 명확히 규정된 적에 맞서는 일치단결된 행동에서 생겨날 수 있다. 이러한 행동과 감정의 연관성 속에서 개별 자아들은 스스로가 행동력이 강하고 소중하다는 것을 깨닫는다.

어떤 발효 과정을 통해 우리들 무리가 생겨나면, 이 무리는 종교적인 것과 비슷한 배경을 얻을 수 있다. 이들은 포함하고 받아들이는 우리들이다. 제외하는 우리들과는 반대로 이들은 개인이나 집단을 특정한 특성을 빌미로 배제하지 않는다. 이들의 시위에 참가하는 사람은 태생, 종교, 피부색, 성적 취향 등과 관계없이 일체화된다. 발효 과정을 통해 변화된 대중 속의 개인들은 자신의 변화를 기분 좋게 즐긴다. 이들은 한편으로 대중으로 뭉친 우리들을 통해 타인들과의 연대와 조화를 바라는 소망을 성취한다. 다른 한편으로 이들은 자신의 변화를 통해 소명의식, 사명vocation을 경험하게 된다. 이들은 더이상 범속한 개인이 아니며, 고양된 상태의 감정을 체험한다. 이들은 자신의 가치가 높아진 것을 자기 과시에 대한 열정, 자신감 있는 태도, 자신의 '특별 임무'에 대한 믿음을 통해 표출한다.

특히 최근의 시위 대중을 바라보는 시각은 대중에 대한 전통적 관념의 결함을 드러낸다. 전통적 관념에서 우리들 집단은 구성원의 자아를 줄이는 것으로 이뤄진다. 새로운 대중에서 '우리들'은 일상의 자아를 줄이는 것에서도 단순히 더하는 것에서도 생기지 않는다. 우리들은 그 부분들의 총합 이상이 된다. 왜냐하면 개별 참가자들은 수가 더 많아지고, 힘이 더 강화되고, 기분이 더 고양되어 있기 때문이다. 새로운 대중 속에서 개개인은 자기 자신이 개인적으로 풍부해진 것을 경험한다. 이것은 공식으로는 다음과 같이 나타낼 수 있다. "우리들=자아*+자아*+자아*……."

자아는 대중 속에서 편안하다고 느끼는 사람이며, 평소에 생활할 때보다 더 강하고 더 기운차다고 느끼는 사람이다. 만약 우리가 대중 형성이 어떤 경우에는 자의식의 상승(자아*)으로 이어진다고 가정한다면, 대중 형성에 기꺼이 참가하려는 각오가 이해될 것이다. 만약 대중 형성이 과거의 공식에 따르듯이 자아의 소멸을 불러온다면, 이것은 자아 정체성이 오늘날 지니고 있는 가치를 고려할 때 좀처럼 이해가 되지 않을 것이다.

　　이런 전제에서는 오히려 대중을 경멸하는 것에 대한 해명이 필요해 보인다. 경멸은 (과거에나 지금에나 마찬가지로) 보수주의적 사회 이론가들에게는 그야말로 당연한 일이었다. 이 사상가들이 대중 속에서는 자신의 기분이 고조된다는 명제에 동의한다 하더라도 경멸은 사라지지 않을 것이다. 그들의 입장에서 개별 자아의 기분 고조는 자신의 업적을 통해 성취되는 것이 아니라는 사실에는 변함이 없기 때문이다. 개개인은 자의식을 고양하는 장본인이 아니며, 자신에게 어떤 중요성을 부여하려면 우리들 무리가 필요하다. 그러나 경멸적인 시각은 그 나름으로 대중과 비판적으로 거리를 두고, 그렇게 해서 자신이 '더 낫고', '더 고상하다고' 느끼기 위해서는 대중의 존재를 필요로 한다. 대중을 경멸하는 사람들에게도 대중과 대결을 벌이는 것은 개인적인 이득으로 이어진다.

· · · · 방법의 문제들

프로이트를 설명할 때 이미 언급했듯이 감정이 항상 대중에 참가하게 해주는 유발 요인은 결코 아니다. 현대 대중의 경우에는 종종 대규모 행사에 참가하고 싶은 소망 때문에 개인은 거기에 가담하게 된다. 대중 속에서 우리는 다른 많은 사람들과 함께 동일한 목표를 향해 나아간다. 그들과 함께 공유하는 의도는 참가자들 사이의 개인적 차이를 뒷전으로 밀려나게 한다. 살아온 이력, 태생과 교육, 직업과 연령의 차이는 중요하지 않게 된다. 이런 것을 언급하면 대중이 모인 상황에서는 난처한 느낌이 들 것이다. 행위자들의 특수한 개인 특성에 대해서는 이렇게 무관심하기 때문에 우리가 대중 속에서 벌어지는 일에 흔히 있다고 믿는 익명성이 생겨난다. 개인이 본인의 과거에서 생겨났지만 아직 해결하지 못한 그 모든 문제들은 대중 속에서의 체험의 직접성과 즉각성에 비하면 상대적으로 무의미해진다. 행동에 나선 사람들이 현장에 참가해서 다 함께 행하고 느끼는 것만이 중요하다.[45]

붐비는 대중 속에 함께 모여 있으면 감정의 변화 면에서 극히 높은 전도력이 생겨난다. 참가자들은 공동의 자아 이상형을 통해서라기보다 소통하는 감정의 네트워크를 통해 서로 연결되어 있다. 상호작용이 진행되는 동안 이 네트워크는 점점 더 확산되고 부하도 높아진다. 대중의 감정의 네트워크에서는 전류가 흐르지 않는 중도적 입장은 없다. 개인들 사이에는 느낌과 행동의 공명이 생겨난다. 모든 참가자들이 현장에 나와 있는 상황에서 개인은 그들의 의도와 감정을 공감하며 함께 느낀다. 타르드는 남들의 의향과 정서를 이렇게 넘겨받는 것을 모방imitation[46]이라 불렀다.[47]

대중 비평은 뚜렷한 목표를 가진 대중 속에서의 만남을 의견이 교환되지 않고, 합리적 이유가 제시되지 않는다는 점에서 피상적 혹은 심지어 비이성적이라고 간주한다. 하지만 감정과 그 표현을 전달할 때 인격의 심층 영역에서는 참가자들의 정서적 성질이 일치된다. 물론 이 일치는 상황과 결합되어 있으며, 상황이 종료되면 사라질 수도 있다. 그러나 이 일치는 기억에 남아 주체에게 대규모 대중 행사에서 정서를 공유했던 다른 참가자들을 쉽게 이해할 수 있게 해준다. 상황에서 벗어나고 나서 끊어졌던 의사소통은 그 '위대한 순간'을 기억하는 것으로 다시 이어질 수 있다. 이 때문에 축구 경기나 음악 행사 혹은 정치 집회에서 받은 강렬한 체험은 몇 년이 지나서도 예전에 참가했던 사람들 사이에 별 어려움 없이 의견일치를 보게 해주는 것이다.

사회학의 입장에서 대중 현상은 다루기 힘든 분야가 된다. 사회학의 연구는 상호작용과 제도의 구조와 규칙에 관심을 기울인다. 대중행동은 겉으로 파악될 수는 있지만 체계적으로 분류되기는 힘들다. 대중 전체의 의견을 명확히 표명할 수 있는 권한을 가진 사람은 거의 없다. 흔히 대중행동의 '법칙들'이 있다는 주장이 나오기는 하지만, 이에 대해서는 실제의 사건들을 통해 금세 반론이 제기될 수 있다. 미래 대중의 태도에 대한 예측은 대부분 지극히 불확실하다. 대중에 관한 연구가 사회학의 어떤 분과에 속하는지, 실은 그런 것이 있기나 한지도 정해져 있지 않다. 대중에 관한 연구에서 다양한 하위 분과들의 노선은 행동이론, 상호작용 사회학, 사회심리학, 의사소통 이론 등으로 서로 얽혀 있는 편이다. 게다가 대중에는 공간적으로나 시간적으로 명확한 경계가 정해져 있지도 않다. 대중의 범위는 대중 현상이 시작되고 끝나는 시간만큼이나 확정하기 힘들다. 의사소통 네트워크의 구조와 규모도 명확히 파악되지 않는다. 우리는 단지 참가자들이 대중 행사에 참여하는 데는 서로 다른 동기가 있다는 사실만 확인할 수 있을 뿐이다. 그러나 바로 이 차이들도 대중 체험에 의해 중요성을 잃게 된다.

대중은 부단하게 생성되는 과정에 있다. 대중은 결코 최종적으로 완결된 상태에 이르지 못한다. 그러나 대중은 일련의 공통된 특성들을 보여주며, 우리 사회에서 너무나 중요하기 때문에 간단히 해명되지 않는 주변 현상으로 치부하고 넘어갈 수는 없다. 현재는 대중 현상이라 할 수 없는 대중 현상들이 많이 있다. 우리 사회의 모든 중요한 의사소통 시스템은 수많은 사람들의 참여를 기반으로 돌아간다. 이 시스템은 대중에 의해 작동이 지속되며, 개인의 데이터를 넘겨주는 것을 통해 적어도 간접적으로는 대중으로부터 자금을 조달받고 있다. 대형 소셜 시스템들은 전 세계의 대중을 결집하고, 대중에 관한 데이터를 체계화하고, 판매하고, 분석과 예측 용도로 넘겨준다. 이것을 통해 페이스북 같은 회사들은 제품을 생산하지도 않고 콘텐츠도 만들어내지 않으면서도 엄청난 부를 쌓는다. 이런 회사들은 자사 알고리즘을 이용해 대중을 설명할 수 있고, 심지어 수치로 산정할 수도 있다. 이것이 가능한 이유는 그들이 '자신의' 대중을 스스로 만들어내고, 소셜 네트워크에서의 사용자 행동을 기반으로 분류하고, 서로 연결하고, 소비자군으로 세분하고 또한 그들의 경제적 관심에 따라 체계화하기 때문이다.[48] 사회학은 이런 식으로 진행할 수는 없다. 사회학은 대중을 학문적 관점에서 분석해야 하기 때문이다. 이때 대중의 정체성이 규정될 수 없기 때문에 엄밀한 방법을 적용하는 것은 불가능하다. 그렇다 해도 대중의 정체성을 재인식할 수는 있다. 대중을 특정한 대상으로서가 아니라 현상적으로나 구조상으로 특징 지을 수 있는 행동 방식들의 복잡한 가닥들의 다발로 인식할 수 있다. 표면적으로는 단순해 보이지만 여러 층에 걸쳐 있는 복잡한 사안이 이 모든 것을 알려준다.

　　현대 대중에 대한 설명 모델을 얻어내기 위해서는 첫째로 대중 행사에 참가한 주체—마치 공동의 우리들 집단에서처럼—가 자신의 개인적 관점을 계속 유지한다는 사실을 확인해야 한다. 대중의 내부

에는 개인의 관점이 무수히 많기 때문에 다원적 존재론plural ontology
이 생겨난다. 다원적 존재론은 대중의 구성원들을 다양하게 해주지
만, 결속력이 줄어들면 그들의 일체성이 위태로워질 수도 있다. 가령
어떤 축구팀 팬들은 자기 팀이 승리할 가망이 없다고 예측할 수 있을
때는 종료 시간 훨씬 전에 경기장을 떠나기 시작한다. 대중 행사의
매력이 지속되는 한 구성원들은 그 행사의 직접성에 사로잡힌다. 그
들은 보다 고차원의 입장이 되어 대중 속의 자신의 상황을 의식적으
로 평가할 능력도 없고 그럴 의사도 없다. 참가자들 속에 갇히는 것
이 구조화되지 않은 대중의 특징이다.

　　대중은 매우 다양한 원리로 움직일 수 있다. 이 때문에 대중을
그 구조에 따라 구분하고 분류하고, 기능을 발휘하는 특성들을 서술
하고, 그들의 활동 구조event structure와 그 형태의 특징을 보여주는 것
이 합당해 보인다. 카네티가 암중모색하며 이 길로 접어들었다. 그
에 대해서는 대중의 구조를 초시대적이며 그때마다의 사회와는 무
관하다고 여겼다는 비판이 제기될 수 있다. "대중은 어디서든 서로
동일하다. 서로 다른 시대와 문화에서도, 온갖 출신, 언어, 교육을 가
진 인간들 사이에서도 대중은 본질적으로는 동일한 것이다."[49] 하지
만 새로운 대중을 이루는 우리들은 인류학상의 집단이 아니라 사회
적 집단이다. 이 집단은 차이들을 지양하는 것이 아니라 차이들을 구
조 요인으로 통합시킨다. 게르트 호르틀레더는 카네티에 대한 비평
에서 현대의 대중은 "개인 행동과 대중행동을 지속적으로 중첩시키
는" 특성을 보인다고 주장한다.[50] 대중을 적합하게 서술하려면 우리
는 이 연결 지점에서 시작해야만 한다.

3장

이중 대중

···· 우리와 그들, 경계 설정을 통한 안정화

보통 대중은 그 자체로는 나눌 수 없는 일체화된 집단으로 이해된다. 대중은 외부를 세를 불리는 데 방해물로 여기거나 아니면 수를 계속 더 늘릴 수 있는 기회로만 받아들인다. "여러분, 쳐다보고 있지만 말고, 시위에 동참하세요." 이것은 가두시위 때 나오는 가장 인기 있는 구호들 중 하나다. 이런 대중은 외부를 전혀 인정하지 않는다. "대중은 형성되는 즉시 더 많은 사람들로 이뤄지기를 원한다. (…) 자연적으로 형성된 대중은 개방적 대중이다. 그들의 수가 늘어나는 데는 한계가 정해져 있지 않다. 그들은 집, 문, 자물쇠를 인정하지 않는다."[1] 엘리아스 카네티는 자신의 책에서 이렇게 주장한다. 외부의 경계를 인정하지 않는 것은 내부의 차이가 존재하지 않는 것과 완전히 상응한다. "대중 속에는 동등이 지배적이다."[2] 대중 속에서는 모두가 동등하기 때문에 상호 간의 모든 차이가 없어진다. 외부에 대한 대중의 관계는 주로 그것을 파괴하거나 병합하는 것이 핵심이다. 이 두 경우에 그 전에 나누고 구분하는 작용을 했던 것이 이제는 하나의 전체로 변한다.

이것은 예외의 경우를 통례로 만드는 주장이다. 대중이 자신과 마주치는 모든 것을 병합해서 자기 것으로 만드는 경우는 매우 드물다. 대부분의 대중은 오히려 배제의 원칙, 즉 '우리는 그들이 아니다'라는 차이를 불러오는 원칙에 따라 형성된다. 편 가르기는 대중에게 불리한 구상이 아니라 대중을 조직하는 원리 그 자체다. 다시 말해 대중은 다른 대중에 맞서는 것을 통해 형성된다. 대중은 자신의 결속을 정당화해주거나 아니면 참가자들의 입장에서 불가피하다고 여기게 해주는 상대나 저항 세력을 필요로 한다. 또 다른 대중을 끌어들이고 자신의 존재를 이들과 연결하는 그런 대중은 상대편과 더불어 이중 대중을 형성한다. 우리는 앞으로 이 경우에 이중 대중은 특별한 종류의 대중이며, 대중들이 전반적으로 소유하고 있는 원동력을 가지고 있다는 점을 보여줄 것이다.

이중 대중의 형성 원리는 철학사를 통해 잘 알려져 있다. 무언가는 그 경계에서 그리고 경계를 통해 실체로 변한다. 헤겔의 이러한 통찰은 스피노자의 명제 "모든 결정은 부정하는 것이다Omnis determinatio est negatio"에 미리 표명되어 있다. '우리는 그들이 아니다'라는 원칙도 이 구도와 일치한다. 여기서도 본래의 것은 타자와의 구별 짓기를 통해 정체성을 얻는다. 하지만 중요한 차이가 하나 있다. 논리적 연구가 변해서 이제는 실제 인간들의 실질적 행동 방식이 되는 것이다.

이중 대중 형성의 첫 단계는 편 가르기다. 1966년에 베를린에서는 시위에 나선 대학생들이 대학 지도부에 공동 결정권을 요구함으로써 가르치고 배우는 명목상의 공동체에서 이탈했다. 1968년에 파리에서는 시위 대학생들이 국가에 대학과 교육기관에 대한 지배권을 부여하는 보수적인 교육부에 반대했다. 동독에서는 국민이 모범적으로 국민의 입장에서 행동하고 말한다고 둘러대는 당과 당 간부들에 맞서 항거했다. 이런 분열을 통해 양측이 서로를 적대자로 간주하는 이중 대중이 생겨난다. 이중 대중은 관련 집단 내부에서는 안정화하는 작용을 하며, 구성원들에게는 나아갈 방향을 제시한다.

세상을 해명하는 체계로서의 이중 대중에 관한 생각은 고대 페르시아의 차라투스트라 교리에서 이미 발견된다. 차라투스트라는 세상을 적대적인 두 원리, 즉 선과 악의 대결의 장으로 설명했다. 고대 이후로 이중 대중은 아주 다양한 배치 형태로 등장하는데, 이 집단의 형성은 종종 하나의 단체, 분파, 종교, 문화 공동체(그리스인들의 경우)에서부터 시작된다. 전통적인 종교들에서 세상을 신성한 것과 범속한 것으로 양분하는 것은 흔히 양면 가치의 특성을 지닌다. 다시 말해 생존해 있는 대중은 망자들과 화합하고 그들의 호의와 후원을 확인하는 일에 매달린다. 생존자와 망자뿐 아니라 인간과 동물도 이중 대중을 형성할 수 있다. 그럴 때 이 집단은 종종 히치콕의 〈새〉나 멜빌의 『모비 딕』에서처럼 인간과 동물이 맞서는 형태를 띤다.

현대에 와서 이중 대중은 선과 악, 선행과 타락, 공권력과 범죄, 교양과 저속함, 금욕과 방종, 총명함과 무지함, 침묵하는 다수와 '선동자' 등 사회를 윤리적, 정치적으로 구분하는 원리로 변한다. 이 모든 대립 개념들은 기득권층과 소외 계층, 보수파와 진보파, 노선 추종자와 이탈자, 질서 수호자와 범법자처럼 서로 대립하는 관계에 있는 특별한 대중들로 대표된다. 일부 이론가들에게서는 이중 대중이 이상형으로 변하기도 한다. 이중 대중은 일목요연함이 사라져

버린 것을 상징하며, 일체성을 바라는 열망을 나타낸다. 이것은 카를 슈미트Carl Schmitt의 정치 개념에서 특별히 두드러진다. 정치권을 적군과 우군으로 나누는 것을(이것은 차라투스트라의 사고 구조를 다시 받아들이는 정치 신학이다) 통해 사회는 강화되고 안정화된다는 것이다. 엘리아스 카네티는 『군중과 권력』에서 이중 대중을 대중 형성의 가장 중요한 형태라고 표현했다. "대중이 유지될 수 있는 가장 확실하고 종종 유일한 가능성은 자신이 끌어댈 수 있는 또 다른 대중의 현존이다. 그것은 경기에서 서로 맞붙어 우열을 다투는 것일 수도 있고, 서로가 심각하게 위협하고 있어서 상대 집단의 모습을 보거나 생생히 떠올림으로써 원래의 집단이 흩어지지 못하게 되는 것일 수도 있다."[3]

카네티가 이 이론을 전 세계가 두 개의 거대한 세력권으로 분열되어 있던 냉전 시대에 완성한 것은 확실히 우연이 아니었다. 이 두 진영은 서로 적대적 대립 관계에 있었지만, 바로 그 때문에 수십 년에 걸쳐 한쪽으로 기울지 않는 '공포의 균형' 상태에 놓여 있었던 것이다. 전 세계가 단 하나의 거대한 이중 대중으로 인식되었다. 되돌아보면 냉전은 대중은 다른 대중을 끌어댈 때만 안정성과 지속성을 얻는다는 명제를 확인해주는 역사의 증거라는 느낌을 준다. 한쪽 대중은 자신을 상대편 대중의 적으로 간주할 때 존재 의미를 얻는다. 이 대중은 하나의 경계를 표시하고, 그로써 확고한 장소를 정하고, 자기편 대중에게—구별짓기를 통해—일체성을 부여한다. 이곳의 우리들과 저곳의 그들의 차이는 양측 대중에게 안정적인 존속을 보장하는 근본적인 구분이다. 정치체제 전체가 이 이중 대중의 원리에 따라 구성된다. 무엇보다 영국에서 특징적인 전통적 양당 구도가 이 패턴을 따르고 있다. 영국 하원에서는 양측 집단이 바로 마주보는 의원석에 앉아 날카로운 논쟁을 벌이며 싸운다. 권위적인 정권은 주문으로 외부의 적을 불러냄으로써 내부의 통합을 얻어내는 전략을 추구한다.

따라서 대중을 안정화하는 것은 일차적으로 내적인 동질성이 아니라 그들 외부에 있는 또 다른 대중이다. 서로 끌어당기는 거대한 두 항성계가 중력을 통해 자신의 궤도를 안정화하고 서로의 주위를 돌다가 마침내 내파하듯이, 두 정치 집단도 서로의 주변을 따라 움직인다. 두 집단은 서로 영향을 미치고 세력을 강화하며, 서로를 소멸시킬 수도 있다. 2014년 10월에 난동을 부리며 쾰른 시가지를 행진했던 집단은 스스로 HOGESA, 즉 살라피스트(이슬람 근본주의자)에 반대하는 훌리건이라는 의미의 이 이중 대중의 명칭을 붙였다. 상대 집단의 존재와 그 위험성에 관한 망상이 독자적인 집단을 형성하고 집결시킬 정도로 중요했던 것으로 보인다.

이중 대중에 대한 인상은 최근 몇 년 동안 또다시 정치적으로 위태롭게 변했다. 우리는 여기서 패권적 정치관에 대해 반발하는 모습을 볼 수 있다. 독일 수상 앙겔라 메르켈이 자신의 정책은 '다른 선택의 여지가 없다'고 주장한 것 때문이다. 이러한 양상은 민주주의의 핵심적 기본 원리인 선택 가능성을 부정한다. 이중 대중이 형성되면서 선택 가능성이라는 원리가 다시 강력하게 정치권으로 돌아온다. 우리들인가 아니면 그들인가. 당신은 결정을 내려야 하며, 그러지 않으면 이제 곧 돌이킬 수 없게 된다. 이중 대중은 이렇게 해서 긴박한 결단의 상황을 만들어낸다. 고대 그리스의 도시국가들에서 시민들에게 내전이 벌어질 때 중립을 지키는 것을 금지했던 입법과 비슷하다. 내전에서 가담할 편을 결정하지 않은 사람은 내전이 끝난 후에 경멸받고 정치 활동에서 배제되었다. 이중 대중은 말뜻으로 보자면 위기 현상이다. 위기krisis는 차이, 두 편으로 양분된다는 의미다. 위기는 이쪽 아니면 저쪽을 택하도록 촉구한다. 이중 대중이 형성된 상황에서는 중도는 없으며, 슈뢰더와 블레어의 머리에 떠올랐던 '새로운 중도'란 더더욱 없다. 서로 대립하는 양극단만 있을 뿐이다. 이 양극단의 중력은 너무나 커서 가운데 놓인 모든 것을 집어삼키거나 아니면 가루로 만든다. 이중 대중은 화합하지 않고 분열한다.

···· 그들인가 우리들인가, 투쟁적인 면과 모방 경쟁

안정화는 카네티가 이중 대중에서 강조하는 하나의 요소이며, 마찬가지로 중요한 또 다른 특성이 있다. 카네티는 이중 대중을 통해 대중 형성의 과격한 면, 즉 투쟁적 원리를 지적한다. 양측 집단은 서로 경쟁을 벌이고 있다. "그것은 경기에서 서로 맞붙거나 우열을 다투는 것일 수도 있고, 그들이 서로를 심각하게 위협하고 있어서……."[4] 이 두 경우에 그들은 서로 직접적인 경쟁 관계에 놓인다. 상대편과 대결을 벌이는 과정에서 양측 집단은 경쟁자로서 긴장감 넘치는 일체성을 얻을 수 있다. 19세기에 이미 조르주 소렐은 폭력에 관한 성찰에서 투쟁적인 이중 대중을 의미와 일체성을 불러오는 집단으로 미화한 적이 있다. 소렐은 폭력이 계층의 구별과 세분화를 초래하고, 따라서 결단의 상황을 만들어내는 데 기여한다며 긍정적으로 평가했다. 그는 폭력을 차단하려는 시도와 자유주의 포섭 모델inclusionary model에는 역사의 혁명적 흐름을 가로막지는 않는다 해도 복잡하게 만드는 계층의 한계와 계급 이해관계가 불순하게 뒤섞여 있음을 간파한다. 자유주의가 주장하는 '만인의 만인에 대한 투쟁과 만인의 자기 이익 추구'는 영원한 투쟁을 하도록 촉구하지만 적대자가 누구인지 명확히 거명하지는 않는다. 반대로 혁명을 외치는 폭력 행사는 명확한 투쟁 전선을 만들어내고, 계급들이 서로 '순수하게' 대립하도록 만들며, 계급 적대 관계가 다시 뚜렷이 드러나도록 해준다(이것은 그 후에 독일 적군파RAF도 추종했던 전략이다). 폭력은 명확한 상황을 만들어내기 위한 것이다. 어떻게든 투쟁이 가능해지도록 하기 위해서라도 이미 투쟁이 벌어진다. 투쟁은 생존 형식—매우 진지한 대처 방법—으로 변한다. 투쟁은 존재론화되기 때문에, 다시 말해 생존 형식으로 변하기 때문에 적대자는 실존적인 의미를 얻는다. '우리들인가 아니면 그들인가?' 나의 적대자의 명칭에 따라 나의 명칭도 정해진다. 마지막에는 사회적 문제가 단 하나의 투쟁적 이중 대중으로 변하는 일이 벌어진다. '사회를 적대적인 두 군대 집단으로 나누는 것이다.'5

'적군과 우군의 구도'를 내세우는 보수 우파 지식인 카를 슈미트도 이 생각에 동조한다. 그도 1920년대에 투쟁적인 면이 일체성을 불러왔던 기능을 지적한다. 적은 "형태상으로 보자면 우리 자신에 대한 질문이다."6 여기서는 어떤 질문을 말하는가? 한편으로는 사느냐 죽느냐 하는 햄릿의 질문이며, 다른 한편으로는 '나는 누구인가?' 하는 나 자신에 대한 질문이다. 이러한 관점에서 적은 질문의 대상일 뿐 아니라 대답이기도 하다. 다시 말해 나는 나의 적의 적인 것이다. 나는 나의 적대 관계를 통해 나 자신을 규정한다. 적이 비로소 나에게 나의 정체성을 부여하는 것이다. 이렇게 해서 슈미트가 정치적인 것 그 자체로 간주하는 결단의 상황이 생겨난다. 어중간해서도 안 되고, 중도도 안 되며, 타협도 안 된다. 우리를 지지하지 않는 자는 우리에게 맞서는 자다. 이 이중 대중의 구조는 겉보기에만 모순적일 뿐이다. 내가 파멸시키려는 것이 동시에 나의 존재의 전제가 된다.

슈미트는 오로지 중대한 사태만을 염두에 두고 있다. 그에게는 세분화에 대한 안목이 없다. 반면에 카네티는 투쟁적 이중 대중 내에서도 대중은 중대한 사태에서뿐 아니라 경기에서도 서로 대립한다고 세분화한다. 슈미트와는 달리 카네티가 이렇게 할 수 있었던 이유는 그가 이중 대중이라는 개념 전체—이것이 『군중과 권력』의 가장 혁신적인 내용이다—를 스포츠의 관점에서 생각하기 때문이다. 카네티의 자서전 한 대목에 자신이 어떻게 해서 이중 대중이라는 개념 구상을 하게 되었는지에 대한 해명이 나와 있다. 그의 방 부근에는 라피드 빈 축구단의 경기장이 있었다. "휴일이 되면 이 유명한 팀의 시합을 놓치기가 쉽지 않은 엄청난 군중이 몰려왔다. 나는 축구에는 흥미가 없어서 거기에 별로 주의를 기울이지 않았다. 그러나 어느 일요일에 별안간 군중의 함성이 들려왔다. (…) 그래서 나는 자리에 조용히 앉아서 경기에 끝까지 귀를 기울였다. 승리의 함성은 슛이 골인한 것을 의미했고, 승리한 편에서 터져나왔다. 소리가 다르게 들리는 실망의 함성도 알아들을 수 있었다. (…) 나는 그 방에서 지낸 6년 동안 그 소리를 듣는 기회를 한 번도 소홀히 하지 않았다. (…) 내가 눈에 보이지 않는 그 시합을 먼 곳에서 따라가며 느낀 흥분을 설명하기란 쉽지 않다. 나는 시합을 벌이는 팀들을 몰랐기 때문에 어느 한쪽 편이 아니었다. 내가 아는 것은 그들이 양편으로 갈라져 있다는 사실이 전부였다. 양측 다 똑같이 흥분하기 쉬웠고, 서로 잘 통했다. 그때 나는 나중에 이중 대중으로 이해하고 서술하려고 노력했던 개념에 대한 직감을 얻었다."[7]

　　슈미트의 경우와는 달리 카네티에게 투쟁적 이중 대중의 인상을 불러일으킨 것은 전쟁이 아니었다. 이 현상에 처음 관심을 가지게 한 사건은 스포츠 경기였다. 조용히 물러나 지내기를 좋아했던 카네티는—바로 이 때문에 카네티는 대중 속에서 거리가 사라지는 것에 매료되었지만—한 번도 스포츠 경기장을 찾아가지 않았다. 그렇지만 어쩌면 한쪽 편에 가담하지 않는 사람만이 이중 대중 속에서 벌어지는 일을 전체로서 파악할 수 있을 것이다. 반면에 거기에 참여한 사람들은 이중 대중의 작동 방식에 관해 까맣게 모르고 있을 것이다. 물론 카네티는 그 행사를 보지는 않고 듣기만 했고, 그렇게 해서 현상에 대한 거리를 유지했다는("나는 축구에는 전혀 관심이 없었다") 사실을 중요시한다. 하지만 그의 자서전에서 원리를 도출하는 과정은 대단히 현실성 있게 보인다. 이중 대중은 당시에 가장 인기 있던 스포츠 종목의 기본 구조를 이룬다. 두 팀이 서로 마주 자리를 잡고 승리를 위해 싸우는 것이다. 팀들 자체는 아직 대중은 아니다. 그러나 양 팀은 자기 편을 위해 전력을 기울이고 응원하는 팬들의 참여를 통해 두 관련 집단이 형성되도록 해준다. 팬들이 경기장에서, 경기를 보러 오는 도중에 혹은 그 후에 서로 비방하고 욕설을 할 때, 경쟁 관계에 있는 두 집단의 사회적 공연이 생겨난다. 그들의 행동이 과격한 대결로 연출된다 해도 상대편은 보통은 진정한 적이 아니라 어느 정도 규칙이 정해진 경기의 상대팀일 뿐이다.

　　이 정도의 암시만으로도 축구에 관해서는 언급조차 되지 않는 카네티의 주 이론서 『군중과 권력』에 나오는 구절들도 돌연 다른 느낌이 든다. "한쪽 편에서는 다리들이 바짝 붙어 서 있는 동안 눈들은 맞은편의 다른 눈들을 향하고 있다. 팔들이 공동의 리듬에 따라 움직이는 동안 귀들은 맞은편에서 나올 것으로 예상되는 함성을 주의 깊게 듣고 있다."[8] 이 인용문은 카네티가 자신의 자전적 작품 『귓속의 횃불Die Fackel im Ohr』에서 서술했던 예전의 청각 체험을 그대로 옮겨 놓은 것이다. 이중 대중의 모습을 마치 축구 경기장에 나온 적대적인 팬 집단을 서술하듯이 그리고 있다. 팬들이 다 함께 리듬감 있게 응원하고, 박수 치고, 깡충깡충 뛰고, 안무를 따라하는 모습이 떠오른다. 경기장은 대중이 자신의 신체 행위 전체를 동원해 공연을 하는 장소다. 이 때문에 팬들이 응원 지도자들과 함께 입석 스탠드를 지키기 위해 벌이는 격렬한 대결은 단순히 향수에서 비롯되는 행동 이상의 것이 된다. 고급문화에서 전형적으로 나타나는 수용 태도—극장이나 연주회에서 정신집중을 하는 자세가 보여주는 것처럼 주의 깊게 조용히 앉아 있기—를 거부하는 것이다. 이와 달리 좌석 스탠드는 다 함께 하는 행동을 심하게 제약한다. 좌석은 요동치는 대중을 개별 관중으로 바꿔놓는다.

그러나 카네티의 인용문은 대중 속의 수많은 몸들이 리듬에 따라 움직이는 것뿐 아니라 상대 팬들과 대결을 벌이는 것도 다루고 있다. 두 관련 집단은 각자 앞다투어 상대편을 능가하려고 애쓴다. 양측은 모방적 상호 관계의 원리에 따라 행동한다. 한쪽 진영에서 경쟁 관계에 있는 팬들을 비방하는 노래가 나오면, 상대 진영에서는 더 공세적인 비방 노래로 응수하는 식이다. 적대적인 진영들이 점점 도를 높이며 서로 같게 맞춰가는 것은 이중 대중에서 전형적이다. 차이를 지양하는 것이 아니라 상대를 능가함으로써 차이가 생기도록 하기 위한 것이다. 양 진영은 상대편의 행동에 같은 방식으로 응수하면서도 더 요란하고, 더 가혹하고, 더 비열하게 한다는 차이가 있다.

경쟁 관계는 두 관련 집단이 서로 구분되는 한에서만 가능하다. 카네티는 이 근본적인 차이를 이중 대중을 양측으로 갈라놓는 필수적인 간격이라고 부른다. "사람들은 자기편 사람들과 함께 모여 친숙하고 자연스러운 일체감 속에서 행동한다. (…) 반면에 모든 호기심과 기대는 명확한 간격을 두고 갈라져 있는 또 다른 인간들 무리로 향하고 있다."[9] 이러한 분리는 공간적으로만이 아니라 미적 가치관으로도 명확히 드러난다. 팬 집단들은 저마다 원칙적으로는 동일하지만 오직 자기 팀과만 관련된 나름의 율동과 색상, 노래와 안무가 있다. 이런 차이가 없다면 양측의 대치와 따라서 편들기 행동은 사라질 것이다. 개인 스포츠 종목에서 흔히 보이는 열광하는 사람들 무리뿐일 것이다. 그러면 다른 관련 집단과의 구별짓기를 통해 일체성을 얻기란 불가능해진다.

축구 경기장에서 경쟁 관계에 있는 팬 집단들 사이의 공간적 간격은 상대편을 주시하지 못할 정도로 크지는 않다. 팬들의 눈길은 경기뿐 아니라 항상 맞은편 진영의 다른 팬들에게로도 향한다. 팬들은 상대편 집단을 정확히 관찰해서 흉내 내는 반응을 보이거나, 그들이 특정한 반응을 보이도록 도발한다. 현대의 스포츠 경기장은 고대의 극장이 아니라 원형 투기장처럼 상대편 팬들이 서로 마주볼 수 있도록 구성되어 있다. 관중들은 스스로가 구경거리가 된다. 이중 대중에서 벌어지는 일에는 마르틴 하이데거가 격차에 관해 주장한 내용이 들어맞는다. 거리를 없애는 것은 먼 것을 가까이 불러오지만, 그럼에도 간격을 유지할 정도는 된다.[10] 스포츠 경기장은 한편으로 팬 집단들이 서로 만나기 쉽게 해주지만, 다른 한편으로 군중 제어crowd-control를 위한 요건도 갖추고 있다. 상대팀 팬들은 서로를 볼 수 있게 되어 있지만, 반드시 차단을 통해 서로 갈라져 있어야 하는 것이다. 그래야만 경기가 원활히 진행되고 싸움이 벌어지지 않는다는 보장이 가능해진다.

실제로 팬 집단들은 경기의 대결 상황과 심각한 도발 사이에서 주의를 집중하며 행동한다. 팬들에게 장난스러움과 진지함이 서로 명확히 구분될 수 없다는 상황은 심지어 독특한 매력이 될 수도 있다. 경기를 통한 상징적 대결은 노골적인 공격적 대중이 쉽게 생겨나게 할 수도 있다. 장난스러움이 진지함으로 돌변하는 형태는 상대편 진영으로 쏘아 올리는 불꽃 로켓, 차단 시설을 허무는 행동, 상대편 진영을 습격하거나 집단 패싸움을 약속하기 등 다양하다. 관련 집단들이 간격을 유지하지 못하면 각 집단에서 일체성을 만들어내고 강화하는 그들의 유익한 기능도 잃게 된다.

· · · · 누가 우리 편인가?

1989년에 동독에서 벌어진 저항운동의 슬로건 '우리가 국민이다'를 이중 대중 개념의 관점에서 살펴보도록 하자. 이토록 간결하고 역사적으로 의미 깊은 구호는 나중에 새로 해석하고 적용하기에 안성맞춤이다. 과장해서 말하면 이 구호와 그 후의 변화된 표현에는 통일 전환기 이후 지금까지의 독일 역사가 응축되어 있다. 우선 이 구호는 이중 대중과는 전혀 동떨어진 주장을 하는 것처럼 보인다. 이 구호에는 공동의 가두시위에서 자신을 '국민'과 동일시하는 '우리들'이 들어 있다. 이런 종류의 대중 형성은 모든 참가자들을 다 받아들이는 포괄하는 모델이라 부를 수 있다.

$$나 + 나 + 나 + 나 \cdots\cdots = 우리들 = 국민$$

'우리들'은 내부적으로 나뉘지 않은 단일한 대중을 아우르는 말이었다. 그러나 우리는 사회주의통일당과 그 하위 기관들뿐 아니라 그들의 정치 대표자들 무리를 겨냥했다는 점에서 포괄하는 성격이 아니라 배제하는 성격을 지녔었다. 만약 '우리가 국민이다'라는 구절을 읽지 않고 듣기만 한다면 이 차이는 단번에 명확해진다. 라이프치히에서는 엄청나게 많은 사람들이 모여 우리를 명확히 강조하며 이 구호를 외쳤다. '우리 = 국민'이라는 이 자기 지시 관계 덕분에 슬로건은 비난하고 도발하는 어조를 띠게 되었다. 그러나 이것은 전혀 우리의 일부가 아니면서도 국민의 이름으로 말해왔던 그들에게 들려주기 위한 것이었다. 이 지시 관계는 국민이 자신의 위선적인 대변자들에 맞서 행동을 통해 스스로 권한을 차지한 것이었다. 따라서 포괄하는 것처럼 들리는 이 슬로건은 실제로는 투쟁적 이중 대중을 불러일으킨다. 대중으로 뭉친 우리는 국민의 엄청난 수와 폭넓은 지지를 동독 정치 지도부와 그 하수인들인 그들에 반대하는 논거로 제시했다. 카네티의 개념에서와는 달리 1989년의 이 이중 대중은 양측이 대등하지 않았다. 한쪽에는 힘없는 대다수의 사람들이, 다른 쪽에는 모든 권력 수단을 동원할 수 있는 소수의 사람들이 있었다. 바로 당과 국가의 대표자들에 비해 압도적으로 많은 시위자 수가 그 대중 운동에 정당성을 부여했던 것이다. 그렇지만 양 진영 사이의 균형 상실 때문에 이 이중 대중은 불안정해지기도 했다. 대결이 결판난 후에 양측 집단은 쇠약해졌고, 국가 기관은 짧은 기간 내에 해체되었다. 거리로 나섰던 공동의 우리들도 말 그대로 뿔뿔이 흩어졌다.

2015년에 드레스덴에서 '우리가 국민이다'라는 구호가 페기다(독일의 극우 성향 반이슬람 단체-옮긴이) 운동에 의해 다시 수용되고, 그 후 반항적인 슬로건 '우리는 천민이다'로 바뀌었을 때 과거의 용기와 자부심은 이미 사라지고 없었다. 이때의 '우리'는 시위자 그룹 자신만 지칭할 뿐이었다. 그러나 1989년에 이 구호가 이중 대중을 형성했던 기능은 기억을 통해 되살아났다. 원래의 구호와 별로 닮지 않은 이 구절에서는 통일 전환기 운동의 격정이 뒤틀린 메아리가 되어 울려나왔다. 그사이에 그 구호는 새로 탄생한 독일의 부흥의 전설의 일부로 변해 있었다. 이것을 페기다 운동이 반서사anti-narrative를 만들기 위해 독점한 것이다. 통일이 예전의 동독 시민들을 '천민'으로 전락시킨 굴종이었다는 취지다. 이 '천민'이라는 말은 거친 비방을 받자 자제력을 잃은 부수상 지그마어 가브리엘Sigmar Gabriel의 두서없는 연설에서 인용한 것이었다. '천민'으로 자처하는 것은 남들에 의한 배척을 자기 정체성의 특징으로 받아들인다는 의미다. 부정적으로 붙여진 속성을 당당하게 사용하는 것은 또 다른 배경에서는 잘 통했던 수법이기도 하다. 미국 흑인 힙합 가수들은 백인들이 사용하는 가장 심한 욕설인 nigger(검둥이)를 제 것으로 만들었다. 흑인 저항 문화 내에서 이 말은 소수민족의 반항적인 자기 개념self description으로 사용되었다.

2016년의 독일 통일 기념 연설에서 수상 메르켈은 예전의 구호 '우리가 국민이다'를 다시 꺼내 문장을 이렇게 바꿔 표현했다. '모두가 국민이다.' 얼핏 간결한 이 표현은 구호의 원래 의미를 다시 받아들이는 것처럼 보인다. 하지만 우리는 1989년에 이 구호가 결코 포괄하는 뜻이 아니라 동독의 당과 정치인들을 겨냥했던 것임을 이미 살펴보았다. 메르켈은 위의 표현을 하면서 이 배제하는 의미를 간과한 것일까?[11] 사실 메르켈은 결코 순진하게 모두를 포괄한다고 선언한 것이 아니었다. 오히려 페기다 시위대가 1989년의 구호를 해석한 의도를 겨냥했던 것이다. 메르켈의 입장에서는 그 해석을 시급히 반박할 필요가 있었다―2015년에 드레스덴에서는 동독 출신인 수상 자신과 동독 주민들 일부 사이에 서먹한 관계가 시작되는 불안한 조짐들이 나타났었기 때문이다. 메르켈은 1989년의 구호를 새로 바꿔 표현함으로써 간접적으로 이렇게 전한 것이다. 당신들은 통일 전환기 이후의 독일의 근간을 이루었던 국민적 합의와 동떨어져 있다. 당신들은 모두의 일원이 아니며, 당신들은 우리와 관련이 없다! 앙겔라 메르켈의 연설에서 처음에는 모두를 포괄하는 모범처럼 보이는 것은 사실은 이중 대중의 전형에 따라 만들어진 것이다.

····질서 대 혼란, 〈메트로폴리스〉와 〈M: 한 도시가 살인범을 추적하다〉

르봉에 따르면 대중은 서로 대립되는 두 가지 출현 형태로 구분될 수 있다. 조직화된 대중과 무질서한 대중이 그것이다. 제도화된 겉모습을 보이는 조직화된 대중은 개인들을 집단적 움직임을 통해 일체화한다. 조직화된 대중은 개인들을 동시적으로 움직이게 만드는 것이다. 이 움직임은 집단적 질서를 조직체에 편입하는 것에서 생겨난다. 공장 노동뿐 아니라 군대의 시간 기록에 있어 각 집단은 개개인을 동시화하고 획일화하는 질서를 도입한다. 조직화된 대중과 기술적으로 유사한 것은 기계다. 다른 한편에는 무질서한 대중이 있다. 이들은 그 어떤 질서도 거부하며, 이들의 출현 형태는 모두를 휩쓸어가는 움직임이다. 이들에게는 경계가 없다. 이들의 움직임은 경계를 벗어나는 것을 지향하고 있다. 이 양극단 사이에 중도는 없다.

프리츠 랑Fritz Lang 감독의 영화 〈메트로폴리스Metropolis〉(1927)는 이 양 진영이 대결을 벌이면서 투쟁적 이중 대중을 형성하는 대중의 양면성을 보여주고 있다. 줄거리는 상부와 하부로 나누어진 초현대적인 도시에서 진행된다. 맨 위에는 상류층이 낙원 같은 정원에서 거주하고, 맨 아래에는 착취당하는 노동자들이 살고 있다. 이 도시는 공간적으로는 일단 이중 대중 체제의 상징인 셈이다. 그러나 중간 지역이 더 있다. 중간 지역에서는 기록계에 의해 시간이 측정되는 노동자 집단이 기계 앞에서 작업을 하고 있다. 도시 상부는 오래된 귀족 질서의 상징으로서 개인들이 교양을 양성하고 있다(따라서 생계를 유지해주는 기계의 작동에 의존하고 있다). 반면에 중간과 하부 지역에서는 대중의 양면성이 드러난다. 그들이 대결을 벌이는 가운데—기생하며 살아가는 도시 상부는 여기에 아무런 영향을 미치지 않는다—영화가 진행되면서 새로운 질서의 형태가 결정된다.

두 관련 집단은 각각 하부 도시 두 지역에 속해 있다. 한쪽 지역에서는 기록계에 의해 시간이 측정되는 노동자 집단이 기계 앞에서 작업을 한다. 노동자들은 규칙적이고 동시적인 움직임을 통해 그들 자신이 하나의 거대한 기계를 이룬다. 자주 등장하는 모습은 시계와 메트로놈으로, 이것의 규칙적인 움직임을 통해 시간 측정의 상징이 된다. 이와는 반대로 도시 하부에서는 혁명을 외치는 대중이 무질서하게 거리를 돌아다니고, 모든 경계와 울타리를 넘나들면서 어지럽게 날뛴다. 그들의 출현은 도시 전체를 침수시키게 될 홍수와 결부되어 있다. 조직화된 대중과 무질서한 대중의 대립 관계는 기계이면서 인간이기도 한 '이중의 마리아'를 통해 구체화된다. 인간으로서의 마리아는 노동자들의 수난을 대변하면서 장래의 구원에 관해 설교하는, 종교적으로 미화된 부드러운 목소리다. 기계로서의 마리아는 폭발하기 직전의 심각한 사태를 불러오는 수단이 된다. 권력자 프레더젠은 대중에 대한 영향력을 얻기 위해 제2의 마리아 로봇을 하나 만들도록 시킨다. 반면에 로봇 발명가 로트방은 마리아를 대도시를 파괴하는 데 이용하려 한다. 서로 적대적으로 대립하는 인간과 기계로 이중화된 마리아는 이중 대중의 화신이다. 혁명 지도자인 동시에 본질적으로 다른 권력 추종자들의 하수인인 마리아는 이제부터 대중을 선동한다. 그러나 성자 마리아는 마지막에 대중을 새롭게 변모시키며, 그들에게서 다시 한 번 질서를 지키겠다는 다짐을 받는다.

이 영화는 적대적 이중 대중이 유기체설의 사회 모델로 통합됨으로써 화합으로 끝난다. 이 때문에 영화가 개봉된 직후에 이미 비난이 쏟아졌다. "뇌와 손의 중재자는 항상 심장이 되어야만 한다." 영화의 말미에 이런 구절이 나온다. '진짜' 마리아(조직화된 선한 대중의 화신으로서)의 주선으로 노동자 지도자와 상류층 대표는 서로 악수를 나눈다. 대중의 흥분은 이제 감격('심장')으로 변하고, 적대적 관련 집단들은 사회 조직체의 기관들('두뇌'와 '손')이 된다. 대중에게 혁명을 일으키도록 선동했던 대중 시대와 기계 시대의 가짜 구원자인 마리아 로봇은 '진짜 구원자'에게 패배한다. "이 여자가 예전의 구원자다." 유기적인 사회 조직체 속에서 투쟁적 이중 대중은 강제력에 의해 다시 한 번 하나로 결합된다. 이 부적절한 화해는 뜻하지 않게 영화의 이념적 의도와는 반대로 화해가 이뤄지는 데 수반되는 폭력을 보여준다. 이 영화는 디스토피아로서는 기대에 부응한다. 이 영화는 바이마르 공화국에서의 극단적인 대중들의 대결에 대한 반응이기 때문이다. 반면에 유토피아로서는 설득력이 떨어진다.

몇 해 후인 1931년에 나온 영화 〈M: 한 도시가 살인범을 추적하다〉에서 프리츠 랑은 자신의 견해를 수정하지만, 동시에 〈메트로폴리스〉의 이야기를 계속 이어가기도 한다. 〈M〉에서의 이중 대중은 완전히 다른 방식으로 행동한다. 한 도시의 조직화된 두 집단인 경찰과 범죄 조직이 연합해서 하나의 이중 대중이 된다. 적대적인 이 두 조직체의 협력은 공동의 적인 한 유아 살인범에 의해 이뤄진다. 이중의 '추격 무리(카네티)'가 생겨나 살인범을 추적하고 결국에는 그를 체포한다.

하지만 이 이중 대중에는 중요한 내적 차이점이 있다. 경찰은 이상하게도 주체가 없는 위계적 조직체로 묘사된다. 그들의 추적은 기계적이다. 경찰은 시민들 속에서 터져나오는 집단 공포와 언론에 떠밀려 움직인다. 이와 반대로 범죄 조직은 자신의 명예 관념 때문에 유아 살인범과 거리를 두는 일이 중요해진다. 의리로 뭉쳐 방해받지 않고 자신의 일을 처리하고 싶어 하는 범죄자들은 '짐승 같은' 충동적 범죄자와 같지는 않다. 그들의 범죄는 합리적으로 계획된 것이다. 그들은 현대적인 주체들답게 이해관계를 따져보고, 공동의 법도를 준수하면서 행동한다. 그들 역시 자신이 보기에는 질서를 유지하는 세력이다. 경찰과 범죄 조직, 즉 질서와 반질서가 서로 연합한다. 혼란의 세계는 충동적인 유아 살인범이라는 인물로 옮겨진다. 이 살인범은 어느 정도 무정한 킬러이기도 하고 고뇌하는 존재이기도 한 '사회의 적'으로 다듬어진다. 여기에 비하자면 〈메트로폴리스〉는 질서 유지 세력들의 연합까지는 보여주지 않았다. 아무튼 결말 부분에서 이중 대중이 이 방향으로 변모한다는 암시가 나오기는 했다. 포괄하는 새로운 사회 질서로 변하는 것이다.

····혼란 대 질서, '검은 복면단'의 신화

'혼란인가 질서인가'. 이것은 급진 좌파 시위대에서 인기 높은 펑크 송 제목이다. 이 노래도 조직화된 대중과 무질서한 대중의 대립 관계를 다루고 있지만 양측 집단에 대한 통상적인 평가를 뒤집는다. 여기서 위협의 진원지는 거꾸로 질서가 된다. 혼란은 해방의 계기로 환영받는다. 하지만 양측의 대립 관계는 여전히 유지되고 있다. 그 외에도 이 이중 대중은 그들의 대결을 사회적 공연으로 보여준다. 그리고 이때 특정한 의례적 시위 행동 규칙을 따른다.

　　축구 경기에서 팬 집단들이 서로 마주칠 때 의례의 구조들이 드러난다는 사실은 스포츠의 세계에서는 이상한 일이 아니다. 그러나 이 구조들은 가두시위 때, 특히 시위가 집단 난동으로 이어질 때도 그에 못지않게 명확히 발견된다. 폭력적 행동은 의례 규칙들에 따라 일어난다. 베를린에서 5월 1일에 벌어지는 난동은 이 의례적 폭력 발생의 전설에 기반을 두고 있다. 시위대가 경찰을 몇 시간 동안이나 크로이츠베르크에서 몰아내는 데 성공한 1987년 5월 1일 이후로 이곳에서는 매년 새롭게—비록 강도는 매번 다르기는 하지만—경찰과 그 도전자들 사이에 대결이 벌어진다. 여기서 폭력은 어떤 상징적 질서를 따른다. 시위 의례이자 공공연한 폭력의 획책이기도 한 이 과격 시위는 단순한 무절제도 아니고 순전히 저항이나 반발의 표현 방식도 아니다. 오히려 여기서는 폭력의 양면성이 명확히 드러난다. 질서 유지 세력과 저항 시위대가 서로 대결을 벌이는 것이다. 그리고 각 상대편의 대형에서 자신의 모습이 반영되어 나타나는 것을 본다.

이 폭력적 정치 시위의 양상은 '검은 복면단'에 의해 결정된다. 이 집단의 참가자들은 모두가 한결같이 검은 옷차림을 하고 있다. 게다가 두건과 복면은 개인의 얼굴을 알아보지 못하게 해준다. 검은 복면단 진영은 원래는 건물 점거자 집단에서 유래했지만 늦어도 2007년의 G8 정상회담 장소인 하일리겐담에서 그 모습을 드러낸 후로는 독일에서도 무정부주의적 폭력의 전설로 변했다. 그때부터 복면에 가려진 얼굴들에 대해 추측이 난무하고 있다. 그들은 어떤 인물이며, 왜 그토록 분노하며, 무엇 때문에 폭력을 행사하는가? 이토록 관심이 큰 이유는 참가자들이 복면으로 자신의 정체를 감추는 것을 특히 중요시하기 때문이기도 하다. 검은 복면단은 서로 맹세를 한 사람들의 결사체가 아니며 단결된 집단도 아니다. 참가자들은 어떤 일치하는 환경이나 특정한 사회 계층 출신도 아니다. 이 진영은 오히려 1980년대 후반에 생겨난 시위 전략의 결과물이다. 통일해서 갖춘 외관은 범법자들 개인의 신분 확인과 체포를 힘들게 하기 위한 것이었다. 이것은 폭력의 주체를 없애주었다. 전통적인 대중 이론에서 대중을 과소평가하는 결정적인 이유가 되는 것—이 이론은 개별 인물을 탈개성화한다—이 여기서는 하나의 전략으로 변한다. 개인 특성 지우기가 여기서는 의식적으로 도입되는 것이다. 이 시위 전략이 시간이 지남에 따라 공연의 의례, 공권력에 도전하는 자들이 걸치는 복장으로 변했다.

검은 복면단은 상대편 경찰과 비슷하게 통일된 모습으로 등장한다. 폭동 진압대인 경찰도 검은색 제복을 입고 헬멧과 방패로 자신의 얼굴을 가린다. 질서 유지 세력과 그 대항 세력이 적대적인 두 진영으로 나뉘어 이중 대중을 형성한다. 이들은 서로가 합쳐 상대가 있어야만 가능한 폭력의 한 형태를 행동으로 보여준다—이것은 '모방적 상호 의존성mimetic reciprocity(르네 지라르)'에서 생겨나는 폭력이다. 즉 서로에게 맞춰 같게 대응함으로써 시위 가담자는 전투원으로 변하는 것이다.

이 의례적 이중 대중이 행동으로 보여주는 양상은 폭력 자체를 경계를 설정하는 폭력과 경계를 침범하는 폭력으로 가르는 충돌이다. 폭력은 그 행사의 단순한 '양념'이거나 어떤 메시지를 전해주는 매체에 지나지 않는 것이 아니다. 폭력은 오히려 이 사회적 공연의 중심 역할을 한다. 폭력은 돌과 곤봉이라는 대화 형식을 통해 독백을 한다. 이중 대중은 바로 이 폭력을 통해 하나로 합쳐지며, 이것은 헤겔의 '정신'과 비슷한 면이 있다. 헤겔의 '정신'은 『현상학』에서 햄릿처럼 해골과 대화 형식으로 독백을 한다("내가 바로 이 해골이지").[12]

어떤 폭력 시위가 강제로 해산되거나 경찰의 개입이 맞대응을 불러올 때는 폭력 의례가 종결되는 것이 아니라 지속된다. "대중이 유지될 수 있는 가장 확실하고 종종 유일한 수단은 자신이 끌어낼 수 있는 또 다른 대중의 현존이다."13 경찰이 없다면 검은 복면단은 해산할 것이며, 검은 복면단이 없다면 경찰의 존재는 무의미할 것이다. 양측이 마주쳐야만 질서와 해체의 대결로서의 폭력의 양면성이 행동을 통해 드러날 수 있다.

이런 이중 대중에서는 뚜렷한 움직임이 있어도 어떤 일이 벌어지지는 않는다. 폭력은 그 주변을 맴돌고 있다. 과격 시위는 종종 놀라울 정도로 움직임이 없다. 진지전을 벌일 때처럼 대치하고 있는 경찰과 검은 복면단 진영의 두 집단이 이루는 전선이 형성된다. 이따금 어떤 것이 상대편으로 날아가는데, 한쪽에서 최루탄이 날아가면 다른 쪽에서는 돌과 각목과 페인트가 날아오는 식이다. 이 이중 대중이 움직일 때는 오직 전체로서만 움직인다. 한쪽이 전진하면 짝을 이루는 반대쪽은 뒤로 물러난다. 간격은 변함없이 동일하다. 또는 양측이 잠시 동안 서로 맞물려 있다가 다시 일정한 리듬을 타며 서로에게서 떨어진다.

검은 복면단이 일단 재빨리 행동에 나서 제지받지 않고 거리를 빠져나갈 때만 무질서한 흐름이 생겨난다. 대개는 이런 도피 움직임은 얼마 후에 다시 끝난다. 이중 대중은 정적인 상태를 복원하려는 경향이 있다. 이 정중동의 상태는 이중 대중이 해산하는 것을 통해서만 해소될 수 있다. 최근의 시위 전략은 획일적인 진영 형성을 기피한다. 대중은 마치 자발적으로 흩어질 때처럼 더 빠르고 통제할 수 없게 행동할 수 있는 유동적인 소집단들로 분산된다. 이 새로운 기동성은 독특하게도 통제 불능out of control 전술이라 불린다. 이것은 폭력을 사회적으로 공연하는 성격을 변화시킨다. 연극이 중단되는 것이 아니라 다른 식으로 표현되는 것이다. 이 전술은 한편으로 경찰의 군중 통제를 힘들게 하고, 다른 한편으로 경찰을 이 새로운 전술에 맞춰 거듭 조정하게 만든다. 한쪽이 변하면 다른 쪽은 다시 거기에 맞게 맞추는 식이다. 이런 상황에서 과격하게 행동하는 소집단들과 무리들 속으로 돌진해서 체포를 시도하는 경찰 '체포대'가 대결을 벌인다. 이 양상은 2017년에 함부르크에서 열린 G20 정상회담 때도 목격되었다. 당시에는 더 이상 한 무리의 난동자들과 경찰 대대가 정면으로 대치하지 않았다. 검은색 복장을 입었다가 벗기를 반복한 민첩한 소집단들이 상황을 주도했다. 공연 규칙과 전술 명칭은 변했지만 어떤 특정한 질서를 따르는 공연 의례는 여전히 중요하다. 폭력을 휘두르는 소집단들은 겉으로만 질서와 규칙을 무시하는 것처럼 보일 뿐이다. 그들은 경계를 침범하고 현행 질서를 일시적으로 무력화하는 것이 목적이지만, 대결의 암묵적인 수행 규칙을 준수하기 때문에 나름으로 이중 대중을 유지하는 데 기여하기도 한다.

이 의례의 모방적 구조는 시위가 점차 격화될 때 특별히 명확히 드러난다. 모든 질서는 폭력을 동원해 유지되며, 또한 질서를 전복하려는 모든 시도도 폭력적이다. 여기서 양측은 각각 '또한'을 '때문에'로 대체하고, 이렇게 해서 이것은 인과관계로 바뀌게 된다. 전복하려는 모든 시도가 폭력적이기 때문에 질서는 폭력을 동원해 유지되어야만 한다. 질서 수호자들은 이렇게 주장한다. 모든 질서가 폭력을 동원해 유지되고 또 폭력에 의거하고 있기 때문에 모든 전복은 폭력적이 될 수밖에 없다. 혁명을 외치는 사람들은 이렇게 주장한다. 양측 모두 폭력이라는 말밖에 모른다.

···· 이중 대중의 모방적 구조

이중 대중이 존속하는 한 양측 집단 상호 간의 관계는 해소될 수 없다. 한쪽이 행동을 보일 때마다 다른 쪽의 대응이 뒤따른다. 말로 대화를 나눌 때 대답을 하듯이 양측은 앞서 나온 주장에 대항한다. 양측은 그 주장을 실마리로 삼을뿐더러 기본 원리도 받아들이고 덧붙여서 보다 멋진 주장을 내놓는다. 양측은 비슷한 행동을 하지만 더 세게 나온다. 양측 집단은 서로 직접적인 대결로 판가름 나는 모방 경쟁을 벌이고 있다.[14]

　　두 진영의 모방 행동은 결코 서로를 흉내 내는 것으로 간주될 수 없는 유사성을 만들어낸다. 흉내 내기는 상대 행동의 외적인 특성들을 모방하는 것을 목적으로 한다. 모방 경쟁은 일차적으로 관찰할 수 있는 상대의 행동이 아니라 다른 어떤 것을 지향한다. 그것은 상대편이 열망하고 또 자신이 성취하고 싶어 하는 것이다. 경찰은 검은 복면단이 거리와 공공장소에 대한 지배권을 장악하려 하기 때문에 공격한다. 이것은 경찰 자신도 성취하기를 원하는 목표다. 시위대는 경찰의 의도를 예견해서 경찰과 똑같은 것을 꾀하지만, 경찰의 행동을 무력화하기 위해서는 더욱 효과적이어야 한다. 더 높은 효과는 더 많은 인원을 투입하거나 더 위력적인 투쟁술과 무기를 동원하는 것을 통해 얻을 수 있다. 양측 집단이 서로 맞물려 있는 동안에는 그들은 상승의 논리를 따른다.

　　르네 지라르René Girard의 논제에 의하면 모든 모방 경쟁에는 대립하는 양측이 온 힘을 기울여 얻어내려는 대상이 존재한다. 상대편은 열망하는 대상을 어떤 일이 있어도 차지해서는 안 되는 것이다.

크로이츠베르크의 대결에서 격전의 대상이 되는 것은 시 구역의 거리와 광장들에 대한 지배권이다. 미셸 푸코의 말에 의하면 우리는 권력과 지배권을 상호 간에 미세하게 구별 지을 수 있다.[15] 두 세력 간에 통상적인 대결을 벌일 때는 양측에, 열세인 집단에도, 어느 정도의 세력이 유지되고 있다. 하지만 모방 경쟁을 벌일 때는 양측이 상대편을 기진맥진할 정도로 완전히 압도하려 든다. 경찰은 검은 복면단을 거리에서 완전히 몰아낼 목적으로 '위험 지역'을 설정한다. 반면에 검은 복면단은 거리를 경찰 접근 금지 구역no-go-areas으로 바꿔놓는다. 양 진영이 아직 여력이 남아 있는 한 대결은 지속된다. 분별 있는 관찰자라면 누구나 지배권을 최종적으로 거머쥘 수는 없다는 점을 명확히 깨닫는다. 경찰이 지배권을 획득하면 난동자들은 게릴라 전략을 이용해 옆 골목으로 피해 달아나 자신의 새로운 '전투 지역'으로 선포할 것이다. 경찰은 난동자들을 따라가 그곳에서 대치가 계속될 것이고, 반면에 그 전의 대결 구역에는 누구도 관심을 두지 않을 것이다. 함부르크에서 개최된 G20 정상회담 때 경찰은 애초부터 위력과 인원을 당당하게 과시하는 데 의존했다. 경찰의 전략은 시위행진이 시작되자마자 '검은 복면단'을 주눅 들게 만들도록 맞춰져 있었다. '지옥에 오신 것을 환영합니다Welcome to Hell.' 경찰은 지나치게 과격한 시위대의 이 모토를 제 것으로 삼아 그들에게 오히려 따끔한 맛을 보여주려 했던 것이다. "'물대포 차에 후퇴는 없다'고 발언했던 진압 책임자 하르트무트 두데Hartmut Dudde는 (…) 정상회담이 열리기 전에 경찰이 투입할 장비를 미리 예고했고, 이로써 기선을 제압했다. '우리가 완전무장을 갖추어야 한다면 모든 장비를 다 동원할 것이다.'"[16]

모방 욕구는 이중 대중의 원동력의 핵심이다. 한쪽 집단이 열망하는 대상을 더 이상 차지하려 들지 않고 관심을 돌려버리면, 그 대상은 단번에 그 가치를 잃어버린다. 대치해야 할 의미가 사라지는 것이다. 대결을 받아들이지 않으면 열망의 악순환은 끊어진다. 베를린에서 5월 1일이면 벌어지던 소요에서 시간이 지남에 따라 마침내 이런 가치와 의미의 상실이 일어났지만, 그것은 수년이 지난 후의 일이었다. 무엇보다 경찰의 새로운 단계적 완화 전략이 주된 원인이었다. "열기를 식히고, 접근 가능한 집단들과 소통을 한다. 그럼에도 투입 태세는 유지할 것이다."[17] 그러나 5월 1일에 베를린에서 벌어지는 소요에서 경찰의 평정 전략이 성공할 수 있었던 이유는 오로지 시 구역에서 주민들의 호응을 얻었기 때문이다. 주민들은 관례화된 난동을 참을 수 없게 되어 대치를 끝내는 데 기여할 축제 행사MyFest를 준비했다. 이 진전된 사태가 중요했던 또 다른 이유는 집단 난동은 주민들이 참아줄 때에만 제대로 돌아간다는 것을 보여주었기 때문이기도 하다. 베를린의 크로이츠베르크에서는 이 여건이 이미 갖춰져 있었다. 축제 행사가 거행되면서 마찬가지로 공공 공간을 사용하겠다고 요구하는 제3의 진영이 나타난 것이다. 그렇지만 그 목적은 폭력 의례를 거행하려는 것이 아니라 축제를 벌이기 위한 것이었다. 이 축제는 모방 경쟁을 벌이는 공간을 점령했고, 그와는 다른 것을 바라는 축제 대중을 끌어들였다.

지라르의 모방 경쟁이라는 개념은 우리가 제1장의 대중의 기원에서 이미 강조했던 단계적 상승의 과정을 명확히 밝혀준다. 지금까지 논의된 모든 경우들에는 예외 없이 적대적인 두 집단의 경쟁이 관련되어 있다. 그들의 대결에서 특별한 점은 상호 간의 충돌이 아니라 집단들이 상대편과의 대결을 통해 비로소 충돌을 불러오는 대상을 찾아내고 거기에 가치를 부여했다는 사실이다. 그래서 베를린(1966~68년)과 파리(1968년 5월)에서는 학생운동을 통해 비로소 대학과 학문의 체제에 대한 지배권이 관심의 중심에 놓이게 되었다. 저항이 시작되기 전에는 이 지배권에 대한 문제를 제기하는 사람은 별로 없었다. 학생들의 요구와 더불어 문제가 비로소 공론화되었다. 대학과 학문을 누가 지배할 것인가? 교수인가, 정치권인가 아니면 학문 스스로가 결정할 것인가? 이 시점부터 대학과 학문에 대한 지배권이 대학생, 교수, 국가 관청을 대결의 국면으로 몰아넣는 열망의 대상이 되었다. 1966년 이후에 베를린에서 벌어진 대결에서 대학생들은 대학과 전담 부처들에게서 새로운 대학 조직을 얻어냈다. 이것은 나중에 대법원의 결정으로 일부 무효가 되기는 했지만 기존의 교수 중심의 대학 체제를 최종적으로 종결했다. 국가의 개입 수단은 제한되었지만, (예를 들어 교수의 초빙 같은) 중요한 개별 사안들에 있어서는 계속 유지되고 있다. 프랑스에서는 기반이 약해진 국가를 상대로 한 요구사항들이 부분적으로 무정부주의적인 특색을 띠었지만, 총파업의 중단 이후로는 대부분 원상으로 회복되었다. 국가가 대학, 교수, 학문에 대한 지배권을 다시 장악했다. 교육 체계를 엘리트 학교와 확연히 명망이 낮은 대학과 교육기관으로 양분한 제도는 오늘날까지의 모든 개혁 시도들에도 불구하고 유지되고 있다.

1989년에 동독에서 벌어진 대결도 개혁에 대한 요구와 더불어 시작되었다. 개혁 의지의 표시는 국민들 자신이었다. 국민들은 자신이 열망하는 대상을 명확히 주시하고, 점점 더 큰 목소리로 국가의 앞날을 계획하는 데 참여하게 해줄 것을 요구했다. 학생 소요에서와 마찬가지로 열망의 대상은 일단 국가의 관심의 중심에 도달해야만 위력을 발휘할 수 있다. 국민들에게 이 목표는 저항이 시작되기 전에는 실현이 불가능했다. 1989년에도 이 목표는 국가의 의지에 따라서는 실현될 공산이 없었고, 당 지도부의 몫으로 남겨지게 되었다. 요구사항을 공개적으로 주장하는 사람은 구금되었다. 이런 관점에서 '우리가 국민이다'는 구호는 당내 통치권의 약점을 정확히 찔렀다. 국민들 자신이 당에 의해 수행되는 '민주 제도'에 참여할 수 없다면 무슨 가치가 있겠는가? 동독에서 누가 개혁을 요구하고, 착수하고, 실행할 것인가의 문제는 11월 4일에 베를린 알렉산더 광장에서 벌어진 대대적인 시위를 통해 판가름 났다. 국민의 모든 세력이 개혁의 주체가 되어야 한다는 것이다. 닷새 후에 장벽의 개방과 더불어 개혁에 대한 열망은 이동의 자유에 대한 소망에 밀려 아주 금세 관심의 뒷전으로 밀려났다. 이렇게 해서 이 열망은 가급적 빠른 생활 여건의 변화를 바라는 훨씬 효력이 센 중기적인 소망으로 대체되었다. 이 소망에 반대할 적대 세력은 전혀 없었다. 동독의 앞날의 계획에 함께 참여하려는 간절한 목표는 동독의 붕괴와 더불어 시대에 맞지 않는 일이 되어버렸다.

분단된 양측 독일 지역 역시 수십 년간 모방 경쟁의 관계에 놓여 있었다. 여기서도 모두가 열망하는 대상, 즉 상대 '체제'보다 우월함을 입증하는 것이 문제가 되었다. 동독이 붕괴되고 나자 이 대상은 '승자들'에게는 더 이상 중요하지 않았다. 반면에 '패자들' 중 다수는 나중에 잃어버린 지난날의 체제를 애석하게 여겼다. '패자'가 되었다는 의식을 불러일으키는 굴욕은 장기적으로는 극단적인 정치적 입장을 쉽게 받아들이도록 만들 수 있다. 이중 대중의 역사를 보충 기록하는 것은 '승자들'의 몫이 아니다. 그들은 포용과 화해라는 말을 꺼내기가 쉽다. 헤겔의 인식에 따르면 승자는 상대편을 병합해서 자기 것으로 만든다. "한쪽 진영은 이렇게 양쪽으로 갈라지는 것을 통해 비로소 자신이 승자임을 입증한다. 왜냐하면 그로써 그들은 자신이 물리치려 했던 원리를 자신이 차지하고 있음을 보여주기 때문이다. (…) 그들과 상대편 사이에 나뉘어 있던 관심은 이제 완전히 그들에게로 향하고 상대편은 잊어버린다. 왜냐하면 관심은 그들 자신에게서 몰두할 대상이 되는 대립을 발견하기 때문이다."[18] 승자는 예전의 상대 집단을 내부로 받아들였고, 오직 승자만이 하나로 통합된 이중 대중 전체를 이룬다. 반대로 패자들에게는 분열을 극단화하는 일만 남는다.

4장

포퓰리즘

· · · · · 사진의 정치, 위험의 수사적 효과

2015년 가을에 발생한 유럽 난민 위기 동안 두려움을 불러일으키는 대중의 모습이 담긴 사진들이 다시 등장했다. 공포의 수사적 효과를 이용한 그 장면들은 르봉의 대중 이론에 삽화로 사용되어도 좋을 정도였다. 난민 무리는 독일 문화의 정체성을 금세라도 휩쓸어가 버릴 듯한 '인간의 홍수'로 설명된다. 극우 정당 '독일을 위한 대안 AfD, Alternative für Deutschland'의 리더 중 한 사람인 알렉산더 가울란트 Alexander Gauland는 '급수관이 파열'되었을 때처럼 독일 국경을 물샐틈 없이 틀어막으라고 촉구했다. 사진들은 난민 보트, 화물차 내부, 담당 공무원들 앞에 빼곡히 몰려 있는 몸들을 보여주었다. 이렇게 묘사되는 대중은 동정심을 불러일으킬 수 있다. 그러나 공격적이 아니라 곤궁하고 가련하다는 느낌을 줄 때조차 대개는 위협으로 받아들여진다. 난민들은 자신에게 이런 인상이 남는 것을 막아낼 수 없다. 대중으로서 그들은 그런 인상을 불러일으키는 온갖 소문에도 불구하고 말이 없다. 대중 자체는 이야기 내용이 되지 않는다. 난민의 비극적 사태와 재앙 이야기는 오직 개개인에 의해서만 전달될 수 있다. 그것을 실감나게 만들려면 개개인은 전체를 대표하는 대중에게서 떨어져나와야만 한다. 집단 참상은 개인의 불행에서 분명히 드러나기 때문이다. 거기에는 어떤 인상이 담겨야만 한다.

통일을 이룬 독일이 1992년에 이미 망명 입법을 강화했을 때 한스 마그누스 엔첸스베르거는 자신의 책 『대규모 이주Die Große Wanderung』에서 난민들 무리를 보호해주려고 시도할 때마다 생기는 난제에 관해 언급했다. 어떤 개인이 망명자들을 옹호할 때 그들이 말이 없듯이, 어떤 모습도 그들에게 제대로 부합하지 않는다. 대중에 관해서는 제대로 알 수가 없다.

"「메두사의 뗏목」에서는 열여덟 명의 사람들 모습이 보인다. (…) 개개인의 얼굴, 행동, 운명은 서로 구분될 수 있다. 오늘날의 통계에서는—그것이 기아자든 실업자든 난민에 관한 것이든 상관없이—백만이 기본 단위다. 이 엄청난 수에 대해서는 표상이 불가능하다. 구호 단체와 기부금 모금자들도 이 사실을 알고 있다. 그래서 그들은 참상이 동정심을 유발하는 데 어울리도록 항상 절망의 눈을 커다랗게 뜬 단 한 명의 아이의 모습만 보여준다. 그러나 엄청난 수가 주는 공포는 맹목적이다. 한없이 부담이 되는 것에는 공감이 가지 않는다."[1]

대중 속에는 모든 것이 과도하게 들어 있다. 대중은 우리의 지각 능력과 파악 능력의 한계를 벗어난다. 오직 개인에 대해서만 공감할 수 있는 관계가 맺어진다. 엔첸스베르거의 경우에 이것은 "절망의 눈을 가진 단 한 명의 아이"다. 오늘날의 난민 위기를 포착한 가장 유명한 사진은 해변에서 물에 씻기며 외롭게 뻗어 있는 익사한 난민 아이의 모습을 담고 있다. 무관심한 듯이 대상을 바라보는 사진작가의 관점 때문에 관찰자는 그의 감정, 상상력, 고통에 빠져들게 된다. 죽은 아이의 이름은 아일란Aylan이다. 가족 중 아버지만 살아남고 어머니와 형제 한 명은 익사했다.[2] 이 비극적 사태에 대한 상상은 집단 참상을 감동적으로 보여주는 그 어떤 것보다 더 큰 충격을 불러일으킨다. 메르켈 수상은 특히 이 죽은 아이의 사진을 보고서 발칸반도 경로로 들어오는 난민들에게 국경을 개방해주도록 승인했다. 반면에 '독일을 위한 대안'에는 난민 수용에 단호히 반대하는 사람들이 눈에 띄게 몰려들었다.

특히 대중 자체는 아무런 언어와 표정이 없기 때문에 수많은 사람들이 자신의 목소리를 높임으로써 그들에게 이 두 가지를 부여하려고 나선다. 말없는 난민 집단을 옹호해주고, 그들을 위해 온 힘을 기울이는 사람들은 작가일 수도, 정치인일 수도 있다. 그렇지만 난민에 반대하는 발언에 나서는 사람들도 겉으로는 어떤 대중을 대표해서 말한다고 둘러댄다. 국민의 이름으로 말한다는 것이다. 그들의 주장에 따르면 국민도 침묵을 강요당했고, 말을 속 시원히 털어놓지도 않을 것이라고 한다. 그래서 국민에게 발언권을 돌려주어야만 한다는 것이다. 각 발언자가 국민 대중에 대해 가지는 이 관계에서 포퓰리즘에 대한 잠정적인 정의가 도출될 수 있다. 국민을 대표해서 그리고 국민의 위임을 받아 발언에 나선다고 사칭하는 것이 포퓰리즘(대중영합주의)이다.

어떤 대중의 이름으로 발언한다는 것은 무슨 뜻일까? 어떤 대중의 대변자는 대중 전체를 보여준다는 낱장의 사진과 비슷하게 그 대중을 자신이라는 인물 속에 통합한다. 그는 그 대중의 신망을 받는 사람이다(여성이 이 역할을 맡는 경우는 극히 드물다). 그에 대해서는 어떤 감정상의 관계가 생겨날 수 있다. 대변자는 자신을 사랑하거나 아니면 미워하거나 택일하도록 직설적으로 요구하기 때문이다. 하지만 그의 기능은 대중을 단순히 개별적으로 표현하는 것을 넘어선다. 마르틴 하이데거의 "기분에 따라 세상은 달라 보인다"[3]는 격언을 현실화하기 때문이다. 이 대중의 지도자는 분위기를 받아들인다. 그 분위기의 영향을 받고, 거기에 빠지고 그것을 다시 대중에게 전파한다. 대중은 흥분의 도가니로 변한다. 르봉은 대중의 지도자에 관해 이렇게 말한다. "대중과 밀접한 관계에 있는 연사는 대중을 유혹하는 데 이용되는 표상들을 능숙하게 불러일으킬 수 있다."[4] 유혹을 일삼는 지도자는 분위기를 감지하고, 불러일으키고, 자신의 목적을 위해 이용하는 능력이 있다. 분위기를 만들어내는 것은 개념이 아니라 표상이다. 대중을 사로잡는 연설은 신빙성 있는 논증이 아니라 끊임없이 되풀이되는 표상을 기반으로 한다. 포퓰리스트들은 연설을 할 때 표상을 통해 자신이 이끌고자 하는 대중을 정서적으로 자신에게 묶어둔다. 이렇게 해서 자기 자신이 그 대중의 일원이라는 사실을 보여준다.[5]

난민들의 사진을 통해 기억이 되살아난 절박하고 혼란스러운 대중은 경계가 확고하고 조직화된 집단에게 행동에 나서도록 촉구한다. 그들은 대규모로 몰려오는 또 다른 대중에 맞서 '안전 방어벽'을 세운다. 자기 자신을 봉쇄의 수단으로 투입하기도 한다. 예를 들면 작센 지방의 클라우스니츠에서는 분개한 사람들이 몰려와 난민들이 탄 버스를 봉쇄하기도 했다. 그들은 공격 성향을 끌어모아 말과 몸으로 하는 공격에 투여한다. 개개인으로서는 엄두도 내지 못했을 자신감 넘치는 구호를 외친다. 이렇게 해서 다른 문화권 출신의 외국인들에 대한 적대적 태도는 견고해지고, 자신들이 집단으로 뭉쳐 나서는 것이 정당해 보이는 것이다.

····포퓰리즘에서 말하는 '우리들'과 그 적들

포퓰리즘이란 '국민'[6]으로 내세우는 대중을 대표해서 발언에 나서는 것이다. 포퓰리즘적인 발언자가 국민과 연관 짓는 말들은 겉으로는 국민이 올바른 길에서 벗어날지도 모른다는 근심에 의한 것으로 보인다. 이것을 대변하는 사람의 눈에 국민은 위태롭게 보인다. 국민이 잘못된 길로 가고 있고 ─그것도 자신의 잘못이 아니라 정부 여당의 위험한 정책 때문에─국민을 다시 올바른 길로 되돌려놓는 것을 스스로의 임무로 자처한다. 독일을 위한 대안의 수석 후보 알렉산더 가울란트가 2017년 선거일 밤에 한 말을 인용해보자. "이제 우리는 국민을 우리에게 도로 데려옵니다!" 여기서 국민은 한편으로 강도들에게서 구해내야 할 위태로운 대중으로, 다른 한편으로는 그들 자신이 차지하고 싶어 하는 노획물로 보인다.

　　포퓰리스트가 더 엄밀한 의미에서의 '국민'으로 여기는 대상은 남들과의 구별짓기를 원하는 강렬한 욕구를 가진 동질적 대중이다. 이것은 이중 대중의 특수한 경우에 해당한다. 이들이 생각하는 대립 관계의 본질은 우리들 대 그들이라는 적대적 태도이다.

　　우리들과 그들로 서로를 배제하는 이 대립 관계를 불러오는 특수한 메커니즘은 어떤 것인가? 엘리아스 카네티의 이론에 따르면 구별짓고 배제하는 전략은 특별히 활기차고 종종 위험하기도 한 이 중 대중의 형성에 기본이 되는 원칙이다. 우리들은 열광적인 추종자들과 함께 적으로 간주되는 외부자들에 맞선다. 이런 종류의 전략은 국수주의나 인종차별주의의 대부분의 형태들에서 발견된다. 그들의 핵심 구호는 '그들은 우리들이 아니다'이다. 여기서 그들은 정부를 의미할 수도 있고 다른 사회 계층, 이웃 도시 주민들, 취향과 견해와 피부색 등이 다른 사람들 또는 상대 축구팀 팬들을 의미할 수도 있다. 구별짓기를 위해 중요한 것은 무엇보다 반대하기, 적대 관계에 있다는 사실, 적대적인 외부자들에 맞선 단호한 공동 대처다. 이런 집단의 구성원들은 자신이 무엇에 찬성하고 무엇에 반대하는지 알고 있으며, 더구나 다른 사회 집단 형태에서는 찾아보기 힘들 정도로 명료하게 알고 있다. 이 단순한 구조가 명확한 판단의 기준이 별로 없는 시절에는 대중을 매료하는 힘이 된다.

대중운동으로 가장하는 정당은 그들의 잠재적 추종자들에게 다 함께 정서적으로 어떤 임무를 위해 열성을 보이자는 주문을 한다. 이 부탁은 일차적으로는 반대한다는 느낌을 준다. 기존 정당들과 기성 정치인들에게 반대한다는 느낌이다. 두 번째 공격 목표가 더 중요하다. 이 목표는 함께 속해서는 안 되는 사람들—바로 그들의 나라, 체류 허가자들, 그들 도시의 주민들, 사회복지 보조금 수령자들, 이웃들, 축구 국가대표팀에 속하지 않는 자들—을 겨냥한다. 이렇게 배제하는 것이야말로 포퓰리즘적 대중이 오히려 개방을 위해 애쓰는 다른 대중들과 구분되는 점이다.

폐쇄적 대중은 경계 설정을 통해 수가 더 늘어나지 못하게 막는다.[7] 자신의 폐쇄성을 기반으로 동질적인 것처럼 가장한다. 그들은 마치 어떤 공동체나 소집단의 사회 규약이 자기 집단에 전용될 수 있는 듯한 태도를 보인다. 여기에 비하면 포퓰리스트들이 우려하는 난민 집단은 개방적 대중의 대표적인 사례다. 바로 그들의 개방성 때문에 수가 무한히 늘어난다는 인상이 생겨나는 것이다.

난민 증가가 염려되기 때문에 독일에서는 여기에 대한 정치적 대처가 한동안 '난민 수용 상한선' 요구에 억눌려왔다. 그러다가 다른 명칭을 붙여 (임시로) 통과되었다. 한계 설정을 둘러싼 독일 집권 당들의 논쟁은 프랑스의 사회주의 정부가 시행한 한계 보류 정책에 대한 반작용으로 이해될 수 있다. 프랑스 인권 단체들에 적법한 서류를 갖추지 않은 입국자들sans papiers은 한동안 영웅 비슷한 존재였다. 이 입국자들은 질 들뢰즈가 창안한 소위 노마드(유목민)라는 자유 운동에 부합했다. 노마드는 정체성 상실과 탈영토화라는 포스트모더니즘의 이상을 통해 부각되었다.[8] 독일과 프랑스에서 활발한 뉴라이트 이념은 이 포스트모더니즘 개념 구상과 엄격히 대립되는 관계에 있다. 뉴라이트 이념은 자국민의 우월성은 별로 중요시하지 않는다. '인종 집단들'이 서로 구분된 단일체들로 다시 가시화되는 것을 훨씬 중요시한다. 그들은 이 개념을 '인종다원주의'라고 부르는데, 인종다원주의는 종교적, 문화적으로 규정되어 있는 수많은 폐쇄적 대중들로 이뤄져 있다. 이것은 세계화된 개방적 대중들의 무질서에 맞서는 대안적 세계이다.

독일을 위한 대안, 페기다 그리고 구동독 지역에서 활동하는 극우파의 포퓰리즘은 니체가 『도덕의 계보학』에서 설명한 원한과 동일하게 작동한다.[9] 포퓰리스트들은 자신에 대해 긍정하는 말을 하지 않고, 남들에 대해 부정하는 말을 한다. 자신의 본질이 되는 부정

의 언어를 말하기 위해서는 상대 대중을 위협적이라고 상상할 필요
가 있다. 이 상대 대중은 때로는 난민들처럼 외부에서부터 오지만 내
부에서 나올 수도 있다. 이 경우에 훨씬 더 폭발성 강한 형태를 띤다.
포퓰리스트들은 자신이 '거짓 언론'에 둘러싸여 있다고 판단하며, 박
해받고, 속고, 경멸받고 있다고 느낀다. 중상하고 음모를 꾸미는 행
동을 하면서도 자기 주변 곳곳에서 중상과 음모를 들춰낸다. 가령 독
일을 위한 대안의 기본 강령에는 독일의 권력 관계에 관해 이런 내용
이 있다. "비밀 통치자는 각 정당들 내부의 권력을 쥔 소수의 정치 간
부 집단이다. 이 집단은 최근 몇십 년간의 바람직하지 않은 발전에
대한 책임을 져야 한다. 직업 정치인이라는 정치 계층이 형성되었는
데, 그들의 일차적 관심사는 자신의 권력, 지위, 물질적 행복을 지향
하고 있다. (…) 그들은 정치 정보를 이용해 시민교육 전체와 주민의
생계 지원 대부분을 장악하고 있다. (…) 오직 독일 연방 공화국의 국
민만이 이 위법 상태를 종결할 수 있다."[10]

　　이 인용문을 통해 2017년 총선이 끝난 후 가울란트가 한 애매
한 말("우리는 국민을 우리에게 도로 데려온다")이 무슨 뜻인지 보다 명
확해진다. 도로 데려오는 행위는 국민을 거의 유괴하다시피 해서 이
뤄진 위법성의 상태를 종결하려는 것이다. 이 수사적 효과를 통해 국
민은 한편으로는 희생자로, 다른 한편으로는 모방적 욕망의 대상으
로 변한다.[11] 포퓰리즘은 국민을 '구출'해주고, 국민을 상징적으로 차
지하려고 애쓴다.

· · · · '진짜 국민'과 대의제도의 파괴

포퓰리스트들에게는 내국인 대 난민으로 이뤄진 이중 대중 외에도 또 하나의 적대 관계가 (이번에는 그들을 수용하는 사회 내에) 있다. 한쪽 집단은 포퓰리스트들이 자기편이라고 주장하는 '국민'이고, 다른 집단은 국경을 개방하는 '국민에 대한 범죄'를 용인할 뿐 아니라 심지어 촉구하기까지 하는 시민들이 주축을 이룬다. 포퓰리즘은 자신이 대변한다고 사칭하는 '국민'을 이중 대중의 일부라고 생각한다. 이로써 포퓰리즘은 새로운 다수의 우리들을 만들어내는 것이 아니라, 국민을 서로 경쟁하고 적대시하는 두 집단으로 바꿔놓는다. 포퓰리즘은 마법 주문을 외워 내전이 벌어지는 시나리오를 불러낸다. 2018년 가을 작센과 튀링겐 주의 몇 곳에서는 이 시나리오가 실제로 그대로 이행될 뻔했다. 배제를 통해 자신을 규정하는 한쪽 집단이 어떻게 국민을 대표해서, 즉 전체를 대표해서 발언할 수 있단 말인가? 국민과 집단이라는 완전히 다른 두 공동체화 모델이 이 요구와 조화를 이뤄야만 가능하다. 포퓰리즘 담론에서 이 두 개념이 서로 어떻게 결합되는지 더 정확히 살펴볼 필요가 있다.

포퓰리스트들의 주장은 '본래의 것'을 중심으로 돌아간다. 포퓰리스트들이 공공연하게 외치고 '국민'이 요구한다고 내세우는 진실은 '본래의 진실'이다. 그래서 핀란드의 한 포퓰리즘 정당의 최근까지의 이름은 진정한 핀란드인True Finns이었다. 프랑스의 극우 정당 국민연합Rassemblement National(구 국민전선)은 이주자들에 의해 밀려나게 될 '프랑스 종족les Français de souche'의 대변자가 되었다. 독일을 위한 대안이 유포하는 독일 우파의 사상에 따르면 타민족들의 유입은

토박이 종족과 그들에 의해 유지되는 문화를 파괴한다.[12]

"본래의 것"은 플라톤 이후로 철학에 엄청난 유혹이 되고 있다. 플라톤의 학설에 따르면 이것은 우리의 인식 대상의 본질적 핵심이 된다. 가령 사물, 생각, 기하학의 추상적 형상, 단어의 의미에는 특정한 본성들이 기반으로 놓여 있다. 우리가 이 본성을 파악하면 그것이 본래는 무엇인지 알게 된다. 포퓰리스트들은 자신이 본래의 것과 따라서 '진정한 국민'을 확정할 수 있다고 주장한다. 본래의 것이 있는 곳에는 본래가 아닌 것, 즉 진실에 반대되는 가짜와 허위도 있다. 본래의 '진정한 국민'이 있다고 공언하는 것은 포퓰리즘이 추구하는 이중 대중 형성 전략의 일부다.

1989년 동독에서 일어난 사건들과는 달리 오늘날 포퓰리즘이 '국민'이라고 외치는 것은 전체 국민을 대표해서 하는 말이 아니다. 물론 포퓰리스트들의 담론이 전체와 관련되어 있기는 하다. 그러나 실제로 이 담론은 다른 관련 집단을 부정하고, 그렇게 해서 자기 자신을 긍정하는 것이다. 이 담론은 전체를 대표해서 분열시킨다. 불만이 있는 시민 무리가 민주국가에서 자신을 '국민'이라고 부른다면, 다른 어떤 집단도 국민을 대표해서 발언하고 결정할 자격이 없다고 주장하는 것과 같다. 그들 외의 또 다른 국민은 있을 수 없기 때문이다. 이 '국민'은 집회, 가두 행진, 항의 시위 같은 순전히 자신의 존재 가치를 통해 자신의 의사를 표시한다. 비록 참가자의 수가 얼마 되지 않고, 때로는 맞불 시위자들보다 눈에 띄게 적다 해도 이 '국민 의사'의 표명 소식은 보도 매체에 실린다.

여론과 관련된 모든 주체들 중 국민의 의사가 가장 존중받는다. 국민의 관심사와 관련되는 모든 결정에 이상적으로는 국민이 포함되어야 마땅하다. 이것은 국민에게는 그 어떤 주체들도 국민의 의사를 물리칠 수 없게 해주는 우월성이 있는 듯한 느낌을 준다. 포퓰리스트들의 신념에 따르면 민주주의 체제에서 국민의 자격으로 발언하는 사람은 투표로 선출된 대표자들보다 우위에 있다. 의원들이 민주적 방식으로 지위를 인정한 수상보다도 더 우위에 있다. 포퓰리스트들에게 힘을 실어주는 것은 단지 그들의 함성, 인원수, 존재감만이 아니다. 여기에는 무엇보다 도덕적으로 제기되는 그들의 권리 주장도 한몫 거든다. 자신이 진정한 국민이며, 따라서 유일하게 정당한 정치의 대표자라는 주장이다.

대중을 동원하고 조직화할 수 있는 사람이라고 해서 다수의 지지를 받고 있는 것은 아니다. 대중 형성을 이용해 자신의 주장을 정치적 노력을 통한 것보다 더 열렬하고 효과적으로 경청하게 만드는 사람은 오히려 대부분 소수들이다. '다수'는 대중과는 다른 개념이다. 선거를 통해 확정되는 유권자 수와는 달리 대중은 수량으로 파악될 수 없다. 대중은 참가자들의 엄청난 수에만 관련되는 것은 아니다. 참가자들에 의해 부각되고, 이중 대중과의 구별짓기를 통해 조성되는 질과도 관련된다. 포퓰리즘은 '본래의 국민'의 비위에 맞게 행동한다. 포퓰리즘은 본래의 국민을 '전체 국민의 핵심', '올곧은 사람들', 비록 일부 주민들과 정부가 등을 돌렸을지도 모르지만 그래도 '진정한 독일인/프랑스인/핀란드인/카탈루냐인/바스크족'이라 부른다. 포퓰리즘의 목표는 국민 모두에게 돌아가야 마땅할 관심을 '국민'인 자신에게로 끌어오고, 국민의 가장 소중한 일부라는 자격으로 아무래도 좋다는 식의 국민과는 대조되는 민족의 전위대로서 보상을 받는 것이다.

프랑스의 국민연합은 외국에서 귀화한 프랑스인들을 겨냥한 과거의 선전 구호를 통해 이 요구를 표현했다. "프랑스인이 되려면 먼저 공헌을 해야 한다D'être Français, ça se mérite." 이 전략은 전반적인 인종차별주의에 기반을 둔 것이 아니다. 이 전략은 일차적으로 특정한 인종 집단들을 겨냥하고 있다. 엄밀히 따지자면 이 슬로건은 프랑스인이라면 당연히 차지하는 높은 지위를 수긍하지 않으려는 그런 프랑스인들에게로도 향하고 있다. 국민연합의 많은 추종자들이 이 신념에 사로잡혀 있다. 자신이 북아프리카에서 온 이주자들보다 '우수하다'고 여긴다. 여기서 과거에 더 고귀한 혈통이 가졌던 귀족의 편견이 드러난다. 귀족에 속하는 혈통은 본질상으로 '세상에 태어나려는 노력'밖에 하지 않았지만, 그래도 '제대로 된' 가문에 태어난 사람들이다(보마르셰Beaumarchais의 〈피가로의 결혼〉). 또한 이것을 특권으로 받아들이고 누리는 것도 필요하다. 이 권리를 부인하는 사람은 진정한 프랑스인이 아니다. 포퓰리즘적 대중은 부당하게도 누가 그 나라의—특권을 부여받은—'본래의' 국민인지, 그리고 누가 거기서 배제되는지 판단할 권리가 있다고 생각한다. 포퓰리즘의 목표는 진정으로 국민에 속하지 않는 사람들을 국민에게서 분리하는 것이다.

포퓰리즘의 두 번째 주요 특성은 정치적 본질주의essentialism와 결합한다는 것이다. 바로 대의민주주의를 공격하는 것이다. 어떤 종류의 정치 대행이든 가리지 않고 모든 대의제는 직접 참여로 대체되어야 한다는 것이다. 모든 형태의 매개에 대한 깊은 불신이 포퓰리스트들을 하나로 뭉치게 해준다. 언론매체에 대한 적대적 태도('거짓 언론')뿐 아니라 화해, 타협 과정, 절충으로써의 매개를 거부하는 것에도 해당된다. 그러나 투쟁적 이중 대중 내에서는 그렇게 매개할 여지가 없다. 오직 이것 아니면 저것이다.

포퓰리스트들은 매개를 직접적인 것에 대한 찬양으로 대체한다. 어법에서도 그들은 자신의 정치적 태도와 마찬가지로 직접적이고 무례하고 거칠다. 그들은 이것을 대중성인 양 내세운다. 프랑스에서는 국민연합의 대표인 마린 르펜Marine le Pen이 거친 화술을 도입했다(그 전에 그녀의 아버지 장마리 르펜Jean-Marie le Pen는 더 난폭했다). 그녀는 거의 모든 정치인들의 출신 배경이 되는 지도층의 세련된 화술과는 대조적으로 이것을 franc parler, 즉 자유롭고 솔직한 연설이라고 내세운다. 대체로 사회의 서민 계층에서는 franc parler를 지도층의 점잖게 꾸민 수사적 말솜씨와는 달리 솔직하고 정직한 어법으로 받아늘인다. 하류층에서는 칭찬하는 말이 나온다. "르펜은 우리와 똑같이 말한다." 말하자면 간계가 없고, 계산된 공손함도 보이지도 않고, 거친 표현력이 들어 있다는 것이다. "그녀의 말을 듣고 있으면 속아넘어갔다는 느낌이 들지 않는다." 지지자들은 문법에 신경 쓰지 않는 평상시의 화술을 '신선한 어투'로 받아들이며 신뢰감을 느끼게 된다. 해야 할 모든 말을 간단명료하게 한다고 느끼는 것이다.

미국에서는 대통령의 트위터 메시지가 이 어투를 느끼기에 부족함이 없다. 헌법에 따르면 규정된 정치 절차의 일부여야 할 것이 트윗으로 대체된다. 질서가 잡힌 정치 체계의 자리에 인터넷을 통한 직접적인 집단 의사소통이 대신 들어선다. '진짜 국민'의 발화 행위로 간주되는 행정 지시들을 이용해 통치 행위가 이뤄지는 것이다(독일을 위한 대안은 국민 여론조사를 확대하는 데 전력을 기울이고 있다). 대중을 대표해서 발언하는 사람은 그들과 직접 대화하기를 원한다. 트위터는 직접적인 의사소통까지는 아니라 해도 겉으로는 직접적으로 보이는 접촉을 가능하게 해준다. 이 새로운 형태의 대중과의 접촉은 원래는 팝문화에서 생겨난 것이다. 팝스타와 축구선수들은 오래전부터 이미 인터뷰를 하는 대신 사진과 문자 메시지를 올리는 것을 더 좋아했다. 이렇게 해서 그들은 팬들에게 직접 소식을 전하는 것이다. 메시지를 직접 발송하는 이 새로운 수법은 트럼프 대통령에 의해 최고위 정치권으로 급속히 확산되었고, 그사이에 독일 정치인들 사이에서도 확고한 기반을 잡았다. 포퓰리즘의 입장에서 직접성은 진정한 것으로 통한다. 매개에는 곡해의 위험이 있다고 판단하기 때문이다. 국민과 진실 사이에는 누구도 끼어들 여지가 있어서는 안 된다는 것이다.

얀베르너 밀러Jan-Werner Müller는 자신의 정치학적 분석에서 포퓰리즘 정당들의 추종자들이 사용하는 '우리가 국민이다'라는 슬로건을 다음과 같은 표현으로 변조했다. "오직 우리만이 국민을 대표한다!"13 그는 이 표현으로 포퓰리스트들의 생각이 가진 '제외하는 특성'의 정곡을 찔렀다. 그의 성찰을 더 극단으로 밀고 나가보면 이렇게 될 것이다. 포퓰리즘적 대중은 국민을 대표하려 할 뿐 아니라 그들이 곧 '국민'이라고 여긴다. 자신이 감히 국민이라고 사칭하기까지 하는 사람은 실제로는 국민의 일원이 아니다. 본래의 '국민'이라는 본질에 관한 생각에는 국민 집단의 각 개개인으로 이뤄진 전체라는 생각이 직접적으로 들어 있다. '진정한 국민'에 속한다는 것은 질적인 특성이다. 국민의 구성원은 누구나 이 자질을 가지고 있다. 반대로 대의민주주의 체제에서 대행은 투표를 통해 산출되는 양적인 관계에 기반을 두고 있다. 본질에 관한 생각 속에서 직접적인 관계들이 생겨난다. 이 관계들을 통해 유권자들은 선출된 정치인들에게 직접적으로 책임을 지울 수 있게 된다는 것이다. 매개를 폐지하라는 요구는 대중을 대표해서 행동하는 사람은 누구나 대중의 소망과 정치적 실행 사이의 매개자이기 때문에 허구에 지나지 않는다. 이와 마찬가지로 본래의 '국민'도 허구이다. 국민에는 본질적 핵심이 없다. 국민에는 플라톤의 어떤 이데아도 기반으로 놓여 있지 않다. 그렇지만 허구인데도 불구하고 '국민'은 실질적인 효과를 보인다. 바로 충분히 많은 사람들이 이 허구를 확신하고 있을 때 효과를 보이는 것이다.

대중에게 본래의 '국민'이라는 의식을 부여하는 데는 특별한 능력이 하나 필요하다. 순수한 소속감만으로는 충분하지 못하며, '국민'의 본질을 의식으로 끌어올리는 것이 중요하다. 이렇게 하려면 말로 표현할 필요가 있다. 서구 문화권에서 포퓰리즘의 어법을 능숙히 구사하는 리더는 몰락과 상실과 해체를 예언하는 사람들이다. 이들은 대중에게 해당 국민의 본질을 이루는 것에 관해서가 아니라 그들이 위협받고, '제거되고', 중기적 관점에서 교체되며, 자신의 고국에서조차 이방인이 된다는 사실에 관해 확신을 심어준다. 포퓰리스트들은 '국민'에게 실상을 그대로 말해주지 않는다. 그들은 말하자면 국민들이 자신의 상상력을 발휘해서 채워 넣도록 공란을 남겨두는 것이다. 그들은 건성으로 장자크 루소가 말하는 '입법자'를 추종하는 일에 매달린다. 루소는 『사회계약론』에서 이 입법자를 내세움으로써 정치 공동체를 구상하는 데 있어 결정적으로 중요한 공란을 채워 넣을 수 있었다.[14] 입법자는 아직은 특정한 국민으로 존재하지는 않는 국민에게 법률만 제정해주는 것은 아니다. 그는 국민이 이미 무의식적으로 지니고 있는 국민의 본질에 관해서도 언급한다. 포퓰리스트들의 리더들은 '입법자'의 이 중요한 역할은 결코 수행하지 않는다.

그들은 국민 누구나 경시당했던 경험을 기입할 수 있도록 공란만 제시할 뿐이다.

····새로운 중도, 새로운 주변부와 가혹한 손길

뉴라이트뿐 아니라 모든 새로운 대중운동들은 1990년대의 '신좌파'를 지향하고 있다. 빌 클린턴, 토니 블레어, 게르하르트 슈뢰더는 '새로운 중도'를 자신의 유권자 확보 전략의 목표로 정하고, 사회적 격차 해소 정책을 이용해 자기편으로 끌어들이려 했다. 실제로는 '새로운 중도'는 급변하는 현실, 특히 서로 다른 환경의 유권자층의 다양화가 반영되지 않는 통계상의 인위적 결과에 지나지 않았다. 이것이 '사회 중간층'에서 다수를 얻으려는 전략이 실패할 수밖에 없었던 이유다.

AfD는 오늘날 '독일을 위한 대안'이 되겠다고 약속한다. 이들은 이 명칭을 통해 '새로운 중도' 정책의 직접적인 대항마 지위를 차지한다. 새로운 중도 정책이 (허구의) 중간층에 관심을 기울이는 반면에 독일을 위한 대안은 불평주의자들이 옮겨 간 주변부에서 활동하고 있다. 게르하르트 슈뢰더가 자신의 '아젠다 2010'으로 사회민주당 지지층의 상당수를 잃었고, 앙겔라 메르켈은 '다른 대안은 없다'는 정책에 승부를 걸었다가 그 정책의 주변부에서 정치적 대안이 형성되는 것을 경험해야 했다. 2013에 독일을 위한 대안이 창립됨으로써 "뭉쳐진 증오심을 '정치'로 바꿀 수 있는 잠재력을 가진 하나의 세력이 출현했다." 2017년에 폴커 바이스Volker Weiß는 이렇게 주장했다.[15] 새로운 중도라는 개념은 사회적 대립 관계는 이미 지난 일이 되었다는 잘못된 판단에 근거한 것이었다. 의견이 일치된 정책의 주변부에 기반을 둔 이 정당은 소위 위험에 처했다는 독일 문화와 가치관을 위한 첨예한 대결을 꾀하고 있다.

카를 슈미트는 '무기', 즉 정치적 대결의 수단으로서의 개념들에 관해 언급한다. 적군과 우군의 분리가 문제가 될 때는 가치관도 무기에 지나지 않는다. 본래의 '국민'은 사회를 적군과 우군이라는 화해할 수 없는 적대 관계로 몰아넣는다. 이렇게 함으로써 이들은 모든 사회적 합의가 끝장나는 것도 불사한다. 슈미트의 생각에 따르면 정치적인 것의 핵심은 협상과 타협이 아니라 대결이다. 정치적인 것에 대한 이런 해석은 독일에서 '평준화된 중산층 사회(1960년대와 70년대)'가 되었다는 의견 일치와 '새로운 중도'라는 개념에 의해 수십 년 동안 은폐되어 왔다. 그러다가 이 해석은 독일을 위한 대안과 폐기다가 난민들과 그들을 기꺼이 수용하려는 국민들에 대항하는 전선을 형성하는 것으로 다시 살아났다. 결단의 상황이 왔다는 그들의 악평은 시민 정당들 진영에서도 망명 정책 반대자들을 더욱 폭력적이고 완강하게 만들고 있다. 그들은 '국가 실패'를 비난하고 '강력한 국가'에 대한 주장을 굽히지 않음으로써 바로 그들 스스로가 국가의 권위를 약화시키고 있다. 강력함을 촉구하는 수사법은 난민들에 대해 국외 추방, 입국 거절, 국경 단속 같은 엄격한 대처를 하도록 몰아간다.[16]

'엄격한 대처'의 정치적 선례는 소위 '깨진 창문Broken Window'이라는 개념 구상이다. 이것은 1980년대 초에 미국의 두 연구자들이 만들어냈으며, 1990년대에 뉴욕에서 공화당 의원 루돌프 줄리아니Rudolph Giuliani의 유명한 '무관용 전략'의 토대가 되었다. 건물의 깨진 창문이 즉각 수리되지 않으면 계속해서 파괴를 초래하듯이 범죄도 그렇게 확산된다는 것이다. 아무리 사소한 사건이라도 모두 곧장 저지하지 않으면 잠재적 범죄자들에게서 탈제재disinhibition가 생겨나고, 여기에 또 다른 탈제재가 이어져서 마침내 대량 범죄가 발발하고 공동체가 와해된다고 한다. 1980년대에 시 구역 전체가 황폐화된 뉴욕의 상황이 이를 잘 보여주었다. '깨진 창문' 가설은 전통적인 대중 이론의 핵심 특성들 중 하나인 '감염'에 대한 생각을 받아들인다. 대중행동은 전염병처럼 번져나가며, 많은 사람이 걸릴수록 더욱 강력해진다. 마치 '미생물(르봉)'처럼 이것은 몸에서 몸으로 옮겨 간다. 애초에 저지되지 않으면 결국에는 모두를 감염시켜놓는다. '깨진 창문' 논제에 따르면 인간은 탈제재의 기회가 오기만을 기다린다. 이런 인간은 많은 사람들이 자신을 따라할 것이라는 확신을 주는 대중 속에 있으면 그 기회를 이용한다.

폐쇄적 대중인 포퓰리즘 집단은 자신에게 속하지 않는 모든 것과 거리를 둔다. 이렇게 해서 '저 위쪽 사람들'에게서 버림받은 고독한 군중lonely crowd이라는 대중의 표상이 생겨난다. 정치인들의 관심이 그들에게서 벗어나 자국으로 몰려온 다른 대중으로 향했다는 것이다. 포퓰리즘 정책은 특히 이제는 알아주지 않고, 사실상 도외시되고 있다는 감정이 확산되는 지역의 주민들에게서 성공을 거둔다. 이 감정은 현재 다른 집단들에게 돌아가고 있는 관심을 본래는 자신이 받아야 마땅하다는 확신에서 생겨난다. 특히 페기다의 추종자들과 극우주의자들이 이런 배려의 박탈에 대해 끈질기게 저항하는 반응을 보인다. 이 저항은 거기에 '책임이 있는' 정치인들을 엄하게 응징하기 위한 것이다. 그래서 2016년의 국경일에는 독일 최고위 대표자들이 드레스덴의 오페라하우스 앞에 당도했을 때 시위자들에게서 거친 비방을 받은 바 있다.

‥‥‥기득권층과 국외자들

노르베르트 엘리아스는 존 스콧슨과 함께 작성해 1965년에 발표한 연구조사 「기득권층과 국외자들」에서 런던 근교의 한 소도시에 사는 두 주민 집단의 관계를 분석했다.[17] 이 논문 앞부분에 나오는 그의 이론 구상은 기득권층과 사회의 국외자들 사이의 관계에 관해 탁월하게 설명하고 있으며, 구동독 지역의 시위자들과 난민들의 관계에도 전용될 수 있다.

두 저자가 윈스턴 파르바Winston Parva라 부르는 시 구역에서는 기존 주민들이 새로운 전입자들에게 철저히 등을 돌리고 지내서 도시를 가로지르는 내부의 경계가 생길 정도였다. 두 집단은 서로 다른 주거지역에 거주했다. 기존 주민들은 오래된 건물들이 밀집해 있는 두 구역에서, 반면에 국외자들은 따로 떨어진 신시가지에서 생활했다. 더 오래된 두 주거지역 사이에는 서로 활발한 접촉이 있었고, 새로운 집단과는 관계를 끊고 지내는 것이나 마찬가지였다. 기존 주민들은 자신이 공동의 규범을 준수하는 특성이 두드러진다고 판단한 반면에 상대 집단을 '금기 파괴자'로 간주했다.[18] 그들은 자신을 더 높은 인간적 자질을 갖춘 주민으로 평가했다. 마치 일종의 귀족이기나 한 듯이 "모든 구성원들이 공유하고 있지만 다른 사람들에게는 부족한 집단 카리스마, 특별한 가치를 지니고 있었다." 기득권층과 국외자들 사이의 관계가 흔히 그렇듯이 이들도 새로운 전입자들에게 "그들에게는 은총이 내리지 않았으며 그들은 치욕적이고 열등한 인간들이다"는 점을 은연중에 믿게 만들 수 있었다.[19]

　　기존 주민들과 새 전입자들 사이에 두드러진 사회적 차이는 없었다. 두 집단은 출신과 사회적 신분을 기준으로 해서는 거의 구분되지 않았다. 이들은 전반적으로는 영국의 노동자 계층에 속했다. 다른 사회적 매개 변수인 인종, 국적, 교육, 소득 수준도 이렇다 할 차이를 보이지 않았다. 오로지 기존의 주민들에 속한다는 사실만이 이들에게 소중한 집단의 일원이라는 의식과 다른 집단을 경멸하는 감정을 가지게 해주었다. 기존 주민들과 새 전입자들 사이의 결정적인 차이는 집단 내의 응집력이었다. 기존 가정들 사이에는 긴밀한 유대가 지속되고 있었다. 반면 전입자들은 기존 주민들뿐 아니라 자신들 사이에서도 낯설게 지냈다. 자치단체와 교회 관리자들, 술집과 클럽에서 경원시되었다. 이렇게 해서 그들은 통합도 상징적 권력의 획득도 불가능해졌다. 기득권자들은 긴밀한 유대 덕분으로 "권력 비중이 높은 사회적 직책을 자기편 사람들을 위해 마련해줄 수 있었고, 이것은 다시금 이들의 유대를 강화했다. 또한 다른 집단의 구성원들을 배척할 수도 있었다. 바로 이것이 기득권층-국외자들 간 정형화의 핵심이다."[20] 기존 주민들이 보기에 전입자들 전체가 그들 집단의 '가장 나쁜' 쪽 특성을 지니고 있다는 점이 확신으로 굳어졌다. 반면에 그들 자신에게는 전체가 자기 집단의 '가장 좋은' 쪽 특성이 있다고 믿었다. "이 부분이 전체를 대표하는pars pro toto 식의 정반대 방향으로의 왜곡 덕분에 기존 주민들은 자신의 신조가 자타 앞에서 근거가 있음을 입증할 수 있게 되었다."[21] 이러한 평가는 기존 주민들 집단에게 권력뿐 아니라 도덕적 우월성까지 갖추게 해주는 지위를 안겨주었다.

페기다의 추종자들도 이와 아주 비슷하게 대처한다. 그들은 자신을 서구의 수호자로, 반대로 난민들은 잠재적 테러리스트나 사회의 기식자인 것처럼 보이게 했다. 이 두 경우 모두 내국인들은 난민들을 '사회의 지원을 받는 관광객'이나 '위험 분자'로 낙인찍을 수 있다. 이런 속성을 붙이는 것이 가능해지는 기반은 권력 격차다. 윈스턴 파르바의 기존 주민들은 자신의 오랜 거주 기간과 공동으로 길러진 관습을 통한 공동체 형성으로 토대를 다진 권력 독점권을 지니고 있었다. 이 상징적 재화의 개입으로 열등한 집단은 공적 생활의 모든 영역에서 격차가 벌어졌다.

기존 주민들이 권력을 행사한 수단은 새 주민들이 전입하기 전부터 이미 형성되어 있던 공동 규약, 행동 규범, 일상의 관행이었다. "이러한 상황에서 이들은 새로운 이웃이 전입하는 것을 비록 같은 동포라 해도 자신의 몸에 밴 생활방식에 대한 위협으로 받아들였다. (…) 이들은 스스로 고귀한 가치로 여기는 것을 유지하기 위해 전입자들에 맞서 일치단결했다. 이로써 이들은 자신의 집단 정체성을 보호하고 우월한 지위를 공고화했다."[22] 이 방어 전략은 난민들에게 '독일의 주류 문화'를 신봉한다고 고백하라는 주장과 일치한다. 포퓰리스트들도 모든 비독일인에 대해 해석 특권power of interpretation을 요구한다. 이런 특수한 문화 규범들은 요구사항이 세밀하게 짜여 있을수록 다른 문화권 출신의 새 전입자들이 더욱 이행하기 힘들 것이라고 예상할 수 있다. 뉴라이트 운동의 선구자인 베르나르트 빌렘이

1986년에 작성한 글에서 이 가설이 똑같이 반복되는 구조가 명백히 드러난다. "우리의 정체성은 객관적으로 보자면 독일인 자격을 갖춘 독일인들의 정체성이다."[23] 난민들에게 독일 특유의 규범들을 숙지하도록 요구하는 것은 그들을 경원시하고 따라서 인정하지 못하게 하는 확실한 수단이 된다. 주류 문화라는 개념은 서구라는 개념과 마찬가지로 카를 슈미트가 말하는 의미에서의 대결 개념이다. 이 개념은 즉각적으로 양극화하고 배제하는 작용을 한다.

내국인들의 눈에는 새로운 전입자들의 상대적 무지는 그들 공동체의 규범과 의무를 위반할 것처럼 비친다. "윈스턴 파르바에서나 다른 곳에서나 국외자들은 집단으로든 개인으로든 가치가 혼돈된 상태라는 느낌을 준다. 이 때문에 그들과의 교류는 못마땅하다는 감정을 유발한다."[24] 그들은 기존 주민들이 오래전에 이미 체득하고 있는 규범들을 존중하고 준수하는 데 해를 끼친다. 기존 주민들의 자부심과 긍지는 여기에 대한 입장에 따라 달라진다. 낯선 사람과 서로 잘 통하는 기존 주민은 자기 집단의 입장에서는 '감염'될 위험을 무릅쓰는 것으로 보인다. 이방인에 대한 낙인찍기는 상당히 강력한 권력 수단이다. 우월자의 입장에서는 긴장과 갈등이 벌어질 때 무기로 투입할 수 있기 때문이다.[25] 엄청난 권력 격차를 염두에 둔 국외자들은 기존 주민들의 척도로 자신을 평가하며, "자기 자신이 열등하다고 여긴다."[26] 기존 주민들과 국외자들의 관계에서 결정적으로 중요한 요인은 권력 균형이 공평하지 않다는 점이다. 한쪽은 대단한 권력을 지녔고, 다른 쪽은 무력하다. 이것은 두 이중 대중 사이의 모든 관계들에도 통용된다. 권력이 불공평하게 분배되면 한쪽 집단은 자신의 규범들을 유일한 가치 척도로 내세우고, 자기 자신을 권위 있는 판단자로 내세울 수 있게 된다. 새 전입자들을 경시하는 것은 그들의 실질적 자질과는 아무런 관련이 없다. 경시는 부르디외의 상징 권력을 둘러싼 대결에서 열세에 처할 때 생겨난다. 물질적 재산의 소유 여부는 문제가 되지 않는다고 해서 이 대결의 결과가 덜 심각해지는 것은 아니다. 도덕적 경시와 그와 결부된 인정의 거부는 윈스턴 파르바에서는 사회적 멸시와 배척으로 이어졌다.

상징 권력을 둘러싼 대결에서 특이한 점은 열등한 진영이 우월한 진영의 생활수준에 근접할 때 권력 격차가 줄어드는 것이 아니라 무한히 늘어난다는 사실이다. "권력차가 줄어들수록 긴장과 갈등의 경제 외적인 다른 양상들이 더욱 명확히 드러난다."[27] 이것이 어떻게 가능한가? 엘리아스와 스콧슨의 연구에서는 시간 요인이 본질적으로 중요한 역할을 한다. 기존 주민들은 수년에 걸친 집단화 과정을 거치면서 공동의 규칙, 가치, 합의를 이뤄놓았다. 집단 형성의 시간 요인을 고려하지 않고서는 공동의 것을 이해하기란 불가능하다. 집단적인 막연한 공상을 통해 실제의 상황에 더 이상 들어맞지 않는 '집단 카리스마를 갖춘 우리들-이상형'이 형성되었고, 이것이 '도가 지나친 우리들-이상형'으로 변했다.[28] 두 집단 사이의 사회역학은 양측이 시간이 지남에 따라 생활수준이 서로 근접해졌을 때도 사라지지 않았다. 서로 수준이 비슷해짐에 따라 기존 주민들의 입장에서는 자신의 소위 "특별한 은총과 더 높은 가치에 대한 위협이 늘어났다. 아무튼 이것이 윈스턴 파르바에서 기존 주민들이 그토록 완강하게 반격을 가했던 주요 원인들 중 하나였다."[29]

기존 주민들은 날마다 새 전입자들과 마주치면서 자신의 지역에 낯선 사람들이 밀고 들어왔으며, 자신의 생활 세계에 대한 상징 권력을 상실했다는 사실을 실감하게 되었다. 그들의 공간은 그들에게 어울리지 않아 보이는 풍습들로 채워졌다. 그렇지만 위협의 본질은 오로지 그들의 공상에 있었다. 새 전입자들 중 누구도 기존 주민들의 지위를 위태롭게 만들려는 의도가 없었다. 이런 집단적인 막연한 공상에는 결코 진정한 동기는 관련되어 있지 않다.

윈스턴 파르바에서 생겨난 이 사회역학을 몇 년 전부터 구동독 지역에서 벌어지고 있는 상황과 비교해보자. 주민들이 수십 년 전부터 자기들끼리 살고 있는 한 한적한 소도시에 함께 살게 될 망명 신청자들이 당도한다. 그 소도시 지역에서 이들은 윈스턴 파르바의 신시가지에 사는 전입자들보다 훨씬 두드러진 국외자들이다. 기존 주민들이 이슬람계 외국인들을 대해본 경험이 매우 적다는 이유만으로도 이미 그렇다. 이 외국인들은 망명 신청자의 자격으로 (아무튼 공식적인 발표에 따르면) 독일 국가의 특별한 보호를 받고 있다. 여기에 더해 2015년에 다른 주들에서는 내전으로 발생한 난민들이 대부분 경제적 사정이 좋은 시민들로부터 환영을 받았다('환영하는 문화'). 독일 주민들이 상징적인 후원을 해주고 있으니만큼 이 난민들이 그 소도시에서 기존의 주민들로부터 윈스턴 파르바의 전입자들보다 더 다정한 영접을 받을 것으로 기대해볼 수도 있을 것이다. 실상은 그 반대라고 해야 옳다. 윈스턴 파르바의 전입자들과 비슷하게 이 난민들에게는 내적인 응집력이 없다. 이들의 상황은 훨씬 더 심각하다. 이라크, 예멘, 시리아 그리고 그 밖의 수많은 국가들에서 온 난민들은 같은 구호소에 수용되었다. 이들에게는 난민 지위 외에는 아무런 공통점이 없다. 결속과 유대가 생겨나게 해줄 수도 있는 공통된 과거도 없다. 서로 다른 인종 집단들 사이에서는 갈등 상황이 벌어질 수도 있고, 그러면 이것은 다시금 기존 주민들에게는 난민들이 수준 낮고 난폭하다는 증거로 이용된다. 기존 주민들과는 달리 이들은 '우리들'을 형성할 능력이 없는 지극히 이질적인 집단이다.

기존 주민들과의 관계는 이들이 외부로부터 받는 원조(재정적 지원 등) 때문에 더욱 악화된다. 주민들은 부당한 특권이라고 비난한다. 이것은 그 지역의 권력 균형에 지극히 부정적인 영향을 미친다. 기존 주민들은 외국인들에 대한 상징적 그리고 물질적 후원을 화나는 일로 받아들인다. 본래는 그들이 받아야 마땅할 것으로 여겨지는 관심과 온정이 자신의 고향 지역으로 밀고 들어온 이방인들에게 돌아간다고 받아들이는 것이다. 외부의 도움은 난민들에 대한 혐오를 부채질하며, 이것은 심하면 공공연한 적대감으로 변한다. 페기다의 발기인이자 수석 연사인 루츠 바흐만은 창립 단계에서 이미 이 분위기를 곧장 포착했다. 『프랑크푸르트 알게마이네 차이퉁』에 의하면 바흐만은 2014년 12월 드레스덴에서 행한 연설에서 '가난한 연금생활자들'에 관해 언급했다. "그들은 전기를 사용하지 못해 차가운 집에서 앉아 있고 크리스마스용 케이크 한 조각도 살 능력도 없는데, 국가는 망명 신청자들에게 가구가 완전히 구비된 숙소를 사용하도록 해주고 있습니다."[30]

기존 주민들은 난민들의 실제 상황, 즉 그들의 충격적인 경험, 임시로 제공되는 숙소, 사적인 자유도 일할 권리도 없는 난감한 생활 상황 같은 것들을 외면한다. 기존 주민들은 그들이 얹혀살면서 도심에서 어슬렁거리고, 자신의 삶의 평탄한 행로에 위협이 되는 것으로 여긴다. 앞서 언급한 영국의 사례에서 볼 수 있듯이 기존 주민들의 따돌리기 전략은 몇몇 생활 공동체에서는 명확히 첨예화된다. 경멸과 두려움이 변해서 공공연한 거부가 되는 것이다. 외부에서 그들에게 쏟아지는 비판은 심한 충격이 된다. 그들은 자신이 새로 온 이주자들뿐 아니라 언론매체와 정치권 심지어 국가수반에게서도 공격받고 있다고 판단한다.

우리는 이 갈등을 두 사회 집단 사이의 대결로 설명하고, 그렇게 해서 대중이라는 개념을 포기할 수도 있을 것이다. 하지만 엘리아스는 이 개념에서 두 적대적 대중 사이에서 벌어지는 일에 전형적이라고 판단하는 사회역학을 찾아낸다. 또는 우리는 프로이트의 대중 이론에 의거해서 초점을 더욱 선명하게 만들어 이 갈등의 리비도적 성격에 대해 주의를 환기할 수도 있다. 난민들이 오기 전에는 주민들 사이에 관심이 어떻게 분배될지에 관해 결정하는 사람은 기존 주민들이었다. 긍정적인 감정은 오직 기존 주민들 사이에서만 존재했다. 그들은 존경하고 존중하는 마음으로 서로를 대했다. 공동체의 상징적 법도와 구속력 있는 규약을 갖추고 있다는 이유만으로도 이미 자신이 중요하고 일체화되어 있다고 느낄 수 있었다. 외국인들은 거기에 함께 속하지 않았다. 하물며 억지로 받아들인 난민들은 더더욱 그렇지 않았다. 흘러들어온 사람들을 상대로 자신의 더 높은 지위를 과시하려는 기존 주민들의 이 오래된 전략은 난민들이 해당하는 경우에는 언론매체와 정치인들에 의해 심한 비판을 받는다. 말하자면 이제는 그들이 새로운 체제에 적응하지 못한 '부적격자들'이라는 것이다. 집단 전체가 뭉친 우리들은 외부의 관찰자들이 보기에는 좀스럽고 비판받아 마땅한 존재로 비친다. 이런 외부자 시각은 이 집단의 자기인식에도 영향을 미칠 것으로 짐작된다. 난민의 물결이 밀려오기 오래전 구동독 지역의 생활 공동체들은 정치인들로부터 의례적인 격려의 말을 들었었다. 그들은 구호의 손길로 생각해왔던 국가가 자신을 돌봐주리라고 기대했다. 특히 동독 출신인 메르켈 수상에게는 기대가 더 컸다. 하지만 많은 공동체들에서는 난민들이 도착하기 전에도 이미 사정이 나아졌다고는 말할 수 없을 정도였다. 처음에는 일자리가 상실되었고, 그 후에는 긍정적인 평가를 받던 동독의 제도인 사회 시설들과 문화를 누릴 기회 등이 폐지되었다. 엘리아스가 다룬 기득권층과는 달리 그들은 이제 상징 권력 대결에서 열세에 처했다고 여긴다. 그들은 난민들에게 정서적으로 관심을 기울이는 것을 자신에게서 최종적으로 애정을 거둬들인 것이라고 해석한다. 예전의 '기득권층'은 자신의 고향 도시에서 국외자들로 변해버렸다.

· · · · · "사랑을 실천하는 대중들"

사회의 국외자들이 모여드는 집합소로 자처하는 포퓰리즘적 대중이 스스로 국외자들과 맞서는 것이 어떻게 가능한가? 르봉 같은 전통적 대중 이론가의 입장에서는 이 문제를 쉽게 해명할 수 있다. 그는 대중을 독선적이고 극단주의적인 주체로 간주한다. 억압하고 억압당하는 것이 이 변덕스러운 대중의 두 가지 현상 양태이다. 이런 이론들의 적용 범위는 특정한 하나의 대중 유형에 한정되어 있다. 그들의 개념은 오직 포퓰리즘적 대중에게만 적용될 수 있다. 포퓰리즘적이지 않은 수많은 대중들 전체는 고려에서 제외된다.

우리는 포퓰리즘적 대중에 맞서 어떤 다른 관념을 내세울 수 있을까? 먼저 우리는 이중 대중(우리들 대 그들)의 형성이라는 도박을 벌여서는 안 된다. 그러면 이미 포퓰리즘의 논리에 갇혀버리기 때문이다. 투쟁적 이중 대중의 대안이 되는 것들이 있다. 또 다른 대중에 대한 첫 번째 개념 구상은 르봉의 동시대인인 타르드에게서 이미 발견된다. 타르드가 대중에 대한 비권위적인 공화체적 관점이 있었다는 사실만 일깨워주는 것은 아니다. 그는 오로지 대중의 파괴적인 잠재력만 강조하지 않고 건설적인 대중에 관해서도 설명한다. "전체적으로 대중에게 붙여진 나쁜 점들 모두가 그들에게 부합하는 것은 결코 아니다. 사랑을 실천하는 대중들의 일상의 활동을 증오를 전파하는 대중들의 간헐적인 활동과 비교해보라. 그러면 틀림없이 전자가 사회적 유대를 맺는 데 기여한 것이 후자가 사회적 유대를 끊는 데 기여한 것보다 훨씬 더 많다는 점을 인정하게 될 것이다."[31]

증오를 전파하는 대중은 남들에 대해 no라고 말하며, 적대적인 대치 집단에 관점을 맞춘다. 이들은 포퓰리즘적 개념 구상에 부합한다. 반대로 사랑을 실천하는 대중은 자신에 대해 yes라고 말하며, 자기 자신을 따른다. "지극히 필요하고 대단히 유익한 사회적 역할을 떠맡는 이런 대중들의 널리 확산된 변종이 하나 있다. 바로 축제를 벌이는 대중, 쾌활하고 자기애에 빠진 대중, 오로지 쾌락에 도취되어 자기 자신만을 위해 모이는 대중을 말한다."[32] 축제 대중은 증오에 휩쓸리지 않는다. 이들은 포퓰리스트들의 주민들과는 다른 종류의 주민들을 불러 모으는 주민 축제의 전통에 속한다. 비록 제대로 된 주민 축제는—시골에서 자라난 독자들은 알고 있겠지만—뒤엉겨 싸우는 것으로 끝날 수도 있지만 말이다. 그러나 폭력조차도 여기서는 오히려 '사회적 유대'로 작용한다.[33] 포퓰리즘의 증오를 전파하는 대중과는 달리 '자기애에 빠진 대중'은 자신에게 존재와 의미를 부여해주는 적을 필요로 하지 않는다. 그들은 스스로 만족한다. 문학은 이 즐거운 대중들에게 기념비를 세워주었다. 우리는 6장에서 보들레르의 대도시 대중에 대한 에로틱한 관계를 사례로 들어 이것을 보여줄 것이다.

타르드가 설명한 축제를 벌이는 대중은 리비도적 관계의 대중이지만, 프로이트가 서술했던 그런 대중은 아니다. 이들은 자신의 감정을 연결할 대상이자 모두의 감정을 묶어주는 지도자를 필요로 하지 않는다. 이런 간접적인 경로를 생각할 필요가 없다. 정서적 유대는 참가자들의 직접적인 상호작용을 통해 생겨난다. 타르드에 의하면 사회적 유대를 맺게 해주는 건설적 대중의 수가 압도적으로 많아서 대중 전체에 파괴적인 기능보다는 관계를 맺고 유지하게 해주는 사회적 기능이 있다고 인정할 수 있을 정도다. 증오를 전파하는 대중은 폐쇄적으로 지내면서 공상 속에서 해체되는 것과 맞서 싸운다. 반면에 축제 대중은 외부의 적이 전혀 없어서 일치단결해야 할 필요가 없다.

세상 모든 사람들에 개방적인 바로 이 축제 대중이 손쉬운 공격 목표물soft target이 되어버렸다는 사실은 확실히 얄궂은 사태이기는 하다. 최근의 테러 공격들이 2015년 파리 바타클랑 극장에서, 2016년 베를린의 크리스마스 시장에서, 2017년 맨체스터의 팝 콘서트에서 함께 어울리기를 서로 권하는 평화로운 축제 대중을 겨냥했다. 오늘날에는 이런 대중 행사도 위협으로 간주된다.

이 공격에 의해 이중 대중의 틀에서 벗어나는 대안적 대중 형성이 타격을 입었다. 그럴수록 사랑을 실천하는 대중을 증오를 전파하는 대중에 맞서 부각하는 일은 더욱 중요하다. 사랑을 실천하는 대중은 자체 내에 머물러 있고 모든 사람들에게 개방적인 팝문화에 속한다. 사랑을 실천하는 대중을 거론하는 것은 모두가 조화롭게 지내는 이상적인 상을 제시하는 것이 아니다. 단지 포퓰리스트들이 큰 소리로 알리는 위급 사태에 처하지 않은 사회적 존재로서의 인간의 생존 가능성을 설명할 뿐이다.

도심에서 우리와 가장 자주 마주치는 사람들은 적대적 대중이 아니다. 우리가 날마다 그들 사이로 지나가고 그들과 함께 움직인다면, 우리는 지극히 다양한 사회적 유대의 그물에 매달려 있는 것이다. 타르드가 '사랑을 실천한다'고 설명한 것은 우리 주변의 수많은 다른 사람들과 사려 깊게 사회적 공감을 나누는 하나의 형식에 지나지 않는다. 가끔 개별 상황에서 가령 우연히 마주칠 때 눈길을 주는 것으로, 몇 마디 말을 하는 것으로, 위급한 경우에 배려를 해주고 도움을 주는 것으로 혹은 비행기나 기차가 연착할 때 함께 욕설을 하는 것으로 그들과 관계를 맺을 수도 있다.

축제 대중이라는 개념은 겉으로만 비일상적인 면을 강조할 뿐이다. 타르드는 이 개념을 일상에도 배치해놓았다. 대중은 끊임없이 새로워지는 무수한 사회적 접촉을 통해 날마다 친밀한 관계를 맺고 유지하는 활동을 한다. 포퓰리즘은 남들과의 사회적 접촉을 마치 오염의 한 형태나 되는 것처럼 기피함으로써 상시적인 위급 사태를 일으켜 이 일상성을 파괴하려 든다.

5장

대중과 공간

···· 역사적 공간 쟁탈전

최근 몇 년간의 정치적 대중 시위의 공통점은 무엇일까? 대중의 계기와 의도에서는 결코 답이 나올 수 없다. 시위의 발발 상황이 너무나 다양했고, 그들의 대결이 나라마다 특유했기 때문이다. 하지만 그 시위들에 공통되는 특성이 하나 있다. 그 모든 시위들이 상징적 의미를 갖는 공공장소에서 일어났으며, 회고를 통해 그 장소와 결합된다는 점이다. 키예프의 마이단, 이스탄불의 게지 공원, 카이로의 타흐리르 광장, 서울의 광화문. 이 장소들은 국민적 대중 시위를 나타내는 동의어로 변했다. 대중과 공공 공간은 서로 연관되어 있다. 대중을 대중의 활동 장소와 상징적으로 연결하면 그 장소에 역사적 의미가 부여될 수 있다. 파리의 바스티유 광장이 그렇다.

　　그러나 베를린의 의례적인 5월 난동은 왜 쿠르퓌르스텐담이 아닌 크로이츠베르크에서 벌어졌을까? G20 정상회담이 열리는 동안 집단 난동은 왜 융페른슈티크가 아니라 자생적 좌파 성격이 강한 샨첸 시 구역에서 발발했을까? 파리에서는 왜 오페라하우스 구역이 아니라 교외 지역인 방리유가 불에 탔을까? 다시 말해 폭력 시위를 벌이는 대중은 왜 그들을 파괴하는 것을 파괴하지(톤 슈타이네 셰르벤Ton Steine Scherben'의 노래에 나오듯이) 않고 이미 파괴되어 있는 것, 즉 그들 자신의 생활공간을 파괴하는가? 대중은 특정한 도시 공간과 무관하게 형성되지는 않는다. 대중은 마음대로 옮겨 놓을 수 없다. 2005년의 집단 난동에 참여한 방리유 출신의 프랑스 청년들은 아마 파리의 도심에서는 제대로 적응하지 못했을 것이다. 함부르크의 샨첸 시 구역에서 자생 집단들은 로테 플로라Rote Flora 주변에 유리한 동조 세력과 퇴각 공간이 있는 것을 발견했다. 대중행동은 특정한 도시 공간에서만 수행될 수 있다.

　　대중행동과 그 장소 사이에서는 어떤 의미에서든 서로 힘을 강화해주고 감정을 고조해주는 작용이 일어난다. 어차피 취약해진 공간에서 벌이는 집단 난동은 그곳을 더욱 무가치하게 만들고, 슬럼화를 가속화하며, 결국에는 더욱 격렬한 난동으로 이어지는 것이다. 다른 한편으로 대중운동은 주요한 공공 공간들의 상징적 위력도 함께 누린다. 그들은 이 위력에서 이득을 얻는 동시에 '국민적 상징'인 그 장소의 역사에 새 장을 추가함으로써 그 위력을 강화시켜주기도 한다. 리처드 세넷은 연구논문 「육체와 돌」에서 도시 공간과 주민들의 몸이 어떻게 서로 번갈아 영향을 주는지 보여준다.[1] 세넷의 논문 제목을 우리의 고찰에 맞게 「대중과 장소」로 바꾸어도 무방하다. 대중은 구성원들 자신과 또 그들이 모인 노천 광장을 둘러싸는 도시 구역으로 이뤄진다.

　　정치적 대중은 도심 공간, 즉 혁명을 외치는 대중을 충분히 수용할 정도로 넓은 거리와 광장에서 형성된다. 중세와 근세 초기에 성벽으로 둘러싸인 도시 여건은 인간들이 대규모로 운집하기에는 너무 좁았다. 그래서 민중이 모일 때는 도시의 성벽 앞에서 모였다. 근세에 와서 대체적으로 보자면 대중과 공간이 서로 공조했던 시기는 세 시기로 구분될 수 있다. 첫 번째 시기에는 통제받지 않는 혁명 대중이 공공 공간을 차지하고 그곳을 정치 공간으로 바꿔놓는다. 이것은 프랑스 혁명 기간에 가장 큰 성공을 거두었다.

이 첫 번째 시기의 확정적인 날짜는 1789년 10월 5일 또는 6일이며, 파리에서 벌어진 일이다. 10월 5일에 거리에 모인 군중은 베르사유의 왕궁으로 몰려갔고, 단지 현장에 모여 있는 것만으로도 군주는 그들과 함께 파리로 옮겨 가지 않을 수 없었다. 통치자를 파리로 다시 데려온 이 대중운동의 상징적 의미는 아무리 높이 평가되어도 지나치지 않다. 인질이나 다를 바 없는 통치자와 함께 한 이 개선 행렬은 대중이 집단행동을 하는 행위자로서 공공 공간에 아마 처음으로 모습을 드러낸 순간이었을 것이다.

혁명이 진행되는 동안 대중이 즉흥적으로 공공 공간에 출현하는 것에 하나의 구조, 심지어 안무choreography를 부여하려는 시도들이 뒤따랐다. 그 중심에는 대규모 혁명 축제가 자리하고 있었다. 혁명 축제를 준비하기 위해 대중 집회를 벌이기에 충분한 규모의 노천 광장들이 조직적으로 탐사되었다. 이렇게 해서 1792년 봄에 자크루이 다비드Jacques-Louis David가 계획하고 연출한 샤토비유Châteauvieux 축제가 거행되었다. 대중은 일종의 종교의식을 거행하며 교차로를 건널 때처럼 서로 엇갈리며 도심을 가로질러 이동했다. 그들은 마르스 광장에서 마침내 '조국의 전당'을 돌며 춤을 추도록 되어 있었다. 하지만 이 예술적 안무는 무엇보다 혼란을 불러왔다. 대중은 통제할 수 없다는 사실이 드러난 것이다. 그들은 제의식 동작을 하며 이동해서 하나의 상징적 통일체로 만들어줄 대형을 이루기로 되어 있었지만 실패하고 말았다.

즉흥적 혁명 대중이 등장하고 그들을 안무를 통해 하나로 묶으려는 시도가 뒤따랐던 이 첫 번째 시기 다음으로 19세기에 두 번째 시기가 이어졌다. 이 시기는 소위 '도시 혁명'의 시기에 해당한다. 산업화의 물결과 더불어 점점 더 많은 사람들이 도시로 몰려들었다. 도시 대중들을 어떻게 제한하고 통제할 것인지 하는 문제가 갈수록 절박해졌다. 1848년에 전 유럽에 걸쳐 일어난 봉기는 인간들이 도시에 모이는 것이 어떤 사회적 그리고 정치적 폭발력을 초래하는지 보여주었다. 도시 건축상의 조처를 통해 계속해서 규모가 커지는 도시 주민들의 새로운 봉기를 저지해야 했다. 이제는 대중을 어떻게든 잠재적 위험성을 억제할 수 있는 형태로 만드는 것이 관건이었다. 이 목표는 집회 금지나 그 외의 강제 조치가 아니라 새로운 공간 정책을 통해 이뤄져야 했다. "계몽주의 시대의 도시계획 전문가는 도시의 군중 속을 돌아다니는 데서 고무되는 개인들의 모습을 상상했다. 19세기의 도시계획가는 이동을 통해 군중으로부터 안전하게 보호되는 개인들을 염두에 두었다."[2] 이 새로운 양상은 산업화가 가장 많이 진척되어 있던 영국에서 시작되었다. 존 내시가 런던에서 리젠트 공원과 리젠트거리를 건설한 것이 새로운 공간 정책 최초의 대형 프로젝트였다. 내시는 공원을 교통량을 높일 수 있게 하는 폐쇄적인 넓은 순환도로로 에워쌌다. 이로써 공원에 접근하는 것을 힘들게 하고, 공원을 주변 환경에서 분리하고, 도심의 구역들을 제각각 고립시킨 것이다. 분리선을 이루는 도로들은 교통 흐름과 더불어 공간이 사람들로 넘쳐나는 상황, 따라서 대중의 운집도 막도록 되어 있었다.

　　1850년대와 60년대에 오스만Georges-Eugène Haussmann의 건축을 통한 파리 개조가 이 공간 정책을 더욱 진척시켰다. 도시 공간에 대한 오스만의 구상의 핵심은 사람들의 집결이 아니라 신속하게 통과하는 것이었다. 런던에서 내시가 그랬던 것처럼 오스만도 밀도가 높아진 공간을 제거하고 긴 교통축과 조망축을 조성하는 데 주안점을 두었다. 그는 이 중세 도시의 상당 부분을 허물고 거미줄처럼 얽힌 도로망을 관통하는 넓고 곧은 도로들을 만들었다. 이 대로들은 소요를 진압하기 위한 병력을 재빨리 출동할 수 있게 해주었다. 또한 이동하는 차량들로 차단벽을 이루게 함으로써 도심 구역들을 격리했다. "교통을 공간을 격리하고 군중의 밀도를 낮추는 데 이용하자 정치적으로 단결된 군중이 집결하는 데 불리해졌다."[3] 이 계획은 부분적으로만 효과를 보였다. 실제로 이 조처는 새로운 유형의 대중이 탄생하는 데 유리한 작용을 했다. "대로가 한편으로 정치 집단을 이루는 도시 대중을 소집단으로 분산했다면, 다른 한편으로는 자동차나 마차를 타거나 걸어 다니는 개인들을 거의 광란의 소용돌이로 몰아넣었다."[4] 원래는 원활한 흐름에 도움이 되어야 할 개인 교통이 나중에는 교통량을 '혼잡할 정도로' 불려놓았다는 사실은 역사의 아이러니입니다. 이 '광란의 소용돌이'에서 새로운 대도시 대중이 탄생한다. 이들은 술에 취해, 에로스에 빠져, 유흥을 즐기며, 기분전환을 하며 모여드는 사람들이다. 그 '벨 에포크Belle Epoque (호시절)'에 드넓은 대로변의 카페, 극장, 콘서트홀에서는 대중오락이 활기를 띠었다. 대중이 몰리는 이 도시 공간은 프랑스의 저주받은 시인들poètes maudits이 그리고 나중에는 표현주의자들과 미래파 예술가들도 흥겹게 지내는 곳이 되었다.

　도시 건축을 이용해 대중 통제crowd control를 하려는 이 시도에 이어 세 번째 시기가 찾아오지만, 리처드 세넷은 이것을 더 이상 서술하지 않는다. 그 이유는 어쩌면 이 시기가 늘어나는 '대중의 무관심'이라는 자신의 논제에 모순되기 때문일 것이다. 세넷의 입장에서 대중은 점점 더 정치적 전염성을 잃고 무관심한 소비대중과 오락대중으로 변한다. 이 쇠퇴 과정은 너무 단순한 구상이다. 이것은 대중의 반동적인 성격을 무시하고 있다. 세 번째 시기는 대중이 공적인 도시 공간을 다시 전유한다는 점이 두드러진다. 대중은 넓은 도시 공간을 그 계획자의 의도와는 반대로 이용한다. 이 재전유를 보여주는 사례는 1차 세계대전이 발발했을 때 환호한 대중과 바이마르 공화국 시절에 벌어진 시가지 데모다. 엘 리시츠키는 1923년에 거행된 베를린의 한 미술 전람회를 계기로 발표한 '가두시위 공간'에 관한 짧은 글에서 도시 공간의 새로운 의미를 이렇게 표현했다. "공간은 눈에 보여주기 위해 있는 것이 아니고, 그림도 아니며, 그 안에서 거주하기 위한 것이다. (…) 공간이 인간을 위해 존재하는 것이지, 인간이 공간을 위해 있는 것은 아니다. 우리는 우리의 삶을 보관하는 채색된 관으로서의 공간을 더 이상 원하지 않는다."5

　이 시기에 도심의 무대를 배경으로 모인 대중은 '채색된 관'을 열고, 그것을 자신의 행동을 통해 공공 공간으로 만드는 것을 중요시했다. 공간이 인간을 위해 존재한다면, 그것은 오직 사람들이 붐비는 공간으로만 존재할 뿐이다. 황량한 상업 중심지나 정부 청사 구역 혹은 단순히 통과하는 장소로 존재해서는 안 된다. 원래는 대중을 제어하기 위해 계획되었지만, 도로망을 갖춘 이 도시의 개조야말로 이 공간을 새롭게 전유하는 데 필요한 전제조건이 되어주었다. 구시가지의 뒤얽힌 좁은 골목길에서는 가능하지 않았을 것이다. 넓은 도시 공간에서 비로소 대중은 자신의 수적인 우세와 따라서 넓은 공공장소를 차지하는 능력을 인상적으로 보여줄 수 있다. 공공 공간에 대중이 출현하는 것은 공적인 질서에 대한 위협으로 해석되거나 아니면 낡아빠진 정치체제에 항거하는 출발 신호로 해석된다. 두 경우 모두 대중의 등장은 현재 상태status quo를 문제 삼는다. 그들의 요구사항이 정확히 무엇이며, 저항하는 상대가 누구인지와는 상관이 없다. 이것은 정치적인 것의 공간을 열어준다.

·····정치적인 것의 출현 공간

대중이 점거하는 공간에는 구체적인 장소만이 아니라 상징적인 장소도 관련된다. 대중은 장소를 이용하는 새로운 관행, 특히 장소를 점유하는 방식을 통해 거기에 새로운 의미를 부여한다. 이 때문에 대중이 거리에 모일 때면, 무엇을 찬성하거나 반대하거나 상관없이 기본적으로는 정치적 행사가 된다. 한나 아렌트는 『활동적 삶Vita Activa』에서 정치적인 것은 '출현 공간'의 존재와 결부되어 있다고 지적한다. "출현 공간은 사람들이 행동하고 말하면서 서로 교제를 하는 곳이면 어디서나 생겨난다. 출현 공간 그 자체는 그것이 제각각 구체화되고 조직화된 결과인 모든 국가 건설과 국가 형태보다 앞선다."[6] 정치적인 것의 공간은 구체적인 장소와 동일하지는 않다. 이 공간은 공동 행동에서 생겨난 결과다. 이 공간은 하나의 장소를 단순히 가지는 것이 아니라 만들어낸다. 아렌트는 정치적인 것의 출현 공간이라는 개념을 고대의 폴리스와 연결시킨다. 주디스 버틀러는 이 개념이 현대의 대중 집회를 분석하는 데도 적합하다는 점을 입증한다. 그녀는「집회의 수행 이론에 대한 주해」에서 아렌트의 개념을 오늘날의 집회 형태에 전용한다. 대중 집회야말로 공동 행동에 의해 이뤄지는 관계성betweenness을 실현한다. "집회는 말로 전하는 내용 이상의 것을 의미하며, 이 의미의 양상은 다 함께 몸으로 하는 연출, 수행성performativity의 복수 형태다. (…) 나의 몸을 타인의 행동 한가운데에 놓아두는 것은 나의 행동도 너의 행동도 아니다. 이것은 오히려 우리들 사이의 관계를 기반으로 일어나고, 바로 이 관계에서 생겨나며, 나와 우리들 사이에서 배회하는 어떤 것이다."[7] 주디스 버틀러가 아렌트의 정치적 출현 공간을 오늘날의 대중 집회의 '복수의 행동'에 전용한 것은 설득력이 있기는 하다. 그러나 그녀는 해방운동과 저항운동으로도, '추격 무리(엘리아스 카네티)'나 린치 집단으로도 나타날 수 있는 대중의 양면 가치를 간과하고 있다.

정치적인 것은 그 자체만으로는 충분하지 않으며, 그 행위자도 마찬가지다. 월가 점거Occupy운동이든 페기다 운동이든, 평화로운 시위든 폭력을 휘두르는 난동이든 그 어떤 경우에도 대중은 사회에서 벌이는 집단행동을 통해 아렌트가 말한 의미의 '정치적인 것의 출현 공간'을 만들어낸다. 바로 이것이 그들의 전염성의 본질이다. 대중의 출현은 정치 질서 전체, 따라서 공동생활의 유기적 구조를 뒤흔들 수도 있다. 그러나 또한 그 구조를 안정화할 수도 있다. 안정화는 국가나 사회의 행사 의례에서, 거국적인 독일 통일 기념식 때나 파리에서 7월 14일에 벌어지는 군대 열병식 때 일어난다. 집단적 통과 의례나 축제도 여기에 포함되며, 라인란트 주에서 벌어지는 카니발 행진이나 브란덴부르크 문에서 벌어지는 송년 행사도 마찬가지다. 그러나 의례 행사의 관례 외에도 도시 공간을 새롭고 다르게 점령하는 행위도 있다. 도시 공간을 즉흥적으로 재전유하는 것을 통해 그곳은 군중을 통제하기 위한 공간이 통제되지 않는 격동의 장소로 변할 수도 있다. 여기에 군중 통제를 담당하는 당국들은 에워싸고 격리하려는 새로워진 시도로 대처한다. 예를 들면 경찰은 인간 장벽을 만들어 대중 시위대가 다른 도시 공간으로 이동하지 못하게 차단하는 방법, 혹은 운집한 군중을 울타리처럼 둘러싸서 시위자들의 활력을 잃게 만드는 방법을 동원한다.

대중 시위는 언제나 공공 공간을 둘러싼 대결이기도 하다. 가령 이스탄불의 게지 공원 주변에서 벌어진 항쟁은 처음에는 공공 공간을 사유화하는 문제를 겨냥했다. 공원 부지는 개인 투자자들에게 매각된 후에 경작지로 사용될 예정이었다. 이 대중 시위는 그들의 공개적 출현을 계속해서 가능하게 해주는 공간을 지키는 것을 목표로 삼았다. 대중이 출현하려면 도시 공간은 군중이 대규모로 운집하고 머물 수 있게 해주는 부지를 갖추어야 한다. 여기에는 다시금 공간이—예컨대 마르틴 하이데거의 경우에서 알 수 있다—일차적으로 사람들의 체류 공간으로 이해된다는 전제가 필요하다. 하이데거의 공간 이론의 중심에도 마찬가지로 '모임'의 개념이 놓여 있다. 비록 그는 이 개념으로 현대의 대중 행사와는 전혀 다른 것을 염두에 두고 있었지만 말이다. "우리는 지어놓았기 때문에 거주하는 것이 아니라 거주하면서 지었고 또 짓고 있다. 인간이 장소에 대해, 즉 공간에 대해 가지는 관계의 본질은 '거주하는' 데 있다." 하이데거는 자신의 글 「짓고 거주하고 생각하기」에서 이렇게 주장한다.[8] 특히 하이데거에게서 거주는 무엇보다 모이는 것을 의미한다. "모임은 우리말의 오래된 어떤 단어에 따르면 물건thing을 의미한다."[9] 그의 입장에서 모이는 장소는 인간 생활의 근본적인 관계들을 모으고 응축하는 모든 것이 될 수 있다. "공간, 장소는 거주와 잠자리를 위해 비워진 자리를 말한다."[10] 공간은 하이데거에게는 지리적으로 정해져 있지 않다. 공간은 인간이 거주하고 잠잘 수 있는 장소인 것이다. 지난 10년 동안의 대규모 장소 점거 사건들은 통과 공간을 거주 공간으로 다시 변모시킨 것으로 이해될 수 있다. 키예프의 마이단과 이집트의 타흐리르는 수주에 걸쳐 시위를 벌이는 동안 단순한 행진 장소나 집결지를 넘어서는 곳이었다. 그곳은 말 그대로 사람들의 거주지가 되었다. 사람들은 그곳에서 잠을 자고 식사를 했다. 취사장, 취침용 천막, 식기와 비품들은 그들이 몸소 날라 온 것들이다.[11]

공간은 빈 용기가 아니며, 엘 리시츠키가 말한 의미의 '채색된 관'이 아니다. 공간은 인간을 위해, 인간에 의해 만들어진다. 하이데거는 '공간'이라는 명사에 동사 '비우다'와 '채우다'를 나란히 배열한다. "공간은 채워진 어떤 것이다. (…) 채워진 것은 그때마다 어떤 장소를 거쳐 모인다."[12] 하이데거의 생각을 계속 이어가자면 이렇게 될 것이다. 공간들은 그냥 단순히 있는 것이 아니라 채워져야 하고, 활발히 꾸며져야 한다. 이 때문에 공간들은 격전의 대상이 되고, 이 때문에 공간들에 대한 염려가 그토록 중요한 것이다.

'비우기'는 경찰이 사용하는 용어이기도 하다. 점거된 어떤 건물이나 교차로나 광장은 '비워진다.' 빼곡하게 모인 대중이 쫓겨 흩어지고 '비워짐'으로써 공간이 다시 확보된다. 질서 유지 세력의 관점에서 이상적인 공간은 빈 공간이다. 권력의 중심부는 거의 언제나 이런 빈 공간들로 둘러싸여 있다. 누구도 권력자에게 너무 가까이 다가가서는 안 되는 것이다. 하지만 이런 권력의 아성은 그곳의 빈자리를 몸으로 빽빽이 채울 대중에 의해 다시 점거될 유리한 전제조건을 만들어내기도 한다. 대중은 새천년에 최초로 일어난 전 세계적인 대규모 저항운동을 스스로 occupy, 점거라 불렀다. 이 운동은 처음에는 공공 공간에 시위 대중으로 출현해서 그곳의 코드를 바꾸려는 목표밖에 없었다. 저항을 벌이는 대중운동의 입장에서 중요한 것은 도시 공간에 '정돈되지 않은', 통제할 수 없는 장소와 상황을 만들어내는 것이다. 서로 모인다는 사실 자체가 대중이 장소를 점거하면서 내보내는 핵심 메시지다.

· · · · 신성한 공간과 범속한 것의 침입

공간을 확보하고 유지하는 대중의 기능은 고전적 대중 이론이 설명하는 대중과 공간의 관계와는 엄격히 대립되는 관계에 있다. 르봉과 카네티에게서 대중들은 일차적으로 공간 파괴의 집행자들이다. 『군중과 권력』에서 엘리아스 카네티는 이것을 다음과 같이 서술한다. 개방적 대중이 파괴하는 것은 "모든 경계들에 대한 공격일 뿐이다. 유리창과 문은 건물의 일부이며 외부와 구별짓는 가장 약한 부분이다. 유리창과 문이 부서져 있으면 건물은 개체로서의 존재를 상실한 것이다."[13] 이 말을 통해 대중이 공간에 대해 갖는 관계의 핵심은 이렇게 요약된다. 즉 대중이 외부에서부터 경계를 뚫고 들어와 내부 공간을 파괴한다. 대중은 건물의 적이고, 거처가 없으며 혹은 프로이트가 말한 의미에서는 낯선 익숙함uncanny이다.

"그러나 이런 건물에는 대중에 가담하지 않으려는 사람들, 즉 건물의 적들이 숨어 있을 것으로 여겨진다. 이제 그들을 갈라놓고 있던 것이 파괴되었다. 그들과 대중 사이에는 아무것도 없다. 그들은 밖으로 나가 대중에 합류할 수 있다. 대중이 그들을 데려갈 수도 있다."[14] 대중이 내부 공간으로 침입하는 데 성공하면 내부는 영원히 파괴된 상태가 된다. 건물은 개체로서의 존재, 다시 말해 외부에 대해 보호해주는 경계를 잃어버린 것이다. 카네티는 침입이 그 사람들에게 미치는 결과로 이야기를 마무리한다. 그들은 건물과 더불어 개인 특성을 상실한다. 말하자면 그들은 혼란에 노출되어 있고, 그들 자신은 대중의 일부가 된다.

그러나 대중에 대해서는 왜 내부 공간을 파괴한다는 항상 똑같은 이야기가 나오는가? 이 이야기는 분명 문화의 기억 깊숙이 저장되어 있는 것으로 보이는 고대의 종교적 해명 모델에서 유래한 것이다. 미르체아 엘리아데의 종교 이론을 비판적 거리를 두고 적용해보면 이 유래에 대한 해명의 단서를 얻을 수 있다. 엘리아데는 종교적인 것을 주로 공간-현상으로 설명한다. 1950년대에 저술된『성과 속』의 도입부에서 그는 신성한 공간의 기원을 이렇게 묘사한다. "종교적 인간에게 공간은 균질하지 않다. 공간은 깨지고 갈라진 곳들을 내보이며, 나머지 부분들과 질적으로 다른 부분들도 가지고 있다. (…) 따라서 신성한 공간이 있고, 또 구조와 지속성이 없는, 한 마디로 '형태가 없는' 신성하지 않은 다른 공간이 있다. 종교적 인간은 공간의 이 비균질성이 신성한 공간과 그것을 둘러싸고 있는 무정형의 드넓은 나머지 모든 공간의 대립 관계임을 깨닫는다."15

종교는 신성한 공간을 그것을 둘러싸고 있는 범속한 공간과 구분한다. 그래서 사원은 처음에는 이러한 경계가 정해진 구역에 지나지 않는다. '공간의 균질성 속의 이 갈라진 부분'은 '세상에 대한 탐구'와 같은 의미다. 왜냐하면 '세상'은 사실상 우리가 그 속에서 자기 위치를 알 수 있을 때에야 비로소 존재하기 때문이다. 어떤 공간에서 방향을 판단하거나 혹은 그 공간에서 세상을 알아보기 위해서는 경계, 통과지점, 기준점이 제시될 수 있어야 한다. "기억할 안표도 방향을 판단할 수단도 없는 무한하고 균질한 공간에서는 성현 hierophany(천사의 출현)을 통해 절대적으로 '확고한 어떤 지점', 하나의 '중심'이 드러난다."16 신성한 공간은 스스로 안전한 내부 공간으로 형성되고 무형질의 공간과 구분됨으로써 비로소 위치를 확인하고 정체성을 얻을 가능성을 만들어낸다.

신성한 공간의 외부에 있는 사람은 범속한 것에 속한다. 그는 "그 공간의 혼돈스러운 균질성과 상대성의 상태에 머물고 있다. 진정한 방향 판단은 불가능하다. (…) 따라서 실제로는 '세상'은 없고 산산이 부서진 우주의 조각들만 있다. 어느 정도 특색 없는 수많은 '장소들'이 모인 무정형의 더미로, 이곳에서 사람들은 산업사회에 편입된 삶의 책무에 떠밀려 이리저리 돌아다니고 있다."17 현대의 대도시 대중은 신성한 공간과는 정반대의 것이다. 신성한 것과 범속한 것을 공간적으로 구분하는 것은 (서구 문화에서는) 개인 특성과 대중의 차이를 보여주는 전형이다. 개인적인 것은 외부와 분리되고, 이 경계 설정을 통해 자기 정체성을 얻는 안전한 내부 공간으로 이해된다. 반대로 무정형의 외부는 문화 발생 이전의 무차별성으로 되돌아가 개인 특성이 소멸되는 것을 나타내는 공간적 비유다. 공간에 대한 공격은 힘들게 세워놓은 문화의 경계를 위태롭게 한다. 대중은 신성한 공간의 수호자들에게는 공포의 대상이다.

무정형의 외부 공격에 대응하는 데는 두 가지 길밖에 없다. 먼저 장벽 혹은 이미 국경에서 '스며드는 것'을 막아주고 있는 임시 수용소 같은 것을 건설해 경계를 튼튼히 하는 것이다. 다음으로 공간을 분리하고 분할하고 세분화하는 것이다. "그들은 이렇게 미리 구상된 곳곳의 용기들 속으로 대중을 분산시켜 도로 몰아넣으려 할 것이다. 대중은 이 장래의 감옥을 증오한다. 그것은 그들에게는 언제나 감옥이었기 때문이다. 무방비 상태의 대중에게는 모든 것이 바스티유(감옥)로 보인다."[18] 대중 형성을 막는 데는 어떤 형태로든 공간을 '조각내는 것'이 도움이 된다. 2016년부터 칼레 근교에서 급격히 늘어나는 난민 수용소들을 반복해서 비운 것도 이 전략을 따른 것이다. 난민 일부는 그곳에서 영국으로 건너가기 위해 난폭한 집단으로 변해 계속해서 치외법권 공간(언론에서는 독특하게 '정글'이라는 이름을 붙였다)을 만들어왔으나 프랑스 전역에 걸쳐 여러 수용소와 숙소로 분산되었다. 분산 수용을 통해 그들에게서 대중의 전염성이 줄어들었다.

난민 논쟁에서 신성한 공간과 범속한 공간이라는 신화가 다시 등장한다. 난민의 인상은 경계가 사라진 공간이라는 표상에 잘 어울린다. 난민은 자기 문화에서 추방되어 어떤 '세상'도 가지지 않은 사람이며, 만약 자신의 여권을 찢어버렸다면 이 세상에서는 더 이상 설 자리가 없다. 난민은 외부의 화신으로 문화의 내부 공간의 경계를 무너뜨릴 우려가 있다. 경계가 없는 '무정형의' 공간, 모든 차이들이 녹아 없어지는 세계화된 공간이 생겨난다. 신성한 공간에 대한 엘리아데의 글도 유럽인들의 방어 행동을 고려할 때 새롭게 시사성을 얻는다. "'우리의 세상'은 하나의 우주다. 이 때문에 외부로 부터의 어떤 공격도 이 세상을 '혼돈'으로 몰아넣을 위험이 있다."[19] 엘리아데는 난민의 유입을 예상하지는 못했지만, 그들을 거부하는 동기가 되는 사고의 틀을 서술했다. 자신이 문화 질서와 사회 질서의 수호자라고 생각하는 기존 주민들의 관점에서 보자면 '난민들 무리'는 그들을 받아들이는 국가의 신성한 내부 공간을 더럽힌다.

　　대중이 기본적으로 공간을 파괴하는 주체라는 생각은 잘못된 것이다. 실제로는 이들은 공간을 만들어내고 유지하는 경우가 훨씬 더 잦다. 이들은 공간을 모두를 위해 열어두고 보호하는 데 기여한다. 이들은 좋은 의미에서 범속한 공간들을 만들어내는 것이다. 이탈리아의 종교철학자 조르조 아감벤은 이렇게 주장한다. "신성함은 물건들을 사용하지 못하게 만든다."[20] 그러나 반대로 그것들을 범속화하면 다시 사용할 수 있게 된다. 신성한 공간의 가장 깊은 내부는 항상 비어 있고 침해할 수 없다. 그곳은 신들의 몫으로 남겨져 있다. 그렇지만 거리에 모이는 대중은 이 거리 공간을 자신의 행동과 관심사의 무대로 만든다. 신성함의 공간-세계는 범속함과는 차단되어 있고, 대중의 공간-세계는 세상의 무한한 거주 가능성이 된다.

　　1960년대부터 범속화의 원리가 퍼포먼스 아트에 의해 수용되었다. 이것 역시 예술의 숭배 가치를 더럽히는 것을 목표로 하며, 관람객들의 대대적인 참여를 독려한다. 예술작품을 보존하는 대신 모두가 참여할 수 있고, 반복될 수 없기 때문에 예술작품의 불변의 정신적 가치를 파괴하는 해프닝(우발적이고 유희적인 행위)에 의존하는 것이다. 현대 예술가들이 자신의 예술이 주민들의 관심을 끌고 미적 잠재력을 일깨우기("인간은 누구나 예술가다", 요제프 보이스)를 바라왔던 희망은 거의 실현되지 않았다. 새로운 예술로 마음을 끌어야 할 대상인 관람객 대부분은 일단 그 예술이 정식으로 인정받고, 그 주창자들이 칭송받는 대가가 되었을 때야 비로소 그들의 전시회에 몰려든다.

이 해프닝의 사례가 보여주듯이 대중은 팝문화에서 이중의 기능을 가진다. 대중은 팝문화를 신봉하기 때문에 신성함의 보증인이 된다. 그러나 대중은 하나의 동우회를 이루며, 이것은 사람들이 단체로 밀려드는 것을 통해 범속화의 원인이 될 수도 있다. 이 범속화 과정을 보여주는 또 다른 사례는 대규모 자동차 박람회에서 유명 자동차 회사가 요란하게 소개하는 '톱모델'이다. 롤랑 바르트는 『일상의 신화』에서 이 해프닝에 관해 설명한다.[21] 종교적 숭배 의례에서 차용한 것이 명백한 발표회 행사를 통해 신형 자동차가 엄숙한 방문객들에게 소개된다. 사장은 아직 이름도 붙여지지 않은 대상의 덮개를 장엄한 몸짓으로 벗겨내고 세례 행위 비슷하게 여러 사람들에게 보여준다. 애호가 무리는 그 숭배의 대상 주위로 원을 그리며 내부 공간을 형성한다. 롤랑 바르트는 당시에 획기적인 자동차 모델이었던 시트로엥사 디세D.S.의 첫 발표회에 관해 서술하고 있다. 그것은 "딴 세상에서 내려온 그런 대상들 중 하나"라는 것이다.[22] 방문객 무리가 들려주는 신화에서 그것은 신적인 존재 같은 느낌을 준다. 범접할 수 없고, 신비하고, 숭고하고, 여성적이라는 것이다[23](프랑스어에서 '자동차'의 문법상의 성은 여성이다. D.S.는 프랑스어 발음으로 Déesse, 여신이 된다).

디세의 첫 발표회 때 방문객 무리는 일상성이 밀고 들어오지 못하게 막아주는 일종의 방패막이가 된다. 이 대중은 여기서 아직 그들의 종교적 의미를 지니고 있었다. 행사가 끝난 후에 숭배 대상은 방문객들에게 넘겨지며, 이것은 마치 손님들이 세례받은 아기를 쓰다듬어보는 것과 비슷하다. 각 방문객은 자동차로 다가와서 차체를 주의 깊게 건드려보고, 손으로 표면을 쓰다듬어보고, 문을 열어보고, 핸들과 기어 손잡이를 잡아보고, 매우 조심해서 방향 지시등의 레버를 움직여본다. 그러면서 자동차는 서서히 종교적이고 미적인 아우라를 잃어가지만, 대신 생활에 유용한 장점들을 얻는다. 숭배하던 입장이 갈수록 기기에 대한 실용적 관계로 변하는 것이다. 롤랑 바르트는 태도가 이렇게 뒤집히는 것에 관해 다음과 같이 설명한다. "행사장에서 사람들은 전시된 자동차를 애정을 가지고 매우 열성적으로 구경한다. 이것은 만져보면서 발견하는 중요한 단계이며, 그 멋진 겉모습이 꼼꼼하게 살피는 촉각의 습격을 받는 순간이다(촉각은 모든 감각들 중 가장 신비에 찬 시각과는 반대로 가장 강하게 탈신비화하는 감각이기 때문이다). 사람들은 강판과 접합부를 건드려보고, 쿠션의 느낌을 알아보고, 앉는 자세를 시험해보고, 문을 쓰다듬어보고, 등받이를 두드려본다. 이 대상은 완전히 매춘부가 되고 몸이 내맡겨진다. 대도시의 하늘에서 내려온 여신 Déesse는 15분도 채 지나지 않아 주인의 손아귀에 들어가고, 이렇게 쫓겨난 상태에서 소시민을 수송하는 활동을 완수한다."[24]

롤랑 바르트가 마지막에 소시민의 태도에 등을 돌리는 것은 '여신'이 방문객들의 태도를 통해 '매춘부가 된다'는 것이다. 숭배 대상인 내부 공간을 더럽히는 것에 대한 유미주의자의 거부감이다. 하지만 자동차 같은 실용 대상물의 경우야말로 접촉은 이동 수단을 숭배 대상으로 연출하는 것에 반하는 정말 유익한 행동이다. 대중 취향은 모든 것을 만져보려 하고, 아름다운 것은 무엇이든 손에 넣어 자기 몸에 어울리게 만들려 한다. 신성한 대상을 숭배하는 엄숙한 대중이 변해 신성함이라고는 찾아볼 수 없는 안하무인의 대중이 된다.

····보편성에 대한 권리: 오르테가 이 가세트와 대중 관광

1930년에 출간된 호세 오르테가 이 가세트의 에세이 『대중의 반역』에서는 이 제목이 암시하는 것과는 달리 적극적인 대중의 반역은 다뤄지지 않는다. 오히려 자신이 직접 만들지는 않았지만 당연하다는 듯이 자기 권리를 내세우는 물품, 사치품, 편의 시설을 차지하는 안일하고 자기만족에 빠진 인간들이 묘사된다. 오르테가가 서술하는 대중은 적대적이지 않다. 이들은 세상을 파괴하려 하지 않지만 개선하려 들지도 않는다. 이들은 별로 힘든 노력을 하거나 성과를 내놓지 않고서도 세상의 편익을 누릴 권리를 내세운다. 이 대중은 예전에는 소수 엘리트층의 몫으로 정해져 있던 그런 곳에서 자신의 보편성을 실현할 수 있다고 여기는 그런 인간 유형의 복수형이다. 오르테가가 말하는 의미에서의 대중은 "여전히 대중이기를 포기하지 않으면서도 소수 엘리트층의 자리를 차지한다."[25] 이 대중의 구성원들에게는 '모두에게 공통되는 속성'이 하나 있다. 그들은 '남들보다 두드러져 보이는 것이 아니라' 자체적으로 '하나의 기본 유형'을 반복해서 따른다.[26] 그렇지만 오르테가의 주장에 따르면 대중은 엘리트층과는 달리 자신이 밀고 들어가는 문화 공간의 가치를 인정하는 데 반드시 필요한 능력과 행동 규범을 갖추고 있지 않다. 그들은 거기에 필요한 품위를 양성하지 못했다. 지식이 부족하다는 뜻이 아니다. 어떤 대성당의 건축상의 우수성이나 어떤 미술관의 수집품의 예술사적 가치를 평가할 수 없는 사람이라 해도 그 공간에 걸맞게 처신할 수는 있다. 누군가가 캐주얼한 옷차림으로 소리 나는 샌들을 신고 성스러운 공간을 돌아다니거나, 루브르 박물관에서 모나리자가 배경으로 나오는 셀카를 찍기 위해 그림 주변에 진을 치고 있다면, 이것은 오히려 배려심이 부족하기 때문이다. 오르테가가 말하는 의미의 대중은 예전에는 엘리트층의 몫으로 정해져 있던 바로 그곳에서 자신의 보편성을 단호히 내보이려는 욕구에서 생겨난다.

오르테가의 주장에 따르면 어떤 종교의 예술관에 대해 보이는 거칠고 숨김없는 태도는 경우에 따라 어느 정도 열정의 표시가 될 수도 있다. 오히려 오르테가가 한탄하는 것은 소위 보편성에 대한 권리의 요구다. 대중은 이것으로 "다르고, 뛰어나고, 개인적이고, 정선된 모든 것"을 무가치하게 만든다.[27] 크루즈선이 베네치아의 석호에 정박하면 도시락과 물병을 든 관광객 5000명이 마르쿠스 광장으로 쏟아져나온다. 사진의 배경을 서로 차지하려는 쟁탈전을 벌이며 시야를 가로막는다. 자신이 거주하는 도시를 빼앗긴 베네치아 주민들은 피렌체의 주민들과 비슷하게 입장료를 징수해서 몰려드는 관광객들을 규제해야 좋을지 따져본다. 마요르카 섬에서는 행정부가 관광세를 두 배로 높여서 값싸게 휴가를 즐기려는 사람들을 경악하게 만들었다. 파리에서는 관광객들이 유명한 시내 구역에 있는 명소들의 매력을 망쳐놓은 지 이미 오래다. 센 강변의 라탱 지구와 생제르맹데프레 구역은 대학생과 작가들이 발길을 끊었고, 책방과 카페는 값싼 소매점과 간이식당에 자리를 내주어야만 했다. 소르본 광장에서는 예전에 그 구역에서 풍겨나오던 지적 분위기를 책을 통해 간접적으로라도 알지 못하는 고객들이 활개를 치고 다닌다.

오르테가가 제기한 문제점은 그사이에 상당히 바뀌었다. '보편성에 대한 권리의 요구'는 오늘날 문제가 되지 않는 것으로 보인다. 더 견디기 힘든 것은 이 권리가 그 외의 다른 권리들은 허용하지 않는다는 점이다. 미술관을 찾아온 떠들썩한 여행단은 그림을 집중해서 감상하지 못하게 방해한다. 스타벅스 부속 건물들과 빵집 체인점들은 전통적인 선술집들을 몰아내고 있다. 구시가지 광장들은 여름이 되면 파티 거리로 변한다. 이런 점에서 대중 관광은 공간을 범속화하는 것의 새로운 변종으로 보인다.

오르테가는 대중 관광객들의 모습에 이미 개발된 공간에서 으스대는 것이 아니라 새로운 공간을 탐사하는 모험가의 모습을 대비한다. 그의 모범은 원대함을 추구하는 니체 식의 초인이지만, 식민지 시대의 원정대장과 탐사자도 여기에 포함된다. 이렇게 보자면 개인 관광객은 모험가의 후예다. 또 개인 관광객은 식민지 시대의 세계 개척의 뒤를 따르는 후위대이기도 하다. 쥘 베른은 소설 『80일간의 세계일주』에서 개인이 모험가에서 후위대로 변모하는 과정을 묘사한다. 주인공 필리아스 포그는 과거 유형의 모험가에 속하기는 하지만, 냉담하다는 이유만으로도 이미 현대의 여행객, "더 이상 모험은 벌이지 않고 연착만 하는" 관광객의 면모를 지닌다.[28]

오르테가는 대중이 나태하다고 여긴다. 그러나 이것이 (오늘날에도) 맞는 말일까? 오히려 대중이 과거 엘리트층이 누리던 자리를 스스로 차지하는 데 들이는 것은 바로 분주한 활동성이다. 그들은 여행, 전람회 방문, 고대 유적 답사 같은 활동에 목록에 적힌 일을 해치우는 것과 같은 성격을 부여한다. 사람들이 다녀갔을 법한 모든 장소에서 그들은 자기 자신과 같은 모습을 하고 명소를 구경하기 위해 늘어선 긴 줄을 향해 몰려가는 다른 집단들과 마주친다. 이 여행 활동을 위해 투입되는 높은 활동성은 우선 문화 체험에 대한 사전 준비에서 드러난다. 다음으로는 박물관과 명소의 개장 시간, 관광 성과를 최대로 올려주는 루트, 유명한 장소의 명성 있는 카페와 값싸고 질 좋은 식당의 방문을 둘러싼 일정의 세부적인 계획에서도 알 수 있다.

　이런 대중의 활동성은 대중이 나태하다는 오르테가의 논제가 오늘날의 이 새로운 대중들에게는 들어맞지 않는다는 것을 보여준다. 오르테가는 대중 속의 개인은 자신이 '각별하다'고 여기지 않는다고 판단한다.[29] 실제로 새로운 대중의 구성원들은 자신에게 서슴없이 특별한 의미를 부여한다. 그들의 입장에서 어떤 문화 대중의 구성원이 되는 것은 곧바로 기분이 고양된다는 감정으로 이어질 수 있다. 바로 이러한 확신 때문에 그들은 어떤 특별한 장소에 대한 권리를 요구하게 된다. 이 요구는 문화에 대한 참여가 아니라 어떤 유명한 장소의 명성을 함께 누릴 권리와 관련되어 있다. 흔히 관광객들의 태도에 대해 그들은 장소는 상관하지 않는다는 불평이 나온다. 그러나 그들에게 장소는 결코 상관없는 것이 아니다. 오히려 공간은 몇 개의 중요한 볼거리must see와 무의미한 중간 공간 혹은 통과 공간으로 세분된다. 관광의 분야에는 유명인사의 원리가 전용된다. 명성 있는 장소는 비록 황폐화되어 있더라도 관광객들에게는 나름의 가치를 지니고 있다. 유명세 요인이 전혀 없는 장소에서는 개인 관광객들

이 『론리 플래닛Lonely Planet』, 『러프 가이드Rough Guide』같은 여행 안내
서를 이용하거나 혹은 현지 안내인과 함께 탐사 여행에 나설 수도 있
다. 그들의 여행 목적지는 비교적 알려지지 않고, 고생을 해야 겨우
도달할 수 있으며, 어쩌면 위험할 수도 있다는 점이 두드러진다. 여
기서 배낭을 멘 사람들은 마치 오르테가의 글을 읽기나 했다는 듯이
자신을 실제의 모험까지도 겪는 여행객 중의 귀족이라 여긴다. 이제
와서 세상을 범속한 공간과 신성한 공간 그리고 볼만한 공간으로 나
누는 것은 순서가 뒤바뀐 일이지만, 그래도 분류 그 자체로는 흠잡을
데 없다. 이렇게 보자면 신성하게 되는 것은 외떨어져 있고 숨겨져
있는 공간들이다.

　　오르테가의 시절에는 아직 사람들이 예상할 수 없었던 중요한
요인 하나가 추가된다. 1960년대까지만 해도 엘리트층은 문화 대중
에 보편성에 대한 권리를 인정할 용의가 없었다. 대중 취향을 신랄하
게 비난하고 그들에게 '진정한' 문화에 참여할 권리를 인정하지 않는
것이 더 높은 사회 계층 구성원들의 규범에 해당했다. 그래서 U(통
속)-음악과 E(순수)-음악으로의 구분은 통속 음악에서 확산되는 대중
취향에 대한 싸늘한 비난과 결부되었다. 그들의 취향은 허위 감정이
실리고, 부정직하고, 음악의 기본도 갖춰져 있지 않다는 것이다. 테
오도어 W. 아도르노의 판단에 따르면 대중 취향은 '문화산업'에 종
속되어 있었다. 산업적 생산 양식이 문화를 일종의 '유흥업'으로 만
든다는 것이다.[30] 그러나 유흥은 "후기자본주의 체제에서는 노동의
연장선상에 있다. (…) 관객은 독자적 생각을 할 필요가 없다."[31] 문화
의 공간은 대중에게는 차단되어 있었다. 1960년대 후반에 와서 고급
문화와 지금은 '팝문화'라 불리는 '대중문화' 사이의 경계가 처음에

는 조심스럽게 완화되고 부분적으로 개방되기 시작했다. 1970년대에 들어 U-음악과 E-음악 사이의 엄격한 구분은 더욱 느슨해졌다. 팝음악이 카를하인츠 슈토크하우젠Karl-Heinz Stockhausen 같은 명망 높은 작곡가들의 작품에 편입된 것이 그 계기가 되었다.

오늘날 대중문화는 예전의 기준에 따르자면 고급문화에 속할 것이 명백한 대표적인 인물들에게도 부인할 수 없는 매력을 안겨주고 있다. 이 새로운 사태를 맞으면서 팝문화에서 제시된 보편성이 특별한 가치를 얻지만, 오르테가가 주장하는 천박한 형태의 가치가 아니라 고상하게 입에 올리는 보편성으로서의 가치를 얻는다. 신문 기사를 통해 고급문화의 대표적 인물들은 이런 보편성을 자기 예술의 컬트적 요인으로 만드는 탁월한 팝문화 연기자들을 좋아한다고 고백한다. 팝문화와 스포츠 분야에 경험이 많은 스탠포드 대학의 문화 이론가 한스 울리히 굼브레히트Hans Ulrich Gumbrecht는 영국 가수 아델Adele을 열렬히 칭송한다. 그는 '아델의 보편성의 비밀'[32]이라는 제목의 기사에서 이렇게 주장한다. "나는 그녀가 자신의 말에 영국 노동자 계층의 보편적인 억양을 넣는 훈련을 받는 모습을 그려본다. 그녀는 틈만 나면 자신의 교양의 '보편적인' 부족이나 과장해서 연기하는 여성drama queen 역할을 좋아하는 경향을 강조하기 바쁘다." '그녀는 자신이 새로 익힌 보편적인 억양을 과도하게 사용함으로써' 목소리에 "감동을 자아내는 각별한 정서 반응이 실리게 된다." 굼브레히트가 알아낸 바로는 보편적인 것은 팝음악계의 위대한 가수가 인위적으로 만들어진 인물을 묘사하는 형식으로 사용할 때 이례적인 감동을 유발한다. 아델의 사례에서 오늘날 새로운 대중은 걸출한 예술가들로부터 노골적으로 아첨을 받는다는 사실을 알아야 한다. 가령 아델은 이렇게 말한다. "내가 집 밖으로 나갈 때는 레깅스를 입고 헐렁해진 스웨터를 걸쳐요. 길거리나 슈퍼마켓의 대부분의 여자들처럼 보이는 것이 자랑스럽기 때문이죠." 이 인터뷰 발언이 그녀의 실제 생활양식을 그대로 보여주지 않는 것은 명확하다. 오히려 그녀는 팬들의 보편적인 생활양식을 고상하게 보이게 해주는 허구 인물의 입장에서 말한다. 과거의 고급문화를 배경으로 하는 장소였다면 이 인물은 수상쩍게 보였겠지만, 오늘날의 문화에서 이것은 대단한 감정들을 불러일으키고 신빙성을 나타낼 수도 있다.

· · · · 집단 참사

대중은 보통 공간을 확보하는 기능을 통해서가 아니라 파괴적인 면모를 보여줄 때 언론의 관심을 자극한다. 불행에 대한 이런 수용 태도는 오늘날까지도 전통적 이론이 보여주는 신념의 영향을 받고 있다. 대중은 일반적으로 파괴적인 경향을 가지고 있어서 대중의 출현은 끔찍한 결과를 초래한다는 것이다. 그러나 집단 참사를 더 자세히 살펴보면 금세 대참사를 불러오는 것은 대중 그 자체가 아니라 그들을 물리치려는 시도가 실패했기 때문이라는 사실이 명확해진다. 대부분의 집단 참사는 대중과 공간의 숙명적인 관계에서 초래된다. 대참사는 대중에게 조금의 여지도 허용하지 않는 군중 통제라는 특정한 공간 정책이 낳은 결과다.

　　가령 축구 역사상 최대 규모의 참사라는 힐스버러Hillsborough 참사도 그렇다. 1989년 봄에 영국 셰필드의 힐스버러 경기장에서는

96명의 축구팬이 사망했다. 집단 참사는 종종 동일한 시나리오를 따른다. 이 참사는 요란한 폭음이 아니라 슬쩍 밀치는 것으로 시작된다. 기대에 차서 몰려드는 무리 속에서 처음에는 갑갑하다는 느낌이 퍼진다. 그 후에 갑작스러운 밀치기와 정체가 일어난다. 대중 속의 개개인은 불편한 감정에 사로잡히고, 불안이 서서히 번져서 느리지만 지속적으로 간격이 좁혀지는 결과를 불러온다. 참사에서 살아남은 아드리안 템파니Adrian Tempany는 당시의 사건을 이렇게 회고한다.[33] "우리는 불안했고 뭔가 비정상적이라는 느낌이 들었다. 군중은 숨을 헐떡이고 몸을 이리저리 돌렸다. 그러더니 서서히 거역을 하면서도 마치 응고되는 콘크리트처럼 단단히 뭉쳐졌다. 사람들은 숨을 들이쉬기 위해 머리로 어깨와 등을 들이박았다. 그들은 약간의 공간이라도 확보하기 위해 팔과 무릎을 사용했다. 내 등은 손들에 떠밀렸고, 장딴지는 발들에 짓눌렸다. 뒷덜미에서는 누군가의 더운 숨결을 느꼈다. 누구도 자신의 움직임을 제어하지 못했다. (…)" 막혀 있는 대중에게 트인 곳으로, 그라운드로 달아날 가능성이 주어지는 대신 기존의 비좁은 공간은 뒤에서 밀치는 무리에 의해 더욱 좁혀졌다. 그렇게 해서 대참사는 예정된 방향으로 나아갔다. 한정된 공간은 수많은 몸들을 더 이상 받아들일 수 없었다. 각자의 몸은 핀볼 공처럼 압력에 의해 튕겨나가고 공중으로 내던져졌다. "그러나 우리를 도와주러 오는 사람은 전혀 없었다. 혼잡한 틈바구니에서 빠져나와 펜스로 기어올라간 사람들도 있었다. 그들은 위쪽의 철사 가시로 덮인 꼭대기에서 반대편에서 사다리로 올라온 경찰과 마주쳤다. 팬들은 경찰에게 도움이 필요하다고 말했다. 경찰은 그들을 도로 혼잡한 사람들 속으로 밀어넣었다."[34]

출동 인력의 부족한 대처 능력은 집단 참사에서 되풀이해서 등장하는 문제다. 경기장 안전요원과 경찰 같은 질서 유지 세력의 대표자들은 차단목을 세우는 데는 익숙하지만 철거하는 데는 익숙하지 않다. 대중은 포위되어야 할 존재다. 안전요원이나 경찰의 생각은 온통 관중들을 그라운드에서 떼어놓는 일에만 쏠려 있다. 안전요원들에게 그라운드로 난입하는 군중은 악몽이 된다. 대참사를 막도록 되어 있는 것—경계의 설치—이 오히려 참사를 불러오는 역할을 한다. "이제 군중은 뒤편에서 가해지는 압력에 의해 다시 움직이기 시작했다. 우리들 중 50, 60명은 사지가 뒤엉긴 채 덩어리로 변해 서로에게 짓눌려 있었다. 우리는 마치 서서히 세탁기 속에 가득 찬 옷가지들처럼 사방으로 떠밀렸다. 이리저리로, 아래위로. 사람들이 죽어나가기 시작했고, 다른 모든 사람들도 거의가 그들을 따라 질식해서 죽게 될 것이다."[35]

이 몸통들의 소용돌이에서 빠져나올 가능성은 없었다. 대중에게 결정을 내릴 여지가 조금도 허용되지 않는다는 점이 집단 참사의 숙명적인 면이다. 참사를 당한 대중들은 각자의 몸을 독자적으로 움직일 가능성은 모조리 빼앗긴다. 오직 외부에서 구조해줄 경우에 대한 한 가닥의 희망만 남아 있다. 바로 이 희망이 그 참사의 기록자에게는 이뤄졌지만, 다른 많은 사람들에게는 너무 늦고 말았다.

이 대참사의 후속 과정 자체도 파국적으로 흘러갔다. 사건 직후에 테일러 리포트Taylor-Report라는 보고서가 나왔는데, 경찰의 대응뿐 아니라 경기장의 건축상 결함에 대해서도 비판하는 내용이었다. 반대로 경찰과 정치권, 특히 수상인 마거릿 대처는 책임을 팬들에게 떠넘겼다. 대처는 심지어 이 리포트의 발표도 통제했고, 이로써 같은 여당인 내무장관과도 대립했다. 대처에게는 무엇보다 행정부의 과오를 은폐하는 것이 중요했다. 참사에 앞서 축구팬들을 전반적으로 불신하고, 대중을 경멸하고 범죄시하는 기조에서 수립된 정책이 시행되었기 때문이다. 목격자인 템파니는 이렇게 주장한다. "당시의 보수 정권과 그 수반인 마거릿 대처는 축구팬을 테러 단체인 아일랜드 공화국군IRA와 같은 '내부의 적'으로 선언하고 틈이 날 때마다 우리를 범죄시했다."[36] 영국에서는 마거릿 대처의 통치 시절에 대중문화에 대한 비판이 절정에 달했다. "'사회' 같은 것은 없고 오직 개인들만 있다.There is no such thing as 'society', there are only individuals" 대처의 이 악명 높은 발언이 팬문화에 대한 거부로 이어진 것은 확실하다. 그렇지만 팬문화는 그녀의 논제가 틀렸다는 생생한 반증이었다.

반사회적 개인주의의 철저한 대표자인 대처가 열광적인 대중 행사를 인정하지 않았다는 사실은 어쩔 수 없다. 그러나 여론이 팬들에게 책임을 지우는 것을 당연하다는 듯이 받아들인 것은 대중을 파괴와 동일시하는 뿌리 깊은 불신과 관련되어 있다. 공식적인 발표로는 팬들이 입구로 몰려들어 그 참사가 야기되었다고 한다. 차단목을 부숴 열어주지 않고 그대로 유지한 것이 96명의 목숨을 앗아간 원인이라는 내용은 한마디도 언급되지 않았다. 법원은 참사 27년이 지난 2016년에야 사건에 대한 그때까지의 공식적인 견해가 틀렸다고 공개적으로 선언하고 당시의 안전 조치들이 실패했음을 인정했다. 그 사이에 경찰 투입에 대한 책임자들은 유죄 판결을 받고 처벌되었다.

1989년 발생한 힐스버러 사건은 집단 참사의 전형적인 사례다. 2010년에 독일 뒤스부르크에서 일어난 러브 퍼레이드에서의 대참사도 그와 비슷하게 일어났다. 이곳에서는 21명이 사망하고 수백

명이 중상을 입었다. 당시에도 '축제장'으로 통하는 진입로들이 병목 현상으로 방문객들이 정체되고 떠밀리는 '인간 아수라장'을 이룰 정도였다. "이런 상황에서 (…) 오후 5시경에 사망자들이 발생하기 시작했다."37 축제장 주무대 가까이에 있던 사회학자 로날트 히츨러의 보고 내용이다.

　　대중문화 비평은 결정적으로 중요한 인식과는 어긋나는 말을 하고 있다. 종종 통제 불능에 대한 공포심 때문에 비로소 통제 불능이 찾아온다는 것이다. 이렇게 될 경우에 참사를 유발하는 것은 대중이 아니라 대중에 대한 두려움이 된다. 뒤스부르크에서 행사 주최자들은 단편적으로 조금씩 그 참사에 대한 소식을 들었다. 휴대폰 통화가 접속 폭주로 불통되었기 때문이다. 그들이 점점 더 심각해지는 위험을 인식했을 때는 더 큰 공포심을 막는 것이 급선무였다. 축제장에 모인 방문객들이 "200~300미터 떨어진 곳에 사망자들과 중상자들이 뻗어 있다"는 소식을 들었다면 그들은 공포에 사로잡혔을 것이다. 로날트 히츨러는 주무대에 올라 있는 디제이들이 "주어진 상황에서 탁월하게 잘 대처했다"고 증언했다. "그들은 매우 사려 깊게 서서히 춤추기에 맞지 않는 음악을 틀어주었다. 그래서 무대 앞의 사람들은 점점 더 움직이기보다는 서 있는 편이 되었다. 어차피 그 자리에서 벗어나지 못했기 때문이다."38 군중 통제를 위해서는 춤추기에 맞지 않는 음악 틀어주기가 때로는 바리케이드를 치는 것보다 더 나은 처방인 것으로 보인다.

6장

에로스와 고립, 대도시 대중의 묘사

19세기의 대중은 두 가지 관점에서 논의된다. 사회적 현상으로서의 대중은 경제학, 사회학, 인종학 연구의 대상이다. 미학적 현상으로서의 대중은 소설과 회화 그리고 나중에는 사진과 영화에서도 묘사된다. 사회적 관점은 대중 속 인간의 궁핍화를 중요시하며, 반대로 미학적 시각은 대중 속에서 인간이 궁핍화될 가능성을 살펴본다. 사회비평은 대도시 대중에게서 특히 사회 형성 이전의 특성인 자연 상태를 찾아낸다. 여기에 비해 19세기의 예술가와 작가에게 대중은 새롭고 흥분되는 현상이었다. 대중은 인간에게 자기 묘사라는 혁신적인 가능성을 부여하고, 작가에게는 새로운 표현 수단을 제공하기 때문이다. 대중은 활동적이고 현대적이라는 느낌을 떠올리게 해준다.

19세기에 사회비평가와 예술가는 대중을 다르게 바라볼 뿐 아니라 각각의 다른 대중들에게도 관심을 기울인다. 사회적 시각은 노동자나 실업자(마르크스의 '룸펜 프롤레타리아')인 대중, 즉 하류층을 대상으로 인간을 짐승이나 단순한 '윤활유(마르크스)'로 격하하는 대중의 양상에 관심을 집중한다. 반면에 문학과 회화는 부르주아 대중에 관심의 초점을 맞춘다. 이 분야는 무엇보다 일자리를 잃은 상황에 처한 대중을 서술한다. 인상주의 그림들에서 대중은 카페, 대로, 정원, 공원 지역에 함께 모여 빈둥거리는 모습으로 나온다. 여기에 모인 사람들의 자유로운 움직임은 예술이 상상력을 자유롭게 발휘하는 것과 부합한다.

19세기에 미학적 법칙에 따른 대중의 형상화는 서로 상반되어 보이는 모티프를 따른다. 바로 에로스와 고립이다. 에른스트 T. A. 호프만의 소설 『사촌의 구석 창문Des Vetters Eckfenster』(1822), 에드거 앨런 포의 「군중 속의 남자」(1840) 그리고 샤를 보들레르의 산문시집 『파리의 우울Le Spleen de Paris』(1869)은 이 새로운 발전 양상을 대표적으로 보여준다. 세 텍스트 사이에는 명백한 연관성이 있다. 포는 호프만을 기반으로 삼고, 보들레르는 포를 끌어댄다. 이렇게 보자면 여기서는 대중이라는 모티프를 의식적으로 계승, 발전시킨다고 말할 수 있다. 우리는 이 발전이 무엇보다 에로스와 고립의 관계 변화에서 나온다는 것을 확인하게 될 것이다. 프리드리히 엥겔스의 사회 보고문 『영국 노동계급의 상황』(1845)은 이 세 저자들과 뚜렷이 대조되는 관계에 있다. 여기서 대중 속의 고립은 에로스의 부재라는 특징을 지니고 있다.

· · · · 위로부터의 시각: 사촌의 구석 창문

1822년에 대중을 소재로 다룬 것이 명백한 호프만의 초기 소설들 중 하나인 『사촌의 구석 창문』이 발행되었다. 이 소설이 연재물로 발표된 잡지 이름이 『관객』이었던 것도 분명 우연이 아니다. 호프만의 관심사는 군중에 참여하는 것이 아니라 군중을 미학적으로 관찰하는 것이다. 이 글은 '구경의 재미'를 느끼도록 독자를 유혹할 것이라고 주장한다. 소설의 시점은 대중을 위에서 내려다보는 시각이다.

호프만의 글에는 제대로 된 줄거리가 없다. 오히려 이 글은 벌어지는 어떤 일을 관찰하는 것에서 어떻게 세밀화(소품) 같은 소설이 이뤄지는지 보여준다. 두 주인공에게 대중은 미학적 창작의 원천이 되며, 이것은 호프만의 글 자체에도 해당된다. 두 주인공이 바깥에서 벌어지는 일을 지켜보는 데 이용되는 창문들은 또한 이야기의 틀이기도 하다.

1인칭 화자는 몸져누워 있는 사촌을 방문한다. 작가인 사촌은 '끈질긴 병마' 때문에 '발을 전혀 사용할 수 없게 되었다.' 불가피하게 고립된 생활을 하다 보니 그의 유일한 낙은 시장에서 벌어지는 일을 관찰하는 것이다. 이야기는 창문을 앞에 두고 두 사촌이 대화를 나누는 형식으로 진행된다.

나는 사촌 맞은편의 창문 우묵한 곳에 빠듯이 들어가는 조그만 상자 모양의 의자에 앉았다. 바깥 광경은 실제로 신기하고 놀라웠다. 시장 전체가 빽빽이 밀집된 하나의 사람들 무리로 보여서 그들 사이에 사과 하나를 던지면 절대 땅으로 떨어지지 않을 거라고 믿게 될 정도였다. 햇빛을 받아 휘황찬란한 색들이 아주 조그만 반점들로 빛나고 있었다. 내게는 바람에 흔들려 이리저리 물결치는 거대한 튤립 꽃밭 같다는 느낌이 들었다. 나는 그 광경이 정말 아기자기하지만 장기적으로는 따분해질 거라는 점을 인정하지 않을 수 없었다. 심지어 신경이 날카로워진 사람들에게는 꿈을 꾸기 직전의 나른한 정신착란 상태와 비슷한 가벼운 현기증을 유발할 수도 있을 것이다. 이것을 나는 구석 창문이 사촌에게 선사하는 즐거움으로 여겼고, 그에게 이 사실을 조금도 숨김없이 털어놓았다.[1]

하지만 병든 사촌에게 중요한 것은 결코 도취가 아니다. 후기 니체의 경우처럼 디오니소스적 도취에 대한 미적 감각은 그에게서 조금도 찾아볼 수 없다. 대신 그는 화자에게 반어의 미학을 소개한다.

이보게, 사촌! 이제야 나는 그대의 내면에 작가의 재능이 티끌만큼도 없다는 걸 똑똑히 알겠네. 언젠가 그대의 고귀한 불구자 사촌을 모범으로 떠받들 첫 번째 필요조건도 갖추어지지 않았어. 그러니까 제대로 구경할 눈 말일세. 저 시장은 그대에게 쓸데없는 활동으로 분주한 민중이 어리석고 어지럽게 소란을 부리는 광경밖에 보여주지 않지. 허, 이 사람아, 나에게는 거기서 서민 생활의 갖가지 무대 장면들이 펼쳐진다네. 그리고 용감한 칼로Jacques Callot나 현대적인 호도비에츠키Daniel Chodowiecki라고나 할 나의 정신은 종종 당돌하기 그지없는 내용의 초안을 연달아 그려낸다네.[2]

이 말과 더불어 사촌이 1인칭 화자와 함께 수행할 심미적 프로그램의 틀이 갖춰진다.

잘 듣게, 사촌! 내가 그대에게 적어도 구경하는 요령의 원리나마 깨우쳐줄 수 있지 않을까 알아보기 위해서야. 바로 앞의 길거리를 한번 내려다봐. 여기 내 안경을 받게. 분명 팔에 커다란 장바구니를 걸고 약간 이색적인 옷차림을 한 여자를 알아볼 테지? 솔 만드는 사람과 대화에 푹 빠져 있으면서도 잽싸게 다른 두쿠(열대과일의 하나)들을 먹어치우는 것으로 보이는 여자 말이야. 마치 그것이 몸에 필요한 자양분이나 되는 것처럼.3

화자는 사촌으로부터 심미적, 서사적으로 구경하는 요령을 전수받는다. 이 구경은 자연주의적 관찰과는 약간 다르다. 눈은 지각 내용을 받아들일 뿐 아니라 연출하기도 한다. 눈은 말하자면 '재빨리 돌아가는 공상의 톱니바퀴 장치'에서 맨 바깥쪽 톱니바퀴가 되는 것이다. 그리고 이 재빠른 움직임은 시장이 분주하게 돌아가면서 사람들이 급히 나타나고 사라지는 것과 일치한다. 이렇게 사람들이 혼잡하게 오갈 때는 나타나는 인물을 시선으로 포착하고("난 그녀를 파악했어" 하고 1인칭 화자가 사촌의 요청에 대답한다), 인물을 응시하고, 움직임을 추적하는 것이 중요하다.

내 장담하건대, 남편이 프랑스의 어떤 산업체 지점에 다니는 덕분에 풍족하게 살고 있어서 저 부인이 장바구니를 아주 고급 물건들로 넉넉히 채울 수 있는 거라네. 이제 그녀가 혼잡한 사람들 속으로 밀고 들어가는군. 사촌이여, 그녀를 놓치지 않고 요리조리 꼬불꼬불 돌아다니는 모습을 쫓아갈 수 있는지 시험해보게. 저 노란색 천이 그대의 눈길을 환하게 안내할걸세.

나: 야아, 저 눈부신 노란색 반점이 모인 사람들을 헤치고 지나가는 모습이라니. 지금은 벌써 교회에 가까워졌어. 이제 노점에서 무언가를 두고 흥정을 벌이고 있군. 이제 막 떠나고 있어. 오 이런! 그만 놓쳐버렸어. 아니, 저기 *끄*트머리에서 다시 나타나는군. 저기 오리 파는 가게 옆에 말이야. 손질된 거위 한 마리를 집어들었어. 거위를 전문가 같은 손길로 만져보고 있어.[4]

사촌의 심미적 감각 교육은 화자의 시선의 초점을 맞추는 훈련이다. 형태와 모습이 처음에는 흐릿해져 있는 잡다한 시장의 군중에서 하나의 형체가 부각되는 식이다. 대중의 미학적 형상화는 대중 개개인에게 관심을 집중하는 결과로 이어진다.

회화에서의 점묘 화법과 비슷하게 시장에 모인 사람들의 모습은 수많은 색의 반점들 하나하나로 구성된다. 그렇지만 여기서는 반점들이 움직이고 있다. "야아, 저 눈부신 노란색 반점이 모인 사람들을 헤치고 지나가는 모습이라니." 두 사촌은 시장에서 벌어지는 일을 서술하는 데 '생동감 넘치는 기분'으로 몰두하고, 경쟁적으로 관찰 인물들에 대한 이야기를 꾸며낸다. 어떤 행동의 실마리를 손쉽게 꺼냈다가 얼마 후에는 다시 놓아버린다. 군중을 관찰할 때 무언가 유별난 점이 눈에 띌 수도 있지만, 그것이 오래가지 않는 것은 당연하다. 마찬가지로 흥미로운 점들이 너무나 많기 때문이다. 군중을 지켜보는 일의 즐거움은 바로 포착하고 놓아주는 것이 동시에 일어난다는 데 있다. 바로 이 동시성에서 이야기의 변죽만 울리고 마는 일종의 피상성의 미학이 생겨난다. 군중은 불명료하다는 특성 때문에 심미적으로 초점을 맞출 필요가 있지만, 심미적으로 장난스럽게 비약해서 다루는 것도 허용된다.

대중에 대한 이 미학적 형상화의 조건은 관찰자의 거리두기이다. 이 때문에 심미적 형상화는 도취를 받아들일 수 없다. 도취 속에서는 지각되는 대상과 지각하는 주체가 녹아 하나로 합쳐지기 때문이다. 여기에 반해 호프만이 자신의 소설에서 보여주는 것과 같은 반어의 미학은 항상 지각된 대상과 설명한 내용에 대해 어느 정도의 간격을 유지한다. 가령 호프만이 서술하는 사촌들은 군중에 휩쓸리지 않으면서 군중을 바라본다. 이 거리두기를 이용해 그들은 공상이 활동할 여지를 마련해준다. 공상은 관찰 내용을 복잡하게 얽힌 텍스트 속에서 자유롭게 계속 꾸며나간다. 그들은 멀리 떨어져 있기 때문에 움직이는 개별 색의 반점을 가려내고 따라갈 수 있다. 혼잡한 사람들 틈에 끼어 있다면 불가능할 것이다. 그렇지 않기 때문에 고립은 군중을 예술가의 입장에서 관찰할 수 있게 해주고, 또 그것이 잘 이뤄지게 해주는 것이다.

군중은 한 편의 연극을 보여준다. 이것은 시장에 모인 사람들이 보여주는 일상의 공연, 너무나 인간적인 것의 공연, 공허하게 벌어지는 야단법석이다. 독자를 안내하는 이 두 관찰자는 관객과 연출가가 혼합된 인물이다. 이 일상의 공연을 계속해서 꾸며내는 그들의 이야기에서는 진실이 아니라 공상의 풍요로움이 중요하다. "친애하는 사촌이여, 그대가 지금 짜 맞춰내는 모든 말들 중에서 한마디도 사실이 아닐 수도 있겠지. 그렇지만 내가 저 여인들을 바라보고 있자니 모든 말이 너무나 그럴듯해서 부득이하게 믿지 않을 수 없을 정도라네. 다 자네의 생생한 묘사 덕분이지."[5]

군중은 심미적 공상을 말 그대로 활발히 돌아가게 해준다. 다른 한편으로 예술가적 시선은 시장에서 날마다 벌어지는 일에 미학적 가치를 부여한다. 이 시선이 주로 향하는 대상은 여성들이다. "자네는 분명 저 아낙을 알아보겠지", "몇 분 전에 기껏해야 열여섯쯤 되어 보이는 젊은 처녀가 등장했어, 눈부시게 예쁘군", "곱게 치장을 한 부인이 극장 건물 모퉁이에서 손짓을 하는군", "방금 저기 펌프장에서 나이 든 식모와 함께 이리로 지나간 아가씨가 그대 마음에 드는가?" "내가 사람들로 넘실대는 혼잡한 틈으로 이리저리 눈길을 돌리다 보면 이따금 젊은 처녀들이 눈에 띄지" 이런 간명한 표현들이 인물들을 바라보는 데서 영감을 얻는 흥겨운 이야기들을 이끌어간다. 선별적인 시선은 군중을 에로틱하게 만들고, 그들을 예술가적 공상을 자극하는 심미적 현상으로 보이게 해준다. 그러나 이때 여성의 모습을 바라보는 남성의 시선은 결코 도를 넘지 않는다. 반어의 미학은 언제나 거리를 유지하고 있다.

외부에서 원동력이 더 이상 주어지지 않는 이 연극의 마지막으로 가면 모종의 비애가 생겨난다. 왕성한 활동, 당장의 필요성이 사람들 무리를 불러 모았지만, 얼마 지나지 않아 모든 것이 황량하게 변해 있다. 어지러운 소음 속에서 이리저리 흘러다니던 목소리들은 사라지고 없고, 사람들이 떠난 자리마다 "너무 번잡했을 뿐이야" 하는 진저리 내는 탄식이 나온다. 마지막에 '시무룩한 장애자'인 간병인은 수프를 식탁에 내놓는다. 그럼에도 만족감이 찾아온다. 에로스(성적 욕망)는 예술가적 공상과 결합되어 있다는 점에서 '충족'될 필요가 없다. 지금 뿔뿔이 흩어지는 군중은 다음 장날에 다시 모이기 때문이다. 이런 이유에서 그리고 또 대중이 계속해서 익명으로 남기 때문에 대중은 예술가적 공상을 위한 이상적인 활동 영역을 제공한다. 대중 속에서는 포착된 어떤 인물을 다음 인물을 관찰하기 위해 다시 놓아주는 것도 가능해진다. 구경하는 요령은 기분풀이를 하는 요령과 같다. 어떤 인물에 반하는 것은 사랑일지는 몰라도 에로스는 아니다. 에로틱한 것은 합일의 공상을 현실이 되게 해주는 것이 아니라 가까이 다가가기와 거리두기, 포착하기와 놓아주기라는 즐거운 유희를 벌일 수 있게 해준다. 이것은 대중을 관찰할 때 가장 이상적으로 가능하다.

· · · · 측면에서의 시각: 군중 속의 남자

『사촌의 구석 창문』이 발행된 지 18년 후인 1840년에 에드거 앨런 포는 소설 『군중 속의 남자』를 집필한다. 우리는 베를린 젠다르멘마르크트 광장에서 런던의 허구의 길거리 무대로 옮겨 간다. 이것 외에는 일단은 앞서 나온 내용의 상당히 많은 것들이 그대로 남아 있다. 포도 호프만처럼 자신의 관찰자가 어떤 질병에 걸렸다고 언급한다. 하지만 호프만의 작품에 나오는 사촌들과는 달리 포의 1인칭 화자는 이미 회복된 상태다.

> 최근 몇 달 동안 나는 몸이 아팠지만 지금은 회복기에 접어들었다. 점차 기력이 돌아오는 것을 느끼면서 나는 따분함과는 전혀 다른 그런 행복한 기분에 빠져 있었다. 마음속의 앞을 가리던 베일이 걷히자 감각은 평소보다 더 깨어난 상태였고…… 정신은 그야말로 전기를 띤 듯이 평소보다 더 활발하게 돌아갔다. (…)

나는 모든 것에 대해 차분하지만 호기심 어린 흥미를 느꼈다.[6]

병에 걸려 불가피하게 고립된 생활을 한 것이 화자의 감각을 예민하게 해주었다. 고독하게 몇 달을 보내고 나니 군중은 그에게 감명 깊은 체험으로 변했다. 그는 군중에 대해 일종의 심미적 삼매경에 빠진 반응을 보인다. 군중을 바라보는 시각은 호프만에게서처럼 다른 인물을 통해 전달된다. 그리고 포의 이야기도 창밖을 내다보는 것으로 시작된다. 그렇지만 여기에 그치는 것은 아니다. 이번에 1인칭 화자는 군중의 매력에 이끌려 밖으로 나가게 된다. 그리고 창문을 통해 군중을 바라보는 내부 공간도 호프만의 작품에 나오는 사촌의 평온한 서민적인 주택이 아니다. 화자는 한 카페에 앉아서 관찰을 시작한다.

그러나 어둠이 내려앉자 인파도 시시각각 늘어났고, 가스등이 환하게 밝혀졌을 무렵에는 빽빽하게 끝없이 이어지는 사람들의 양방향 행렬이 문 앞으로 몰려 지나가고 있었다. (⋯) 일렁이는 바다 같은 사람들의 머리가 나에게 아주 근사하고 새로운 종류의 감동을 안겨주었다. 결국 나는 호텔 안에서 일어나는 모든 일에 무관심해졌고, 바깥 거리를 관찰하는 일에 완전히 빠져 있었다.[7]

'몰려 지나가고' 또 생각에 '빠져들게' 하는 '일렁이는 바다'는 대중 이론이 그 후로 사용하게 되는 전형적인 모습들이다. 그러나 포의 관심은 자신의 화자가 '빠져드는 생각'보다는 화자 앞에 나타나는 인물에 집중된다.

처음에 나의 관찰은 막연하고 광범위한 방향으로 향했다. 나는 무리 지어 지나가는 사람들을 바라보았고, 집단적 관계 속의 그들의 정신 활동에 관해 생각해보았다. 그러나 나는 금세 세부적인 면으로 빠져들었고, 주의 깊게 관심을 가지고 겉모습, 옷차림, 태도, 걸음걸이, 용모 그리고 얼굴 표정에서 넘쳐나는 무수히 많은 다양성을 지켜보았다.[8]

화자는 두루 살펴보려 하지 않는다. 그의 관심을 끄는 것은 오히려 군중을 바라볼 때 발견되는 무수히 많은 세부 사항과 개인적인 특이성이다.

불빛이 불안정하게 깜박이자 나는 개인들의 얼굴을 꼼꼼히 살피는 일에 빠져들었다. (…) 그리고 창밖의 불빛의 세계가 대체로 무척 빠르게 흔들리고 있어서 나는 각자의 얼굴을 한 번 이상은 볼 수 없었지만, 당시의 유별나게 고양된 정신 상태 때문에 그 짧은 순간에도 꽤 자주 몇 년에 걸친 이야기를 읽어낼 수 있었던 것 같다.[9]

군중 속의 얼굴들은 포에게는 카메라가 '찍는' 사진처럼 빛의 번쩍임으로 다가온다. 대중과 벌이는 심미적 유희는 처음에는 호프만에게서와 비슷한 규칙을 따른다. 잠시 환하게 비치는 얼굴들에 개별적인 이야기를 부가하고 그 차이들을 분석하는 것이다. 대중 속에는 어떤 서로 다른 주체들이 있으며, 그들은 어떤 범주에 따라 구분될 수 있는가? 화자는 자기 앞으로 줄지어 지나가는 대중을 살펴보면서 그들 속에서 구별 특성을 찾아낸다. 포의 경우에 대중은 호프만에게서보다 더 명확하게 계급사회를 이루고 있다. 여기에는 무엇보다 '귀족 계층, 상인들, 변호사들, 중개상들과 주식 거래상들'이 있으며, 이것은 그들의 옷차림뿐 아니라 공손한 처신과 방심한 행동에서도 알아볼 수 있다. 이들 다음으로 다음과 같은 사람들이 나온다.

사무원들 무리는 명확히 알 수 있는 부류인데, 나는 여기서 눈에 띄는 두 계층을 구분할 수 있었다. 소매상에 근무하는 하위직 사무원들은 깨끗한 코트에다 윤이 나는 구두를 신고, 머리에는 단정하게 기름칠을 했고, 입술은 거만하게 벌어졌으며……. 그들은 젠트리 계층이 벗어던진 예법들을 지니고 있었다. (…) 신뢰할 수 있는 회사에서 근무하는 고위직 사무원 계층은… 그들의 검은색이나 갈색의 코트와 통이 좁은 바지… 그리고 두터운 양말이나 각반에서 알아볼 수 있었다. 그들은 모조리 머리가 약간 벗겨졌고, 보통은 오른쪽 귓바퀴가 펜을 꽂는 오래된 습성 때문에 끝이 쫑긋 서 있는 어색한 경향을 보였다.[10]

대중 속 개개인의 사회적 소속 신분은 그야말로 탐정처럼 꼼꼼하게 규정되고 있다. 그래서 대중의 모습은 확연히 세분화된다. 시간이 이슥해질수록 군중의 구성에도 더욱 많은 변화가 보인다. 저녁의 군중 속에서는 상류층 사람들이 더 많이 발견되었다면, 더 늦은 시간에는 사회적 위계질서의 아래쪽으로 기울게 된다. 이제는 하류층 사람들이 무대에서 붐비고 있다. 그들을 묘사하는 과정에서 포의 관찰은 군중 속의 인물들이 재빨리 오가는 것에 상응하는 숨 가쁜 문체에

도달한다.

> 머리 위로 죽음의 손길이 떠돌고 있는 것이 확실한 나약하고 창백한 불구자들이 비틀거리며 군중들 사이로 떠밀려 지나가고, (…) 가난한 젊은 처녀들은 집으로 돌아가고 있고…, 혐오스럽고 가망 없는, 누더기를 걸친 나병 환자들, 보석을 걸치고 덕지덕지 화장을 하고 한없이 공을 들여 젊어 보이려고 애쓴 주름투성이의 노파, (…) 차마 말로 표현하기 힘든 수많은 주정뱅이들은 일부는 갈가리 찢어진 넝마 조각을 걸치고 비틀거리며 알아듣지 못할 말을 중얼거리고, 얼굴은 맞아 찢어지고, 눈은 흐리멍덩한 빛을 띠고, (…) 이들 외에도 파이 장수, 짐꾼, 석탄 하역 인부, 거리 청소부, 길거리 악사, 원숭이 구경을 시켜주는 사람, 발라드 가수, (…) 초라한 곡예사들과 기진맥진한 노동자들.11

포는 사회 계층을 두루 거쳐 가며 묘사한 후에 이 악마의 무리와 더불어 맨 밑바닥에 도달한다. 군중이 모두 자신의 얼굴, 전형적인 실체를 보여주고 나자 주인공이 무대로 들어선다. "이마를 유리창에 기대고 나는 군중을 면밀히 살피는 일에 정신이 팔려 있었다. 그때 갑자기 아주 늙은 남자의 얼굴이 눈에 띄었다. (…) 그 얼굴은 표정이 유난히 특이했기 때문에 곧장 나의 모든 주의력을 사로잡았다. 나는 멀리 떨어져서나마 그와 비슷한 얼굴 표정을 전에는 한 번도 마주친 적이 없었다."12

이 얼굴의 매력은 그 특이성에 있다. 이 얼굴은 소속된 사회적 신분이 보여주는 그 어떤 유사성과 차이점의 체계에도 속할 수 없을 것으로 보인다. 이 때문에 1인칭 화자는 그가 특별히 주목할 만한 불행을 당했을 것으로 추측한다. "나는 혼자 중얼거렸다. '이 사람의 가슴에는 얼마나 끔찍한 내력이 담겨 있을까!' 이어서 그 남자를 계속해서 더 주시하고 싶고, 그에 관해 더 많이 알고 싶다는 불같은 소망이 일었다."[13] 이 때문에 화자는 자신의 관찰 지점을 떠나 거리의 노인을 따라가게 된다. 그날 밤 나머지와 그다음 날 온종일에 걸쳐 이렇게 추적하는 일은 계속된다. 이 방랑자와 그를 뒤쫓는 그림자는 런던 시내 곳곳을 헤매고 다닌다. '교외의 거대한 방종의 사원, 마귀의 궁전들 중 하나인 Gin'[14]에서 시작해서 바자회, 시장, 가게, 극장에 이르기까지. 노인은 정처 없이 거리를 헤매고 다니는 것으로 보였고, 뒤따르는 추적자에게는 단 한 가지 사실만 눈에 띄었다. 그가 끊임없이 사람들이 엄청나게 붐비는 곳으로 가고 싶어 한다는 점이다. 그는 그런 곳을 찾으면 사람들이 흩어질 때까지 거기서 어슬렁거리며 돌아다니다가 다시 다음 장소를 찾아나선다. 화자는 하루 한나절이 지나자 마침내 기력이 소진되어 남자에게 해명을 요구하려 한다. 그러나 이 시도는 실패한다. 본문은 다음과 같은 내용으로 끝난다.

둘째 날 저녁에 어스름이 내려앉을 때 나는 죽을 정도로 기진맥진해서 그 방랑자의 길을 가로막고 멈춰 서서 얼굴을 똑바로 들여다보았다. 그는 나를 알아보지 못하고 흔들림 없이 가던 길을 계속 걸어갔다. 반면에 나는 따라가기를 포기하고 뒤처져서 깊은 생각에 잠겼다. 마침내 나는 혼자 중얼거렸다. '이 늙은 남자는 지극히 심한 죄악의 원형이자 전령이다. 그는 고독을 피해 달아나고 있어. 그는 군중 속의 남자야. 그를 따라가는 것은 무의미해. 그 남자에 관해서도 그의 행동에 관해서도 아무것도 알아내지 못하기 때문이야. 세상에서 가장 나쁜 마음씨는 『영혼의 정원Hortulus animae』보다 더 이해할 수 없는 책이야! 그러니 어쩌면 "이 책은 읽어서 이해될 수는 없다"[15]는 것은 하느님이 내리신 가장 위대한 은총 중 하나일지도 몰라.

이로써 화자에게는 이야기의 전후가 서로 들어맞는다. 읽어서 이해될 수는 없다는 것은 이 이야기를 묶어주고 있는 쐐돌이다. 이야기의 시작도 이야기가 끝나는 부분과 같았다. 첫 문장은 이렇게 시작된다. "어떤 독일 책에 관해 이런 말이 있다. '이 책은 읽어서 이해될 수는 없다.'"[16] 도입부의 "이 책은 읽어서 이해될 수는 없다"와 마지막의 똑같은 문장 사이에는 군중을 읽어서 이해하려는 노력이 들어 있다. 호프만의 경우에 이 노력은 유희적인 방식으로 성공을 거두며, 포의 경우에도 이야기 전반부에서는—'군중 속의 남자'가 나타날 때까지는—마찬가지다. 그가 말하는 '나쁜 마음씨'에는 마지막에 단언하는 말이 관련되어 있다. "이 책은 읽어서 이해될 수는 없다." 그러나 읽어서 이해될 수 없는 것, 정체성의 결여야말로 '군중 속의 남자'의 주요 특성이 아닐까? 그는 내면 생활(내밀한 생각)이 없는 인물이 아닐까? 결코 그렇지 않다. 그의 행동과 모습은 지극히 인상적이며 매력적이다. 그는 얼굴 없는 대중의 한 사람이라는 면모는 전혀 보이지 않으며, 무언가에 사로잡힌 외톨이 같다는 느낌을 준다. 포는 심지어 '죄'와 '사악함'을 언급하며, 이로써 군중 속의 남자를 종교의 영역으로 끌어올린다.

종교적인 면과의 관계는 어떻게 이해되어야 할까? 이 질문에 대한 답변은 어쩌면 포가 도입부에서 언급한 읽어서 이해될 수는 없는 '독일 책'과 관련이 있을 것이다. 이 책은 1500년에 발행된 독일 신비주의자 요한 라인하르트 폰 그뤼닝거Johann Reinhart von Grüninger의 『영혼의 정원』을 말한다. 포는 이를 언급함으로써 자신의 『군중 속의 남자』를 신비주의와 연결 짓는 것이 명확해 보인다. 신비적 합일 unio mystica, 하나로 융합하려는—비록 신과의 합일이 아니라 군중과의 합일이기는 하지만—노력이 아마 포의 주인공 남자를 움직이게 하는 동인일 것이다. 그렇지만 그는 이 융합에 이르지는 못한다. 그의 '고독으로부터의 도피'는 그를 더욱 외롭게 만들 뿐이다. 포는 주체를 떠밀려 다니는 사람으로 만드는 이 성취할 수 없는 갈망의 원인이 현 시대의 초월성의 상실에 있는지는 미해결로 남겨둔다.

이 사건의 의미에 대해서도 이와 마찬가지의 내용이 통용된다. 이 의미는 언어로 표현할 수 있는 가능성 밖에 놓여 있다. 신비주의자들에게도 이미 자신의 내면 경험에 관해서는 읽어서 이해될 수 없고, 말로 표현될 수도 없다는 것이 신비적 합일의 핵심이었다. 포의 다른 많은 글에서도—가령 『아서 고든 핌의 모험Arthur Gordon Pym』이나 『병 속의 원고』에서—돛이나 바위 더미에 어떤 의미에도 부합하지 않는 상징 표시들이 나타난다. 기표signifier의 의미 상실, 기표가 어긋나고 표류하는 것을 보여주는 데는 현대 대중의 묘사가 가장 잘 들어맞는다. 호프만의 경우에도 이미 군중이 끊임없이 오가는 행위로 인해 서사가 이탈되고 단절되는 결과가 일어났다. 하지만 군중 속의 남자는 기호이론을 단순히 의인화한 것, 그것의 화신을 넘어선다. 그는 무엇보다 에로틱한 인물이다. 여기에 대해 포는 맨 앞부분에서 암시하고 있다. 'Dandy(멋쟁이)'로 소개되는 퇴폐적 경향의 1인칭 화자는 자기 자신에 관해 이렇게 진술한다. "나는 실제의 쾌락을 심지어 진정한 고통의 원천 여러 곳에서도 얻어냈다."[17]

군중 속의 남자의 고난이 화자에게는 쾌락의 원천이 된다. 다른 한편으로 군중 속의 남자는 자신에게 고난을 안겨주는 것을 열심히 찾아다닌다. 고난에서 느끼는 쾌락은 도착적인 충동의 변종이다. 도착적 충동의 예로서 포의 또 다른 소설 『심술궂은 임프Imp of the Perverse』에서는 한 남자가 벼랑 끝에서 언제든지 몸을 내던질 수 있다는 생각을 즐긴다. 이런 관점에서 보자면 포는 사악한 성욕 이상자 노선이며 사드, 자허-마조, 보들레르, 바타이유, 한스 헤니 얀과 같은 계열에 속한다. 이 해석은 포가 자신의 군중 속의 남자에게 '악마의 특성들'[18]을 부여한다는 점에서 더욱 힘을 받는다. 그렇다면 동정심을 불러일으키는 편인 군중 속의 남자에게서 나타나는 악마적이고 사악한 특성들은 무엇일까? 먼저 그는 밀턴의 전통에 놓인 우수에 젖은 사탄으로 해석될 수 있다. 그는 대도시의 길거리에서 신비적 합일을 추구하는 타락한 천사인 것이다. 악마적인 면은 단순히 그에게 특유한 에로스가 작용한 것 이상이다. 한편으로 군중 속의 남자는 군중을 자신의 쾌락과 고난의 대상으로 끌어들인다. 다른 한편으로 그는 화자와도 에로틱한 관계에 있다. 화자에게 이 남자는 한없이 매력을 발산하는 사악한 유혹자다. 그는 에로틱한 인물인 동시에 악령의 인물이기도 하다. 이 남자는 화자에게 자신의 호기심의 '어두운 면'[19]을 생생히 보여준다.

군중 속의 남자와 화자, 이 두 사람 모두 군중을 구경하는 데 매료되어 있다. 하지만 떠밀려 다니는 군중 속의 남자에게는 이 구경을 무엇보다 심미적 유희가 되게 해줄 거리감이 없다. 그는 군중에 이끌리는 매력에 완전히 빠져 있다. 그는 쉴 새 없이 필사적으로 찾아다님으로써 화자에게는 유혹자로 변한다. 고대에 악령Daimon은 신과 인간 사이의 매개자였으며, 개개인을 이끌어주는 일종의 '내면의 목소리'였다. 포의 소설에서도 1인칭 화자는 이리저리 이끌려 다닌다. 그러나 군중 속의 남자는 매개할 것이 전혀 없다. 그는 소리 내어 말하지 않는다. 그가 찾아다니고 이끌려 다니는 것은 결국 절망만 불러올 뿐이다. 전통적인 악령이 신과 인간 사이의 매개자였다면, 현대의 악령은 인간과 지옥 사이의 매개자다.

군중 속의 남자에게 지옥은 대중이다. 그는 비극적인 인물이다. 그는 죄도 없이 자신에게 지워진 숙명 때문에 매번 허사가 될 것이 뻔한 것을 찾아나선다. 자신에게 고난을 안겨줄 것을 고의로 찾아다닌다. 그의 욕망은 성취되지 않는다. 사악한 성욕 이상자인 그는 영원히 떠밀려 다니는 사람으로 남아 있다. 어떤 군중과 뒤섞일 때마다 그들이 이제 곧 흩어지리라는 징후를 알아본다. 그는 매번 또 다른 사람들 무리를 찾아나선다. 군중 속의 남자는 누구보다 더 고립되어 있고 더 비밀스러운 존재다. 구경하는 재미에 사로잡힌 그는 말이 없고, 그토록 기를 쓰고 찾아다니는 타인들과 어떤 접촉을 맺을 능력도 없다. 그의 에로스도 호프만의 경우와 마찬가지로 고립과 불가분으로 결합되어 있다.

포는 호프만이 끝내는 지점에서 시작한다. 그의 소설 전반부 역시 대중을 미학적으로 형상화하며, 거리를 두는 호프만의 고찰 방식을 받아들인다. 화자는 창밖을 내다봄으로써 거리가 확보된 군중의 행동을 즐겁게 해독하는 것이다. 그러나 포는 후반부에서는 호프만의 틀에서 벗어난다. 화자는 자신을 이끄는 남자의 유혹에 빠져 군중 속에서 떠밀려 다닌다. 화자에게 미학적 거리두기를 포기하도록 유혹하는 인물은 일종의 가짜 전령으로 드러난다. 그 자신이 비밀스럽고 고립되어 있기 때문에 군중의 숨겨진 의미를 찾아내는 데 도움을 주지 못하는 것이다. 후반부에서는 대중을 구경하는 유쾌한 양상이 비극적, 악마적 특성을 띤다.

군중 속의 남자가 가진 악마적인 면의 본질은 읽어서 이해될 수는 없고, 명료하지 못하다는 점이다. 이 소설의 영어 제목은 Man of the Crowd이다. 여기서 of가 주격의 관계에 있는가 아니면 목적격의 관계에 있는가? 이 남자가 군중의 일부인가? 아니면 군중이 그의 일부인가, 다시 말해 그가 구경하는 대상인가? 그는 군중에 대해 개별적으로 서사적 묘사를 이어갈 수 없다. 그에게는 대중에 대한 경험을 미학적으로 형상화하는 데 필요한 거리두기가 결여되어 있기 때문이다. 그가 하는 군중에 대한 관찰은 추상적이다. 그의 숭배 대상은 주관화를 허용하지 않는 군중 그 자체다. 반대로 소설의 등장인물로서의 그 자신은 군중의 화신이 된다. 그는 병적으로 사로잡혀 있고, 비극적 욕구에 떠밀리는 인물로 군중의 대표적인 예가 된다. 포의 소설은 군중을 차이가 없어진 인간들로 보이도록 서술하지 않는다. 오히려 인간적인 면을 다루는 새로운 비극의 소재에 적합하도록 서술한다. 이 비극에서는 위대한 개인들이 주인공이 아니라 거대한 군중 속의 수많은 개인들이 주인공이다.

· · · · · 프리드리히 엥겔스와 에로스의 부재

지금까지 대중을 미학적으로 바라본 사례 두 가지를 제시했다. 이제는 당연히 대중에 대한 사회적 관점을 젊은 시절 프리드리히 엥겔스가 쓴 『영국 노동자계급의 상황』의 공감 가는 서술을 사례로 들어 다룰 차례다. 당시 스물네 살 청년의 이 글은 포의 「군중 속의 남자」가 나온 지 5년 후인 1845년에 발행되었다. 포의 경우와 똑같이 무대는 런던이다. 엥겔스는 바다에서부터 도시로 접근한다. '대도시'를 다루는 장은 도착 상황으로 시작된다.

> 나는 바다에서 강을 따라 런던 대교 쪽으로 올라갈 때 템스 강이 보여주는 광경보다 더 장엄한 모습은 알지 못한다. 빽빽이 모여 있는 건물들, 양쪽으로 늘어선 조선소들, (…) 양쪽 강변을 따라 갈수록 조밀하게 모여드는 수많은 배들, 그리고 마지막으로 강 한가운데로 남겨진 단 하나의 물길, 무수히 많은 증기선들이 연이어 재빨리 지나가는 물길—이 모든 것이 너무나 대규모에 대량이어서 정신을 차릴 수 없을 정도며, 영국 땅을 밟기도 전에 영국의 크기에 놀랄 정도다.[20]

배에서 보면 도시는 빽빽이 모인 건물들로 보인다. 이 도시의 주요 특성인 밀집 형태는 힘을 강화하는 결과로 이어진다. "이 대규모의 집중화, 250만 명의 사람들이 이렇게 한 지점에 모인 것은 이 250만의 힘을 백 배로 늘려놓았다."[21] 템스 강에 떠 있는 배들도 힘이 '너무나 대규모에 대량'이라는 인상을 준다. 배, 건물, 조선소. 이 모든 것이 우뚝 솟아 있다. 그러나 이 모든 것은 겉모습일 뿐이다. 엥겔스가 영국 땅으로 들어선 후 이 겉모습은 무너져 내린다. 이제 이것들을 지어야 했던 인간들이 보인다.

> 그러나 이 모든 것에 바쳐진 희생은 시간이 지나서야 알아차리게 된다. 간선도로의 포석 위로 하루 이틀 돌아다니고, 북적대는 사람들 무리와 줄지어 늘어선 마차와 수레를 간신히 헤치고 지나가고, 이 세계적 대도시의 '빈민가'를 찾아가보라. 그래야 런던 사람들이 도시에 넘쳐나는 그 모든 문명의 기적을 이루기 위해 자기 인간성의 가장 좋은 부분을 제물로 바쳐야 했다는 사실을 깨닫게 된다.[22]

이곳에는 두 종류의 대중이 있다. 우뚝 솟아오른 외관의 건물에 사는 고상한 대중과 거리의 혼잡한 사람들 무리가 이루는 대중이다. 한쪽에서는 모든 것이 우뚝 솟아오른 반면에 다른 쪽에서는 모든 것이 납작 숙이고 있다. 한쪽에서는 눈에 띄게 높이 쌓여 있는 것이 다른 쪽에서는 초라하게 숨겨져 있다. 이 사람들이 이루는 대중은 전혀 고상하지 않다. "거리의 인파만 해도 이미 무언가 역겹고, 인간 본성에 거슬리는 면이 있다. 계층과 신분에 상관없이 거리에서 서로 밀치며 지나가는 이 수십만의 사람들, 이들 모두가 동일한 자질과 능력을 가진, 행복해지려는 동일한 관심을 가진 사람들이 아닌가?"[23]

이런 글들에서는 대중에 대한 일종의 역겨움이 표현되고 있다. 대중의 혼잡함은 '인간 본성'에 반한다. 비록 사람들이 인간 본성에 있어서는 서로 비슷하다 해도 거리의 인파 속에서는 다른 모습을 보인다. 거대한 건물 외관과 조선소 부지를 배출한 자본주의적 생산방식을 통해 협력을 하려는 인간의 타고난 소질은 경쟁으로 바뀐다. 이것은 인간 본성을 거칠게 만든다.

> 사리사욕만 채우는 개인들이 비좁은 공간에 몰려 있을수록 개개인의 야멸찬 무관심, 냉담한 고립은 더욱 불쾌하고 모욕적으로 드러난다. 우리는 이러한 개인의 고립이 … 오늘날의 우리 사회의 기본 원리라는 사실을 알고 있다. 그렇다 해도 그 고립이 바로 이곳 대도시의 혼잡한 사람들 속에서만큼 이토록 뻔뻔하고 노골적으로, 이토록 대담하게 나타나는 곳은 없다. 인류가 각자 독특한 생활 원칙과 남다른 목적을 가지는 단자들로 해체되는 이 원자들의 세계는 이곳에서 극한에 이르러 있다.[24]

엥겔스가 보기에 개개인의 고독과 고립이 이런 대중에게서보다 더 두드러지는 곳은 없다. 혼잡한 인파의 조밀함은 거리를 허용하지 않는다. 바로 이 때문에 조밀함은 주체들을 서로 더욱 효과적으로 고립시키고, 자기 자신과 군중에 대한 미학적 시각을 얻지 못하게 만든다.

대중은 사람들을 서로 비슷하게 만드는 것이 아니라 갈라놓는다. 대중은 사람들을 있는 그대로의 개인 존재로 단순화한다. 대도시 군중의 고립과 익명성은 사회에 의해 만들어진 부자연스러운 상태를 보여주며, 이것은 인간들 사이의 경쟁에 의해 야기된다. 이런 대중 속에서는 투쟁적인 것의 원리가 압도적이다. 대도시 대중은 사회 상황과 특수한 정치경제 체제의 표출이자 산물이다. 인류 초기의 '자연적인' 군중은 협력을 통해 생겨났고, 그래서 인간을 하나로 묶어주었다. 반면에 현대의 야만화된 대중은 주체들을 서로 고립시키는 경쟁에 기반을 두고 있다. 두 대중을 명확히 구분하기 위해 엥겔스는 하나의 능숙한 수사적 수단을 사용한다. 그는 홉스의 유명한 문구를 인용하면서 그 의미를 뒤집는다. "이 때문에 사회적 투쟁, 만인에 대한 만인의 투쟁이 여기서는 공개적으로 선포되어 있는 것이다. (…) 어디에서나 한편에는 야멸찬 무관심, 이기적인 잔혹함이 있고, 다른 한편에는 이루 말할 수 없는 참상이 있다. 어디에서나 사회적 투쟁이 벌어지고, 각 개개인의 집은 포위된 상태에 있으며……"25

　홉스에게는 자연 상태 '만인에 대한 만인의 투쟁'인 것이 엥겔스에게는 자본주의 방식으로 조직화된 문명의 상태가 된다. 홉스의 사회 형성 이전의 만인에 대한 만인의 투쟁과는 달리 그는 '만인에 대한 만인의 사회적 투쟁'이라고 말한다. '사회적 투쟁'은 전투가 없는 전쟁이다. 전투를 위해서는 유기적 조직, 협력하는 통일체가 있어야만 한다. 그러나 현대의 대중은 파편화되어 있기 때문에 전쟁은 눈에 띄지 않게, 배타적으로 벌어진다. 다시 말해 이 세상의 모든 저주받은 자들damned의 차이를 없애주면서도 서로 고립시키는 일상의 생존투쟁으로 벌어진다.

　엥겔스는 처음의 거리 장면 다음으로 숨겨진 곳의 참상을 찾아낸다. "수없이 뒤엉겨 있는 거리에는 수백, 수천 개의 숨겨진 좁은 길과 골목이 있다." 비참함을 살펴보려는 사람은 그곳으로 눈길을 돌려야만 한다. 따라서 엥겔스가 서술하는 것은 공적인 장소들이 아니다. 공적인 장소들은 노동자, 빈곤층, 굶주린 자들을 위한 곳이 아니다. 그런데도 그들이 언젠가 뜻하지 않게 그곳으로 가게 되면, 그들에게는 모든 것이 낯설게 여겨진다. 엥겔스가 인용한 1843년 10월의 『타임스』의 기사가 이것을 보여주고 있다.

> 우리가 어제 입수한 경찰 보고서에 의하면 매일 밤 평균 50명의 사람들이 공원에서 잠을 자는 것으로 드러난다. … 이것은 사실 끔찍한 일이다. 어디에나 가난한 자들이 퍼져 있는 것이 틀림없다. (…) 인구가 넘쳐나는 대도시의 수많은 좁은 길과 골목에는 늘 불행이 만연해 있을 것으로 우려된다. 눈에 거슬리는 불행―결코 세상에 알려지지 않는 불행―이 만연해 있을 것이다.

엥겔스는 이 보고를 논평 없이 그대로 옮겨 놓았다. "어디에나 가난한 자들이 퍼져 있는 것이 틀림없다." 이 상태는 마치 자연 법칙처럼 받아들여진다. 믿기 힘든 일은 불행이 아니라 불행과 공공연하게 마주하게 되는 사실이다. 이 불행을 설명하기 위해 엥겔스는 빈곤층의 사적인 영역으로 뛰어든다. 그는 구불구불한 골목으로 들어선다. 앞의 두 글들과는 대조적으로 살펴보는 대상에 대한 평가(미학적 형상화 대신 궁핍화)만 뒤집어지는 것이 아니라 시선의 방향도 전도된다. 호프만과 포의 관찰자들은 군중을 내다보는 반면에 엥겔스는 노동자들의 주택을 창문을 통해 들여다본다. 거기서 마주치는 것은 고립되고 말이 없는 개개인의 슬픈 운명이다.[27]

엥겔스가 자신이 서술하는 참상에 대해 공감을 느끼는 것은 분명해 보이지만, 그의 글에 선정적인 면은 전혀 들어 있지 않다. 그의 설명에 담긴 객관성은 그 효과를 높여준다. 그의 설명에 동원되는 견디기 힘든 단조로움은 서술된 인간들이 어쩔 수 없이 묵묵히 연명하는 생활의 상황과 일치한다. 엥겔스가 평가와 이론과 해결책의 제시를 가능한 한 포기함으로써 독자는 불행을 당한 인간들의 구체적인 상황에 몰두할 수 있게 된다. 이 글이 사회 보고문의 선구적 작품으로 통하는 것은 당연하다.

엥겔스가 서술하고 있는 영국은 포의 길거리 장면과 마찬가지로 악마의 소굴이다. 이것은 엥겔스가 인용한 내각 보고서들 중 한 곳에도 나오는 말이다. "누구도 스코틀랜드 왕국의 두 번째로 큰 도시의 중심부에 있는 이 아우게이아스의 외양간(무질서), 이 악마의 소굴, 이 범죄와 오물과 악성 전염병이 뒤엉긴 곳을 청소하기 위해 애쓰지 않은 것으로 보였다."[28] 당시에도 이미 청소에 대한 그럴듯한 계획, '고압 세척기(프랑스 대통령 사르코지Nicolas Sarkozy가 나중에 이 말을 사용하게 된다)'에 대한 갈망이 공적 담론의 장을 주도했다는 사실을 별개로 한다면, 엥겔스의 악마의 소굴에서는 포의 밤의 대중과는 달리 활력도 찾아보기 힘들다. 포의 글에서 생동적으로 빛을 깜빡이는 것이 여기서는 둔감하게 근근이 생명을 이어가고 있다. 엥겔스에게서는 경직된 모습이 끊임없이 되풀이해서 나온다. 인간들만 무감각하게 비참한 생활을 이어가는 것은 아니다. 말 그대로 모든 것이 정지해 있다. 공기(궁정과 도로를 건설할 때 통풍에는 신경을 쓰지 않았기 때문), 심지어 물조차도 정지해 있다. 끊임없이 길거리의 '고인 물웅덩이'에 관한 보고가 나오며, 오물과 진흙이 너무 많이 쌓여 흐르지 않는 개천과 도랑에 관한 보고도 나온다. 단조로움과 참상에 무뎌진 태도는 인간의 욕망을 파괴한다. 에로스도 없고, 노력도 없고, 움직임도 없다.

엥겔스는 후에 마르크스와 공동 작업을 하면서 근근이 연명하는 이 생활에 에로스, 즉 어떤 노력이나 목표를 부여하려 했다. 만약 이것이 성공한다면 공동의 욕망을 내세워 고립된 사람들의 결속이 이뤄진다는 것이다. 참상을 겪는 대중은 역사의 객체에서 주체로 변할 수 있다. 이들은 독자적인 발언권도 얻을 수 있을 것이다. 이것이 엥겔스의 후기 작업이 내세운 목표다. 여기서는 '자연적'이고 협력적인 대중과 '인위적'이고 대결적인 대중의 차이가 결정적으로 중요한 의미를 얻는다. 야만적인 대도시 대중이 특정한 사회 체제와 그 생산 관계의 산물이라는 점에서 이들은 원칙상 변할 수 있다. 이 변화의 본질은 대중을 해체하고 거기서 개인을 해방하는 데 있지는 않다. 사실 개별화되는 것이야말로 현대 대중의 특징이기 때문이다. 해결책은 오히려 대결적인 대중을 협력적인 대중으로 변화시키는 것이라고 한다. 서로 대립하는 것은 대중과 개개인이 아니다. 오히려 개별화된 사람들의 집단과 자신의 발전 과정을 스스로 장악하는 일치단결한 대중, 즉 눈에 보이는 대중이 서로 대립한다.

이 변화는 『공산당 선언』에서 이론상으로 완수된다. 여기서는 노동자들의 상황이 대중 형성을 위한 기회로 새롭게 해석된다. "그러나 공업의 발전으로 프롤레타리아의 수만 늘어나는 것은 아니다. 프롤레타리아는 더 큰 대중들로 한데 뭉쳐 자신의 세력이 커지고, 그 세력을 더욱 많이 느낀다."[29] 엥겔스는 마르크스와의 공동 작업을 통해 이제 '낡은 사회의 최하층에 있는 수동적 부패물'[30]에 맞서 집단적이고 능동적인 혁명 주체인 프롤레타리아를 내세운다. 이 혁명 주체는 조직화된 대중으로서 활동하며, 그 수가 늘어날 뿐 아니라 자신의 힘이 강해지는 것도 깨닫는다. 반면에 낡고 수동적인 비참한 집단은 각자가 고립되어 활동하는 '불확실하고, 분열되고, 이리저리 떠밀리는 대중'으로 남는다. 마르크스는『루이 보나파르트의 브뤼메르 18일』에서 이것을 서술하고 있다.[31] 세력이 강화되는 프롤레타리아 집단과는 대조적으로 이들은 각 분파들의 총합에 지나지 않는다.[32] "가령 감자들 한 부대가 하나의 감자 부대를 이루는 것처럼 동일한 이름의 세력들의 합산을 통해서만" 형성되는 대중에 지나지 않는다. 서로 고립된 사회 구성 분자들의 합산에서 혁명을 이뤄내기 위해서는 '상호 간의 교류', 진정한 결속이 필수적이다.[33]

엥겔스는 후기의 한 저작에서 자신이 노동자 구역을 암담하게 돌아다닐 때의 출발점이었던 이스트엔드와 런던 부두로 다시 한번 돌아간다. 먼저 그는 자신의 초기 글의 끝부분을 화제의 실마리로 삼는다. "이스트엔드는 지금까지 활기 없는 참상의 수렁에 빠진 상태에 있었다. 기근으로 기력이 쇠진해진 사람들, 완전히 절망한 사람들의 무저항이 그 특징이었다."[34] 그러나 이제는 상황이 매우 달라져 있다. 파편화되고 수동적인 대중이 파업을 벌이는 능동적이고 조직화된 거대한 대중으로 변한 것이다. "그런데 이제 영락한 자들 중 가장 영락한 이 항구 노동자들의 대규모 파업이라니 (…) 기력이 쇠진해서 완전한 파멸로 치닫는 존재였던 이 대중! (…) 그리고 매일 아침마다 노동자를 고용하는 사내에게 먼저 가기 위해 경쟁을—말 그대로의 의미에서 잉여 노동자들끼리 서로 각축을 벌이던 이 말없고 절망적인 대중이, 우연히 뒤섞여 모이고 날마다 바뀌던 이 대중이 4만 명의 인력을 한데 합치고, 규율을 지키고, 강력한 부두 회사들에게 불안을 불어넣는 일을 해내다니. 이것을 목격했다는 것은 나에게는 큰 기쁨이다."[35]

· · · · · 중심에서의 시각: 다자와 일인

샤를 보들레르가 사망한 지 2년 후인 1869년에 그의 마지막 글인
『파리의 우울』이 발행되었다. 그는 여기에 담긴 산문시들 중 하나에
서 엥겔스의 궁핍에 대한 공감이 가는 관계와 대립되는 견해를 내놓
는다. 이 시에는 "가난뱅이들을 때려눕히자Assommons les pauvres!"라는
도발적인 제목이 달려 있다. 그렇지만 엥겔스와 보들레르의 목표는
얼핏 여겨지는 것만큼 그리 많은 차이가 나지는 않는다. 두 사람 모
두 둔감한 생활에 활력을, 잃어버린 위엄을 되찾게 해줄 열렬한 욕구
를 돌려주려 한다. 하지만 그 수단은 서로 현격한 차이를 보인다. 산
문시에 등장하는 '나'는 길거리에서 어떤 늙은 거지를 관찰하는 이
야기를 들려준다. 그의 내면의 목소리, '위대한 긍정자, 행동의 다이
모니온, 대결의 다이모니온'인 그의 '악령'[36]은 그에게 다음과 같이
속삭이며 알려준다.

> "오직 동등함을 입증하는 자만이 남과 동등하며, 자유를 획득할
> 능력이 있는 자만이 자유를 누릴 자격이 있다." 나는 곧장 내 앞
> 의 거지에게 달려들었다. 나는 주먹으로 한 방 먹여 그의 한쪽
> 눈을 감기게 만들었고, 그의 눈은 순식간에 공만큼 부풀어올랐
> 다. 나는 그를 때려 이 두 개를 부러뜨렸고, 그때 내 손톱도 하나
> 깨졌다. (…) 나는 그 무기력한 육십 세 노인의 등에 충분히 강력
> 한 발길질을 해서 견갑골을 으스러뜨리고 바닥에 뻗게 한 후에
> 굵은 나뭇가지를 집어들고… 비프스테이크를 두드려 부드럽게
> 하려는 요리사의 끈질긴 정력으로 그를 마구 때렸다.[37]

보들레르는 이 행동의 잔혹성을 강조하기 위해 온갖 짓을 다 동원한다. 잔혹성은 힘의 불균형('그 무기력한 육십 세 노인')을 통해 더욱 강화된다. 그럼에도 상황은 완전히 뒤집히고 만다.

> 별안간 ─오 기적이여! 오 자신의 가설이 옳았음을 발견하는 철학자의 기쁨이여!─나는 이 늙어빠진 해골 노인이 몸을 뒤집는 것을 보았고… 그리고 그 노쇠한 부랑자는 나로서는 좋은 징조로 여겨지는 증오에 찬 눈길로 나에게 돌진하더니 내 두 눈을 멍이 들도록 때렸고, 내 이 네 개를 때려 부러뜨렸고, 바로 그 나뭇가지로 나를 두들겨 패서 녹초가 되게 만들었다. 내가 나만의 거친 치료법을 통해 그에게 긍지와 생기를 되찾게 해주었던 것이다.[38]

이렇게 폭력을 휘두른 거지는 '자유를 획득하고' 당당하게 두 사람의 '동등함'을 이뤄냈다. 오직 싸움을 통해서만 대등한 자들은 대등한 자로 대하고 품위 있게 서로를 인정할 수 있다. 이 힘겨루기를 한 후에는─그리고 이때야 비로소─친교도 맺을 수 있다. "'여보시오' 하고 나는 그에게 말했다, '당신은 나와 동등하오!' 내 지갑을 당신과 함께 나누어 쓸 영예를 베풀어주시오."[39] 빈곤층의 무관심에 대한 엥겔스의 입장은 여기서는 강력한 악령의 힘을 빌려 정반대로 바뀐다. 동등함은 투쟁적 대항을 통해 회복된다.

『파리의 우울』에 실린 또 다른 산문시 「군중Les Foules」은 대도시 공간의 대중을 주제로 다룬다. 호프만과 포의 열렬한 추종자이자 번역자이기도 한 보들레르는 문학에서 그들이 확립해놓은 대중 묘사

노선을 이어가지만 에로스와 고립의 배치 형태는 바꾼다. 이것은 분량이 한 쪽 반에도 못 미치는 이 산문시를 꼼꼼히 읽으면서 행을 따라가다 보면 드러난다. "대중과 어울려 목욕할 기회는 누구에게나 주어지지는 않는다. 대중을 경험하는 것은 하나의 예술이다."[40]

보들레르는 이 첫 문장으로 호프만과 포처럼 대중을 명백히 예술과 연관시킨다. 하지만 대중과 직접 마주치는 것은 새로운 점이다. 화자는 호프만의 경우처럼 창문에 의해 군중으로부터 분리되어 있지도 않고, 포의 경우처럼 매개 인물을 필요로 하지도 않는다. 그렇다고 해서 예술가 주체가 대중의 어떤 임의의 일부로 변한 것도 아니다. 그가 대중을 미학적으로 경험하는 것은 구별 특성이다. 그것은 예술가의 몫으로 남겨져 있기 때문이다. 만약 매개 인물이 등장한다면 그의 존재를 통해 예술가적 수호신(창조력)의 단독성, 그의 군중 속의 고독은 무산될 것이다.

> 다자와 일인, 활기차고 창의력이 풍부한 시인에게는 이 둘은 바꿔 쓸 수 있는 대등한 개념이다. 자신의 고독을 사람들로 붐비게 할 줄 모르는 사람은 마찬가지로 분주한 군중 속에서 혼자가 되지도 못한다.[41]

예술가에게 일인solitude은 다자multitude와 운이 맞는 단어다. 군중에 대한 경험이 예술로 바뀌려면 관찰하는 주체는 대중의 한가운데서 홀로 머물러야만 할 것이다. 엥겔스는 대중 속의 개개인의 고립을 오로지 부정적으로만 평가하고, 보들레르는 오로지 긍정적으로만 평가한다. 엥겔스가 인간의 사회적 궁핍화를 인식하는 곳에서 보들레르는 인간의 미학적 고결화를 발견한다. 이 견해 차이는 엥겔스가 대중을 사회적 시각으로, 반대로 보들레르는 미학적 시각으로 바라보기 때문에 생겨난다. '향락의 예술'에 있어서는 대중에 대한 에로틱 위주의 관계가 중요하다.

> 고독하고 사색에 잠긴 산책자는 이 보편적인 합일에서 독특한 도취를 얻어낸다. 군중과 쉽게 결합하는 자는 향락의 흥분되는 전율을 알고 있다. 금고처럼 꽉 닫혀 있는 에고이스트나 달팽이처럼 자기 집에 틀어박혀 지내는 게으름뱅이는 이 향락을 끝끝내 알지 못할 것이다.[42]

'결합하다', '향락의 흥분되는 전율', '보편적인 합일'이라는 말이 이 글의 중심을 이루고 있다. 보들레르는 이 표현들을 이용해 마치 신비주의자들이 신비적 합일이라는 화합의 환상에 잠기듯이 신비주의자들의 체험을 일깨운다. 그는 자신의 일기에 이 생각을 부연해서 기록하고 있다. "대도시들의 종교적 도취―범신론. 나, 이것은 모두다, 모두가 나다. 소용돌이."[43] 그러나 화합의 과정은 순전히 내면적인 과정일 뿐, 시인은 '고독한 산책자'로 남아 있다. 성생활과는 달리 심미적 에로스는 고립을 필요로 한다.[44]

　예술가는 사람들 무리에 자신을 내맡기기는 한다. 그러나 그는 자신의 만남을 내면화한다. 대중과의 합일, '결혼식' 후의 그들의 첫날밤은 명목상으로만 거행된다. 내면화는 거리를 두는 하나의 형태다. 대중에 동화되는 것에서 얻는 보들레르의 향락은 은밀한 향락이다. 그리고 이 때문에 그의 향락―이것은 그에게는 특별히 중요하다―은 도착적인 동시에 엘리트적이다. 이 두 경향은 다음의 문장에서는 더욱 강화된다.

> 사람들이 사랑이라 부르는 것은 형언할 수 없는 이 난교의 잔치판, 시와 박애라는 이름으로 예기치 않게 나타나는 사람, 지나가는 타인에게 몸을 내맡기는 이 성스러운 영혼의 매음에 비하면 매우 보잘것없고 매우 제한되고 빈약한 어떤 것이다.[45]

보들레르의 서술의 독창성은 '난교의 잔치판'과 '매음'이라는 야한 이미지에 있지 않다. 오히려 새로운 점은 매음을 하는 사람이 예술가 주체라는 사실이다. 프로이트의 대중 이론에서는 지도자에게 빠져들고 그의 말에 무조건 따르는 것이 대중이다. 반면에 보들레르의 경우에는 단수의 주체가 대중과 리비도적 관계를 발전시킨다. 그는 '성스러운 매음'을 통해 대중에게 몸을 내맡긴다. 그의 일기장에서 세분화해놓은 것을 추적해보면 예술가는 대중 속으로 밀고 들어가는 것이 아니라 대중을 자기 내면으로, 자신의 '영혼' 속으로 들어오게 만든다. 내면의 작용을 통해 대중은 그의 일부가 된다. 바로 대중에 동화될 수 있는 능력이 주체(자아)를 다시 남들과 고립시키고 거리를 두게 만드는 셈이다. 예술가는 대중 속에 깊이 잠길수록 또한 보통 사람들보다 그만큼 더 두드러져 보인다.[46] 그럼에도 그를 예술가가 되게 해주는 것은 대중이다. 대중 이론가들이 나중에 퇴행과 탈분화dedifferentiation라고 판단하는 곳에서 미학적 시각은 미학적 풍부함을 알아차린다.

7장

가상의 대중들

유럽 회화에서 대중이 등장하는 가장 오래된 장면 중 하나는 사자들의 부활 장면이다. 히에로니무스 보스Hieronymus Bosch 같은 근대 초기 작가의 그림에는 'massa perditionis(구원받지 못한 군중)'이 나온다.[1] 군중은 무덤에서 소생해 심판을 기다리며 몸을 떨고 뒤트는 사람들의 무리를 이루고 있다. 맞은편에서는 흰옷을 입은 선민들이 눈에 띄게 더 작은 줄을 지어 천국의 입구로 향하고 있다. 이 폭력, 고통, 변용의 시나리오는 그 후로 대중과 폭력이 결합되리라는 것을 감명 깊게 앞서 보여주고 있다.

이탈리아의 철학자 조르조 아감벤은 사진, 심판, 대중에 관한 이야기를 나름의 방식으로 이어나간다. '최후의 심판일'이라는 제목으로 그는 사람들 무리를 사진으로 촬영하려는 최초의 시도에 관해 다음과 같이 보고한다. "당신은 분명 탕플 대로Boulevard du Temple의 유명한 다게레오타입Daguerreotype(은판 사진)을 알고 있을 것이다. 이것은 사람의 형체가 보이는 최초의 사진으로 간주된다. 이 은판 사진은 다게르가 러시아워 때 자신의 작업실 창문에서부터 촬영한 탕플 대로의 모습을 보여주고 있다. 대로는 틀림없이 사람들과 마차들로 넘쳐났을 것이다. 그런데도 당시의 촬영 기구는 지극히 긴 노출 시간을 필요로 했기 때문에 움직이고 있는 이 대중 전체는 아무런 흔적도 보이지 않는다. 다만 사진의 왼쪽 아래편 보도에 조그만 형체가 하나 나와 있다. 이것은 구두를 닦느라 무척 오랫동안 꼼짝 않고 있던 한 남자의 모습이다."[2]

사진 촬영 기구는 당시의 기술 수준으로는 대중을 사진으로 담을 수 없었다. 대중의 움직임이 너무 빨랐기 때문이다. "나는 최후의 심판일에 관해 이보다 더 적당한 모습은 떠올릴 수는 없다. 사람들 무리가 있기는 하지만 우리는 그들을 보지 못한다. 심판은 오직 한 사람, 하나의 인생만 다루기 때문이다. 다름 아닌 바로 이 사람의 인생이다."[3] 사진기의 렌즈는 그 개별 인물을 날카롭게 조준한다. 렌즈는 보통은 다수의 물결 속에 잠겨버릴 순간적인 것과 개별적인 것에 일종의 영생을 안겨준다. 아감벤은 초기 사진술 이야기를 카프카의 유명한 법정 우화「법 앞에서」를 변형해서 들려준다. 그곳에서 지금 닫히고 있는 문이 오직 '당신만을 위해 정해져 있었듯이' 이 최후의 심판일의 대중도 마르틴 하이데거가 말하는 각자성Jemeinigkeit으로 특징지워진다. 하지만 대중은 없어진 것이 아니다. 대중은 각자가 따로인 개인들로 존재하지만, 개개인을 감추는 것이 아니라 보이게 해준다. 개개인이 드러나는 것은 보이지 않는 대중의 실재와 연결되어 있다.

· · · · 매스미디어 1 : 영화

조르조 아감벤에게서 사진술은 대중의 모습이 보이지 않게 되는 것으로 시작된다. 반대로 또 다른 이론가인 발터 벤야민은 이 새로운 미디어를 바로 대중이 보이게 만드는 것과 연결한다. 이것은 뉴미디어인 영화와 사진을 최초의 '매스 미디어'로 명명한 것과 부합한다. 벤야민에 따르면 매스 미디어는 수용 태도의 변화도 불러온다. 그는 자신의 에세이 「기술복제시대의 예술작품」에서 이렇게 설명한다. "예술작품 앞에서 정신을 집중하는 사람은 거기에 몰두한다. 그는 이 작품에 빠져드는 것이다. (…) 이와는 반대로 정신이 분산된 대중은 자기 쪽에서 예술작품을 내면으로 집어넣는다."4 이어서 벤야민은 대중 시대의 변화된 수용 태도는 예술작품의 아우라(신비한 기운)를 파괴한다고 주장한다. 변화된 수용 태도는 아우라를 쇼크의 미학으로 대체한다. 예술작품 앞에서 명상에 잠기는 것이 부르주아 사회의 예술관에 부합하는 반면에 쇼크의 미학은 앞으로 도래할 프롤레타리아 문화, 대중의 문화의 특성이다. 대중이 예술작품을 내면으로 집어넣는다는 사실은 예술작품 자체가 하나의 대중 현상이라는 것을 보여준다. 예술작품의 복제 시대에 예술작품의 창작은 이미 복제에 맞추어져 있다. "창작이 복제를 배가함으로써 복제 기술은 예술작품의 단 한 번의 출현을 그것의 대량 복제로 대체한다."5

　　뉴미디어는 이중 대중을 형성한다. 예술 창작의 측면에서 뉴미디어는 아우라에 싸인 유일성을 지닌 원본의 자리에 복제품과 대량 생산품을 대신 놓는다. 수용자와 소비자의 측면에서 뉴미디어는 조용한 감상과 내면으로의 몰입에 공동으로 드러내 보이는 쇼크 체험을 마주 세운다. 벤야민은 아우라의 상실을 바람직하다고 받아들인다. 이것은 예술작품을 탈신성화desacralization해야 한다는 그의 요구에 부합하기 때문이다. 아우라는 예술작품을 '아무리 가까이 있더라도 멀어지게' 만들었다. 아우라는 예술작품에 넋을 잃게 만들고, 범접할 수 없게 하는 지위를 부여했다. 뉴미디어는 이 거리두기 체험을 남김없이 파괴한다. 초기 영화에 등장하는 기차처럼 뉴미디어는 관찰자에게 달려들어 그를 압도한다. 거리감을 없애는 현상의 하나로서 대중도 모든 거리와 간격을 밀도와 근접의 체험으로 대체하려고 노력한다. "대량 복제에는 대중의 재현이 특별히 잘 들어맞는다. 오늘날 한결같이 촬영의 대상이 되는 대규모 축제 행렬, 스포츠를 즐기는 대중 행사, 전쟁에서 대중은 자기 자신의 얼굴을 들여다본다."6 벤야민은 이 발전 양상에는 해방 행위가 들어 있다고 생각한다. 예술작품이 자신의 신성한 틀에서 해방될 뿐 아니라 관찰자도 강요된 엄숙함이라는 수동적 태도에서 해방된다. 대중은 관객이 되고, 대중의 장면이 나오는 영화에서는 동시에 연기자도 된다. 영화와 더불어 대중문화는 자신에게 걸맞은 예술 형식을 만들어낸다. 대중의 움직임과 영화 기법은 모두 연속적 재현이라는 동일한 원리에 기반을 두고 있다.

대중은 자신을 관찰할 때 어떤 특성을 살피는가? "대중의 움직임은 일반적으로 눈으로 보는 것보다 촬영 장비에 더 선명하게 나타난다. 수십만의 간부진은 조감하는 각도에서 찍어야 가장 잘 잡힌다. (…) 대중의 움직임은 촬영 장비에 특별히 잘 맞는 인간 행동의 한 형태가 된다는 의미다."7 벤야민은 아감벤이 드는 사례에 비해 훨씬 진보한 기술 수준을 끌어들인다. 다게르의 사진술은 대중의 움직임을 담지 못하는 반면에 새로운 영화 기술은 바로 이 대중의 움직임을 인상적으로 표현할 수 있다. 세르게이 예이젠시테인Sergej Eisenstein(구소련), 아벨 강스Abel Gance(프랑스), 레니 리펜슈탈Leni Riefenstahl(독일)의 영화는 서로 다른 의도를 가지고 대중의 장면을 담기 위한 새로운 기술과 연출 방식을 발전시켰다.

그러나 벤야민의 입장에는 몇 가지 결점이 있다. 먼저 아우라 개념이 부르주아 예술 시대의 특성을 충분히 정확하게 나타내는지 의문이다. 아우라 개념은 예술의 한정된 영역, 특히 종교 회화와 심미적 작품을 관조적으로 숭배하는 데만 적용될 뿐이다. 하지만 종교 회화조차 아우라라는 개념에 포함시키기가 쉽지 않다. 히에로니무스 보스의 그림들이 여기에 대한 초기 시절의 반증 사례다. 루카스 크라나흐Lucas Cranach만 해도 종교개혁에 감명받아 회화를 제의적 숭배에서 분리시키는 길을 터주지 않았던가? 카라바조Caravaggio는 인간의 삶의 심오한 측면을 예술의 관점에서 파악하지 않았던가? 연극과 무용 같은 다른 예술 형식에서는 아우라는 어차피 전형적이지 않다. 건축물에 있어서는 거기에 인간이 거주한다는 점에서 아우라는 심지어 방해가 될 것이다. 아우라에 감싸인 부르주아 예술을 프롤레타리아 대중의 새로운 예술 형식과 대비시키는 것은 벤야민에 의해 이념적으로 단순화된다. 기본적으로 영화가 아우라를 파괴한다고 주장할 수는 없다. 벤야민은 아직 알지 못했을 것이 확실한 레니 리펜슈탈의 〈의지의 승리〉와 2부작으로 된 올림픽 영화는 바로 대중과 그들을 배경으로 부각되는 주인공들('스타디움의 신들')에게 아우라를 부여하는 것으로 관객을 압도한다. 벤야민은 뉴미디어인 영화의 변형하는shape changing 힘을 과대평가하고 있다.

대중문화를 다루는 영화에서 대중이 '자신의 얼굴을 들여다본다'는 벤야민의 가정도 문제가 있다. 영화에서 대중이 전체로서 모습을 보일 때는 측면(리펜슈탈의 선수들 모습처럼)에서나 조감하는 각도에서 찍은 모습으로 나온다. 전체의 모습을 바라보기 위해서는 카메라는 대중 밖의 한 지점을 차지해야만 한다. 대중에 관한 말이 나올 때 대중 스스로가 말하지 않듯이, 대중이 전체로 받아들여지는 순간에도 자신을 보지는 않는다. 영화가 관객들에게 자신이 대중의 일부가 아니라 대중의 옆이나 위에 있다는 인상을 심어줄 때, 바로 그것이 어쩌면 영화의 성공 비결이 될 것이다. 비록 관객인 그들 자신은 다시금 대중을 이루고 있기는 하지만 말이다.

　　이 판단은 영화의 계속되는 발전을 통해 옳은 것으로 확인된다. 우리는 영화에서 대중의 얼굴을 들여다보는 경우는 극히 드물며, 스타들의 얼굴을 훨씬 더 자주 들여다보는 편이다. 스타들의 얼굴은 관객의 눈길을 사로잡는 자석이다. 벤야민의 에세이가 발행된 시절에만 해도 스타 얼굴의 클로즈업 장면은 영화, 특히 할리우드 영화의 돋보이는 상표였다.[8] 게다가 롤랑 바르트의 『현대의 신화』에는 '가르보의 얼굴'이라는 제목으로 클로즈업된 스타 얼굴의 아우라 요인에 관한 면밀한 성찰이 나온다. 우리는 어떤 실제의 인간에게도 스크린상의 감정이 가득 실린 커다란 얼굴 모습만큼 가까이 다가가지는 못한다. 스크린 외에 사람 얼굴의 감정 반응이 그토록 무방비로 개개인의 관찰에 내맡겨지는 곳은 없다. 어두운 영화관의 은밀함 속에서 개개인은—물론 다른 관객들과 함께 하는 것이지만—인기 스타와 감동적으로 단둘이 마주할^{tête-à-tête} 기회를 얻는다. 그와 동시에 그 얼굴은 완벽하다고 여기며 자아내는 경탄을 통해 관객들의 생활 세계에서 벗어난다. "가르보는 피조물에 대한 플라톤의 이데아 비슷한 것을 드러냈으며, 여기서 그녀의 얼굴이 거의 탈성화desexualized되어 있는 이유를 알게 된다. (…) 그녀의 별명(신성)은 확실히 미의 최고 상태를 나타낸다기보다는 오히려 그녀라는 구체적 인물의 본질을 나타내기 위해 붙여진 것이다."9 그레타 가르보Greta Garbo는 또 한 명의 위대한 영화 스타 마를레네 디트리히Marlene Dietrich와 마찬가지로 언론에서 자신의 노화 과정을 다루게 한 적이 없다. "본질적인 것은 쇠진해질 리가 없으며, 조형적이라기보다 오히려 정신적인 완벽함을 가진 그녀의 얼굴은 결코 그와는 달라진 모습으로 보이지 않을 것이다."10 그레타 가르보의 얼굴은 영화의 일시적 순간에도 '본질적인 아름다움'에 대한 기억을 간직하고 있다. 영화에서 그 얼굴은 플라톤의 이데아로 변한다.

할리우드 영화에 나오는 얼굴들은 벤야민에 의하면 원래는 파괴해야 마땅할 아우라를 영화에 되돌려준다. 벤야민이 탈아우라화에 대한 예로 사용한 조감하는 시각도 아우라를 만들어낼 수 있다. 세르게이 아이젠슈타인의 영화 〈끔찍한 이반〉에서 차르는 창문을 통해 자신의 추종자들이 몰려오는 것을 본다. 그들의 무리는 끝이 보이지 않을 정도로 길고 꾸불꾸불한 줄을 이루고 있다. 이 지배자에게 충성을 맹세하는 사람들의 수는 한없이 많다. '대중이 자기 자신의 얼굴을 들여다보는' 영화는 이같이 위에서 모습을 잡는 카메라 시점은 가질 수 없다. 어떤 영화를 이런 의미에서 '대중' 영화가 되게 해주는 것은 (고대 서사 액션물의 분주한 전투 장면에서처럼) 파노라마 장면이 아니다. 카메라는 하늘 높이 올라가는 대신 빽빽이 모인 사람들 무리 속으로 들어가야만 한다. 그러나 할리우드 영화들은 대부분의 경우 그곳 스타들의 체계에 걸맞게 부각되는 인물들 각자의 얼굴을 집중적으로 보여준다.

질 들뢰즈와 펠릭스 가타리는 『천 개의 고원』에서 '얼굴이 가하는 테러'에 관해 언급한다. 이 얼굴은 우리에게 주관화하도록 유혹함으로써 억지로 하나의 형태를 받아들이게 만든다. 얼굴은 이 두 저자에게는 '기호 체계들'이 자신의 모습을 비추는 '하얀 스크린'이다.[11] 따라서 그 자체가 이미 일종의 영화 효과다. 이 때문에 할리우드 영화와 스타의 얼굴들이 이런 기호 체계들과 영상 체계들을 보여주는 어쩌면 가장 좋은 본보기가 될 것이다. 여기에 대응해서 들뢰즈와 가타리는 '얼굴의 해체'를 옹호한다. 진실로 '탈아우라화'를 원하는 대중 영화는 얼굴의 해체를 추구해야 한다는 것이다. 그러나 이를 위해 카메라가 얼굴에서 떨어져나와 조감하는 시각을 가질 필요는 없다. 반대로 카메라가 개별 얼굴을 엄청나게 확대할 수도 있을 것이다. 이것을 보여주는 사례는 세르지오 레오네Sergio Leone 감독의 〈옛날 옛적 서부에서〉이다. 극단적으로 근접 촬영한 얼굴들은 영화 화면에서는 해체된다. 이 얼굴들은 숨구멍이 화산처럼 점액을 배출하는 갈라진 분화구 지대로 변한다. 확대된 단독 영상은 배역 인물 persona 이면에서 드러나는 무정형의 덩어리로 변한다. 레오네 감독의 얼굴 근접촬영은 바르트의 '가르보의 얼굴'에 대한 환상과는 정반대가 된다. 대중을 반-아우라적으로 묘사한 또 다른 영화 사례는 조지 로메로George A. Romero 감독의 좀비 영화들이다.

영화가 대중 미디어로서 적합한 요인은 탈아우라화 외의 다른 이유에서도 추적해볼 수 있다. 벤야민은 영화와 대중의 명백한 유사성을 간과하고 있다. 대중처럼 영화도 움직임이 특징적이다. 벤야민은 스스로 '대중의 움직임'이라는 용어를 사용하면서도 이 표현으로 남겨지는 흔적은 추적하지 않는다. 영화는 활동 사진술, 개별 영상의 정지 상태를 해체하는 데서 생겨나는 움직이는 영상의 예술이다. 프로젝터를 통한 필름 스트립의 기계적인 움직임을 이용해 각각 정지된 순간을 보여주는 정적인 영상들이 시간의 경과를 보여주는 영상으로 변한다. 들뢰즈가 명명한[12] '움직이는 영상'은 정적인 상태가 변하는 모습을 보여준다. 이 움직임 상태에서 우리는 영화와 대중의 공통점을 알아볼 수 있다. 영화와 대중 모두 원래 부여된 정지된 상태라는 형식을 해체한다. 가령 에이젠슈타인의 〈전함 포템킨〉이라는 감명 깊은 영화는 대중의 움직임을 보여준다. 오데사 항구 계단 아래쪽으로 달아나는 유명한 장면이 그러하다. 영상의 빠른 흐름은 러시아의 혁명 전기 사회에서 벌어지는 운동, 전통적인 위계질서와 차르의 통치권이 무너지기 시작하는 것을 암시한다. 20세기 후반에 인터넷과 데이터 전송 기술의 발전과 더불어 정적인 상태의 와해와 대중의 움직임을 보여주는 새로운 형식들이 생겨난다.

····매스미디어 2: 인터넷

인터넷은 엄청나게 많이 접속된 컴퓨터들 그 자체로 하나의 대중을 이룬다. 수많은 컴퓨터들이 연결되면 창발 효과를 일으킨다. 모든 개별 활동의 총합보다 더 많은 성과를 내는 것이다. Internet이라는 단어의 앞부분 inter는 하나의 네트워크, 전통적인 대중의 조밀함 대신 느슨하게 결속된 새로운 유형의 대중이 관련되어 있음을 암시한다.

인터넷은 최대한으로 넓게 확장되고 항구적인 접속과 분리가 가능하도록 해주기 위한 것이다. 이것은 그리 체계화되어 있지 않고, 통제받지 않는 성장을 가능하게 해주는 개방적 대중(엘리아스 카네티)의 유형이다. 위계질서는 생겨나지 않으며, 오히려 접속처가 늘어나고 꾸준히 새롭게 배열되게 해주는 영원한 흐름drift이 생겨난다. 이런 대중의 전형은 서로 다른 부위들을 연결해주는 시냅스를 갖춘 뇌의 신경연결망이다. 인터넷, 컴퓨터 기술, 두뇌연구의 발전은 서로 영향을 미친다. 이 세 분야 모두 전통적인 대중과는 공통점이 거의 없는 새로운 개방적 대중의 형성이다. 인터넷은 기계에 의한 대중이다. 비록 간접적이기는 하지만 이 대중도 이 기계들을 사용하는 사람들을 결속해준다. 전통적인 대중과는 달리 인터넷에는 몸소 현장에 참석하는 일이 없다. 기계들의 연결은 실제로 몸소 만날 필요 없이 신호에 의한 의사소통이 가능하게 해준다. 인터넷을 통해 서로 연결되어 있는 사람들은 가상의 대중을 형성한다.[13]

　'가상'은 존재하지 않는다는 뜻이 아니다. 어떤 면에서 매우 방대한 규모의 사람들의 결속체는 모두가 가상적이다. 가령 독일 연방군 병사 전체나 국민 전체가 한 자리에 모일 수는 없다. 그들의 결속도 미디어를 이용해 행해진다. 이 가상의 대중 형성에 대한 지배권은 실제의 권력을 얻게 해준다. 유럽의 국가 기관 전체가 동일한 회사의 소프트웨어를 사용한다. 이들은 유럽연합EU 법률이 원래 규정하고 있는 사전 입찰 공고도 없이 중개상을 통해 소프트웨어를 비싸게 구입한다. 이 사실은 전통적인 권력 기구들이 뉴미디어와 대형 컴퓨터 산업에 얼마나 심하게 의존하게 되었는지 보여준다. 그러나 인터넷상의 가상의 대중의 특별함은 그들이 전통적인 권력 기구들에 맞설 수 있다는 사실에서만 드러나는 것은 아니다. 그들이 오늘날의 사회가 자기 자신에 관해 설명하려 할 때 사용하는 중요한 두 가지 이야기를 생겨나게 했다는 사실에서도 드러난다. 이 두 이야기는 서로 판이하다. 하나는 구원 이야기에 가깝고, 다른 하나는 몰락 이야기와 비슷하다.

첫 번째 이야기는 인터넷이 모든 인간들에게 가능한 모든 정보와 의사소통 수단에 마음대로 접근할 수 있게 해준다는 내용이다. 모두가 모두와 함께 모든 것에 관해 정보를 교환할 수 있다. 이렇게 해서 인터넷은 지식을 전 세계적으로 보급할 수 있게 해준다. 인간들은 위계질서가 없는 새로운 공동체community로 결속된다. 서로 동등한 사람들이 이루는 대중이라는 오래된 꿈이 새로운 기술의 형체를 띠고 나타난다. '가상현실'은 인간 능력의 더 높은 단계, 때로는 심지어 초인적 능력의 단계에 대한 동의어로 변한다. 이기적인 사욕도 이윤도 찾아볼 수 없는 더 고차원의 질서를 갖춘 물물교환 사회가 상상속에 펼쳐진다. 여기서는 데이터 교환이 무료로 이뤄지고, 전쟁 없이 재화가 분배되고, 작품들은 소유권이 없다(저작권도, 음악 이용료도 없다).

이와 경합을 벌이는 이야기는 실제의 대중과 단순히 가상일 뿐인 대중 사이의 차이를 실마리로 삼아 거기서 문화비관론적 몰락 이야기를 만들어낸다. 실제의 만남은 점차 가상의 모임으로 대체된다. 실제의 세계를 가장하기만 하는 이 세계에서 사람들은 '친구들'을 컴퓨터 게임에서 점수를 올리듯이 모으고, 서로 어떤 참된 정서도 담기지 않은 이모티콘을 보내고, 다 함께 현실을 부정하기로 약속하고, 판타지 시나리오에 등장하는 역을 떠맡고, 모니터에서 벌어지는 일을 실생활과 혼동한다. 가상 세계는 마약과 같은 기능을 한다. 지금은 컴퓨터 너드nerd라는 의미로 쓰이는 유저user라는 단어는 원래 마약 중독자를 나타냈다. 이 이야기에서 거리에 나서 항의를 적극적으로 표시하는 실제의 대중은 각자가 따로 모니터 앞에 앉아 있는 대중, 디지털 원주민digital natives으로 대체된다.

그렇다면 대중 형성이 말하자면 기계에 위임되었는가? 결속 자체도 겨우 가장만 할 뿐이고, 결국에는 다수의 공동체화와는 정반대되는 고립, 개별화, 수동성을 불러오는가? 이것은 매우 편협한 대중 관념이 될 것이다. 프리드리히 엥겔스의 대도시 서술의 사례에서 명확히 드러났듯이 고립된 개인들을 만들어내는 것이 바로 대중의 작용일 수도 있다. 친밀함과 접촉 같은 대중 속에서의 경험은 심지어 개개인의 고립 욕구를 강화할 수도 있다.

네트워크에서는 감염의 원리에 따라 작동하는 전형적인 대중 역학이 관찰된다. 예를 들면 유행 만들기, 유튜브 동영상의 클릭 수에 주목하기, 쉿스톰shitstorm 현상과 소위 댓글부대 활동brigading, 예를 들어 어떤 정치적 적대자의 이미지를 강간범rapist 같은 비방하는 검색어와 연결하는 다중 클릭 활동이 있다. 전통적 대중 이론의 또 하나의 중요한 특성이 인터넷에 관한 논쟁에 다시 등장한다. 바로 네트워크가 익명 활동을 가능하게 해준다는 비난이다. 이 때문에 인터넷에서 비방이 그토록 큰 공간을 차지한다는 것이다. 실제의 대중에 관해서도 이와 아주 유사한 말들이 나돌았다. 익명 활동을 가능하게 해주어서, 사람들은 대중 속에 숨어서 드러나지 않게 활동할 수 있다는 것이다. 마오쩌둥도 『마오쩌둥 어록』에서 항쟁군에게 권했듯이 ("물고기는 물속에서 놀아야 한다") 파괴와 혁명을 은밀히 꾸미는 모든 사람들에게 대중은 이상적인 은신처이다. 실제의 대중과 마찬가지로 가상의 네트워크도 참가자들에게 함께 활동하면서도 계속 숨어지낼 수 있는 가능성을 열어준다.

뉴미디어에서는 무엇보다 대중의 부정적인 면들—고립, 감염, 익명 활동—이 다시 돌아오고 있는 것으로 보인다. 그렇다면 문화비관론자들이 인터넷을 타락 현상으로 여기는 것이 옳은 일일까? 뉴미디어에 대한 부정적인 해석은 해석 대상보다는 오히려 그 이야기를 지어낸 사람들에 관해 더 많은 것을 알려준다. 부정적인 해석은 전통적인 대중 이론가들이 대중에게 있다고 여겼던 나쁜 특성들을 뉴미디어에 투사하고, 과거의 부정적인 속성들을 가진 새로운 대중이 존재한다고 주장한다. 이 새로운 대중 현상들은 단지 과거의 퇴행적 대중이 현실에 맞게 수정된 버전일 뿐이다. 앞서 나온 구원 이야기는 이와는 정반대의 태도를 보인다. 이 이야기는 인터넷 커뮤니티에 대한 자신의 생각에 완성된 공동체라는 전통적인 표상을 다시 받아들이고, 동등한 자들의 결속이라는 공감 어린 대중 개념을 만들어낸다. 실제로 이 이야기는 입회자와 비입회자를 명확히 구분하며, 대중보다는 분파를 떠올리게 해주는 새로운 독보성을 보장한다고 약속한다.

인터넷 시대의 최초의 저항 조직들 중 하나는 자신의 명칭을 어나니머스Anonymous라고 붙였다. 이 운동은 대중은 익명으로 활동한다는 부정적인 평가를 공격적인 전략을 이용해 긍정적인 특성으로 되살렸다. 익명성이 위계질서와 지도자 인물의 부재이자 익명의 대중의 독자 활동을 나타내는 동의어로 변한 것이다. 어나니머스의 사례에서 처음에는 가상일 뿐이었던 대중이 실제의 대중으로 변한 것도 분명히 드러난다. 이 운동 초기에 행동주의자들은 오직 인터넷에서만 활동했고, 이미지 보드imageboard와 인터넷 포럼을 통해 서로 결속했다. 적어도 2008년 이후로, 그들은 성공을 거두고 폭넓게 확산되는 과정에서 점차 가두시위와 집회에 나서는 실제의 대중을 형성하게 되었다. 그들의 식별 표시—가이 포크스Guy Fawkes 복면—역시 가상의 세계에서 나왔다. 이것은 암울한 디스토피아 만화 〈브이 포 벤데타〉에서 차용한 것으로, 그들은 이 이야기의 배경(마스크를 쓴 주인공이 압제적인 체제를 물리친다)을 현실 세계로 옮겨 놓은 것이다. 이 마스크를 착용함으로써 개인은 누구나 군중이라는 집단적 남성으로 변신할 수 있다.

문화비관론적 해석이 규정하는 실제의 대중과 가상의 대중의 대립 관계는 이 연관성을 완전히 오판하고 있다. 뉴미디어 시대의 대중 형성에 대한 세밀한 분석은 실제의 대중과 가상의 대중이 결코 배제하는 대립 관계를 이루지 않는다는 것을 보여준다. 이 둘은 오히려 서로를 보완해준다. 그들의 뒤얽힌 상호작용을 깨닫는 것이 중요하다.

· · · · 복수의 여론

실제의 대중과 가상의 대중의 상호작용을 이해하기 위해서는 먼저 인터넷을 통해 야기되는 여론의 구조 변화를 고찰해야 한다. 모두에게 권위가 있었던 특정한 하나의 여론은 조각으로 분열되었다. 지금은 여러 여론들이 있다. 인터넷은 너무나 많은 정보 전달 수단과 플랫폼을 제공하기 때문에 엄청나게 다양한 뉴스와 의견을 전파할 공간이 생긴다. 아무리 난해한 주제라 해도 제각각 나름의 플랫폼이 있고, 어떤 음모론자라도 충분히 오래 검색하다 보면 동지들을 발견한다. 특히 메타 플랫폼과 이미지 보드, 레딧Reddit이나 포챈4chan 같은 사이트의 유저들이 직접 관리하는 토론 포럼처럼 네트워크의 더 깊은 층에 있어서 접근이 더 힘들지만 영향력은 더욱 큰 사이트들은 엄격히 익명을 지키는 비밀 결속체를 위한 수단들을 제공한다. 이들의 성과는 그 후에 다시 실명 네트워크인 트위터, 페이스북, 인스타그램을 통해 분주히 퍼져나간다.

인터넷을 통한 정보 전달 수단과 공개 지식의 확산은 역설적으로 여론 형성 가능성을 좁혀놓았다. 모든 종류의 정보에 누구나 접근할 수 있다면, 우리는 알고 싶어 하지 않는 뉴스에 대한 관심은 차단하게 된다. 극좌파는 인디미디어Indymedia, 극우파는 얼터미디어Altermedia라는 사이트를 가지고 있다. 네트워크에서는 누구나 자신이 가지고 있던 견해를 발견할 수 있기 때문에 우리는 자신의 세계관이 옳다고 확인해주는 것만 찾아내게 된다. 자신의 '여론'이 이렇게 이미 알고 있는 것을 재생산하는 것으로 좁혀짐에 따라 공적인 것은 본질상으로 사적인 견해의 반영일 뿐이다. 검색엔진과 그곳의 사전 선별은 소위 필터 버블filter bubble과 반향실echo chamber을 만들어 낸다. 인터넷의 개방성이 뒤집혀서 분파들을 형성하는 것으로 변한다. 이 분파들에게는 사실 그 자체가 아니라 동지들과의 의견 일치가 중요하다. 이 새로운 사태를 나타내기 위해 영어권에서는 탈현실postreal이라는 상투어가 만들어졌다.

하나의 특정한 여론이 있었던 시기에는 여론은 진실이 합의되는 바로 그 장소였다. 믿을 만한 뉴스 매체들은 사실을 전달하는 데 대한 일종의 독점권을 가지고 있었다. 거기서 어떤 사실과 진실이 생겨났는지는 논란의 여지가 있었을 것이다. 하지만 그 논란은 하나의 무대에서 벌어졌으며, 모두가 볼 수 있도록 언젠가 사실여부가 판가름 났다. 그러나 여러 가지 여론이 있다면 이 합의 절차는 중단된다. 이 여론들은 관계도 맺지 않고, 서로 다른 여론은 차단해왔기 때문에 진실을 둘러싼 논쟁도 끝까지 벌이지 않기 때문이다. 이제는 사실에 관한 해석이 아니라 사실여부 그 자체가 격론의 대상이 된다. 하나의 특정한 여론을 대신해서 집중적으로 반대 여론과 다시금 반대의 반대 여론을 만들어내는 다수의 서비스 제공 기관이 들어선다. 거짓 정보의 유포는—러시아의 사례가 보여주듯이—오래전부터 이미 국가의 대표자들에게도 일상의 관행이 되어버렸다.

　　이런 이유에서 많은 정치 관측통들은 이러한 발전 양상에는 여론의 구조 변화가 관련되어 있다는 사실을 부인한다. 여론의 복수화는 여론의 파멸과 같은 의미라는 것이다. 이것은 결국 사회가 미디어를 통해 매개되나 서로와는 차단되어 있는 수많은 초소형 집단micro mass으로 분열되는 결과를 불러온다고 한다. 이 집단들은 기껏해야 자신들을 추종하는 동질적인 집단들peer groups을 통해 빈약한 유사성의 네트워크를 만들 것이다. 하지만 비평가들이 비난하는 정보의 감소는 텔레비전 같은 전통적인 매스 미디어에서도 일어나고 있다. 다만 그 방식은 전혀 다르다. 독일 제1공영방송 ARD의 저녁 8시 메인 뉴스 시청자들은 원칙상 동일한 정보 수준을 가지고 있고, 서로 동일한 것에 관해 얘기를 나눌 수 있다. 그렇다 해도 세상에서 벌어지는 일을 꽉 찬 15분으로 줄이게 되면 뉴스는 당일의 주요 사건들에서 겨우 몇 가지를 선별해서 내보낼 수밖에 없다. 그러니 사건들 상당수가 메인 뉴스와 심야 뉴스에서는 언급조차 되지 않는다. 이 때문에 공영방송사들은 추가로 뉴스 매거진, 제3의 프로그램, 뉴스 전문방송 피닉스, 인터넷상의 보완 정보도 제공한다. 여기서는 심도 깊은설명, 훨씬 더 광범위한 뉴스와 해설을 전달할 가능성이 주어진다. 일간신문과 주간신문, 라디오 방송뿐 아니라 온갖 정치 집단들과 이념 집단들도 자신의 입장과 일치하는 뉴스를 전파하기 위해 인터넷을 이용한다. 여기서는 순수한 뉴스 형식으로는 적합하지 않은 테마들이 펼쳐질 수도 있다. 인터넷은 전통적인 매스 미디어의 정보의 폭을 넓히고, 정보에 비판적으로 곁들이거나 정보의 편협함을 드러나게 할 수 있다. 인터넷은 어떤 여론뿐 아니라 반대 여론도 만들어낼수 있다.

그 외에도 일찍이 하나의 특정한 여론이 있기나 했는지도 의문스럽다. 만약 있었다면 참가자가 매우 줄어든 여론이었을 것이다. 언제나 일부 소수의 사람들만이 모두를 대변했다. '여론의 파멸'에 대한 한탄은 종종 세인들의 의견에 미치는 영향력 상실, 특히 예전에는단독으로 누가 어떤 것에 관해 공적으로 말할지 결정했던 그런 사람들이 미치는 영향력 상실에 대한 것으로 보인다. 인터넷이 대중을 조각으로 분열시킨다는 말이 맞는다면, 이 새로운 사태는 정보의 다각화에 유리한 작용도 했다. 소위 모두가 일치해서 관심을 기울였다며뒤늦게 이상적으로 찬양되는 '하나의' 여론을 되찾으려는 꿈은 인터넷에 의해 모두에게 제공되는 의견의 다양성을 미화하는 것만큼이나 고지식한 태도다.

모두가 공감하는 하나의 특정한 여론이 다시 신망을 얻을 수 있도록 인터넷을 통한 정보의 유포를 규제하려는 시도도 사정은 마찬가지다. 반대자들은 이 여론을 여러 미디어들 중 하나로 받아들인다. 모든 음모론자들과 똑같이 뉴라이트 운동의 대표자들도 거짓 정보를 유포한다는 비난을 무작정 뒤집어서 오히려 전통적인 미디어가 거짓말을 한다고 책망한다. 2017년의 프랑스 대통령 선거 기간에는 여러 후보들이 동시에 언론이 거짓말을 하고, 시민들을 배신했다며 혹독한 비난을 퍼부었다. 가령 좌파 포퓰리스트 장뤽 멜랑숑 Jean-Luc Mélanchon은 만평가 조안 스파르Joann Sfar가 자신을 푸틴의 지지자로 풍자하자 기자들은 '하이에나'이자 '지저분한 멍청이'라고 욕을 했다. 스파르의 페이스북 페이지는 격분한 멜랑숑의 추종자이자 댓글 부대troll army에게 습격을 받았다. 스파르는 『르몽드』에서 이렇게 말했다. "자기 검열은 계속될 것이다, 누구도 이런 일을 당해볼 마음은 내키지 않을 것이기 때문이다." 멜랑숑도 자신의 입장을 이렇게 언급했다. "우리는 시민혁명이 필요하다. 미디어에 있어서도 마찬가지다. 우리는 자신이 어떤 식으로 살고 있는지 제대로 이해하기 위해서는 미디어를 자유롭게 해주어야 한다."14 미디어는 예전에는—적어도 이상적으로는—'제4의 권력'으로서 감시 기능을 수행함으로써 권력자의 의향에서 자유로워지는 데 공헌했다. 오늘날의 시민들은 미디어에서 자유로워져야 한다고 요구한다. 멜랑숑의 입장에서 이것은 미디어를 지배의 도구에서 직접적인 의사소통과 참여의 수단으로 변화시키는 것을 의미한다. 이것은 새로운 미디어의 이념과도 정확히 일치한다. 뉴미디어는 하나의 특정한 여론의 파멸뿐 아니라 전통적 저널리즘의 의미 상실과도 밀접하게 결부되어 있다. 그사이에 우리는 연립정부 협상 상황과 정부의 결정 사항조차 전문 훈련을 받은 기자가 전하는 뉴스가 아니라 트위터를 통해 관련 당사자들로부터 직접 알게 된다.

전통적인 중재 기관은 대중의 의견과 정치 책임자들의 결정을 하나로 묶어주고, 설명하고, 해석하는 임무를 가졌었다. 이렇게 매개해주는 지위는 권력이 제대로 돌아가기 위해서는 필수적이었다. 이 때문에 이 지위 자체가 권력의 자리였다. 전후 시대의 유력한 언론 매체 수장들 — 악셀 슈프링거Axel Springer, 루돌프 아우크슈타인Rudolf Augstein, 레오 키르히Leo Kirch 등 — 은 정치 분야에서 막강한 중재자였다. 국방부 장관 슈트라우스Franz Josef Strauß와 아우크슈타인 사이에서 벌어진 대결에서 알 수 있듯이, 두 사람 모두 오랫동안 대등한 정치적 상대임이 입증되었다. 중재 기관을 배제하면 정치 책임자들의 입장에서는 더 이상 중재자의 호의적인 해석에 좌우되지 않는다는 장점이 생긴다. 그들은 뉴미디어를 통해 대중에게 직접 호소하고, 정보 전달 통로를 통제하고, 사안들에 대한 자기 자신의 해석이 반드시 수신자에게 전달되도록 할 수 있다. 이런 식으로 해서 그들은 정치 세력과 유권자의 두터운 관계, 허구의 친분을 조성한다. 하지만 만약 이 새로운 발전 양상이 인정을 받는다면 잘 훈련된 기자들은 정치의 설명자, 해설자, 비평가로 전락하고, 대중은 예전보다 정치가들에게 훨씬 강하게 의존하게 될 것이다.

이것이 또한 멜랑숑이 '자유롭게 해준다'며 추구하는 낡은 미디어에서 새로운 미디어로의 변화가 우리들 모두의 심기를 불편하게 하는 이유이기도 하다. 겉으로 보이는 새로운 매스컴의 직접성은 전 세계적인 의사소통 네트워크에 접속되지 않은 공간은 없다는 생각을 은연중에 불어넣는다. 이렇게 해서 세상에 대한 나의 접근성은 전면적이지만, 마찬가지로 나에 대한 세상의 접근성도 전면적이다. 이제 곧 공적 공간에서 모습을 감추기가 불가능해질 최신의 얼굴 인식 소프트웨어가 나온다. 또한 개인의 주거 공간에서 찍은 사진들이 사이트에 게시되고, 휴대폰으로 촬영해서 인터넷에 올리는 동영상도 수없이 많다. 이런 점들을 고려할 때 이제는 아마 몸을 숨길 피난처는 더 이상 없을 것이다.

오늘날에는 뉴미디어에 의지하는 음모론적 활동들이 전통적 저널리즘에 대해 끊임없이 거짓말을 한다고 책망하며 맞서고 있다. 가망이 없다고 여겨지는 여론을 검열을 동원해—혐오 발언hate speech을 법으로 처벌하는 것을 통해—다시 복원하자는 호의적인 제안은 공적인 것의 분열을 더욱 가속화할 우려가 있다. 극단적 정당과 운동을 금지하는 조처는 이들이 지하에서 새롭게 조직되는 결과만 불러올 뿐이다. 여론을 불러일으키는 대신 아마 통제할 수 없는 조직들이 생겨날 것이다. 이 논거에 대해서는 이런 반론이 제기된다. '그러나 그런 사람들에게 무대까지 제공해주어야 한단 말인가?'

그렇지만 이 무대에서 벌이는 일은 이미 수많은 현장으로 확산되어 있다. 여기서는 모두가 자신의 관심사를 연기하는 배우로 등장할 수 있다. 누군가가 자신의 팔로워들에게 일상에서 겪은 사건을 전한다면, 그는 자신의 사적 생활에 하나의 여론을 달아놓는 것이다. 그는 자신의 사적 영역—그것이 아직은 아무리 평범하다 하더라도—을 무제한의 공간으로 확장할 기회를 이용한다. 하지만 이 사안은 긍정적으로 설명될 수도 있다. 과거의 여론의 형식은 매우 선택적이었고, 그 여론에 접근하기 위해서는 특정한 규칙과 법도를 숙지하고 있어야 했다. 반면에 새롭고 다양화된 여론에서는 관계자라면 누구나 무대를 설치할 수 있다. 예전에는 개개인이 여론에서 처신할 때 격식을 갖춘 행동을 하고 의무적인 법도를 알고 있어야 했다. 그러나 새로운 여론은 개인의 특성을 강화해준다. 개개인은 자타 모두에게 자신의 생각과 일치하는 자아상을 제시할 자유가 있다. 개개인은 인터넷상의 블로그에서 세인들에게 자신의 생활방식과 그것을 실현하게 해주는 제품들에 관해 설득력 있게 표현할 수 있다.

과거에 대중은 항상 순수하게 사회적인 현상이었다. 여론의 복수화는 자기 본위의 구상들을 중심으로 형성되는 새로운 대중을 탄생시킨다. 우리는 이것을 모순되어 보이는 간략한 문구를 이용해 '사생활의 대중'으로 부를 수 있을 것이다. 그 외에도 뉴미디어는 밀도가 아니라 연결 능력에 따라 개방적 대중으로 규정되는 네트워크를 발생시킨다. 그 전의 여론 개념에 비해 느슨한 이 결합은 대단히 동질적인 집단이 형성되도록 해준다. 이 집단은 자신의 필터 버블을 통해 스스로 옳다는 것을 입증하며, 공적인 담론에는 더 이상 편입되어 있지 않다.

· · · · 소셜 미디어: 대중과 독자층(애호가들)

인터넷상의 가상의 대중은 소셜 미디어의 네트워크에서, 페이스북과 트위터에서, 댓글란, 블로그, 메신저 채팅방에서 형성된다. 여기서는 모반자와 불평자도 찬미자와 팔로워와 똑같이 함께 모여 서로 힘을 실어주거나 비방을 한다. 가상공간에서 형성되는 대중은 거리와 광장에서 모이는 실제의 대중보다 조작에 더 쉽게 넘어간다. 실제의 대중의 규모는 대략 어림잡을 수 있다. 반대로 가상의 대중은 기술 수단을 동원해 증강되고 확대될 수 있다. 여기서는 대중 형성이 기계에 떠넘겨질 위험이 있으며, 이미 부분적으로는 현실이 되었다. 영어 단어 robot에서 파생한 소위 소셜봇social bot들은 트위터나 그 외의 소셜 네트워크에서 기계를 동원해 수만 개의 댓글을 생성하며, 이것을 이용해 찬성이나 반대하는 수를 늘리고 의견을 만들어낸다. 이의견 생성 로봇은 댓글 작성자와 같다는 느낌을 준다. 그러나 실제로는 조작 ID를 이용해 정치인들의 사이트에 몰려들어 여론을 조성한다. 가상의 대중은 여기서는 순전히 허구의 대중이다.

이런 행태가 얼마나 만연해 있는지를 2016년도의 미국 대통령 선거전이 보여주었다. 옥스퍼드 대학의 한 연구에 따르면 트럼프에 유리한 트윗은 3개 중 하나꼴로 소프트웨어 로봇에 의해 작성되었다. 라이벌 힐러리 클린턴의 경우에는 5개 중 하나꼴이었다. 소셜봇의 투입이 조작에 의한 것임은 의심의 여지가 없고 소셜봇은 그저 대중인 체할 뿐이지만, 이런 전략은 전염이라는 전형적인 대중 현상에 의존하고 있다. 다시 말해 인간 유저가 진짜 신분을 모르는 소셜봇의 메시지에 감염당하면 허구의 대중에서 실제의 대중으로 변하는 것이다.

이와 비슷하게 크라우드 펀딩에서도 처음에 가상의 대중을 모으면 그다음에 실제의 대중이 생겨난다. 예를 들면 잠재적인 관객들로부터 자금을 조달해야 할 어떤 영화 아이디어가 인터넷을 통해 소개된다. 고지된 제작비를 댈 지원자들이 충분히 나서면 그 영화는 실제로 촬영에 들어갈 수 있다. 이렇게 해서 대중이 영화 제작자가 될 수 있다. 영화 제작이 성사되면 가상의 관객은 장래의 영화를 보고 싶어 하는 실제의 관객으로 변한다. 여기서는 영화 제작자들이 자금 조달 활동의 성공을 근거로 영화가 관객들에게 호응을 얻을지 대충 알아볼 수 있는 부수 효과도 생긴다. 가상의 대중은 실제가 될 가능성이 있는 관객을 미리 알려준다.

가상의 대중이 실제의 대중을 만드는 또 다른 경우는 플래시몹 현상이다. 이 대중은 번개처럼 순식간에 나타난다. 그들이 어떤 특정한 집단행동을 하기 위해 공적 공간에 모인 것처럼 보일 정도로 갑자기 나타나듯이, 다시 사라지는 것도 순식간이다. 다만 참가하지 않은 행인들에게는 이 대중의 형성과 해산이 번개처럼 벌어지는 일이며, 이 때문에 수수께끼로 남는다. 실제로는 그것은 훨씬 이전부터, 인터넷에서 가상의 대중을 '모집하는' 활농을 계획하고 알리는 것과 더불어 시작된다. 가상의 대중의 존재는 번개 모임에 필요한 실제의 대중을 형성하기 위한 필수조건이다. 예를 들면 '아랍의 봄' 때도 이와 유사하게 시위 대중은 페이스북과 트위터를 통해 카이로의 타흐리르 광장에서 항쟁 행동에 나서기로 서로 약속했다.

가상의 대중과 실제의 대중의 이 상호작용을 더 잘 이해하기 위해서는 가브리엘 타르드를 다시 살펴보는 것이 도움이 된다. 타르드는 19세기 말에 이미 가상의 대중과 실제의 대중의 차이를 기반으로 자신의 대중 이론을 세웠다. 그의 경우에 이 차이는 '대중'과 '독자(애호가)층public'이라는 개념으로 나타난다. 가령 그는 자신의 저서 서두에서 경쟁자인 귀스타브 르봉을 비꼬면서 이렇게 주장한다. "따라서 나는 열정적인 저자이신 르봉 박사의 '우리의 시대는 대중의 시대'라는 논제에 동의할 수 없다. 우리의 시대는 오히려 독자층publikum 혹은 독자층들publika의 시대다."[15]

타르드에게 여론(공중)은 이미 복수인 '독자층들'로 존재한다. 이 복수화는 독자층을 자신이 차이를 없애는 것으로 서술하고 있는 전통적인 대중과 구분해준다. 그렇다 해도 두 개념의 대비가 처음에 주는 인상과는 달리 독자층은 대중과 근본적으로 다른 어떤 것은 아니다. 독자층은 오히려 새로운 종류의 대중이다. 독자층은 대중이 근대에 들어 띠게 되는 한 형태다. 타르드는 전통적인 대중을 구성원들이 동일한 장소에 몸소 참석하는 것으로 특징지운다. 반면에 독자층은 가상적인 동시에 실제적인 것으로 규정한다. 독자층은 비록 몸소 만나는 일은 없다 해도 상당수가 동일한 유행을 따르고, 동일한 신문과 잡지를 읽고, 그렇게 해서 동일한 의견이 형성되는 것을 통해 각자의 일체성이 생겨난다. 독자층은 '접촉 없는 감염'[16], '의견의 흐름'[17]을 통해 생겨나는 것이다. 이 새로운 대중, 즉 독자층을 타르드는 '가상의 대중'[18]이라 불렀다. 그들이 가상인 이유는 관련자들이 미디어를 통해 서로 연결되고, 예를 들면 특정한 정치 지향성을 가진 신문의 독자층으로서 동일한 의도, 의견, 의향을 키워내기 때문이다. 이들이 극장에서 관객으로 혹은 어떤 연사의 청중으로 모여들 때는 실제의 대중이 된다.

이 새로운 종류의 대중은 일부 영역에서는 과거의 대중을 몰아내며, 그 밖의 영역에서는 그들과 공존한다. 특별히 타르드의 관심을 끈 것은 이렇게 공존하는 데서 생겨나는 상호작용이다. 독자층이 역으로 전통적인 대중으로 변하는 것도 언제든지 가능하다. 이뿐만 아니라 이것은 가상의 대중이 통상적으로 변하는 방향이기도 하다. 여러 장소에 걸쳐 분산된 독자층에서 동시에 공간적으로 현장에 참석하는 구체적인 대중이 생겨나는 것이다.[19] 독자층이라는 가상의 대중은 물리적 대중 형성을 대체하는 대신 강화해줄 수도 있다. 가상의 대중의 '감염'은 '접촉'을 필요로 하지 않기 때문에 그들은 멀리 떨어진 장소에서도 물리적 대중을 만들어낼 수 있다. 이렇게 해서 그들은 전통적인 대중의 활동 영역을 확장시킨다. 인터넷의 탄생과 더불어 가상의 대중은 정치의 본질적인 요인으로 변한다. 가상의 대중은 자신의 미디어를 통해 서로 연결되고, 인정받고, 강화된다. 이것은 다시금 자유주의에서 극좌파에까지 이르는 또 다른 독자층을 집결시킨다. 그때 이들은 맞불 시위자 집단이 되어 거리와 광장에 나타난다.

이런 식으로 해서 아랍의 봄 운동이 수행되었고, 플래시몹이 출몰하고, 온갖 종류의 폭동이 일어난다. 이 불씨가 얼마나 빨리 옮겨 갈 수 있는지 그리고 가상의 대중에서 어떻게 실제의 대중이 생겨나는지는 얼핏 단번에 나라 전체를 덮치는 것으로 보이는 대중 시위의 급속한 확산이 보여준다. 이것은 2004년과 2013~14년의 우크라이나, 2013년의 브라질 혹은 2016~17년의 서울의 경우에서 드러난 바 있다. 가상의 대중과 실제의 대중의 상호작용으로 인해 국가 당국이 예상할 수 없는 시위들이 발생한다. 해방운동이나 추적 무리가 될 수도 있고, 혹은 이 두 가지 모두가 될 수도 있다. 이런 대중 시위는 독자층의 이질성에 따라 완전히 서로 다른 이해관계와 동기를 일시적으로 하나로 묶어줄 수도 있다. 페기다 가두시위는 가상의 대중에서부터, 즉 (독일 여성들이 난민들에게 '성폭행'당했다는)[20] 가짜 뉴스가 실린 댓글란, 온라인 기사, 페이스북에 올린 비방과 폭언, 트위터 메시지, 인터넷 사이트에서부터 시작되었다.

가상의 대중과 관련된 이 사례들은 시위에 참가하는 개인은 누구나 시위대 속에서 자신이 지지받는다고 느낄 수 있다는 것을 보여준다. 여기서 공감을 얻는 것은 자신의 목소리, 자신의 행동, 자신의 의견이다. 뉴미디어에서 이 개인은 자신의 견해와 입장이 옳다고 인정해주고, 그에게 그것을 전파할 인터넷의 무한한 공간을 열어주는 가상의 대중에 적극적으로 참여한다. 소셜 네트워크가 문화비관론자들의 눈에 거대한 반향실로 비치게 되는 이유는 개인의 이 인정받고 싶어 하는 욕구 때문이다. 여기서는 실제의 의사소통이 아니라 상호 간에 자기도취적 반향만 생겨날 뿐이라는 것이다. 그러나 이런 개인의 활동은 다양한 선택 가능성 중 자기만의 태도 표명 방식과 자신에게 맞는 특유의 대중을 고르는 행동가의 자신감의 표시로 간주될 수도 있다. 이 개인은 어쩌면 길거리의 실제의 대중에 가담한 적은 없을지도 모른다. 그러나 그는 가상의 대중에 참여함으로써 자신이 어떤 대규모 연합 운동의 일원임을 지각하고, 동일한 관심사를 가진 타인들과의 친밀함을 느낄 수는 있다.

인터넷이라는 새로운 매스컴은 개개인의 활동 범위를 상상도 못할 정도로 넓혀주기도 한다. 개개인은 이제 수많은 사람들과 직접 연락을 할 수 있다. 대중 속으로 뛰어드는 대신 그는 자신의 개인적인 공연을 좋아하는 독자층을 얻을 수도 있다. 이런 직접적인 방법을 이용하는 유튜브 '스타들'은 때로는 확고한 기반을 잡은 영화 스타와 팝스타의 반열에 오르기도 한다. 전혀 알려지지 않은 젊은 여성들이 미용술, 몸매 관리, 옷차림 분야에서 일종의 사려 깊은 도움을 주고, 은밀한 간접 광고를 이용해 엄청난 여성 독자층(구독층)의 마음을 사로잡는다. 이들은 자신을 인플루언서influencer라고 부른다. 왜냐하면 이들이 인터넷에 올라 있는 목적은 그 동영상이 장시간의 광고방송임을 알아차리지 못하도록 하면서도 자신의 팔로워 집단에게 매우 특정한 제품을 알려주는 것이기 때문이다. 우리는 가상의 대중을 만들어내는 이 여성들이 미디어에 의해 얻어지는 직접성을 의식적으로 투입한다는 데서 대가다운 솜씨를 알아차린다. 이것은 겉으로는 자신의 것으로 보이는 방송(바이에른 뮌헨 축구팀의 '바이에른 TV'처럼)을 자신의 팬들을 위해 제작시키는 스포츠 스타들에게도 해당된다. 테니스 스타 로저 페더러Roger Federer가 우승컵을 든 자신의 셀카를 라커룸에서 보내준다면, 우리는 그 사람 옆에 앉아 있다는 느낌이 든다. 성공적인 연기자들은 인터넷에 올라와 있는 자신의 콘텐츠를 이용해 한편으로 자신이 생각하는 것과 정확히 일치하며, 다른 한편으로 세부 사항까지 자신이 통제할 수 있는 자신의 이미지를 만들어낸다. 모범적인 어떤 개인을 따르는 대중의 규모가 얼마나 되는지는 남들에게 영향을 끼칠 수 있는 그 개인의 능력을 보여준다.

가상의 대중의 수도 거리에서 벌이는 집단행동 못지않게 대중운동의 성공 여부를 좌우한다. 대중운동이 성공을 거두기 위해서는 무엇보다 서로 밀접한 연관이 있는 두 가지 사항이 필요하다. 대중운동은 그들의 메시지를 널리 전파해주는 호의적인 독자층이 필요하다. 그래야 이들로부터 꾸준히 미디어상의 호응, 새로운 지지층, '적극적 활동자들'을 만들어낼 수 있다. 크로이츠베르크의 5월 1일 시위 때처럼 독자층이 등을 돌리면 집단 난동은 활기를 잃는다. 다른 한편으로 모든 대중운동은 그들의 관심사를 지지해주고, 하나로 묶어주고, 공적 담론에서 거기에 존재감을 부여하고, 그들에게 지속성을 안겨주는 실제 조직들이 필요하다. 이 조직들은 실제의 대중 형성과 가상의 대중 형성의 상호작용을 서로 강화해주도록 조종하기 위한 것이다. 여기에 필요한 것은 상징물, 배지, 몸짓, 로고, (가이 포크스 마스크 같은) 마스크, (페기다의 '서구' 같은) 엄청난 연상을 불러일으키는 선동적인 명칭, (검은 복면단 같은) 옷차림, (극우파의 록음악 같은) 음악이다.

가상의 대중에서도 조직이 생겨날 수 있다. 이것은 바로 개방적 대중에서 폐쇄적 대중으로 변하는 과정에서 생겨난다. 이 변신은 어떤 대중운동이 지속적으로 유지되기를 원할 때 필요하지만, 거의 언제나 심한 갈등을 수반한다. 과거 서독에서 '녹색당'이 발전한 과정이 이 양상을 모범적으로 보여준다. 어떤 조직의 형태를 갖추는 것—강령, 정관, 후보자 선출제도 등을 갖춘 정당으로서—은 조직의 유연성을 희생하면서까지 실현되어서는 안 된다. 조직을 동여매는 끈이 너무 바짝 조여져 있으면 그 조직은 자신의 독자층과 적극적 행동가들의 일부를 잃을 위험이 있다. 녹색당의 경우에 이것은 (어떤 운동이 정당 창당으로 이어질 때면 거의 언제나 그렇듯이) 더 급진적인 구성원들의 이탈을 초래했다. 반대로 조직이 너무 개방되어 있으면 가상의 대중은 자신의 무게중심을 잃고 더불어 그들의 핵심 지지층도 잃는다. 이 과정에서 소셜 네트워크에 커다란 의미가 부여된다. 소셜 네트워크는 운동의 성격을 훼손하지 않으면서도 운동을 지속적으로 안정화하고 확고한 기반을 잡는 데 기여할 수 있다. 소셜 네트워크는 추종 세력으로 구성된 가상의 대중과 계속되는 의사소통을 통해 그들의 분위기가 망쳐지거나 단단한 '대중의 핵(카네티)'이 깨져나가는 것을 막을 수 있다.

새로운 대중운동을 하거나 조직을 신설하는 때에는 대중의 핵과 가상의 대중 사이의 연결부를 장악하는 것이 대단히 중요하다. 다시 말해 확고한 체계의 형성과 또 추종자들과의 의사소통에 모두 도움이 되는 그런 위치를 차지하는 것이 중요하다. 최근의 항쟁운동의 조직 형태를 보면 이것을 알 수 있다. 우파 정당 조직 콤팩트Compact 와 그 짝을 이루는 미국의 무브온MoveOn이 이 고도로 전문화된 시위 조직의 사례다. 이 조직들은 실제의 대중이 형성될 수 있도록 필요한 물자를 준비하지만, 동시에 여론 형성의 기반으로도 이용된다. 고착화와 유동 상태를 가르는 분수령이 얼마나 좁은지는 논쟁에서 이런 조직들에게 어김없이 가해지는 격렬한 비판이 보여준다. 행동주의자들이 콤팩트의 대표자들을 비아냥거리며 '운동 매니저'라는 칭호로 부르는 것은 대중의 자체 동력(탄력)이 시위 조직을 통해 사라지는 위험을 지적하는 것이다. 그렇지만 그들은 운동을 폭넓은 독자층 속에, 다시 말해 끊임없이 자신의 목표를 전달해야만 하는 가상의 대중 속에 묶어두는 것의 중요성은 경시한다.

독일의 뉴라이트 운동 정당들도 가상의 대중으로부터 당원을 충원하고 있다. 이 운동을 지탱하고 강화해주는 그런 독자층의 부재가 오랜 기간 동안 우파의 문제점이었다. 그사이에 역의 가판대나 슈퍼마켓에서도 판매되고 있는 『콤팩트』 같은 잡지를 통해, 우파 유저들의 네트워크인 대안우파Alt-right의 두더지식 작업을 통해, 지속적으로 성공을 거두고 있는 정당 조직의 구축(독일을 위한 대안)을 통해 가상의 대중이 형성되었다. 이 조직 형태들이 없었다면 여론조사에서 매번 높은 비율을 차지하는 극우 진영에서의 여론 형성은 독일 정치권에서 별 성과를 거두지 못했을 것이다.

실제의 대중과 가상의 대중은 서로 강화해주는 관계에 있다. 우리는 오늘날 가상의 대중 측에서 강력한 가두시위, '록 페스티벌', '장송 행진곡' 그리고 간헐적으로 소수민족을 박해하는 추격 무리가 다시 생겨나는 것을 목격하지만, 전형적으로 해방을 추구하는 시위 운동이 나타나는 것도 본다. 우리가 어떤 대중 형성에 매혹을 느끼는 지는 컴퓨터에서 클릭 한 번 하는 것이 아니라 특정한 사이트들을 클릭해서 방문하는 데 들이는 끈기에 따라 결정된다. 과거의 투쟁적 구호 "당신은 어느 편에 가담하는가Which side are you on?"는 오늘날에는 틀림없이 '접속하는가online'로 끝날 것이다. 내가 어느 편에 가담하는지는 내가 어떤 인터넷 사이트를 방문하는지에서 알아볼 수 있다.

8장

대중문화 비평

···· 대중 현상으로서의 개인주의

대중 취향은 단지 취향의 문제일 뿐인가? 오랜 기간 취향은 그 이상
이었다. 대중 취향은 상류층을 하류층과 구분하는 가장 중요한 기준
들 중 하나였다. 지배 계층의 입장에서 대중 취향은 평민 계층에 속
해 있다는 사실을 암시한다. 평민들의 미적 판단력은 예술작품을 전
문적으로 평가하기에는 충분히 숙달되고 세련되지 못했다는 것이다.
그들은 거리두기와 특출해지려는 의지가 부족해서 비평할 능력이 없
고, 대중을 위한 미적 창작물에 대해 단정적인 태도를 보인다고 한
다. 대중문화에 속한 개인들은 전문 지식과 예술품 소장을 통해 서로
구분되려 하기보다 남들과 동일한 취향을 가지길 원했다. 그래서 그
들은 새로운 것을 만들어내지 못하고 기존의 것을 복제하기만 했다.

　이 모든 것은 상류층이 대중과 구별짓는 데 이용되는 가치 판
단이다. 비평가들은 대중문화 비평을 이용해 자신이 더 높은 사회적
지위에 있음을 보여준다. 이 구별되려는 의지는 오르테가 이 가세트
의 경우처럼 '더 고상한 삶'을 주장하는 것으로, 혹은 프랑크푸르트

학파에서처럼 미적 전위예술에 가담하는 것으로 나타날 수도 있다. 두 경우 모두 인물의 자질, 특히 문화에 대한 전문지식은 무엇보다 대중 취향과의 구별짓기를 통해 뚜렷해진다. 하지만 대중문화가 특히 교양 계층 인물에게 부정적 뉘앙스를 풍기게 하던 시절은 이미 지난 일이 되었다. '본래의' 문화, 즉 고급문화를 단순한 대중문화와 구분하는 것은 오늘날 시대착오적이라는 느낌을 준다. 전위예술가들도 이미 대중 취향으로 눈길을 돌렸다.

　　그러나 이 변화는 결코 대중문화의 '승리'가 되지는 않는다. 이것은 오히려 고급문화 자체 내의 전환 과정에서 생겨난 것이다. 철학사에서 관심을 일상의 관행으로 돌리게 한 것은 미국의 실용주의와 일상 언어철학ordinary language philosophy이었다. 예술에서는 다다이즘 예술가와 초현실주의자의 작품들, 레디메이드readymade 예술(마르셀 뒤샹), 오브제objets trouvés와 프로타주frottages(막스 에른스트Max Ernst), 1920년대의 사진술이 일상의 물건들에 주목하게 만들었다. 1950년대에 미국의 팝아트는 일상의 상징물, 일상 용품, 소비재를 자신의 예술 대상으로 선택했다. 이들은 생활문화는 대중이 사용하는 것을 통해 범속화되어버린 그런 공간임을 깨달았다.[1] 팝아티스트들의 이 획기적인 예술가적 태도는 미술관의 '신성한' 공간을 망치지 않으면서도 일상 용품을 그 속에 조화롭게 통합하는 데 그 본질이 있다. 가령 앤디 워홀의 예술 방침의 핵심은 대중 취향의 소재들을 미적 창작의 분야로 받아들이는 것이었다. 그는 자신의 예술 스튜디오의 명칭을 공장factory이라고 붙였다. 그는 자신의 용모에서 개인 특성은 모두 억제했다. 이것은 첫눈에는 대중문화를 긍정하는 것으로 보였지만, 실제로는 그는 대중문화와 고급문화 사이에서 교묘히 곡예를 부렸다. 그는 캠벨Campbell 수프 통조림이나 브릴로Brillo 분말 세제통 같은 대량 제품을 모조해서 미술관에 예술적으로 배치했다. 이로써 그는 일상적인 것과 연속적인 것serial을 진기한 것의 반열에 올려놓았다. 다른 한편으로 그는 유행을 타고 숭배되는 인물들의 일회적 예술 작품과 사진을 모조하고 복사했다. 이렇게 해서 그는 모나리자가 50번이나 나오는 실크스크린 날염 채색화를 만들어냈고, 그림 제목을 '50명의 모나리자가 한 명보다 낫다'고 붙였다. 그의 마릴린 먼로 채색화도 상당히 유명해졌다. 그는 슈퍼마켓에서 인터뷰를 하면서 이렇게 공언했다. "뉴욕에서 가장 아름다운 것은 맥도날드이고, 파리에서 가장 아름다운 것은 맥도날드다. 모스크바에는 아름다운 것이 전혀 없다."[2] 그사이에 모스크바도 아름다워졌다.

그렇지만 위홀이 대중 취향을 전위예술 구상에 통합했다고 해서 양쪽 영역의 가치가 대등해진 것은 아니다. 대신 이것 자체는 당시의 진보적인 미학의 구별 특성이 되었다. '모든 것이 아름답다'는 주장을 함으로써 위홀은 기존의 순수 예술과는 뚜렷한 차이를 보였다. 대중문화로 방향을 돌린 것은 미학적 독창성을 보여주는 그의 특성이었다. 당시에 대량 제품을 예술 소재의 지위로 격상시킨 신선한 충격은 오늘날에는 예술사에서 이미 마감된 한 장이 되어버렸다. 여기에 힘입어 최근의 예술가들은 위홀의 행위를 되풀이하며, 이로써 제프 쿤Jeff Koon의 좌우명 '키치도 예술이다'처럼 그것의 의미를 완전히 고갈시킨다.

대중문화 비평은 전통적으로 진정하고 믿을 만한 취향과 대중 취향의 차이를 기반으로 삼았다. 하지만 바로 이 차이는 더 이상 통하지 않는다. 오늘날 대중 취향은 전문 관찰자의 연구 분야가 되어버렸다. 회사들의 주문을 받는 제품 연구자들은 시험 조사, 광고심리학, 통계조사를 이용해 그들 제품의 개발과 광고에 이용될 수 있는 대중 취향의 개별적 특성들을 찾아낸다. 그사이에 특히 개인의 취향이 엄청난 데이터를 이용해 조사되고 있다. 모든 소비 선택은 주체에 의해 개인적인 것으로 간주된다. 각 자아마다 자기 개인의 취향이 있는 것이다. 엄청난 판매 제안이 따르는 외부의 조작에 흔들리지 않고 나의 취향 선호에 따라 확실하게 추구하는 나의 독자적 선택은 바로 나에게 맞는 것이고 추가로 스스로 다듬을 수도 있다. 그러나 결국 나는 내부적으로 지극히 세분화된 소비대중의 구성원이라는 사실을 깨닫는다. 나는 이 대중을 선택한 적이 없다. 그러나 나의 취향, 나의 개인적인 선호 체계가 '나의' 소비대중의 다른 구성원들의 경우와 상당히 비슷하게 돌아간다는 것이 밝혀진다. 나의 취향 선택은 나 자신에 의해 내려졌다. 수많은 다른 사람들의 경우도 마찬가지다. 우리들 모두는 제각각 매우 비슷한 평가 체계와 결정 체계를 (모방적으로) 형성해놓았다. 인터넷을 통한 나의 구매 결정 마지막에 온라인 판매자의 시스템은 이렇게 알려준다. "이 제품을 구입한 고객들은 이런 상품들도……." 2018년 4월에 음악 스트리밍 서비스 업체 스포티파이 Spotify가 주식시장에 상장되었을 때 『쥐트도이체 차이퉁』은 이를 높이 평가하는 기사를 내보냈다. 스포티파이가 자체 알고리즘을 이용해 수백만 애청자들의 '개인적인 대중 취향'을 정밀하게 파악해냈다는 것이다.[3]

  나의 주관적인 결정은 유사한 선호도가 모인 네트워크 속에서 이행된다. 내가 속한 대중은 동질적인 복합체로 행동하지 않는다. 각자가 홀로 결정한다. 판매 시스템에는 구매자 대중이 내부적으로 어떻게 세분화되어 있으며, 대중의 구성원인 개인들에게 어떤 판매 제안이 도달할 수 있는가 하는 정보가 중요하다. 판매 제안은 대중 내에서 뚜렷이 구분될 수 있는 집단들을 겨냥한다. 케임브리지 아날리티카Cambridge Analytica 같은 회사들은 페이스북 유저들의 데이터를 평가해서 사람들의 의견을 정확히 꿰뚫는 수단을 제공하는 소프트웨어를 내놓고 있다. 이 소프트웨어는 소비 관리에만 도움을 주는 것은 아니다. 지난 미국 대선에서 힐러리 클린턴은 물론이고 트럼프도 이를 이용했다.4 이 개량심리학 분류법의 개발자 중 한 사람인 스탠퍼드 대학의 마이클 코신스키Michael Kosinski는 한 인터뷰에서 이 소프트웨어의 장점을 이렇게 소개했다. "그들의 개성에 관해 무언가 알아내려면 (사전에) 전문 훈련을 받은 심리 전문가가 인터뷰를 해야만 했어요. 비용이 많이 드는 일이었지요. 우리가 알고리즘을 이용해 당신의 인터넷상의 데이터 발자국을 살펴본다면, 오늘날 당신과 당신의 개성에 관해 아주 정확한 판단을 내릴 수 있습니다. 조사 결과, 페이스북에서 누른 몇 개의 '좋아요'만으로도 당신의 개성에 관한 다섯 가지 관점을 매우 정확히 알려주기에 충분하다는 것이 입증되었어요. 가령 '좋아요'가 240개라고 친다면, 당신의 부인보다 더 나은 진술을 내놓을 수 있습니다."5 '당신과 당신의 개성에 관한 정확한 판단'이라는 말은 누구에게나 그의 취향이 어떤 사회적 아비투스의 특성이라는 뜻이 된다. 이것은 소셜미디어를 이용하는 유저라면 누구나 사후에 추적이 가능하며, 몇 가지 데이터만으로도 아주 정확히 평가가 내려질 수 있다. "결국은… '좋아요' 열 개만으로도 성격에 관해 아주 정확한 예측을 내리기에 충분하니까요."6 이런 방법들의 성공은 여기서 내가 유일무이하다며 우쭐해질 필요가 없다는 것을 보여준다.

어떤 인물을 정밀하게 파악한다고 해서 그것이 반드시 그의 유일무이한 자아가 되는 것은 아니며, 오히려 그의 아비투스의 특징 표시가 된다.[7] 개개인의 특징을 정확히 나타낼수록 우리는 그가 수많은 타인들과 어떤 공통점을 가지고 있는지 더욱 명확히 알게 된다.

「당신은 다른 어떤 사람들만큼만 특별해You're So special-Just Like Anybody Else」. 영국 가수 매튜 허버트Matthew Herbert의 이 노래 제목은 현재의 대중문화의 내적 모순을 재치 있게 표현하고 있다. 어떤 대중문화에 속한다는 것의 조건은 특별한 개인 특성이다. 그리고 역으로 개인 특성의 조건은 어떤 특정한 대중문화에 속하는 것이 된다. 특이함은 어떤 대중에게서 지지를 받는다. 어떤 제품을 소개할 때 '진정한 당신이 되세요', '당신 자신이 되세요', '당신의 참모습을 찾으세요' 같은 말로 칭송하지 않는 광고는 거의 없다. 예전에는 소수 사람들의 특권이었던 특별한 자아를 실현할 가능성과 권리가 오늘날에는 모두에게 적용된다. 대중문화는 모두에게 진정한 자신이 된다는 희망을 안겨준다. 2016년에 미국의 선거전에서 나온 사진 한 장이 대중과 개인의 이 새로운 관계를 생생히 보여준다. 민주당 후보였던 힐러리 클린턴이 무대 위에서 여성 지지자들에게 손짓을 하고, 여성들은 모두 그녀에게서 등을 돌리고 있다. 클린턴을 경멸해서가 아니라 자신과 그 대통령 후보가 함께 나오는 셀카를 찍기 위해서 휴대폰을 치켜들고 있는 것이다.

철학과 사회학은 개인주의와 사회생활의 연관성을 꽤 오래전부터 이미 주제로 다뤄왔다. 노르베르트 엘리아스는 『문명의 과정』에서 오늘날까지 우리에게서 가장 고유한 것으로 통하는 우리의 내면 상태가 어떻게 사회적 형성 과정을 통해 생겨나는지를 방대하게 계획된 역사 연구를 이용해 개략적으로 설명하고 있다. 미셸 푸코는 『감시와 처벌』에서 사회의 통제를 자아의 내면으로 받아들이는 것을 주제로 다루고 있다. 자아는 사회 규범에서 이탈하는 것을 스스로 통제함으로써 자신의 행동을 사회적으로 요구되는 태도에 맞게 적응시킨다. 피에르 부르디외의 아비투스 개념은 사회적 역량과 능력, 취향 판단, 선택, 목표, 생활방식을 자신의 계층 집단과 일치시키는 개인의 내부 기관이 된다. 우리는 살아가면서 스스로 내리는 결정들에 영향을 미치는 중요한 변수들 대부분을 타인들과 공동으로 가지고 있다. 그 변수들이 우리의 본질을 이루고 있듯이, 그것들은 타인들의 특징도 보여주며 그것을 넘어 우리가 속하는 대규모 사회 집단, 계층, 단체의 특징도 표시한다. 부르디외의 아비투스 개념이 사회적 규제와 통제 이론들과 구분되는 이유는 이 개념이 강요나 압박 없이도 주체의 결정 기관으로 기능한다는 생각 때문이다. 사회 행위자들은 수많은 판매 제안들 중에서 자신의 아비투스와 조화를 이루는 것을 고른다. 그들에게 취향 선택은 일회적이라는 특성을 지니지만, 그것은—대부분의 경우에 뚜렷이 알아볼 수 있는—특정한 집단이나 계층의 아비투스의 표시이다. 단 한 번만 선택한다는 자신의 느낌과는 상반되게 개인은 자신의 '사회적 취향'에 의해 조종된다.[8] 내구 소비재 시장이 내놓는 약속들 중에는 자신의 상품—의복, 화장품, 식료품, 가구 설비, 휴가 여행, 자동차 종류—이 소비자들의 개인적인 소망에 부응한다는 약속도 포함된다.

유일성을 보여주는 전통적인 증표는 주체의 자서전이다. 과거에는 자서전은 둘도 없는 걸출한 인물을 돋보이게 해주었다. 자신의 삶에 대한 설명을 글로 옮기도록 한 계기는 인물 그 자체는 아니었다. 그 저자의 삶에서 더 높은 힘들의 작용을 명백히 입증하는 징표가 되는 사건들이 일어났기 때문이다. 자서전적 특성—제한적이기는 하지만—을 지닌 최초의 저서는 성 아우구스티누스의 『고백록』이었다. 책의 제목과 저자의 이름이 암시하듯이 이것의 내용은 성인이 신과 나눈 대화였다. 원래는 이 자서전은 저자가 신의 선택을 받았다는 표시였다. 현대에 와서 최초의 자서전은 쓴 저자는 장자크 루소다. 그는 자신의 삶을 자신의 유일무이함을 보여주는 증거로 기술했다. 그는 자신의 내면 상태에 대한 설명을 너무나 소중히 여겼다. 비록 저자가 대단히 특이하기는 하지만 이 글의 묘사는 독자들에게 타인의 삶의 내밀함을 가슴 조이며 들여다볼 수 있게 해준다. 독자들은 진위 여부를 떠나 그의 글의 가차 없는 정직성에 매료된다. 그는 자신의 궁핍한 생활과 도덕적 불완전성, 시기심과 추적 망상, 고독을 이 비범한 작품을 창작할 수 있게 해주는 자신의 천부적 재능으로 묘사했다.

심지어 현대적 형태의 자서전에 있어서도 개인의 탁월함, 뚜렷이 구별되는 인물의 광채를 알아볼 수 있다. 이렇게 자기만의 유일성을 얻으려는 노력은 얼마 전부터 '틈새시장'으로 인정받고 있다.[9] '자신의 인생사를 책으로 펴내려는 욕구'가 엄청난 것이 분명해 보인다. 오스트리아 빈의 한 개발자 그룹은 필요한 데이터와 사실들을 '제공'해주면 자동으로 자서전을 작성해주는 프로그램을 개발했다. 이 프로그램은 앱을 통해 내려받을 수 있다. 베를린의 한 업체는 최소 3만 유로(약 4000만 원)의 수수료를 받고 개인의 이력을 책 형태로 만들어주는 서비스를 제공한다. 이 기업은 수백 권의 책을 작성했으며, 그사이에 직원을 30명이나 고용하고 있다. 하겐 방송통신대학의 역사와 전기 연구소 책임자인 아르투어 슐레겔밀히Arthur Schlegelmilch는 자전적 저작이 붐을 일으키는 원인을 소셜 네트워크에서 찾는다. "사람들이 꾸준히 셀카 사진을 찍고 자신의 일상을 공유하다 보면 자신의 이야기도 세상 사람들과 공유하기를 원하는 것은 시간의 문제일 뿐이다. 벌써부터 네트워크가 자서전과 관련된 활동으로 넘쳐난다고 한다."[10] 자서전은 '민주화'되었다. 자서전이 아직도 지니고 있는 것이 분명한 아우라는 거기에 한몫 끼고, 보통 사람들보다 뛰어나게 보이려는 다수의 열망을 일깨운다. "최근에는 모든 연령층의 자전적 글, 연설, 포스트가 온갖 채널을 통해 올라오는 양상이다. 자서전을 쓰는 사람들의 나이는 갈수록 내려가며, 그들은 아직 제대로 살아보지도 못한 인생에 관한 이야기를 들려준다."

대중이 탈개인화되어 있지 않다고 해서 대중문화가 무해해지거나 더 나빠지지도 않는다. 그러나 여기서 알 수 있는 것은 대중이 너무나 세련화되고, 개인화되고, 주관화되어 있어서 주체의 유일성에 의존하는 전통적인 동일철학identity philosophy의 폭넓은 개념들이 현대사회의 개인들에 관해 서술하고 규범적으로 판단할 가능성조차 내놓지 못한다는 사실이다. 오늘날 대중은 이질성과 내부 차이를 허용하는 것만이 아니다. 심지어 이질성과 내부 차이를 해방으로서가 아니라 규범화하는 새로운 형태로서 요구하기까지 한다. 대중문화는 바로 이 비동질적 대중에 기반을 두고 있다. 당신이라는 1인 기업You Inc과 '촉진하는 사회복지국가'라는 발상과 더불어 스스로 자신을 가꾸어야 한다는 책무가 정치적으로 거론되었다. 이 책무는 정치 분야 내에서도 교류를 활발히 하도록 해준다. 스스로 매력적인 개성을 얻을 수 없는 사람은 평범한 사람으로 통하기 때문이다. 대중 현상인 개인주의는 예전의 사회 규범들 못지않게 사회적 배척을 불러온다. 페이스북에 올라 있지 않은 사람, 개인 프로필을 공개하지 않는 사람은 오늘날 벌써 사회적으로 보이지 않는 존재가 될 위험을 무릅쓰고 있다. 그러나 개인적으로 대중 존재가 되려는 노력을 그만두는 것은 진정한 개인 특성을 갖추는 방법이 아니다. 왜냐하면 이러한 거부 태도도 매력적으로 보일 수 있다면 다시금 하나의 대중 현상으로 변할 수 있기 때문이다.

· · · · 세인Das 'Man'

대중 존재와 개인 특성의 대립 관계는 독일의 철학 전통에서는 1920년대에 이미 명백히 드러났다. 시초는 오스발트 슈펭글러였다. 그는 1923년에 나온 자신의 가장 영향력 있는 저서인 『서구의 몰락』에서 세계적 대도시를 대중이 지배적인 장소로 규정한다. "세계적 대도시를 이루는 것들 중 하나는 주민이 아니라 대중이다."[11] 저서의 제목이 이미 암시하듯이 이 말은 세계적 대도시를 칭송하는 의미는 아니다. 슈펭글러에 따르면 대중은 '문명'의 표현 방식이며, 문명으로서의 대중은 교양이 없다. 가령 현대적 대도시에서 발견되는 것은 다음과 같다. "… 땅에 정착하고 형태가 갖추어진 주민이 아니라 무정형으로 계속 변하는 대중의 모습으로 나타나고, 전통도 없는 순전한 현실주의자인 새로운 유목민, 식객, 대도시 주민."[12] 형식/무정형, 정착/유목민, 유기적/기생적 같은 대립쌍은 문화와 문명의 핵심적 대립 관계의 변화형일 뿐이다. 문화는 유기적이며 형태가 엄격한 반면에 문명은 타락하고 무질서한 문화의 후기 형태, 그 해체 현상을 나타낸다. 문화는 정체성과 ('주민'으로서의) 개인 특성을 대표하며, 문명은 '무정형의 상태로 퇴행하는 것'을 나타낸다. 대중사회는 문화의 형식을 해체한다. 이 때문에 슈펭글러의 입장에서는 '대중의 문화' 그 자체가 존재할 수 없다. 대중은 문화가 문명화되면서 해체되는 것에 지나지 않는다. 한 문화의 수명 주기는 고대 후기에서든 20세기에 들어 1920년대에서든 상관없이 이런 식으로 여러 번 마감되었다. 슈펭글러의 형태학적 사고는 소위 '보수혁명파'[13] 철학자들에게 심대한 영향을 미쳤다. 그의 사고는 나중에 윙거의 '게슈탈트(형체)'와 하이데거의 '존재의 역사'에서 다시 되풀이되는 어조를 확고히 다져준다. 다만 이 두 사람의 어조는 세련화되고, 변화되고, 세분화되어 있다.

마찬가지로 1920년대에 발행된 하이데거의 『존재와 시간』은 슈펭글러의 주장에 대한 답변으로 이해될 수 있다. 더하는 식의 대중 관념 대표자들과는 달리 하이데거는 먼저 개인들이 있고, 그들이 나중에 대중으로 합쳐진다고 가정하지 않는다. 오히려 대중은 인간의 원초적 존재 형태다. "'타인들'은 나를 제외한 나머지 사람들 전체라는 식의 의미는 아니다. (…) 타인들은 오히려 자신도 포함되어 있으면서도 대개는 자신과 구분하지 않는 그런 사람들이다."[14] "존재가 지속되는 한 존재는 공존하는 존재 양식을 가진다. 공존은 여러 '주체들'의 현존을 합산한 결과로 이해될 수는 없다."[15]

이 생각은 더하는 식의 대중 관념과 모순될 뿐 아니라 대중이 문화의 형식을 해체한다는 슈펭글러의 견해와도 어긋난다. 하이데거에게 대중은 일상생활에 구조를 부여하는 원초적 존재 형태다. 나는 나의 일상의 존재에 있어 타인들 속에 그리고 타인들과 더불어 존재하는 타인이다. "이때 이 타인들은 특정한 타인들이 아니다. 반대로, 타인이라면 누구나 타인들을 대표할 수 있다. (…) 우리 자신은 타인들 중 하나이며 그들의 지배력을 공고하게 해준다. (…) 그 누구는 이 사람이나 저 사람이 아니며, 우리 자신도 아니고 그 일부나 모두의 총합도 아니다. 그 '누구'는 중성 명사로, 세인Das Man이다."16

Man(세인). 하이데거는 이렇게 대명사를 명사로 만든다. 이 명사는 '일상의 존재가 누구인가'에 대한 질문에 답하고 있다. 여기서는 답이 되는 것은 나도 아니고, 우리도 아니고, 무언가 일반적이고 익명의 것이다. 그럼에도 이것은 "여러 사람들을 애매하게 지칭하는 '일반적인 주체' 같은 것이 아닌"17 집단적 실체이다. 이것은 오히려 서로 동화되어가는 과정이자 그 결과다. "대중교통 수단을 이용하거나, 정보통신 시스템을 사용할 때 타인이라면 누구나 다른 타인과 같다. (…) 이렇게 눈에 띄지 않고 확인도 불가능한 상태에서 세인은 자신의 고유한 절대권을 휘두른다. 우리는 남들이 즐기듯이 만족하고 즐긴다. 우리는 문학과 예술에 대해 남들이 보고 판단하는 것과 같이 읽고 보고 판단한다. 그러나 우리는 '엄청난 사람들 무리'에게서도 남들이 물러나는 것과 같이 몸을 피한다. 우리는 남들이 화난다고 여기는 것을 '화난다고' 여긴다. 특정한 사람이 아니면서도 비록 총합으로서는 아니지만 그들 모두인 세인이 일상성의 존재 양상을 규정한다."18

하이데거는 그 전에 이미—그가 알지는 못했던—타르드가 설명한 적이 있는 것과 동일한 현상을 끌어들인다. 바로 모방 행동이다. 타르드의 경우에 모방이라는 사회적 기능에 대한 통찰이 대중에 대한 분석으로 이어졌듯이, 하이데거에게서도 세인이 현대 대중사회를 기술하는 데 도움이 된다. 세인에 대한 그의 분석은 전통적 대중 이론과 아주 정확히 일치한다. 카네티가 대중 속의 개인의 상황에 대한 특징으로 묘사한 내용—"누구나 타인과는 자기 자신만큼 가깝다"—은 하이데거의 (초기의) 세인에 대한 기술에서 거의 동음이어처럼 들리며, 심지어 더욱 첨예화되어 있다. "누구나 타인이며 누구도 자기 자신이 아니다. 세인은 (…) 그 누구도 아니다."[19] 세인은 임의의 누구든지 될 수 있는, 따라서 누구도 아닌 자의 자격으로 어떤 규범을 대표해서 말하기 때문에 모두를 대표해서 말하는 것이 된다. 이것은 대중 취향의 차이를 없애는 실체instance를 나타낸다. "남들은 말하며…, 남들은 행한다." 대중 취향에는 규범화하는 작용이 있다. 세인이 이렇게 하는 경향이 있기 때문에 나는 이렇게 한다는 것이다. 이 때문에 하이데거에게서 세인의 근본적인 '존재 방식'은 '평범성'이며 '차이 없애기'이다.

하이데거는 세인이라는 대중 존재에 세인에게서 '벗어나는' 데 성공한 개인 존재를 대비한다. 이 존재가 '본래의' 존재다. 세인은 일상의 존재에 대한 질문에만 답변이 되는 반면에 비일상적 존재를 대표해서는 다시금 개개인이 말한다. '본래의' 존재의 본질은 철저한 '개별화'에 있다. 이 개별화로 '돌변하는 것'은 죽어야 할 운명을 눈앞에 두고 이행된다. 죽음은 '각자성'으로 부각되는 삶의 단 한 번의 현상이다. 죽음은 누구도 나에게서 뺏어갈 수 없는 것이다. 세인이 속하는 대중 존재는 바로 이 인식을 (헛되게도) 집단적 오락, '기분 전환', '수다'에 빠짐으로써 외면하려 한다. 세인의 손아귀에서 벗어나기, 누구도 자기 자신이 아니고 모두가 타인인 상태인 '불일치를 깨

'뜨리기'는 생각 속에서 '자신의 죽음으로 앞질러 달려가보는 것'을 통해 실현된다.[20]

따라서 나는 나 자신이 앞으로 언젠가는 존재하지 않는다는 사실을 떠올릴 때만 나 자신이 된다. 개인화는 공교롭게도 나의 개인 존재를 영원히 종결하는 현상과 연계되어 있다. 이 죽음에 고착된 상태는 한편으로 위대한 개인이 예전부터 죽음을 앞두고 보여주어야 했기 때문에 별로 놀라운 일이 아니다. 다른 한편으로 개인화라는 논제가 1차 세계대전에서 떼죽음을 당한 직후에 죽음으로 앞질러 달려가보는 것을 통해 세워졌다는 사실은 약간 이상해 보인다.

그렇다면 하이데거는 세인을 비판하려는 의도인가? 우리가 그의 글에서 대중문화에 대한 비판을 접하기나 했는가? 하이데거는 그렇지 않다고 할 것이다. 그에게는 인간의 삶에 '가장 우선해서 그리고 가장 많이' 영향을 미치는 '일상의 존재'에 대한 서술만이 중요하다. 그럼에도 그의 글에는 평가하는 진술들이 무수히 많이 들어 있다. 즉 세인은 본래의 것이 아니며, 표리부동하며, 위장하며, '전횡'을 휘두르기까지 한다는 것이다. 하이데거의 글은 분명 그의 의도와는 반대로 대중문화에 대한 암묵적인 비판을 포함하고 있다. 슈펭글러도 대중사회를 한 문화의 수명 주기에 있어 필수적인 부분으로 간주했지만, 대중사회를 해체하는 말기에 배치함으로써 그 가치를 깎아내렸다.

『존재와 시간』을 쓴 하이데거에게 차이를 없애는 대중 존재에서 벗어날 길이 하나 있다. 그것은 본원성이다. 본원성으로 '돌변하는 것'은 '죽음으로 앞질러 달려가보는 것'에서만이 아니라 불안을 느껴서 일어나기도 한다. 하이데거의 불안에 대한 논의는 포퓰리즘적 대중에 대한 비판에 중요한 암시를 내놓는다. 포퓰리즘적 대중의 '불안의 수사적 효과'는 바로 본래 불안의 본질이 되는 것을 제대로 파악하지 못하고 있다. 하이데거는 중요한 차이인 불안과 공포의 구분을 이렇게 표현한다. 즉 공포는 어떤 특정한 것과 관련되고, 반대로 불안은 인간의 세계-내內-존재being in the world와 관련된다. 이러한 의미에서 포퓰리즘은 오늘날 과거의 우파 운동이 이미 그랬듯이 실존적 불안을 공포로 바꿔놓으려고 애쓴다. 포퓰리즘은 변화에 대한 막연한 불안에 불법으로 입국한 난민들 같은 구체적인 대상을 부여한다. 대상으로 향한 공포 속에서 불안은 한편으로 제어할 수 있고 규정할 수 있게 바뀌며 (그것이 어떤 대상을 가지고 있다는 점에서), 다른 한편으로 불안은 조종이 가능해진다. 인간은 자신이 무엇을 겁내고 있는지 알고 있기 때문에 그 대상인 공포의 원인을 없애려고 애쓸 것이다. 불안은 공포로 변하고, 공포는 특정한 인간 집단에 대한 분노로 변한다. 포퓰리즘적 대중에게서 과격한 전염성을 제거하기 위해서는 그들의 공포에는 불안이 기반으로 자리 잡고 있다는 사실을 보여주면 될 것이다. '본래는' 그것은 불안인 것이다. 공포에 휩싸여 대리자가 될 대상을 얻고자 하는, 갈수록 불안해지는 자신의 세계-내-존재에 대한 불안이다.

우리가 하이데거의 '본원적 실존'을 불안의 측면에서 살펴본다면, 세인에 대한 그의 분석은 본원적 실존과 상관없이도 이해할 수 있다. 이렇게 해석하면 그는 실용적 사고방식에 가까워진다. 이런 관점에서 보자면 하이데거는 인간을 그의 일상 행위, 인간이 날마다 '도구'를 다루는 것의 측면에서 서술한다. 그러므로 그는 대중을 인간의 예외 상태로 설명하지 않고 정상적인 존재 방식으로, 인간들의 원초적 '공존 상태'인 상호 간의 일상적 교제로 기술하는 것이다.

달려들어 과감하게 깨뜨리는 표현법을 보여주는 하이데거의 능동적 면모는—비록 일상 활동을 분석하는 내용이라 해도—『존재와 시간』에서 특징적으로 드러난다. 이뿐만 아니라 이 면모는 저자가 인물로서 연출하는 것에서도 (이 시절에 그는 스키복을 입고 강의를 하는 것을 좋아했다) 특징을 이루고 있다. 이것을 만년의 하이데거는 수동적 사고 패턴을 위해 다시 철회한다. 인간 존재는 이제 더 이상 기획의 성격을 띠고 있지 않다. 존재의 역사는 이것을 '숙명'으로 규정한다. 개개인은 더 이상 단호하게 자신의 가능성을 장악하는 것이 아니라 '자신의 태생의 예속자'가 된다. 그러나 젊은 시절의 하이데거나 노년의 하이데거도 개개인의 자격으로 말한다는 주장 자체가 '비본원적'인 수다의 일부일 수도 있다는 사실은 이해하지 못했다. 오늘날의 대중 현상으로서의 개인주의는 하이데거의 세인에 대한 규정—"누구나 타인이며 아무도 자기 자신이 아니다"—을 정반대로 뒤집는다. "누구나 자기 자신이며 아무도 타인이 아니다."

· · · · '노동자'

하이데거의 사고와 가장 밀접하게 연결되어 있는 사람은 에른스트 윙거다. 얼마나 밀접한 관계인지는 하이데거가 (평소에는 동시대인들에 대해 소원한 태도를 보인 편이지만) 윙거의 저서 『노동자』를 다루는 세미나를 열었다는 사실에서 이미 알 수 있다. 이것을 윙거는 약간 어색한 자부심을 느끼며 몇십 년 후에야 기록으로 남겼다. 실제로

『노동자』를 살펴보면 근본적인 공통점이 드러난다. 이 책은 현재를 냉담하게 바라보는 '신즉물주의'에 기여한 것으로 이해될 수 있다. 하이데거 이론에서 보이는 실용적 관점도 이와 일맥상통한다. 하지만 하이데거의 '본원성'에 대한 설명과 마찬가지로 윙어의 『노동자』도 아무리 객관적이라 해도 곳곳에 격정이 스며들어 있다. 하이데거와 윙어는 현대의 대중 존재를 인정하는 동시에 그들을 새롭게 영웅시한다. 이것은 보수혁명가 철학자들의 전형적인 전략이다. 하이데거와 윙어는 서로를 그 자체로 인정했다. 두 사람 모두 낡은 것을 단호히 부정하며, 쇠퇴하는 것을 내던지고, 새로운 것을 무조건 긍정하려 한다. 여기에 혁명적 시각의 본질이 있다. 동시에 그들은 이 새로운 것을 스스로 다시 구질서의 형태를 띠도록 변형하려고 노력한다. 이것이 그들의 보수적 기질이다.

윙거가 현대의 대중 존재를 환영하는 이유는 무엇보다 그들이 부르주아의 개인 특성과 결별하기 때문이다. 윙거는 부르주아의 개인 특성을 지독히 경멸하며, 심지어 그것을 적대시할 생각조차 없다. "가령 부르주아의 옷차림, 무엇보다 그들의 축제 의상은 어쩐지 부르주아의 권리 행사와 마찬가지로 우스꽝스러워지기 시작한다."[21] 우습게 변해버린 부르주아 존재는 현대의 대중 존재로 대체된다. 하지만 윙어는 자신이 구상한 '노동자'라는 인물을 통해 개인뿐 아니라 대중도 극복된다고 주장함으로써 이 사안은 복잡해진다. 윙거에게 대중과 개인은 대립 관계가 아니라 부르주아 사회의 양면이다. "부르주아 세계의 양대 축인 대중과 개인은 서로 호응한다. (…) 대중의 수가 늘어날수록 위대한 개개인에 대한 갈망은 더욱 뚜렷해진다. 그 위대한 개개인의 존재를 통해 대중의 구성원도 그의 편에 서는 것이 정당하다고 여기기 때문이다."[22] 거꾸로 부르주아 개인이 줄어들면 부르주아 대중도 함께 줄어든다고 한다. "가령 일요일과 축제일의 인파, 사교 모임, 정치 집회, (…) 혹은 거리의 혼잡한 무리를 통해 구체화되었던 그런 과거의 대중, 바스티유 감옥 앞에서 함께 뭉친 (…) 그런 대중은 (…) 과거의 일이 되어버렸다."[23] 그 대신 '정치적 폭력을 휘두르는 새로운 양식들', '실직으로 인해 대중을 더 이상 거리로 내몰지 않는 정치적 전복의 수법'이 생겨난다.[24]

대중과 개인은 단일한 문화 구성체의 양극으로 이해될 수 있다. 이 생각은 대중과 개인의 근본적인 차이에 기반을 두는 대중문화 비평과는 모순되는 것으로 보인다. 윙거는 (부르주아) 개인에게 과거의 권리를 돌려주려 하지도 않고, 개인을 현대의 대중 존재로 대체하려고 들지도 않는다. 한쪽과 더불어 다른 쪽도 함께 파멸한다. 그렇다면 윙거는 개인주의를 대중 현상으로 판단하는가? 이 문제는 주의해서 다룰 필요가 있다. 윙거는 위에서 인용한 구절에서 극복될 필요가 있는 특정한 대중이 아니라 '과거의 대중'에 관해 언급하기 때문이다. 그렇다면 '새로운' 대중이 있다는 말인가? 만약 사회생활이 더 이상 부르주아의 개인 특성에 의해 규정되지 않는다면, 이 새로운 대중은 어떤 모습이 될까? 이 새로운 대중을 살펴보기 위해 윙거는 한 걸음 성큼 뒤로 물러난다. 위에서 내려다보는 시각으로 그는 대형 스크린에 비추듯이 도시의 현대적 생활의 전경을 펼쳐 보인다.

"자신이 우리 대도시들 중 한 곳의 중심부에 우연히 와 있는 것을 깨닫고 마치 꿈을 꾸듯이 돌아가는 일의 법칙성을 알아내려고 애쓰는 떠돌이의 의식에는 어떤 광경이 펼쳐질까? 사무적으로 엄격히 수행되는 분주한 움직임의 광경이다. 이 움직임은 위협적이고 일정하다. 이 때문에 기계적인 대중은 줄지어 서로의 곁을 지나간다. 대중의 단조로운 흐름은 요란하고 눈부신 신호들에 의해 통제된다. 어떤 면밀한 질서가 시계나 물레방아의 작동을 연상시키는, 이 미끄러지듯이 돌며 지나가는 번잡한 움직임에 정확하고 합리적인 활동인 의식의 스탬프를 찍는다. 그럼에도 전체 모습은 또한 무의식적으로 시간을 보낸다는 의미에서 장난처럼 보이기도 한다. 이런 인상은 움직임이 감각을 마비시키고 소진시키는 난교 파티 수준에 도달하는 어떤 시간에는 더욱 강해진다. (⋯) 이곳에는 신기하고도 가슴 조이게 만드는 장소들이 있는데, 여기서는 인위적 목소리의 말과 노래가 울려퍼지는 가운데 매끄럽게 돌아가는 테이프들에 의해 삶이 재현된다."[25]

기계적인 단조로움과 성적인 자극이 이렇게 기묘하게 뒤섞인 불명료한 상황 속에서 이 도시에 대한 서술은 윙거가 그토록 좋아하는 딱정벌레의 등껍질처럼 영롱하게 아롱거린다. 확실한 거리를 두고 대중 체험이 서술되고 있다. 그러나 이것은 앞의 인용문에서 윙거가 부르주아의 과거 상황에 편입했던 혁명을 외치는 무질서한 대중의 체험이 아니다. 대도시 대중 속에는 오히려 질서가 지배적이다. 물론 이것은 광란의 도취와 연결되는 질서다. '기계적인 대중'의 '빙빙 도는 번잡한 움직임', '면밀한 질서'와 '사무적인 엄격함' 속에서 그들의 '단조로운 흐름'은 '혼잡한 인파'로 '함께 뭉친' 과거의 대중과는 구별된다. 이들은 새로운 '기계적 대중'이다. 프리츠 랑 감독의 영화 〈메트로폴리스〉에 나오는 노동자 집단처럼 보인다. 마치 시계추의 일정한 흔들림처럼 기록계에 의해 시간이 기록되고 동시적으로 움직이는 대중인 것이다.

새로운 대중에 결정적인 영향을 미치는 것은 노동이다. 윙거의 견해에 따르면 부르주아 사회의 극복은 삶 전체가 '총체적 노동의 성격'을 띠는 것으로 완수된다. 노동은 더 이상 삶의 필수적인 일부가 아니라 축구 시합 같은 여가 활동도 포함하는 인간의 '존재' 전체를 포괄하는 형체gestalt이다.[26] 노동자는 '형체'로서 형이상학적, 존재사적 위엄을 얻게 된다. 마르크스의 유물론은 완전히 뒤집히게 된다. 이것은 대중을 극복하는 것이 아니라 대중을 형성하는 것을 통해 일어난다. 윙거도 하이데거처럼 대중은 그 구성원들의 총합이라는 '부르주아적' 관념인 덧셈의 대중 관념을 거부한다. 이 대중 관념은 유기적, 기계적 통합으로 이해되는 집합체로 대체된다.

"개개인이 아직은 개인으로 나타나지 않듯이 (…) 대중도 총합으로, 셀 수 있는 개인들의 집합으로 나타나지는 않는다. 우리가 대중을 어디서 마주치든지 그들 속으로 또 다른 구조가 파고들기 시작한다는 사실은 분명하다. 그들은 우리의 지각에 번개처럼 스치고 지나가는 얼굴들의 띠, 그물, 사슬, 줄의 모습으로 나타나며, 나아가는 움직임이 마음대로가 아니라 자율적 규율을 따르는 개미 떼 같은 행렬로도 나타난다. (…) 사람들은 더 이상 서로 모여 있지 않고 전진한다. 그들은 이제 어떤 단체나 파벌의 구성원이 아니라 어떤 움직임이나 추종자 무리에 속한다."[27]

적어도 이 대목에서 윙거의 대중과 개인의 대립 관계의 '극복'은 전혀 진정한 극복이 아니라는 사실이 드러난다. 어떤 파벌이 아니라 '움직임'에 속한다는 것은 오히려 대중의 전염성을 옹호하는 것이다. 대중과 개인의 차이를 없애면 개인은 해체되지만 대중은 해체되지 않는다. 윙거의 경우에도 부르주아의 개인 특성이 와해된 이후에도 대중은 그대로 남아 있다. 그렇지만 대중은 변했다. 함께 모여 있던 것이 하나의 '형체'로 변한 것이다. 대중은 혁명을 외치는 무질서한 상태에서 조직화된 대중으로 변하며, 윙거의 경우에 이 대중은 획일화되어 있다. 윙거는 이 변화를 당대의 심층에서 벌어지는 일로 판단한다. 이 변화는 '총체적 노동의 성격'에 걸맞게 존재의 모든 측면에서 나타나며, 앞에서 설명한 도시 공간에서도 마찬가지다. "우리의 풍경은 과도기 상황으로 나타난다. 여기에는 형태의 지속성이 전혀 없다. 모든 형태는 역동적인 움직임에 의해 쉴 새 없이 입체화된다. (…) 전선과 증기가 공중에 떠 있고, 소음과 먼지를 일으키고, 개미처럼 뒤엉켜 있고, 10년 주기로 새로운 면모를 부여하는 건축과 개축으로 혼잡한 이 도시들은 형태들의 거대한 작업장이다. 그러나 도시들 자체는 아무런 형태를 가지지 않는다. (…) 오늘날 사람들이 도시들에 관해 말할 때는 사실상 두 가지 평가가 있다. 사람들은 도시들이 박물관이 되는 정도를 말하거나 아니면 대장간이 되는 정도를 의미한다."[28]

이 구절은 동일한 도시들을 서술하고 있지만 앞에서 인용한 구절과는 근본적으로 차이가 난다. 앞에서는 질서 정연하고 박자가 맞는 움직임이었던 것이 여기서는 무질서한 혼돈, 영원한 과도기로 나온다. 도시들은 너무 많이 완성되어 있을 때는 이미 떠나버리고 없는 삶을 보존하는 박물관이 된다. 그렇지 않으면 도시들은 결코 완성되지 않고, 역동적인 개조 과정 속에서 되어가는 대로 한없이 변한다. 윙거는 이 부단한 움직임에 '이 무분별한 흐름의 맹렬함을 막아주는'[29] '우리 공간의 리듬'[30]이 생성되는 것을 대비한다. 그가 구상하는 대안은 "역동적이고 변혁적인 공간을 정적이고 질서정연한 공간

으로 교체하는 것을 목표로 한다."[31] '노동자'는 하나의 '형체', 즉 질
서와 형태를 갖춘 대중을 이루려는 구상이다. "노동자에게 이 임무는
한없이 유동적으로 변한 대중과 부르주아 사회의 붕괴 과정이 남겨
놓은 에너지를 유기적으로 구성하는 것이 된다."[32] 해체 중인 부르주
아 계급의 최종 산출물인 대중은 제어되고 형태가 갖추어져야 한다.
윙거의 이 이론적 노력의 목표는 대중을 해체하는 것이 아니라 변형
하는 것이다. 대중은 '유기적 구성체'[33]로 변해야 한다. 이 변화는 '자
유 민주주의 체제가 노동 국가로 이행되는 것'과 '사회 계약을 노동
시간 계획으로 교체하는 것'과 일치한다.

　　윙거는 대중문화에 대한 자신의 '비평'을 말 그대로 위기krisis(양
분)라는 의미로 이해한다. 위기는 열악한 대중과 우수한 대중, 무질
서한 대중과 조직화된 대중을 분리한다. 전자의 대중을 후자의 대중
으로 변화시키려는 그의 목표는 개개인에게도 해당된다. '부르주아
개인'과 '변혁적이고 무질서한 대중'의 대립은 새로운 이분법, 즉 '영
웅적이고 단호하지만 냉정한 개개인'과 '유기적, 기계적이며 조직화
된 대중'으로 대체된다. 윙거의 접근법은 고트프리트 벤의 표현을 빌
리자면 '호전적 초월성'으로 특징지을 수 있다[34]—약간 관대하게 보
자면 하이데거에게도 적용되는 표현이다. 오늘날 대중과 그들의 실
리주의에 위협을 받고 있는 형이상학적 질서는 시대에 맞는 생활 세
계의 대결에 돌입해야 한다. 하이데거의 '가장 적합한 수단의 확실한
장악', 카를 슈미트의 '결단의 상황', 윙거의 호전적 '노동자'가 이 대
결의 형식이 된다. 대중이 어떻게 하면 혼돈과 기형을 불러오는 추
동력으로 머물지 않고 다시 '형체'를 얻을 수 있으며, 그들에게 어떤
'형체'가 주어져야 하는가를 둘러싸고 격전이 벌어진다. 보수혁명가

철학자들 측의 대중문화 비평은 유지해야 할 개인 특성을 위해 대중을 거부하는 것이 아니라 대중을 변형해서 구질서에 다시 묶이도록 조직하려고 노력한다.

그러나 호전적으로 작용하는 초월성은 더 이상 초월성이 아니다. 이 초월성은 더 높은 형이상학적 질서를 위한 것이라고 말하지만, 이 질서를 실현하기 위해서는 삶의 밑바닥으로 옮겨 가지 않을 수 없다. 이것을 서술하는 데 윙거 글의 강점이 있다. 유행, 현대 스포츠, 신기록 날조에 대한 그의 면밀한 분석, 앞으로의 전쟁 수행에 대한 통찰력 있는 전망.[35] 이 모든 개별 분석들은 놀라울 정도로 정확하다. 반면에 '더 높은 형이상학적 질서'에 대한 설명은 이상하게도 하이데거의 '본원적 존재'와 마찬가지로 무기력하고 공허하다는 느낌을 준다. 그렇지만 두 이론의 바로 이러한 양상이 독자층에 가장 큰 영향을 끼쳤다. 비록 파시스트들은 윙거와 하이데거를 별로 인정하지는 않았지만, 당연하게도 이 두 이론은 막 대두하기 시작한 파시즘과 결합된다. 윙거의 '노동자'와 마찬가지로 오늘날의 포퓰리즘도 무질서한 개방적 대중과 대립되는 조직화된 대중이라는 관념을 끌어들인다. 윙거의 '더 높은 질서'에 대한 지적은 그의 글의 가장 빈약한 부분이기는 하지만, 바로 이것이 뉴라이트 측의 숨은 의미subtext로 변했다.

· · · · 한스 아이슬러: 예술 가곡과 전투가

한스 아이슬러Hans Eisler는 『노동자』가 발행되기 직전에 작성한 「현대

음악에 관하여 (1927)라는 글에서 부르주아 문화뿐 아니라 현대 음악도 사멸의 단계에 있다고 판단한다. 이 두 가지가 사라지면 무엇이 그 자리를 대신할 것인가?

음악은 아이슬러에게 한 집단에 율동을 부여하고 동시성을 가지게 하는 집단적 일상 행위이다. "음악은 예전부터 명백한 공동체 예술이다. 음악은 공동 노동, (일정한 작업 리듬이 생겨나게 해주는 노동가), 축제와 종교적 숭배 행위 그리고 춤에서 생겨났다."[36] 음악은 개인을 더 큰 구성체의 일원이 되게 해주는 대중 형성 과정을 보여준다. 다 함께 노래하고 듣는 것을 통해 일체감이 생겨난다. 공동체 예술의 이 자연스러운 기능은 부르주아 사회의 음악에서는 사라진다. 부르주아 음악은 한편으로 주체의 내면성의 표현이 되며, 다른 한편으로는 음악가와 작곡가를 서로 경쟁 관계로 내모는 상품으로 변한다. 여기에 반해 아이슬러의 주장에 의하면 이전의 교회음악에는 공동체화 요인들이 아직 온전히 남아 있었다고 한다. 음악 감상은 "말하자면 상품의 세계인 합리적 부르주아 세계에는 아직 제대로 적응할 수 없었다. 어떤 것을 단지 귀만으로 파악하는 것은 보는 것과 비교할 때 아직 개인주의와 자본주의 이전 공동체의 흔적을 보여준다. 이런 흔적, 즉 과거의 종교적 숭배 공동체인 교구 주민들을 직접적으로 보여주는 것은 무엇보다 다성 양식이다."[37] 이 공동체화 작용은 사회주의 음악에서 다시 회복된다. 이것은 아이슬러가 숭배 음악 형식을 되찾고 싶어 한다는 의미는 아니다. 교회음악이 그의 관심을 끌었던 이유는 단지 그것이 부르주아 음악 이해에 대한 대안을 제시하기 때문이다.

사회주의의 음악 관념은 음악의 오래된 기능, 즉 인간들을 공동체화하는 춤추고, 노래하고, 리듬이 실린 노동을 하는 집단적 일상 행위로서의 기능에 다시 관심을 집중한다. "음악이 숭배적, 종교적인 것에서 벗어나 문화적, 문명적인 것으로 해방되는 과정은 그 최종 국면에 도달했다. 이 모든 실험들을 거치고 난 이 시대의 음악의 과제는 아마도 음악을 (…) 사회의 더 숭고한 형식으로, 사적인 것에서 보편적인 것으로 되돌려놓는 데 있는 것으로 보인다."[38] 음악에 휴양의 기능, 다시 말해 노동력 유지의 기능이 있다고 여기는 '노동과 휴양 사이의 뚜렷한 대립'[39]도 다시 조화를 이뤄야 한다. 여기에 반해 아이슬러에게 사회주의 음악은 노동(자신의 활동)이자 휴양(향락)이다.

아이슬러는 노동과 유희의 구분뿐 아니라 "'진지한' 음악과 '가벼운' 음악의 대립"[40]도 지양한다. U(통속)-음악과 E(순수)-음악의 구분, 즉 한편으로 '흥분제' 같은 작용을 하고 자극과 휴양을 통한 '노동력의 재생'에 도움이 되는 대중문화 음악과, 다른 한편으로 문화 엘리트층의 두드러지는 자기 과신에 속하는 음악으로의 구분은 더 이상 통용되지 않는다. 이 구분은 부르주아 사회의 (윙거의 경우에 대중과 개인의 구분과 유사하게) 특징이다. 여기에 반해 아이슬러는 전위예술과 대중문화의 화합을 불러오려고 노력한다. 어떤 '낙관론자'와 '회의론자' 사이의 꾸며낸 대화로 이뤄진 그의 글 「전위예술과 인민전선」(1937)에는 이런 내용이 나온다. "우리는 역사를 통해 가장 진보한 예술가들이 항상 대중에게서 '가장 멀리 벗어난' 예술가는 아니었다는 사실을 알고 있습니다. 졸라의 위대하고 감동적인 영향력을 생각해보세요. 아니면 바로크 시대의 유례없이 대중적이었던 위력을 생각해보세요. 예수회 회원들에 의해 만들어진 이 예술의 자극적인 참신함이야말로 수많은 대중에게 감동을 안겨주었습니다. 따라

서 가장 진보적인 의식이 항상 대중과 떨어져 있어야 할 필요는 없다
는 것이 입증된 셈입니다."[41]

　'낙관론자'가 이 말을 하는 것은 결코 우연이 아니다. 아이슬러
는 음악은 감명을 주어야 한다는 주장을 굽히지 않는다. 그래야만 음
악은 존재의 정당성을 얻는다. 그러나 음악적으로 대중에 접근하는
것은 부르주아 대중음악뿐 아니라 전통적인 전위예술과 그것이 가
진 대중 적개심과도 구분되어야 한다. 대중에 대한 접근은 대결을 통
해 일어난다. 아이슬러는 「우리의 전투가」(1932)라는 글에서 이렇게
주장한다. "노동자 음악 운동은 음악의 새로운 기능, 다시 말해 대결
을 촉진시키는 기능에 관해 (…) 명확히 알고 있어야 한다."[42] 이와는
반대로 부르주아 음악은 청중을 수동적으로 만든다. "부르주아 시대
에 생겨난 연주회 형식은 혁명을 외치는 전체 노동자들의 목적에는
부적합하다."[43] 수동적으로 듣고 즐기는 것에 맞서 사회주의 음악은
음악 수용자를 창작자가 되게 해주는 직접 부르기에 의존한다. "전투
가를 단지 듣기만 하는 것은 잘못된 일이며, 오히려 감정을 고조하는
전투가의 목적은 직접 부르기를 통해서만 성취될 수 있다는 사실을
우리는 잘 알고 있다. (…) 대중 집회에서는 청중들과 함께 새로운 전
투가를 배워 익혀야 할 것이다."[44]

　이 새로운 음악의 과격한 대결 성격은 개개인의 감정을 이렇게
고조하는 데 부합한다. "겉으로는 순수해 보이는 문화 조직(노동자 음
악 단체들)의 대결 성격에서 주목할 만한 점은 그 조직이 생겨나는 것
과 동시에 경찰에 의해 통제받고 결국에는 제압되었다는 사실이다.
여기서 우리는 문화 문제에 있어 프롤레타리아의 전형적인 태도를
알 수 있다. (…) 바로 이 대결 성격 때문에 관심을 오로지 부르주아

합창곡 작품에 국한하는 것은 불가능하다. 이 작품들은 사실상 자연에 대한 개인의 관계, 연애 체험, 정감, 유쾌함만 반영할 뿐이다. 조직을 방어하려는 충동은 필연적으로 공격을 초래한다."[45]

아이슬러의 계획은 그 밖의 점에서는 집단 도취와는 정반대인 이 새로운 음악을 대중에게 전해주는 것이다. 이 목적을 위해 그는 대중의 새로운 모습을 보여준다. 아이슬러도 하이데거와 윙거와 유사하게 대중문화를 두 가지로 구분한다. 대중을 마비시키는 일종의 마약 거래라 할 부르주아 대중문화와 대중의 감정을 고조시키고 그들에게 자기만의 투쟁적인 목소리를 부여하는 부르주아 이후의 대중문화가 그것이다.[46] 그래서 그도 개인과 대중을 서로 대립시키는 것이 아니라 합창곡 사례에서 음악을 통해 서로 다른 두 적대적 대중이 형성되는 것을 보여준다. 부르주아 가곡은 음악에 연주홀이라는 별도의 공간을 배속하고, 그렇게 해서 음악을 사회적 갈등에서 떼어놓는다. 반대로 대중가요와 전투가는 바로 대중이 날마다 머물고 서로 만나는 곳인 거리, 작업장, 집회장에서 울려퍼진다. 이 가요는 예술을 그 배타적인 공연장 밖으로 불러낸다. 이 가요는 즉각적인 공동체화를 불러오며 연주회 가곡처럼 사회적 구별 특성을 만들어내지 않는다. 이것은 아이슬러가 옹호하는 '성악의 우월성'도 설명해준다. 음악의 본연의 임무는 대중 형성이다. 그러나 이것은 모두가 함께 부르고, 음악적 표현 방식의 중심에 인간의 목소리가 놓여 있을 때만 가능하다.

이 새로운 합창곡에서 음악은 개인의 개성의 표출이 아니다. 아이슬러는 이 규정을 이용해 개별 자아의 모범에 따라 집단이 형성되게 해주는 부르주아 합창곡과 뚜렷한 대립 관계를 만들어낸다. "내가 이토록 슬픈 것이 무슨 이유 때문인지 나는 모른다네." 백 명의 사람들이 모여 이렇게 노래를 부른다고 해보자. 아이슬러에 의하면 이것은 한편으로 그 자체로 모순되는 내용이며, 다른 한편으로 바로 그 때문에 부르주아식 집단화의 표현 방식이라는 것이다. 이 집단화를 통해 '나+나+나…'의 상호작용으로부터 다시금 단 하나의 나만 나온다. 부르주아 합창은 1인칭 형식으로 불러야만 한다. 많은 자아들이 모여 오직 개인적인 느낌에 관해서만 노래할 수 있는 하나의 자아를 형성하기 때문이다. 부르주아 합창에는 여러 목소리지만 하나로 일치된 대중 속에서 힘이 강화된다는 경험과 감정이 결여되어 있다. 오직 합창곡만이 이 '새로운 목적'을 달성한다. 합창곡은 수동적인 소비 태도를 떨쳐버리고 독자적인 행동을 하도록 독려받아야 할 모든 개개인의 감정을 고조시키는 데 도움이 된다. 이 새로운 문화에서 개개인은 대중에 참여하는 것을 통해 독자적인 목소리를 얻게 된다. 시대착오적 목적에서 새로운 목적으로의 이행은 개인과 대중의 관계 변화를 보여준다. 아이슬러는 합창을 통해 적극적이고 투쟁적인 대중과 더불어 거기에 참여하는 모든 개개인들도 얻어내려 한다.

· · · · 대중 개념의 변형들: 무리, 거품, 다중

새로운 이론을 형성하는 과정에서 무엇보다 질서를 중시했던 1920년대와 30년대의 대중에 대한 환상을 누르고 비교적 막연한 대중 관념이 우위를 차지했다. 대중문화 비평은 지속적으로 대중 개념을 거의 사용하지 못하게 만들었다. 대중에 관해 말할 것이 있어도 얼마 전부터는 '대중'이라는 말은 피하는 것이 상책이 되었다. 그럼에도 특히 좌파 정치 이론 진영에서는 유효적절한 공동체 개념을 찾고 있었다. 그들에게는 투쟁적 공동체가 그들 이론의 실질적 수행자임을 확인하고, 또 그렇게 서술할 수 있을지가 중요했기 때문이다. 적어도 신자유주의의 대두와 함께 새로운 집단적 실행 방법을 요청하는 목소리가 공공연해졌다. 그렇지만 대중의 이미지가 너무 나빠서 안토니오 네그리와 마이클 하트는 저서 『제국』에서 행동하는 공동체의 긍정적 표상을 얻어내기 위해서는 다중이라는 개념을 이용해 대중 개념과 거리를 두어야 한다고 믿었을 정도다. "군중 개념은 주민 같은 동질성을 통해서도 대중 같은 획일성을 통해서도 두드러져 보이지 않는다. 이 때문에 차이에 의해 기능이 발휘되는 다중 개념이 서로 관계를 맺고 다 함께 행동하게 해주는 공통적인 면을 찾아내야만 한다."[47]

　　동질적인 주민도 획일적인 대중도 아닌 다중이라는 개념이 바로 차이를 이루는 것을 통해 공통적인 면을 만들어낸다. 여기서는 우선 다중의 거대한 상대역인 '제국'에 대한 차이가 다뤄진다. 제국도 다중과 마찬가지로 다국적이며 다형체이다. 다음으로는 다중의 이질성 그 자체인 내부의 차이가 설명된다. 마지막으로 예전의 공동체화 형태와 집단에 대한 차이가 나온다. 다중의 'multi'는 대중의 '획일uni'성에 대립된다. 다중의 원동력은 차이이며, 다중의 목표는 새로운 운동에너지다.

　　포스트모던 시대의 항거하는 집단을 사유해 보려는 하트와 네그리의 시도가 어느 정도 힘을 발휘한 것은 논란의 여지가 없다. 그렇지만 그들이 대중 개념과 거리를 두고 용어를 새롭게 만들어낸 것이 반드시 필요했는가 하는 의문은 남는다. 하트와 네그리는 대중은 항상 하나의 특정한 형태를 지닌다고 가정한다. 그들은 대중은 항상 획일적이라는 생각을 르봉으로부터 근거도 따져보지 않고 받아들였다. 전통적 대중 이론이 집단의 기억 속에 이토록 깊이 주입되어 있어서 하트와 네그리 같은 과격한 체제 비판자들조차 그 생각을 무의식적으로 계속 이어가는 것이다. 동질성은 곧 주민이고, 대중은 곧 획일성이며, 다중은 곧 차이라는 그들의 개념쌍은 대중을 세분화해서 고찰할 때는 별로 납득이 가지 않는다. 이렇게 보자면 개방적 대중과 폐쇄적 대중으로 구분하는 카네티 같은 대중 이론가의 생각이 더 깊다. 대중이 항상 획일적이라는 생각은 차이를 생각하는 사람들 치고는 의외로 차이를 보이지 않는 생각이다.

　　하트와 네그리는 이론에 있어 역사적으로 멀리 거슬러 올라간다. 그들은 다중이라는 핵심 개념을 스피노자의 '군중의 지혜'라는 유명한 표현에서뿐 아니라 오컴의 윌리엄William of Ockham의 '교회는 신자들의 공동체Ecclesia est multitudo fidelium'라는 정의에서도 차용했다.[48] 그들은 저서의 마지막 장 '두 개의 국가'에서는 결국 아우구스티누스까지 끌어들인다. 그들은 다중과 제국의 대립을 아우구스티누스의 신의 국가와 세속 국가의 구분과 유추 관계에 놓음으로써 (물론 정반대의 평가를 내리기는 하지만) 현재를 고대 후기의 상황과 관련짓는다. 오늘날의 '세분화되지 않은 대중'은 '로마를 멸망시킨 야만 세력들'[49]과 유사하다. 군중이 오늘날 '정치적 주체'[50]가 될 수 있기 위해서는 새로운 '이성의 신화'를 키워내야 한다. "이것은 제국의 각각의 '기다란 팔(영향력)'에서 군중을 분리하는 실질적인 감각의 종교를 말한다."[51] 이 실질적인 종교를 기반으로 '지상의 군중의 국가civitas terrena'[52]가 생겨난다는 것이다. 군중이 이 신호를 듣고 자신의 종교의 이면 소음을 진지하게 받아들일지는 의심의 여지가 있다. 그러기에는 좌파의 이 포스트모던 시대의 정치 신학은 너무 불명료하게 남아 있다.

하트와 네그리가 주장하는 다중은 행동하는 집단을 대중이라는 개념을 사용하지 않고 사유하려는 가장 널리 알려진 시도다. 그 외에도 일련의 다른 접근법들도 있다. 가령 페터 슬로터다이크는 자신의 대기획 '영역들Sphären'에서 현대의 공동체를 '거품'[53]으로 명명한다. 이 제안은 하트와 네그리의 제안과 비슷한 방향으로 향한다. 슬로터다이크는 전통적 대중의 조직화되고 확고한 면에 비해 가볍고, 투과성 있고, 일시적인 면을 강조한다. 흔히 대중의 나쁜 특성으로 거론되는 획일성과는 반대로 그는 대중의 다원성을 부각한다. 최근에 와서는 '떼'라는 개념을 이용해 또 하나의 집합체 명칭이 제시되었다. 1980년대 말 이후의 이론에서 점차 인기를 얻은 떼 개념은 프랑크 쉐칭Frank Schätzing의 동명의 베스트셀러를 통해 대중화되었다. 다중과 슬로터다이크의 거품처럼 떼 이론도 집단적 행동을 복권시키고 부정적 이미지를 떨쳐버리려는 시도다. 떼 행동은 집단적 지성의 매혹적이기도 하고 불가사의하기도 한 표현으로 이해된다. 떼 지성이 그토록 매력적으로 보이는 이유는 바로 운동을 조종하는 지도자가 없기 때문이다. 이 고찰의 중심에는 대중의 새로운 개념 구상에 중요한 두 가지 현상이 놓여 있다. 떼의 자가생성Auto-poiesis, 즉 자기조절과 그 창발 효과가 그것이다. 이 효과에 의해 수많은 사람들의 집단행동에서 서로의 결합을 통해 각 부분들의 총합 이상이 되는 크기가 생겨난다.

원래 떼 이론은 인공지능 연구에서 나왔으며, 인공지능은 다시금 새로운 정보기술과 밀접하게 결부되어 있다. 1989년에 로봇공학 연구자 제라도 베니Gerado Beni와 징 왕Jing Wang이 떼 지능swarm intelligence이라는 개념을 만들어냈다. 자연에서 떼 행동의 모범이 되는 것은 컴퓨터와 가장 가까운 곤충들의 행동이다. 이것을 보여주는 사례가 소위 '개미 알고리즘'이다. 먹이를 찾아갈 때 각 개미들은 다른 개미들이 자신의 길로 따라오도록 유혹하는 방향 물질인 페로몬을 내뿜는다. 먹잇감으로 이어지는 서로 다른 길이의 두 길이 생기면, 처음에는 개미들이 두 길을 이용하는 빈도가 거의 동일하다. 하지만 개미들은 더 짧은 길로 가면 먹잇감에서 더 빨리 돌아오기 때문에, 이 경로에는 시간이 지날수록 더 높은 페로몬 농도가 생겨나서 금세 뒤따르는 모든 개미들이 이 길을 따라간다. 일찍이 물리학자 리처드 파인만Richard Feynman이 이론적으로 설명한 적이 있는 이 현상은 떼 지능을 보여주는 가장 유명한 사례들 중 하나로 올라섰다. 이것은 한편으로 집단적 과정들이 어떻게 외부의 자극이나 심지어 지휘도 필요 없이 스스로 조종하는지를 보여준다. 그 외에도 이것은 창발 효과의 증거도 된다. 수많은 개체들의 상호작용을 통해 성과의 극대화가 생겨나는 것이다.

이 모델은 마르코 도리고Marco Dorigo와 그 외의 연구자들에 의해 일련의 다른 분야에도 전용되었다. 이 응용분야 중에는 예를 들면 정치적 집단행동이 있다. 여기서도 2000년 이후로는 점점 더 아래서부터의 자기 조직화에 관심을 집중시키고 있다. 공동의 네트워크 연결을 위해 더 이상 지휘나 매체를 통한 보강은 필요하지 않다. 새로운 정보기술은 여기서 직접적인 의사소통과 연결이라는 새로운 가능성을 열어준다. 대중의 지도자 자리에는 방향을 정해주기보다 연결을 위한 플랫폼을 이용할 수 있게 해줄 '운동 매니저'가 들어선다. 이 떼와 유사한 것에는 예를 들면 플래시몹이 있다. 플래시몹은 동일한 행동을 보이는 수많은 사람들이 집단적으로 모이도록 해준다. 이들은 갑자기 나타났다가 마찬가지로 순식간에 다시 사라진다. 특히 하워드 라인골드는 2002년에 저서 『참여 군중』에서―돌이켜보면 약간 지나치게 열광적인 면이 있다― 떼 지성을 새롭고 미래 지향적인 정치 세력이라고 선언했다.[54]

　　떼 이론의 또 다른 응용분야는 예술이다. 새천년 들어 떼 예술 crowd art은 수많은 사람들이 집합체가 되어 예술을 창작하는 (반드시 새롭지는 않은) 현상의 표출로 발전했다. 이 개념은 대체로 2010년에 자신에게 인물 사진을 보내달라고 호소했던 독일의 예술가 올라프 노이만Olaf Neumann의 영향을 받아 만들어졌다. 그는 이 사진들로 날마다 하나의 그림을 만들어 자신의 블로그에 올렸다. 개별 인물의 사진들에서 마지막에는 엄청난 떼의 모습이 생겨났다. 케르스틴 슐츠 Kerstin Schulz의 행위는 더 직접적인 의미에서의 떼 예술의 사례가 된다. 그녀는 어떤 다른 유별난 예술가를 통해 추가로 형상화하는 것을 완전히 포기한다. 2012년에 하노버에서 벌어진 그녀의 '선 코드'라는 예술 행위에서는 엄청난 사람들 무리에 의해 수백만 장의 세일가격 꼬리표가 도심 구석구석에 나붙게 되었다. 세간에 널리 유포된 게릴라 니팅guerilla knitting도 마찬가지로 떼 예술이라 부를 수 있다. 행동가들이 가로등, 신호등과 같은 도시의 대상물들을 뜨개질감으로 뒤덮는다. 그사이에 축구 팬들에게서도 이와 유사한 행동이 관찰되고 있다. 축구 팬들은 도시 공간을 자신의 축구단 상징 색으로 된 덮개, 스티커, 리본으로 붙이고 덮는다.

　지금까지 설명한 최근의 이론들과 행동 양식들은 동일한 행동을 하는 엄청난 수의 사람들을 지칭하는 새로운 개념을 찾아내려고 시도한다. 이 이론들은 집합체인 이 사람들에게 특별한 창의성이 있다고 인정하는 것이다. 이들은 '모두가 그 자신이다'라는 새로운 대중문화의 신조에 의해 움직인다. 떼는 참여한 인물들의 개인 특성을 해체하지 않는다. 떼는 획일성을 만들어내지도 않는다. 그럼에도 떼는 공동의 행동을 할 수 있게 해주고 창발 효과를 불러온다. 바로 이것이 전통적 대중 개념에서는 불가능하다. 전통적 개념에 따르면 대중 속에서 활동하는 사람은 누구나 같은 모양의 일원들 중 하나로 존재한다. 누구도 그 자신이 아니다. 우리가 이 인식 장애물을 무시한다면 떼 속에서 대중의 독특한 특색 하나를 알아볼 수 있다. 대중이라는 개념을 특별하게 조직화되었거나 지극히 난폭한 사람들 무리로 제한할 이유가 전혀 없다는 것이다. 이렇게 하면 전통적 대중 이론의 방식을 이어가는 것이 된다. 반면에 최근의 접근법들은 행동하는 인간들로 이뤄진 대중이 어떻게 구성원들 간의 차이로부터 생겨나서 계속 발전될 수 있는지를 보여준다. 떼, 거품, 다중. 이 모든 개념들은 그 자체적인 주장과는 달리 대중에 대한 대안이 아니라 대안적인 대중 형성에 관한 설명이다.

9장

대중의 구조

우리가 지금까지 고찰한 대중의 구조는 특정한 것인가? 대중은 특정한 목표를 성취하려 한다. 그들은 어느 정도 뚜렷이 부여된 내적 구조를 가지며, 주변 사람들과 거리를 둔다. 가령 대학생 대중은 권위적인 대학 지도부에 더 나은 학업 여건을 요구한다. 구동독의 시위 대중은 근본적인 정치 개혁과 당으로부터 자유로울 권리를 요구한다. 대중의 구조는 역사와 무관하지 않으며, 인간의 본성에 부여되어 있지는 않다. 대중의 구조는 특수한 사회 과정을 통해 생겨난다. 구조의 포괄적인 특성은 목표 지향성, 감정의 고조, 양면 가치와 한정된 지속성 등이다.

하지만 서로 다른 대중들 사이에도 '가족 간의 유사성(비트겐슈타인이 말한 의미에서)'이 존재할 수 있다. 즉 서로 다른 대중들은 일련의 특성들에 있어서는 서로 유사할 수도 있다. 가령 항쟁에 나선 대중들은 그들의 목표, 정서, 행동 방식 면에서 구조상으로 유사하다. 그럼에도 예를 들어 폭력 행사에 대해 보이는 태도를 통해 서로 구분되기도 한다. 일부는 그들의 조직, 헌신하려는 각오, 가두시위에 대한 전략적 준비, 내부의 폐쇄성 면에서 서로 유사하다. 이 특성들 중 몇 가지는 다른 분야의 대중행동에 전용될 수도 있다. 예를 들면 축구 경기장에서의 단체 행동에서 정치적 시위로 전용될 수 있다. 우리는 이 장에서는 일부 과격한 팬 집단들이 어떻게 정치의 장으로 옮겨 가며, 어떻게 항쟁에 나선 대중에 가담하거나 심지어 그들을 선도하는지 보여줄 것이다. 원래는 음악 분야 출신이지만, 거기서 남자답고 경멸하는 태도를 몸에 익힌 또 다른 행동주의자들은 자신의 증오심을 노래만이 아니라 실제의 행동으로도 보여주기 위해 시리아로 가서 이슬람 국가IS에 가담한다. 경기장에서 자기 팀에 대한 애정을 마음껏 표현하는 젊은 팬들과 팝문화의 대중들 사이에도 또 다른 구조적 유사성이 있다. 이를테면 축제의 즐거움, 남들과의 만남에 대한 개방적 태도, 축구에 대한 재미 같은 것들이다. 그토록 많은 사람들이 함께 참여한다는 이유만으로도 이미 그들에게는 중요하다.

'대중'이라는 말에서 우리는 어떤 핵심, 본질적이고 항상 동일한 어떤 특성과 마주치는 것은 아니다. 오히려 우리가 어떤 대중을 어떤 다른 대중과 비교하느냐에 따라 매번 달라지는 유사성들이 얽혀 있다는 것을 발견한다. 따라서 '대중이란 무엇인가?' 하는 질문에는 서로 다른 여러 답변들이 나온다. 이 답변들은 제각각이라는 이유 때문에라도 이미 만족스럽지 않다. 이 질문을 다르게 한다면 사정은 더 나아진다. '언제 우리는 대중이라고 말하는가?' 1966년도의 대학생 대중을 설명할 때 우리는 시위대와 구경꾼들이 대중이라는 의식을 형성했던 한순간을 찾아냈다. 거기에는 어떤 힘을 가졌다는 감정이 결부되어 있다. 이 순간부터 시위대와 구경꾼들은 그 전에는 우연하다고 느꼈던 사회적 집합체를 '대중'이라 부른다.

우리는 이 개념의 적용을 보통 이 정도로 명확한 통찰, 다시 말해 의식적 행위에 연결해야 하는가? 이때 잘못된 혹은 착오에 의한 인식이 일어날 수 있다는 이유만으로도 이것은 문제가 있다. 그 예로는 실제로는 전혀 존재하지도 않는 주민들 대다수와 공동으로 공권력에 저항한다는 공상에 빠진 분파주의적 과격 집단이 있다. 이런 경우는 표도르 도스토예프스키의 장편소설 『악령』과 크리스티안 페촐트Christian Petzold 감독의 영화 〈내면의 확신Die innere Sicherheit〉에서 모범적으로 묘사되고 있다. 어떤 대중에 속해 있다는 모든 의식이 다 실제의 대중과 관련되어 있는 것은 아니다. 거꾸로 대중이 형성될 때마다 매번 참가자들에게 어떤 대중에 속한다는 의식 행위가 일어나는 것도 아니다. 여름에 강당 건물 앞에서 햇빛을 쬐며 앉아 있는 한 무리의 대학생을 우리는 대중이라 부르지는 않을 것이다. 그러나 그들이 어느 특정한 시점에 일어나서 강당으로 몰려간다면, 그들은 목격자에게는 어떤 인기 있는 강의를 듣고 싶어 하는 대학생 대중이 된다. 이런 경우에 대학생들 자신이 그렇게 지각하는지는 전혀 중요하지 않다. 어느 백화점 문 앞에서 바겐세일이 시작되기를 기다리고 있다가 개점을 하자마자 특별 세일을 하는 진열대의 물건을 향해 달려가는 사람들 무리도 사정은 마찬가지다. 동일한 목표물을 향해 다 함께 나아가는 행동과 값싸고 질 좋은 물건을 낚아채려는 동일한 욕망 때문에 그들은 목격자의 눈에는 대중으로 비치는 것이다. 우리가 대중이라고 말해도 좋은 조건은, 모든 구성원들에게 공통으로 주어진 특정한 의도[1] 때문에 일어나는 기분의 고조와 함께 이와 비슷한 행동으로 드러나는 육체와 정신의 흥분이다.

사회 집단에도 어떤 공통적인 것이 있지만, 이것은 그들이 만나기 이전부터 이미 존재하고 있고, 만남이 끝나고 나서도 계속 지속된다. 사회 집단은 기분의 고조와는 별도로 작동하는 확고한 구조를 가지고 있다. 모든 집단은 그 구성원들이 행동할 때 유의해야 하는 특정한 규칙들을 인정한다. 반면에 대중행동은 사전에 정해진 규칙을 따르는 것이 아니다. 대중행동은 어떤 특정한 계기와 관련되어 즉흥적으로 일어난다. 이 계기는 행동이 진행되는 과정에서 바뀔 수도 있다. 그러나 계기가 주어져 있는 동안에만 기분의 고조는 지속된다. 대중의 해체도 규칙 없이 일어난다.

항쟁에 나선 대중을 핵심 그룹 형성이나 창당을 통해 계속 지속시키려는 시도는 거의 언제나 (1968년 이후로 독일 대학에서의 공산당 세포 조직처럼) 분파 집단, (트로츠키주의자들처럼) 정치적 파벌, ('적군파', '붉은 여단'처럼) 지하에서 벌이는 저항운동 혹은 (나중에 '녹색당'과 합병했던 '뉴 포럼'과 '대안 목록'처럼) 정당 합병으로 끝난다. 집단은 집회를 끝낸 후에도 집단으로 남는다. 집단 내부에는 단지 계기와만 관련되어 있지 않은 결속력이 작용하고 있다. 더 이상 정규적으로 모이지 않는 대중은 여러 부류의 집단들로 해체되어 결국은 그 전에 이미 기반을 잡은 제도 조직에 (예를 들어 정당) 가담하거나, 그렇지 않으면 뿔뿔이 흩어진다.

대중에게 지속성을 부여하기 어려운 본질적 이유는 정서의 수위를 높게 유지해야 한다는 데 있다. 이 문제는 대중 행사와 소비대중에게서, 팝 콘서트, 축구 경기, 모터쇼, 도시 축제에서도 생겨난다. 유급으로 활동하는 사령탑whipper in, 음악의 지속적인 전파, 레이저쇼 등은 흥분이 언제까지나 지속되고 대중이 흩어지지 않도록 하기 위한 것이다. 다 함께 느끼는 분노와 격앙 때문에 모인 대중들도 이와 똑같은 문제를 안고 있다. 이들도 다 함께 구호 외치기, 자극하는 연설과 소식 고지를 통해 흥분이 가라앉지 않도록 해주어야 한다. 프로이트가 군대와 교회를 대중의 모범적인 경우로 선택한 것은 정서적 밑바탕이 대중의 주요 특징 중 하나라는 관점에서 사리에 맞는 일이다. 두 제도 조직에는 (마치 공적 조직에 속하는 것처럼) 결국은 각 조직의 본질을 이루는, 지속적으로 흥분을 유지할 잠재력이 주어져 있다. 다시 말해 교회에서는 이것은 악에 의한 위협에 대해 느끼는 두려움이고, 군대에서는 적에 의한 위협에 대해 느끼는 두려움이다. 정서에 호소하는 대중 형성을 통해 흥분, 두려움, 찬미, (집단적) 애정, 열광은 비록 일시적이기는 하지만 사회적으로 유익한 기능을 얻는다.

대중의 내부에서 벌어지는 일을 통해 심리학적으로 그리고 사회학적으로 해석될 수 있는 특수한 작용들이 발생한다. 긴장과 흥분의 추구, 정서적 감염, 새로운 사회관계를 맺기 위한 창조적 힘이 그것이다. 이것은 신체적으로 그리고 정서적으로 서로 접촉되는 것을 통해 일어난다. 어떤 대중에 참여하는 것만큼 직접적으로 참가자들을 접촉할 수 있는 사회적 모임은 없다. 바로 이 때문에 대중 행사와는 거리를 두는 것을 뚜렷이 선호하는 인물들은 겁을 먹고 거기서 물러나는 것이다. 반대로 대중 행사에 매혹을 느끼고 접촉에 대한 두려움을 극복한 그런 사람들은 신체적으로 외연이 커지고 힘이 늘어났다는 감정을 느끼게 된다. 여기에는 신체와 언어의 또 다른 상호작용이 추가된다. 대중 행사에서는 신체 활동과 언어 표현이 앞으로 나아가는 동일한 리듬에 의해 서로 결합되는 것이다. 내닫기 시작하면서 일제히 구호를 외치는 대중은 대단히 강력하고 위험하다는 인상을 준다. 살해된 동료의 장례식을 마치고 돌아가는 행렬에서 복수를 요구하는 외침이 울려나오면 몇 분 내에 앞뒤 가리지 않고 죄인으로 추정되는 사람들에게 달려드는 추격 무리가 생겨난다. 그래서 살해된 과르디아 시빌Guardia Civil 국민 경호대 대원들의 장례식이 바스크 조국과 자유ETA 대원으로 추정되는 사람들에 대한 집단 보복행위로 돌변하는 일도 있었다. 스페인 팜플로나Pamplona에서 1973년에 일어난 일이다.

대중과 사회 계층의 개념상의 결정적 차이는 대중 참가자들은 사회적 경쟁에 처해 있지 않다는 사실이다. 대중 속에서는 사회적 구별 특성이 계층에서처럼 중요하지 않다.[2] 다시 말해 경제적 그리고 상징적 자산을 소유하고 있음을 보여주는 특성들을 통해 다른 계층과 구분되고, 같은 계층의 다른 구성원들과도 구분되는 것은 중요하지 않다. 대중 참가자들은 이런 경쟁을 벌일 필요가 없다. 그들은 대중행동을 통해 다 함께 세력을 키우고, 자신의 정서를 공유하고, 공동 대응을 통해 서로를 보완해주고, 상대편을 느끼는 것을 통해 서로를 지지해준다. 이것은 자기편 대중과 협력할 때뿐 아니라 상대편 집단과 대결을 벌일 때도 일어난다. 그들은 상대편의 불안감 혹은 거꾸로 자신의 자신감에 대한 직감력을 가지고 있다. 공감은 행동하는 사람들을 남들의 감정과 연결시켜주며, 공동으로 행동하도록 해준다. 이 친교, 동참communio는 전통적 대중 이론에서 너무나 강조된 나머지 내적인 차이들을 알아차리지 못했을 정도다. 하지만 대중 속의 존재는 구성원들 사이의 사회적 차이를 배제하지는 않는다. 대중 속의 존재는 이중 대중의 경우에 그렇듯이 심지어 차이들을 민감하게 느끼게 해줄 수도 있다.

그럼에도 대중에 대한 고찰에서 개인의 차이의 해소가 끊임없이 강조된다면, 그 이유는 대중이 종종 개념상으로 위기에 가깝게 다가가기 때문이다. 정치적 위기에 처하면 기존의 질서는 폐기된다. 질서를 유지하는 데 본질적으로 중요한 모든 구별과 차이들이 무효로 선언되는 것이다. 이렇게 해서 혁명을 외치는 대중의 위임자들이 새로 확립된 질서를 유지하는 일 같은 (그 전에는 경찰이 떠맡았던) 기능들을 넘겨받는다. 1968년의 대학생 소요 때는 대학생들이 교수들 대신 세미나를 열었다. 축구 팬들은 그라운드로 몰려가서 관중석과 '신성한' 잔디 경기장 사이의 경계를 허물고 선수들 속에 뒤섞인다. 정치적 위기 때는 항쟁에 나선 집단들이 그 전에는 전적으로 국가 당국이 행사하던 권한들을 자기 것으로 전유한다. 즉결 심판은 무효로 선언되고, 체포 명령은 취소되며, 통제는 떠넘겨지거나 완전히 폐지된다. 이런 행동은 여론을 위한 집단적 의사표시이다. 즉 국가의 권력 독점에 도전하고 이것을 해체하려는 의도를 가진 대체 권력이 형성되었다는 것을 보여주는 것이다. 항쟁에 나선 이런 대중들은 기존 질서에 반대하는 자신의 행동을 정당화하려는 목적으로 자기만의 이야기를 꾸며낸다. 가령 2017년에 자생 집단들은 함부르크에서 개최된 G20 정상회담에서 폭력을 투입한 이유를 경제의 글로벌화를 통해 유발될 훨씬 더 가혹한 폭력 때문이라고 둘러댔다. 이런 식의 행동 방식은 정치적 위기에서 전형적으로 나타난다.[3] 익숙해진 행동 실행 방법은 효력을 잃고 예측할 수 없는 새로운 상황이 만들어진다. 우리는 위기와 대중이라는 두 종류의 활성화mobilizing의 유사성을 서로의 공동작용에서 알아차린다. 즉 정치적 위기는 규모가 더 큰 새로운 대중을 형성할 수 있고, 대중의 지속적인 증대는 정치적 위기를 유발할 수 있다.

위기 때 차이가 제거되지 않고 오히려 아주 뚜렷하게 드러나는 것처럼, 대중도 차이를 없애는 것이 아니라 그것을 증대하고 새로운 사회적 배치 형태와 연결시킬 수도 있다. 과거에는 대중 이론은 (대개는 이념적인 이유에서) 단지 개별적 측면만 강조하고 나머지 특성들은 무관심하게 지나쳤다. 대중은 변화가 많은 개념이므로 세분화된 설명이 필요하다. 전체적 조망을 잃지 않으면서도 대중 현상을 부당하게 단순화하지 않으려면 그때마다 고찰되는 대중의 구조적 특성을 파악하는 일이 중요하다. 다시 말해 대중의 내적인 구성 방식과 구조, 대중을 움직이게 하는 정서, 그 상대편, 시간에 따른 변화, 외부자의 인식을 파악해야 한다. 또한 지금까지 별로 다뤄지지 않은 또 다른 이론가 유형에도 유의해야 한다. 바로 내부에 참여해서 대중을 관찰하는 사람을 말한다. 엘리아스 카네티의 경우에는 1927년에 대중이 빈의 법정을 습격했을 때 주변에서 일어난 모든 일을 기록했고, 사건이 끝난 후에는 자신이 본 것과 체험한 것을 글로 적어가며 분석했다. 카네티의 글은 논증을 펼치는 것이 아니라 기억에 남은 인상들을 독자들의 공감을 불러오는 시적 언어로 요약하고 있다. 카네티는 여기서 대중 현상에 추상적으로 매달리지 않는다. 오히려 집단적이고 실존적인 상황에서 겪은 자신의 경험을 가능한 한 정확히 파악하는 것을 중요시한다.[4] 독자들은 90명이 사살된 빈의 봉기를 서술한 그의 글에서 아슬아슬하고 위태로운 시위대가 처한 상황이 무척 급박하게 돌아갔음을 알게 된다.

···· 대중과 하층민

전통적인 대중과는 다른 또 하나의 유형이 20세기 들어 파시즘 운동과 전체주의 운동과 더불어 탄생한다. 이 운동들은 규율과 난폭성, 조직화와 반역적 해체를 하나로 묶는다. 한나 아렌트는 자신의 저서 『전체주의적 지배의 요인과 근원』에서 이들을 히틀러와 스탈린이 국가에 대한 지배권을 얻기 위해 정당, 관료 사회, 군대, 한마디로 그때까지 국가와 사회를 이루고 있던 모든 제도 기관에 맞서도록 동원했던 세력으로 분석한다.[5] 아렌트는 여기서 개념상으로 규정하는 데 오래 매달리지 않고 고전적 이론가들의 견해를 받아들인다. 이 분석의 새로운 점이자 우리의 성찰에 중요한 것은 이들 대중을 하층민 mob과 구별짓는 일이다.

하층민을 의도적으로 정치에 개입시킨 것은 19세기 말에 프랑스에서 육군 참모부의 유대인 대위 알프레드 드레퓌스에 대한 음모와 더불어 일어난다. 자국의 방첩 기관의 지시로 드레퓌스에게는 서류를 변조했다는 무고가 씌워졌다. 드레퓌스는 독일 제국을 위한 첩보 활동을 했다는 죄로 고발되었고, 가혹한 형벌을 선고받았다. 이 사건에서는 유대인에 대한 증오, 공화정에 대한 경멸, 프랑스 국가에 대한 저항이 같은 정도로 터져나왔다. 참모부 장교들은 드레퓌스와 프랑스 유대인 전반에 대해 민족차별적인 비방을 퍼붓기 시작했다. 장교들은 하층민을 선동해 조직적으로 반대 운동을 벌이도록 했다. 여론, 특히 언론 매체와 정치인들은 이 하층민의 행동을 프랑스 국민의 입장 표명으로 간주했다. 아렌트는 "그것은 근본적인 오류였다"고 주장한다. 하층민은 국민과 동일하지 않았다. 하층민은 나중에 20세기 들어 생겨나게 되는 대중들의 선구자도 아니었다. "하층민은 신분이 낮아진 온갖 사람들로 구성되어 있다. (…) 하층민은 국민을 풍자화한 것이며, 이 때문에 그토록 쉽게 국민과 혼동되는 것이다. 국민이 위대한 혁명에서 매번 국가의 지배권을 위해 투쟁한다면, 하층민은 봉기가 일어날 때마다 자신을 이끌어줄 강력한 적임자를 열렬하게 요구한다. 하층민은 선택할 수 없고, 단지 찬동하거나 아니면 돌팔매질만 할 수 있을 뿐이다. 이 때문에 그들의 지도자들은 당시에 이미 현대의 독재자들이 그토록 절묘한 경험을 한 적이 있는 국민투표에 의한 공화정을 요구했던 것이다."[6]

하층민은 무엇보다 '영락한 중산층 사람들'과 떠돌이들로 이뤄져 있었다. 1차 세계대전이 끝난 시절에 하층민은 참호 속에서 이상과 가치에 대한 믿음을 모조리 잃어버린 문화 엘리트층 일부에게는 매혹과 찬탄의 대상으로 변했다. 하지만 로베르트 게바르트가 최근의 저서에서 지적하듯이 1918년 이후의 전후 사회의 야만화는 최전방에서의 전투 경험에서뿐 아니라 전쟁의 후유증, 혁명의 소용돌이, 국경에서의 군사적 대치와 약탈을 일삼는 의용단에서 나온 결과이기도 했다.[7] 아렌트에 따르면 당시에는 '하층민을 국민과 혼동하고 그들의 생활력, 비행, 냉혹함에 찬탄하고 싶어 하는 엄청난 유혹'이 있었다.[8]

아렌트는 계속해서 이렇게 설명한다. 하층민은 항거에 나선 국민의 자유에 대한 요구를 고의는 아니지만 풍자하며 비꼰다. 하층민은 풍자화로서 그 원본인 국민의 논리와 형상화에서 벗어나지 않기 때문에 그들의 반역은 더욱 심각하다는 느낌을 준다. 하층민과 대중의 관계는 전혀 다르다. 양측의 역사적 형성 과정이 서로 다른 것이다. 하층민이 '부르주아 지배권의 때 이른 부산물, 부르주아 속의 바닥층'[9]인 반면에 그 시절의 대중은 계급사회의 붕괴에서 생겨난다. 하층민이 이 경우에는 마르크스의 룸펜 프롤레타리아와 유사하게 부르주아 사회의 구성요소라면, 대중은 부르주아 이후의 현상이다. 이 때문에 대중은 하층민과는 달리 새로운 종류의 사회에 자신의 이름도 붙일 수 있었다. 바로 20세기에 와서 계급사회가 붕괴되면서 이어진 '대중사회'를 말한다. 대중은 더 이상 계급에 따라 귀속될 수는 없다. 과거의 정당들은 그들에게 정치 환경을 제공할 능력이 없다. 히틀러, 스탈린 그리고 그들의 협력자들은 이 정당들을 자신의 운동 단체로 바꿔놓았다. 대중을 조직하는 자신의 능력을 기반으로 대중사회에서 모든 정치인들을 능가했다. 국가를 무너뜨렸고, 그 외의 모든 권위를 말살하거나 자신에게 강제로 예속시켰다.

전체주의 운동을 하는 대중에게는 우선 아무런 고유한 계급의식도 정치적 관심도 없었다. 그러나 그들이 기필코 성취하려 했던 것은 기존의 상황을 바꾸는 일이었다. 나치 운동 단체는 자신의 행동을 통해 오직 자신만이 국민 대다수의 지지를 받는다는 점을 과시적으로 보여주려 했다. 실제로는 이것은 정치 현실에 부합하지 않았다. 아렌트에 따르면 이 대중은 부르주아 계층의 개인주의에 대한 '투쟁 선언'이었다. 그들은 '절망하고 증오에 찬 개인들로 이뤄진, 조직화되지 못한 대중'이 되어 나치에 이용당했으며, 나치는 그들을 적절한 도구이자 고분고분한 조직으로 바꿔놓았다.[10]

사회과학적 근거 제시를 포기한 아렌트의 분석 하나하나가 들어맞는지는 여기서 논의되지 않는다. 그렇지만 아렌트의 설명이 전체주의적 대중이라는 유형을 설명하는 데 참고는 될 수 있을 것이다.

전체주의적 대중의 특성들은 오늘날의 유럽에는 거의 전용될 수 없다. 일부 정치 운동 단체의 포퓰리즘이 대의민주주의 제도를 폐지하지는 않는다 해도 약화하려 하고 있기는 하다. 그렇지만 현 상황에서는 아렌트가 거론한 '개별화된 대중사회'[11]에서의 관계 단절과 기반 상실이라는 전제조건은 찾아볼 수 없다. 현대 서구 사회는 1960년대부터 명확히 다르게 조직되어 왔다. 누구나 제각각 자신의 생활방식을 주관적으로 그리고 동시에 자신이 속한 사회 집단의 규범에 순응적으로 일치시키며 꾸려가는 개인주의라는 특성은 주민들 대다수의 사회적 생존에 있어 핵심 요소이다. 오늘날 우리가 대중사회라고 말하는 것은 일상의 행동, 생활방식, 소비, 취향 선택과 관련된 것이다. 이런 구조 특성들이 약화되면 오늘날 사회생활의 질이 저하되기는 하겠지만, 개별화를 초래하거나 아마 사회적으로 부여된 구조의 붕괴로 이어지지는 않을 것이다.

하지만 머지않은 과거와 심지어 현재에도 대규모로 시위를 벌이는 대중이 발견된다. 이것은 드레스덴의 페기다 가두행진, 서울의 박근혜 대통령에 반대한 가두시위, 루마니아의 통치자들의 부패에 대한 항쟁, 스페인 카탈루냐의 분리주의 운동에서도 발견된다. 이는 매우 상이한 현상들이지만, 행위자들은 당연히 '시위 대중'으로 불릴 것이다. 그렇지만 거리와 광장에 모이는 사람들은 '국민'이 아니라 사회학적으로 규정할 수 있는 특성들을 지닌 사회 집단과 정당에 소속된 사람들이다. 시위 대중의 구성은 완전히 이질적이지도 않고 전적으로 동질적이지도 않다. 그럴수록 시위에 참가한 개인들의 사회적 구조, 대중의 구조화 그 자체, 그리고 마지막으로 대중과 참가자들 사이의 관계에 대한 질문을 제기하는 것이 더욱 절실해진다.

· · · · 오늘날의 대중의 환경

오늘날 대중 속의 개인들의 행동을 규정하는 것은 무엇인가? 이 질문이 중요한 이유는 이 개인들의 행동이 대중의 속성에 영향을 미치기 때문이다. 역으로 개인들도 대중에 의해 변화된다. 따라서 두 번째 질문은 이런 것이다. 대중은 그 구성원들에게 어떻게 작용하는가? 한낱 개인이 대중에 직접적인 영향을 미치는 일은 없고, 대중이 구성원들에게 곧바로 작용하는 일도 없다고 간주해볼 수 있다. 전자의 경우에 사람들은 전능한 지도자를 요구할 것이며, 후자의 경우에는 대중을 역사적 세력으로 이해할 것이다. 대중과 개인들은 오히려 어떤 역동적인 사안을 통해 다방면에 걸쳐 서로 결합되어 있다.

여기에 대한 사례로 다시 한 번 1968년에 낭테르 대학에서 벌어진 대학생 시위를 들어보자. 이 시위는 결국에는 총파업으로까지 이어진 학생운동의 출발점이었다. 최초 가담자들의 사회적 구조는 다음과 같이 규정될 수 있다. 동맹 파업은 사회과학 학부의 대학생들에 의해 촉발되었다. 그들은 청소년과 대학생 시절에 함양한 자신의 사회적 아비투스 때문에 다른 대학생 집단의 구성원들과는 차이가 났다. 예컨대 자연과학 분야의 대학생들은 특히 사회적 저항 문제에 있어서는 그들과 다르게 생각하고 행동한다.

아비투스는 학식, 재능, 규범, 이론 지식과 실무 지식, 사회적 소질, 일정한 판단력으로 이뤄져 있다. 아비투스는 행위자가 지각하고 행동하고 판단할 수 있게 해주는 포괄적인 관념군을 이룬다.[12] 주체는 처음에는 부모 집에서, 동갑내기들peer group과의 접촉에서 그리고 학교에서 함축성 있는 배움을 통해 아비투스를 습득한다. 그리고 나중에는 직업교육이나 대학 공부 혹은 교회, 스포츠 동호회, 정치 집단과 예술가 집단 같은 그 외의 제도 조직들을 통해 습득한다. 1968년에 사회학 전공자들의 아비투스를 이루고 있던 것은 더 수준 높은 교육, 정치와 토론과 시사 미디어(텔레비전, 신문, 시사 잡지, 영화)에 대한 관심, 문화적 역량, 권위적인 국가 기관에 대한 거리감, 대학 조직에 대한 지식, 권위와 신념을 의문시하려는 각오였다. 그래서 그들은 자신의 전공이 대학과 사회에서 차지하는 위상과 평판을 평가할 능력이 있었다. 그들은 자신의 학과가 비교적 새로운 분야이며, 사회학 전공 대학생과 대학원생의 수가 급격히 늘어났고, 신설된 낭테르 대학을 졸업하면 엘리트 대학의 대학생들과는 달리 출세의 기회가 불확실하다고 예상해야 한다는 점을 잘 알고 있었다. 그 외에도 중고등학교 식의 대학 공부로는 노동 시장에서의 입지가 약하다는 판단도 했다. 그들은 사회학 지식 덕분에 대학의 결함, 정치와 교육 분야의 조직의 경직성, 그 지방의 전반적인 현대화의 낙후성을 파악할 수 있었다.

낭테르 대학의 사회학과 대학생들은 자발적으로 시위 대중으로 결집함으로써 자신의 아비투스를 구조화하는 특성을 강화했다. 다른 학과 학생들도 가담하자 그들은 의견의 통솔권을 쥐게 되었다. 그들은 대학 지도부, 국가 당국자, 경찰과 대결을 벌이는 과정에서 결코 하층민mob이 되지 않았다. 기발하고 재치 있는 시위 방식과 저항 방식을 발전시켰다. 상상력이 풍부한 슬로건, 노래, 풍자화, 삐라 같은 지적인 저항 방식들은 즉각 예술가와 지식인들을 그들 편으로 끌어들였다.

대학생 대중은 동맹 파업을 벌이는 노동자들과는 다른 대중이다. 성난 농민들이나 항의에 나선 교사들은 그와는 다른 시위 방식, 다른 저항 조직, 다른 집회 장소와 구호를 가진다. 대중의 내적 구조도 서로 차이가 난다. 여기에는 내부의 위계질서, 협의단과 의결단(파업 위원회, 투표 방식, 협상 대표단), 유명 인사들을 통한 지원, 예술적 형식의 표현 방식(가두극, 낭독회, 낙서graffiti) 등이 있다. 신체적 폭력의 사용(마구 때리기, 사장 감금)에서 과시적인 교란 행동(고속도로에 화물차 적재물 쏟아붓기)을 거쳐 명백히 범죄적인 행위(사무실을 난장판으로 만들기, 사업장에서 태업하기)에 이르기까지 항거하는 행위도 서로 다르다. 대중은 자신의 행동과 동료들의 과격성에 의해 꾸준히 변한다. 예를 들어 대중 자체는 다른 구조적 특성을 지닌 새로운 인물 집단의 유입, 국가 당국과 경찰의 대응, 여론의 지지나 비난, (정당, 언론 매체), 행사를 후원하거나 방해하는 제도 조직(1968년도의 노동조합들처럼) 같은 외부의 영향을 통해 지속적으로 변화를 겪는다.

이 모든 표현에도 불구하고 대중은 그 참가자들의 아비투스에 의해 특징이 부여된다. 그렇다면 거꾸로 행위자들의 아비투스는 어떻게 자신이 소속된 대중을 통해 변하는가? 부르디외 자신은 대중 이론에 대한 접근 방법을 만들어내지 못했다. 그렇지만 그는 아비투스의 구조들은 해당 사회 분야의 영향을 받아 발전한다는 것을 보여준다. 이 생각을 그는 다음과 같이 상술한다.[13] 아비투스는 다양한 상황에서의 행동에 대한 성향으로서 주체 속에 부여되어 있는 구조들의 체계를 이룬다. 이 구조들 덕분에 행위자는 어떤 특정한 사회 분야에서 행동할 수 있는 것이다. 사회 분야는 특정한 공공재와 권력이 관련되어 있는 영역이다. 가령 예술 분야에서는 미학적 작품(문학, 회화, 연극, 음악)의 창작과 가치 인정이 중요하며, 학술 분야에서는 진리의 제시, 연구 기관과 자금 조달이 중요하고, 종교 분야에서는 신앙 위주의 생활과 교회 조직의 공적인 역할이 중요하며, 스포츠 분야에서는 신체 능력과 성과가 중요하지만 좋은 성적을 통해 수입을 올리는 것도 중요하다. 이 모든 것을 포괄하는 분야는 정치 분야다. 정치권에서는 권력과 통치의 문제가 결정된다. 이것은 가장 광범위한 영향을 미치는 분야이며, 권력 있는 지위와 주도권을 놓고 다툼이 벌어지는 모든 세부 분야에 있어 중요한 역할을 한다.

1968년의 대학생 시위대 같은 대중은 어떤 분야를 이루지는 않지만 기능하는 방식은 비슷하다. 대중에게도 공공재(권력에 대한 지분, 혁신, 민주적 결정), 거부하고 요구하는 표현 방식은 중요하다. 사회 분야와 마찬가지로 조직화된 대중도 구성원들의 구조를 변화시킨다. 그렇지만 사회 분야에서와는 달리 대중에게는 쟁탈전을 벌일 재화가 무엇인지가 미리부터 정해져 있지는 않다. 따라서 대중은 사회 분야보다 명확히 더 유동적이며, 불확정적이고, 예측이 불가능하다. 분야 개념과의 차이를 명확히 하기 위해 우리는 대중을 행동의 환경으로 부르기로 한다.[14]

고유한 구조를 가진 1968년도의 대학생 대중의 환경은 행위자들의 아비투스가 상당히 개입된 상황에서 생겨났다. 이 환경은 일단 조성되고 나자 거꾸로 참가자들의 아비투스에 영향을 미치기 시작했다. 그래서 시위대는 통상적인 사회적 속박과 고려를 떨쳐버리고, 유식한 어법이 들어가는 그들의 전문 아비투스와도 멀어지게 되었다. 이 환경에서 참가자들은 서로가 친밀하게 되었고, 직접적인 신체적 에티켓, 특유한 몸짓과 어투, 투쟁적 태도에 유리한 여건이 조성되었다. 사회적 교류에 있어서는 예전에 형성되어 있던 구별 특성,

서열의 차이, 예의범절이 보란 듯이 무시되었다. 이것은 프랑스에서 교수들 사이에 모두가 친밀한 어법을 사용한다는 점에서 1968년부터 지금까지도 유지되고 있다. 이 항쟁의 환경은 '부르주아적' 행동 방식을 노골적으로 포기하는 것으로 여겨지는 새로운 표현 방식들이 생겨나게 해주었다. 그러나 이런 변화들은 참가자들의 아비투스를 전반적으로 사라지게 하지는 않았다. 교수는 혁신 대학(파리 생드니St. Denis 대학 같은 곳)에서조차도 정치인, 종업원, 일반인들에 비해 자신의 신분을 유지하고 있다.

사회 분야와 유사하게 대중도 이렇게 비교해보지 않으면 간과하게 될 일정한 특유성을 가지고 있다. 어떤 사회 분야에서 활동하는 사람은 그 분야의 중요성, 내적인 권력 구조, 그 구조 내에서 자신의 지위에 대한 생각을 키워나간다. 사회 분야에서 관계의 위상을 둘러싼 투쟁이 벌어지듯이 대중 내에서도 영향력과 권력을 두고 대결이 벌어진다. 하지만 아비투스 속에 갖추어져 있는 소질, 재능, 학식은 대중이라는 조건에서는 대학 공부를 할 때와는 다르게 발전한다. 여기서도 대중의 사고와 행동에 영향을 미치고 주도권을 확보하는 문제와 관련해서는 전략적 계산이 중요한 역할을 한다.

대중은 자연과 비슷한 현상이 아니다. 대중은 홍수, 눈사태, 화재에 견줄 만한 것이 아니다. 대중은 또한 하나의 주체처럼 행동하는 초인격체도 아니다. 대중은 주로 수많은 구조화된 아비투스가 구조를 부여하는 대중과 마주치는 사회 과정을 통해 형성된다. 대중은 그 구성원들의 아비투스가 핵심 특성들로 단순화되고, 바로 그것을 통해 힘이 더 강해질 수 있는 환경이다. 수많은 행위자들의 감각을 통한 경험─엄청난 인원수, 그들의 상이함, 그들 아비투스의 상호적인 공감—은 대중의 환경에 특별한 활력을 불어넣는다. 이 환경은 꽤 오래 지속되는 경우에는 사회적인 면의 힘을 기반으로 특유한 규범, 의견, 의례를 갖춘 특수 집단을 양성할 수 있다. 어떤 면에서는 고전적 이론들의 주장이 틀린 것은 아니다. 즉 공동으로 행동할 때 감정이 고조되면 정서적 감염과 집단적 모방을 불러온다는 것이다. 어떤 대중이 특수 집단으로 공고화되는 사례로는 종교적 분파주의자 운동 단체, 팝문화의 팬 집단, 정치적 모반자 집단을 들 수 있다. 이 사례들이 한꺼번에 다 함께 거명된다는 사실이 기이하게 여겨질지도 모른다. 앞으로 추가되는 상세한 설명이 보여주겠지만, 이것들 모두가 대중이 폭넓게 보여주는 유사성들의 그물망에 속한다.

····정서적 공감

대중 형성의 중요한 요인들 중 청년 문화에서 특별히 명확히 인식되는 요인이 있다. 바로 팝문화의 청년 팬들과 축구 경기의 과격 집단은 정서적 공감과 이목을 끄는 행동에 참여하는 데 대해 무척 스스럼없는 태도를 보인다는 점이다. 팝 콘서트에서 이 태도는 무대에 오른 유명 가수의 능숙한 연출에 의해 유발된다(같이 노래하기, 휴대폰을 이용한 불빛 효과, 스타들의 관중과 대화하기). 여기서는 대중이 '장식품'[15]으로 변하는 것이다. 축구장 관중석에서 대중은 스스로 고안한 안무를 보여준다. 축구의 경우에 정서가 지나치게 고조되면 말로 공격하거나 심지어 행동으로 축구단의 버스와 상대팀 팬들을 공격하는 일이 벌어진다. 당연히 이 범행자 집단은 언론으로부터 '새로운 유형의 폭도'라는 비난을 받는다.[16] 청년 대중은 정서적 감염을 다른 대중들보다 더 쉽게 받아들일 태세를 보인다. 정서적 감염은 자신의 외연의 확장과 자신에 대한 감정적 유대와 결부되어 있는 우리들-감정을 경험하게 해준다. 자신의 외연이 확장되는 느낌은 자아가 남들의 감정에 대한 정서적 공감을 통해 넓어지고, 공동의 포괄적인 우리가 생겨나게 해주는 것이라고 표현할 수 있다. 나와 우리의 관계는 대략 다음과 같이 나타낼 수 있다(괄호 속의 표현은 불특정 다수의 타인들의 감정에 대한 공감을 체험하는 자아로 상징화한 것이다).

$$나 + (나+나+나+\cdots) = 우리들$$

공동 체험을 한 후에는 공감이 비교적 오래 지속될 수도 있다. 대중이 처음으로 출현했다가 주어지는 기회에 그 선례에 따라 다시 감정이 고조되는 순간에 (크로이츠베르크에서의 5월 1일의 사례가 보여주듯이) 공감은 집단적 상상력에 의해 대중 전체에 대한 가입 행사로 미화된다.

그렇지만 정서적 공감은 대중 행사에서 벌어지는 일 전체에서 하나의 측면일 뿐이다. 온전한 아비투스의 경우에 그 심층 구조들은 대중 감정을 느낄 때도 계속 작동하지만, 대개는 의식의 수면 아래서 작동한다. 이 구조들 중 하나는 무엇보다 근본적인 윤리적 입장이다. 임박한 극도의 공포는 극한 상황이니만큼 여기서는 예외가 된다. 그렇지 않은 경우에 윤리적 입장은 행위자가 도덕적으로 마음대로 행동하지 못하게 만든다. 윤리적 입장은 오히려 자기중심적 행위뿐 아니라 이타적 행위도 포함하는 가능한 행동 선택권을 폭넓게 펼쳐준다. 프로이트도 이미 윤리적 가치들이 저장되어 있는 의식의 심층은 대중의 일과는 보통은 관련되지 않는다는 사실을 지적한 바 있다. 그렇지만 이것은 정신없이 돌아가는 전쟁에서의 행동에는 적용될 수 없는 단정적인 주장이다. 신체와 생명의 위협이 없는 상황에서 환경의 영향은 학생운동의 사례가 보여주듯이 참가자들의 아비투스에 서로 다르게 작용한다. 다시 말해 그들 중 한쪽은 개혁에 대한 요구를 대학에 국한한다. 그러나 다른 쪽은 이 요구를 사회 전체에 대한 쇄신으로 확대한다. 또 다른 분파는 세력 관계의 전복을 요구한다. 그렇지만 시위에 나선 대학생 전체의 아비투스가 받아들이지 않는 것이 있다. 바로 과거의 상황으로 돌아가는 것, 즉 기존의 상황을 용인하는 것이다.

지난 몇십 년간 일어난 중요한 모든 대중 현상들은 일단 '발효 과정'이 시작되었다면 더 이상 제지될 수 없었다. 대중의 권력 체험은 비록 짧은 순간 동안 느낄 수 있을 뿐이라 해도 행위자들의 자부심을 꾸준히 강화한다. 결국 시위가 진압된다 해도 그들은 여전히 자신의 아비투스가 강화된 것을 경험으로 알 수 있다. 그들은 권력자들이 한순간 동요하는 것을 ('아랍의 봄' 항쟁에서처럼) 보았던 것이다. 권력의 동요는 폭력을 동원하거나 아니면 상황을 개선하겠다는 약속을 통해 어쩌면 막을 수 있을 것이다. 그러나 장기적으로 보자면 저항이 성공하리라는 전망은 단념되지 않는다. 대중운동이 갑작스럽게 발발하기에 앞서 다소 긴 발효 과정이 일어나듯이, 대중운동이 곧장 상황을 전복하는 경우도 드물며, 오히려 침식 작용을 진행시킨다.[17]

····열광적 대중 1 : 축구 팬과 과격 집단

행위자들의 아비투스에 의해 구조화되고 또한 거꾸로 자기 쪽에서 행위자들의 구조를 변화시키기도 하는 확장된 환경으로서의 대중 모델은 (무엇보다 상당히 수정을 가하면) 열광적 대중의 설명에도 적용될 수 있다. 그 예는 축구 경기에서의 팬 대중이 된다. 모든 팬 집단에 공통적인 특성은 '자기' 팀에 대한 무조건적인 애정과 종교에 가까운 찬양이다.

당연하게도 우리는 팬 문화라고 말한다. 팬들은 경기장의 분리된 관중석에서 자기 팀에 무척 수고스럽게 봉사를 한다. 팬 대중 속에서는 경기가 벌어지는 날마다 새롭게 강화되는 위계질서가 지배적이다. 맨 위에는 응원하고 노래하고 상대편을 모욕하라는 명령을 내리는 리더들이 있다. 팬 대중이 어떤 위력을 보이는지는 팬들 자신의 입장에 달려 있다. 응원이 반드시 필요한 경우, 특히 리그에서 1위를 다투는 대결이나 순위의 추락을 막기 위한 대결에서 연습으로 단련된 집합체로 행동한다. 그들의 행동은 사령탑 역할을 하는 리더들에 의해 그라운드에서 벌어지는 행동과 일체화된다. 팬들의 열광적 행동은 경기장 전체를 휩쓸어갈 수도 있다. 이것은 축구의 명장면에서 빼놓을 수 없는 요소이기도 하다. 자기 팀이 전력을 기울이지 않으면 경멸을 보이는 행위로 '처벌이 내려진다.' 실망한 팬 대중은 분노하는 불신자 무리로 돌변한다.

팬들은 특히 매우 적극적인 과격 집단의 팀에 대한 꾸준한 노력 덕분에 두려움의 대상이면서도 인기 높은 집단으로 변한다. 팬들은 구단과 축구연맹의 입장에서는 중요하지만 까다롭기도 한 파트

너다. 그들은 경기 날짜와 시간을 결정할 때 발언권을 요구하고, 적당한 비용으로 입장할 수 있는 입석권을 요구하고, 축구의 상업화에 반대하도록 선동하기 때문이다. 이 대중 환경은 압도적으로 많은 젊은 팬들을 축구에 대한 자신의 견해를 도발적인 행동으로 관철하려 드는 완고한 여론 집단으로 바꿔놓는다. 팬 대중은 자신이 축구 전통의 수호자라고 생각한다. 실력 있는 구단들과 정서적으로 자신과 연대하는 팬들에 의해서만 그 전통이 유지될 수 있다고 확신하기 때문이다. 대중 속에서 함께 하는 행동은 팬 개개인에게 다른 어떤 곳에서도 얻을 수 없는 소중한 가치를 안겨준다. 개개인은 상대편 팬들과의 대결을 통해 자신이 선수단과 구단을 대표한다는 느낌을 키워나간다. 이 느낌은 자신의 응원이 '자기' 팀의 승리에 이바지할 때는 더욱 높아진다. 이렇게 해서 이 승리는 자신의 승리가 되기도 하는 것이다.

팬 대중 내에서 개개인이 어떤 사회 계층에 속하는 것은 전혀 중요하지 않다. 그들은 거의 모든 계층 출신으로 이뤄져 있다. 그 외의 대중들은 종종 상류 사회의 풍자화된 모습으로 간주되는 반면에 축구 경기장에서는 사정이 다르다. 여기서 고상한 상류층은 오히려 팬 집단답게 흥분을 마음껏 발산하고 싶어 하며, 자신의 인습적인 아비투스를 잠시 떼어놓는 것을 즐겁게 여긴다. 대중이라는 특수한 환경이 없다면 그들은 이런 주저 없는 태도를 보이는 것은 거의 불가능할 것이다. 수입, 교육, 사회적 자산 같은 아비투스 형성에 중요한 다른 변수들도 팬 대중 내에서는 전혀 구별 특성이 아니다. 어떤 팬 집단에 소속되는 기반은 오로지 어떤 구단에 격정적으로 매력을 느끼는 것과 공동체에 하나로 통합되고, 의례 행위를 함께 수행하고, 다른 팬들과 같은 옷차림을 하고, 특유의 감정 세계에 빠져들려는 각오 뿐이다. 팬 대중은 개방적이기 때문에 여러 상이한 아비투스를 내부로 받아들여 서로 접촉을 맺게 해주는 폭넓고 다양한 환경을 제공할 수 있다. 팬 대중은 혁신적 사회 융합을 위한 터전이 될 수 있다. 여기에 참여하는 사람들은 참신한 목표를 가진 행동 공간과 일체화 공간을 얻어낼 수도 있다.

평소에는 단지 전통의 수호자로 모습을 드러내는 바로 이 과격 팬 집단에서 서로 다른 사회 집단들이 혁신적으로 통합되는 사례가 발견된다. 지난 10년 동안의 중요한 대중 시위들 중 일부는―2013년에는 이스탄불의 게지 공원에서 그리고 2011년에는 카이로에서―축구 과격 팬 운동 단체들의 지원을 받았다. 이스탄불 베식타스 팀의 과격 팬 단체 카르시는 게지 공원에서 벌어진 항쟁을 이끌었다. 시위의 발단은 '카르시의 대규모 가두 행진'이었다. 처음에는 2000~3000명의 사람들이 가담했지만 마지막에는 10만 이상의 참가자들이 뒤따랐다. 이집트의 국가 수뇌부를 반대하는 카이로 가두시위에서도 한 축구팬 조직이 중요한 역할을 했다. 여기서 말하는 축구팬은 카이로 알 아흘리 축구단의 과격 팬들이다.[18] 이집트에서 항쟁이 벌어진 시기에 팬 조직의 규모는 4만 명에 달했다. 경기장에서 팬들, 무엇보다 젊은 남성들이 처음으로 자신에게 국가 당국에 맞설 힘이 있다는 느낌을 경험했다. 그들은 아랍의 봄이 시작된 나라인 튀니지 에스페랑스 축구단의 수프라 수드 팬들과 맺은 친교에 자극받아 튀니지 국기를 경기장으로 밀반입하게 되었다. 그로부터 사흘이 지난 후에 무바라크 대통령에 저항하는 항쟁이 시작되었다. 항쟁 첫날인 2011년 1월 25일에 알 아흘리의 과격 팬들은 투쟁을 통해 나일

강을 가로지르는 다리들을 확보했고, 경찰 저지선을 돌파했다. 이렇게 해서 시위대는 중심부의 타흐리르 공원으로 이동할 수 있었다(전통적으로 대규모의 축구 우승 축제도 벌어지는 곳이었다).

처음에는 비정치적이었던 터키와 이집트의 축구팬들이 어떻게 폭넓은 저항운동의 추동력이 될 수 있었을까? 과격 팬들은 경찰과 대결을 벌이면서 이미 강인한 시가전 전투원의 아비투스를 몸에 익힌 상태였다. 이 아비투스는 국가의 무한한 위력에 익숙해져 있던 수많은 다른 항쟁 집단들에서는 찾아볼 수 없었다. 게다가 이들은 넓게 뻗어나간 내부 구조를 갖추고 있었다. 알 아흘리 과격 팬 4만 명은 시 구역, 연령, 행동 방식에 따라 구성되고 위계적으로 분류된 다양한 하위 집단들로 나뉘어 있었다. 과격 팬들은 이 조직들 덕분에 효율적인 조직 구조를 얻었고, 이 구조를 자신의 투쟁 각오와 함께 새로 생겨난 이질적인 항쟁 대중의 조직에 전용할 수 있었다. 스포츠에서 정치의 장으로 넘어가는 데는 아비투스의 근본적인 변화가 전혀 필요하지 않았다. 이 정치 환경에서 효과적으로 작용한 것은 동일하지만 몇 가지 면에서만 수정된 팬들의 아비투스였다. 여기서 팬들의 아비투스는 다른 사회 집단들을 하나로 통합해 새로운 대중이 생겨나게 할 수 있었다. 이러한 정치화는 아주 서서히 그리고 종종 수년간 억압 경험을 겪으면서 비로소 뚜렷해진다. 베식타스 축구단의 과격 팬들인 카르시의 사례가 보여주듯이 정치화는 대중의 구조 변화를 수반한다. 아마도 1990년대 말부터 예술가들과 지식인들을 받아들인 것이 이 변화에 기여했을 것이다. 갑자기 출현하는 사건도 오랜 구조 변화에서 오는 결과이다.

· · · · ·열광적 대중 2: 테러와 죽음의 유토피아

감정을 고조하는 것은 종교적 입장을 기반으로 생겨나는 다른 대규모 대중운동에 참여하는 데도 하나의 전제조건이 된다. 이것은 긍정적인 감정에만 해당되는 것이 아니다. 증오와 분노 역시 사랑과 찬탄과 마찬가지로 서로를 결합해주는 작용을 할 수 있다. 첫눈에는 완전히 달라 보이는 대중 현상을 하나 살펴보기로 하자. 바로 청년들이 이슬람 국가에 열광하는 현상을 말한다. 여기서도 우리는 종교인들의 아비투스를 대하고 있다. 청년문화의 이 현상도—적어도 서구 국가들에서는—정서적 공감에 의해 생겨난다. 이슬람 국가는 인터넷을 통해 젊은 남성들은 물론 이제는 점차 젊은 여성들에게도 어떤 특정한 아비투스를 겨냥하는 선전 영상을 유포한다. 이 영상은 분노, 반항적 태도, 난폭한 감정 분출 같은 부정적인 정서 반응을 강화한다. 이 홍보 영상은 일상생활에서는 억눌려 있던 분노가 자유롭게 발산될 수 있다는 희망을 안겨준다. 분노를 방출할 수 있다는 이 전망은 어떤 정체성 개념과 연결된다. 바로 이 결합 때문에 이 메시지가 지금까지의 생활의 억압에서 벗어나려는 그리고 확고한 의지처를 찾고 있는 그런 청년들에게 매력적으로 보이는 것이다. 독일에서는 2017년까지 약 930명이 칼리프가 다스리는 지역으로 떠난 것으로 추정된다.[19]

내전 지역의 무법 공간은 유럽에서 떠나온 청년들에게는 꿈에 그리던 유토피아 같은 공간이지만, 그들이 도착할 때는 죽음의 현실의 장소가 된다. 이 장소는 미셸 푸코의 헤테로토피아 hétérotopie(현실

화한 유토피아) 개념에 의거해서 타나토피아thanatopie(죽음의 유토피아)
라고 불린다. 죽음이 상시적인 위급 사태로 만연해 있는 예외적 공간
인 것이다. 무슬림 지역으로 이주해서 고립화와 배척 때문에 수용 국
가에 결코 받아들여지지 못한 절망한 청년들은 여기서 죽음을 추구
하는 대중과 어울려 허울뿐인 삶의 의미를 찾는다. 여기서는 서구의
포스트모던 사회와는 반대로 마침내—그들이 보기에는—본격적인
대결이 벌어진다.

　　런던의 한 젊은 래퍼가 시리아에서 벌어지는 이슬람 국가의 살
육에 가담하는 것이 어떻게 가능할까? 첫눈에는 개종자들에게서 전
형적으로 나타나듯이 아비투스가 철두철미하게 변하고 환경이 완전
히 바뀐 것이 아닌가 의심이 들 정도다. 주변 사람들에게는 어떤 종
교로의 개종은 뜻밖의 결정에 의해 일어나고, 신자의 삶 전체가 단번
에 변한 것으로 보인다. 그렇지만 시리아 국경 지대로의 출국은 아주
은밀하게 이슬람 '친구들'의 도움으로 오래전에 이미 계획되어 있었
다. 품행이 아무리 바뀐다 해도(규정으로 정해진 기도, 라마단 기간의 금
식, 금욕, 성생활 절제의 준수) 유럽에서 온 개종자들은 완전히 새로운
아비투스를 습득하지는 못한다. 오히려 이들은 그 전부터 이미 이 새
로운 대중에 순응하는 특정한 기질들을 지니고 있었다.

　　이라크에서 이슬람 국가의 투쟁에 가담한 런던의 젊은 래퍼
의 경우가 이 견해에 대한 해명이 될 수 있다.[20] 그의 아비투스는 개
종하기 전에 이미 힙합의 특정한 연기 방식에서 연출되는 바와 같
은 (더구나 이것은 어떤 특정한 태도를 예행 연습하는 연기에 지나지 않는
다) 인간적 냉혹함과 냉소적인 폭력의 특성을 띠고 있었다. 이슬람
국가를 위해 활동할 때 이 태도는 심각한 사태로 변한다. 하지만 마

이크를 가진 적수들이 바로 마주하고서 상대의 비방 속에서 서로 실력을 다투는 랩 배틀에서 연출되는 것과 같은 저돌적이고 자신감에 찬 몸짓에서 실제의 폭력으로 곧장 이어지는 길은 없다. 그렇지만 게임으로 벌이는 시합에서는 하나의 이야기가 이뤄지며, 그에 따르면 참가자들은 이미 죽음의 유토피아에서 활동하고 있다. 눈앞에는 폭력이 난무하고 각자가 혼자서 싸우는 세계가 펼쳐지는 것이다. 여기서 갱스터 랩은 〈배트맨〉에서 〈왓치맨〉에 이르기까지의 미국 다크 코믹의 슈퍼 영웅들의 전통과 상통한다. 난무하는 폭력에는 냉혹함을 예찬하는 것으로 응수한다. 즉 폭력이 냉소적으로 내면화되고 자기 자신의 본질적 특성으로 변하는 것이다. 이런 태도를 습득하는 사람은 중동의 호전적인 대중이 자신의 아비투스에 어울리는 환경이라고 생각하게 된다. 그것은 그 전에 상상으로 그려보던 폭력이 난무하는 환경이다. 다만 여기서는 폭력이 현실이라는 차이가 있다

이슬람 국가로 넘어간 전사들은 처음에는 인터넷상의 가상의 대중의 약속에 매료된다. 그럴 때 그들이 실제의 전사들 대중에 뛰어드는 것은 불안정하고 목표 없는 생활에서 벗어나 확고한 조직과 엄격한 금지령을 가진 삶으로 전향하는 것으로 경험될 수 있다. 그들이 이슬람 국가의 환경에 있다고 여기는 권위적인 조직으로 기우는 성향은 그 전에 이미 그들 내면에 자리 잡고 있었다. 난폭한 환경에서 자란 탓에 그들은 잔혹 행위에 쉽게 휩쓸리게 되어 있었다. 정서적 공감은 바로 이 새로운 폭력 환경이 엄격한 생활 태도를 지키는 종교적 믿음에 의해 뒷받침될 때 생겨난다. 그 전에는 아마 꿈에 그리면서도 결여되어 있던 정체성의 표시였을 육체적 폭력이 이제는 진정한 정체성의 중심으로 변한다. 이슬람 국가 전사들이 이란이나 이라

크에 다 함께 투입되어 있는 상태가 아니라 서구 국가들에서 단독으로 범행을 벌인다면, 그들은 자신이 분명 가상의 대중, '진짜' 믿음을 가진 사람들로 이뤄진 대중의 일원이라고 여길 것이다.

· · · · 교회의 대중 행사: 행사와 구조

교회의 대중 행사는 신자들의 아비투스 측면에서 축구 팬 문화와 비교될 수 있다. 교황 방문 행사 참가자들과 축구 경기 관중들 사이에는 여러 세계들이 놓여 있다. 하지만 여기서 우리의 관심을 끄는 것은 이런 행사들의 정신적 내용이 아니라 두 대중에 내적으로 부여되어 있는 구조다. 이제부터 우리는 전문적인 준비와 조직의 측면에서 다른 대중 행사들과 근본적으로 차이가 나지 않는 두 종교 행사를 고찰할 것이다. 바로 2005년 쾰른에서 개최된 세계 청소년의 날 행사와 2011년 베를린 올림픽 경기장에서 벌어진 교황 방문 행사를 말한다. 이 교회 행사들은 '가톨릭 신앙의 체험과 (…) 전 세계적인 교구 신자들의 신앙의 경험'[21]을 목표로 한다. 세계 청소년의 날 조직위원회는 이벤트 문화 요소들과 '이례적이고 흥분되는 행사 참여'를 면밀하게 뒤섞는 것으로 '체험 세계를 연출할' 계획을 세웠다.[22] 교황이 집전한 미사는 종교 축제로서 세속의 즐거움을 초월하는 대규모 집회megaparty의 모습으로 꾸며졌다.[23]

교황이 쾰른을 방문한 것을 계기로 40만 명의 참가자들이 모여들었는데, 대부분은 청소년이었다. 이 행사는 개방적인 교회와 활기차고 즐거운 축제라는 이미지를 전했다. 대중의 구조화에서 사회적 신분은 별 중요한 역할을 하지 않았다. 단지 신앙심으로 기우는 성향만을 필요로 했다. 그러나 이것은 워낙 자의적으로 해석되어 사람들은 비교적 쉽게 입장할 수 있었다. 젊은이들의 세계, 오락산업, 최신의 여가문화와 오락문화에서 차용한 요소들을 통해 분위기상으로는 청소년들에 의해 정해진 듯한 환경이 만들어졌다. 실제로는 이것은 한 조직 기구가 수년에 걸친 준비를 통해 계획하고 실현한 것이었다. 이 교회 행사는 '아래로부터'의 (개인화된) 신앙심으로 연출되었다.[24] 이렇게 해서 이 축제가 청소년들의 종교적 태도에 대해 개방적이며, 그들에게 있는 것으로 보이는 '종교에 대한 자율권 강화 추세'에 부응한다는 인상이 생겨났다.[25] 이 행사는 교회 관념에 따른 엄격한 질서 대신 '수많은 정신적 성향들과 제의식적 상징 세계들'을 배려하는 여지를 제공했다. 청소년들은 주어진 체험 방식을 자기만의 종교 체험을 통해 '다수 속에서 개별적으로 경험할' 수 있었다.[26]

청소년들이 이렇게 자연스럽게 섞여 만나는 동안 종교적 초점은 교황의 등장과 교황이 집전한 예배 요소들이 깃든 미사에 집중되었다. 행사의 전체 맥락에서 보자면 청소년들은 '엑스트라'로 종교적 중심부 주위에 투입되었다.[27] 그들은 크라카우어Siegfried Kracauer가 말한 의미에서 대중의 장식품이 된 것이다. 연방 대통령, 수상과 정치권의 수많은 고위 대표자들을 포함한 세속의 유명 인사들조차 교회 대표자들 뒤편에 물러서 있어야 했다. 이 행사의 전체 구조는 명확히 교회의 위계질서에 맞추어져 있었다.

로날드 히슬러의 관찰에 따르면 이 행사는 많은 참가자들에게 그곳이 전 세계를 아우르는 가톨릭교회의 (일시적인) 중심지라는 상상을 불러일으켰다고 한다. 더구나 연출에 의해 모든 참가자들이 동등하다는 인상도 유발되었다. 그렇지만 이 축제의 기본 구조는 교회 공간의 양분화와 동일한 모습을 보여주었다. 범속한 것과 신성한 것이 서로 엄격하게 분리되어 있었다. 한편에는 교구 신도들, 다른 한편에는 교회 대표자들이 자리하고 있었다. 이 행사보다 명확히 우위에 있는 교회의 위계질서(교황-추기경-주교-성직자 계급) 앞에서 범속한 참가자들은 모두가 동등했다. 축제 공간을 엄격히 분할한 구도는 청소년들의 열광에 의해 일시적으로 가려졌지만, 자세히 들여다보면 뚜렷이 드러났다.

이와 비슷한 구조가 2011년에 또 다른 대규모 가톨릭 행사인 교황의 베를린 올림픽 경기장 방문에서도 확인된다.[28] 교황이 '환호성에 휩싸여' 경기장으로 입장한 것은 '유명 인사를 숭배하는 특색'[29]을 뚜렷이 띠고 있었다. 프로이트의 대중심리학에 나오는 지도자처럼 교황은 모든 참석자들의 시선을 한 몸에 받았다. 그러나 참석자들도 나름으로 자신에게 눈길을 보내주기를 기대하고 있었다. 대중의 대다수는 정식 가톨릭 신자였다(혹은 그렇게 대우받았다). 그들은 "기도하고, 호응하고, 읊조리고, (합창단과 함께) 노래하고, 자리에서 일어나고, 앉고, 무릎을 꿇고 대중 속에서 성직자들이 무더기로 나누어준 성체를 배령하는 데 참여하거나 묵묵히 있었다."[30] 그렇지만 침묵을 지켜야 하는 단계에서는 사방이 정말로 고요하지는 않았다. 그동안 통속 음악이 울려나왔던 것이다. 침묵 장면을 포착하려는 텔레비전 카메라에 자신이 촬영되는 것을 본 신자들은 '미디어를 의식한 반응'[31]을 보였다. 그래서 성체 배령의 정신적 중추에 속하는 고요함조차 미디어에 의해 깨졌다. 교황이 집전한 미사는 미디어 이벤트로 전락했다. 교황과 대중의 행동은 텔레비전 카메라에 포착되어 전 세계에 중계된 것뿐 아니라 축구 경기에서 흔히 그렇듯이 경기장 내 스크린을 통해서도 상영되었다. 미사를 올리는 동안 그 영상은 수천 대의 휴대폰에 의해 쉴 새 없이 촬영되었고, 심지어 기도를 올리던 사람들도 그것을 촬영했다. 교황이 전용차를 타고 신자들 앞으로 지나갈 때는 관중들 속에 섞여 있던 수녀들이 자신의 휴대폰 촬영 버튼을 눌러댔다. 그리고 "흔히 보이는 어떤 종교적 몸짓을 하는 대신 (…) 디스플레이 화면에 나타나는 영상에 열광하며 관심을 돌렸다. 교황이 아직 몸소 그들 앞으로 지나가고 있는 동안에도."[32]

프로이트에 의하면 대중 속에서 추종자들과 지도자 사이에 존재한다는 리비도적 관계가 여기서는 사진 촬영자와 촬영 대상자의 관계로 표출되었다. 신도들은 교황의 축복과 영상을 품에 안고 경기장을 떠났다. 축구팬들은 자기 팀이 승리를 거둘 때, 자신이 그 승리에 함께한 것을 만끽하면서 집으로 돌아간다. 반면에 교황의 미사에 참석한 사람들은 직접 촬영한 자기만의 교황 영상을 지니고 있었다. 그들은 그 영상을 일종의 개인적인 성상으로 남들에게 보여줄 수 있다. 이 두 대중은 믿음이 주는 마법과 마법에 대한 믿음에 의지해 살아간다. 대중 행사 참가자들은 순간의 마법(한스 울리히 굼브레히트)을 통해 함께 참가했으며, 현실적이면서도 전설적인 행사의 일부가 되었다는 집단적 감정을 체험하기를 원한다. 아무리 가까이 있어도 그토록 멀기만 한 교황이 담긴 셀카는 개별화되고 지니고 다닐 수 있는 아이콘이다. 이 아이콘은 (동로마제국 교회의 아이콘처럼) 어떤 영적인 힘의 존재감을 전달할 뿐 아니라 정신적 대중 속에 포함된 나 자신의 존재도 보여준다. 대중은 엄청난 수의 개인 동영상 촬영 화면으로 나타난다.

종교 행사들의 사례에서 대중이 어떻게 내부에서부터 구조화될 뿐 아니라 외부에서부터 구조가 부여되는지도 알 수 있게 된다.[33] 종교적 대중은 참가자들의 종교적 기질, 따라서 그들의 영적인 아비투스에 의해, 특히 교회의 제의식을 수행하려는 그들의 각오를 통해 특징이 부여된다. 이런 식으로 구조가 부여된 대중은 참가자들의 기질에 도로 영향을 미친다. 세계 청소년 축제라는 철저히 조직된 행사는 참가자들에게 종교와 팝문화가 혼성으로 뒤섞인 내용을 제공한다. 이 내용은 교회 조직체에 의해 생겨나며, 청소년들에 의해 독자적으로 만들어지지는 않는다. 이 이벤트 형식은 교회에 의해 지배되는 위계질서를 가려주며, 대중의 장식품으로 통합되는 청소년들이 사실상의 엑스트라 역할을 하고 있다는 사정을 은폐한다. 조종하려는 타인들의 시도에도 불구하고 청소년들은 나름의 방식으로 그 축제를 자기 것으로 만든다. 그들에게 이 축제는 공동체를 이루고 관계와 친교를 맺는 기회가 된다. 교황의 베를린 올림픽 경기장 방문 행사 때 팬들은 종교적 연출 요소들을 이용하고, 교황을 스타의 역할로 몰아넣고, 교황이 마음에 들어 하든 말든 그의 영상을 찍어 집으로 가져간다. 종교적 대중도 축구팬 대중과 다르지 않게 단순히 장식품이 되기를 원하지는 않는다.

대중은 오늘날 어떤 역할을 하는가? 오래전부터 학술 출판물과 저널들은 대중 개념에 대해 혐오하지는 않다 해도 눈에 띄게 삼가는 태도를 보이고 있다. 우리 사회의 구성원들은—적어도 중산층 이상은—자신이 유일하다는 생각에 사로잡혀 있다. 그들은 자녀들에게서도 이미 특별한 재능을 찾아내 키워준다. 아들에게는 어린 축구 스타처럼 옷을 입히고, 딸은 인스타그램에 올리기 위해 돋보이게 만든다. 초등학생들조차 유명 상표의 옷이 어떤 구별 가치가 있는지 알고 있다.

　　대중 개념은 개인적인 면을 너무 강조하는 오늘날의 사회에서는 행동하고 지각하고 평가하는 것의 복수 형태들에 관심을 집중한다. 그렇지만 철학과 사회학은 대중 개념을 이미 포기했다. 개인들이 모인 사회에서 우리가 어떤 대중에 속한다는 생각은 자기도취적 모욕이라는 느낌마저 든다. 그러나 이론화에는 못 미치는 보통의 어법에서는 대체로 아직도 대중이 언급되고 있다. 더구나 실제의 대중의 변화를 알고 있다는 식으로 언급되고 있다. 새로운 대중의 현재의 특색으로 볼 때 그들과 개개인은 더 이상 대립 관계로 맞서고 있지 않다는 것이다.

최근 몇십 년 동안 개인주의 구상은 본래의 유일성과 독자성을 잃어버렸다. 반면에 새로운 대중의 구성원들은 자부심이 늘어났다.

· · · · 대중 속의 개개인: 확신과 권력의 느낌

하인츠 부데는 대중은 '사회적인 면의 강렬한 상태intensity form'[1]라는 간략한 표현으로 두 가지 양상을 강조한다. 먼저 사회적인 면은 서로 다른 강도intensity를 띨 수 있다. 다음으로 이 강도는 사회 행위자들을 상호 간에 묶어둘 뿐 아니라 그 사회에 묶어두는 데도 중요하다. 대중행동의 높은 강도와 동일한 목표를 추구하는 지향성은 그 구성원들을 결속하며 대중 전체에 걸쳐 전파된다. 대중 현상에서 우리는 사회 행동이 어떤 세력들에 의해 움직이는지 알게 된다. 바로 이 세력들이 참가자들에게 흔적을 남기기 때문에 우리는 그 흔적에서 정서, 열정, 욕망, 소망이 남들과 함께 하는 행동에 있어 어떤 역할을 하는지, 이것들이—좋은 면에서든 나쁜 면에서든—사회에서 어떻게 작용하며 대중 속의 개개인을 어떻게 변화시키는지 알아볼 수 있다.

강도가 낮은 상태, 거리를 두는 냉담한 태도는 사회에 대한 이성적 입장이 보여주는 특징이다. 이 입장은 그 사회의 제도 조직과 행동에 대해 비판할 능력을 갖추고 있다. 이것은 정치제도에 대한 비판, 다시 말해 정치제도가 국가를 지속 가능하게 꾸려나가고, 대형 프로젝트를 이행하고, 정의와 교육을 위해 노력하고, 사회적 임무를 수행할 능력이 없는 것에 대한 비판을 말한다. 이 이성적인 통찰이 변화를 추구하는 행동으로 이어지기까지는 거리가 한참 멀다. 특별한 동인이 없다면 우리는 흔히 냉철한 현실감cool realism이라고 둘러대며 비판적으로 두고 보는 태도에 머물게 된다. 무능한 자에게 통치를 맡기기보다는 선택하지 않는 것이 낫고, 통치하지 않는 것이 잘못 통치하는 것보다 낫다는 것이다. 대중은 개인들의 감정을 고조하는 것을 통해 생겨난다. 바로 이 때문에 회의론자들의 눈에 대중은 의심스럽게 보이는 것이다. 부당한 일도 아니다. 실제로도 대중은 국수주의와 외국인 적대적 태도를 통해 내부의 압박을 높이면 한 사회 내의 무게중심을 옮겨 놓을 수 있다. 이것은 대중에 대한 총체적 의심으로 이어진다. 페기다 가두시위만 비난받는 것이 아니라 그들을 반대하는 시위 대중도 반사적으로 극단주의자들이 뭉친 단체로 간주된다. 오래된 편견들이 되살아나고 있다. 대중으로 그리고 정서적 강렬함으로 보이는 모든 것은 금세 극단주의라는 의심을 받는다.

대중은 결집된 사람들 무리의 모습으로 나타난다. 그 외의 집단적 사회 구성체들의 경우에는 종종 그들이 어떻게 확인될 수 있으며, 그 구성원이라는 사실이 어떻게 파악될 수 있는지 하는 문제가 발생한다. 한 계층의 분파는 가령 부르주아 중산층처럼 사회에서 중요한 역할을 한다 해도 쉽게 규정될 수 없다. 이 규정은 예를 들어 일련의 객관적 범주들(태생, 교육, 직장에서의 지위 등)을 이용해 수행된다. 그러나 이것으로는 그들이 사회적 사안에서 어떻게 실제로 행동하는 계층으로 나타나며, 자기 자신에 관해 어떤 의식을 가지고 있는지는 밝혀지지 않는다. 이와는 반대로 대중은 곧바로 알아볼 수 있는데, 바로 그들의 현존재, 참여한 사람들의 수, 그들이 내보이는 행동, 그 행위자들 자신에게 미치는 작용에서 알아볼 수 있다. 대중은 무엇보다 사회적이면서도 개인적인 현상이다. 물론 축구 팬들의 경우에 여름 휴식기 같은 활동이 정지되는 시기가 있을 수도 있다. 그렇지만 그 구성원들은 다시 행동할 기회가 찾아오면 또다시 활동한다. 이 팬들은 대중 행사로부터 정서적으로 감동받은 느낌을 자신의 평소의 생활에 함께 가져간다. 따라서 대중은 많은 사람들의 활동과 거기서 생겨나는 정서를 나타내는 개념이다.

과거에는 특히 대중의 파괴적인 작용들이 강조되었다. 반면에 오늘날의 사회에서 대중들은 사회적 구조화 과정에 가담하고 있다. 이 일은 사회생활을 일시적으로 재편성하는 것으로 일어난다. 그렇지만 이 재편성은 그 구성원들을 지탱해줄 정도의 지속성은 가질 수 있다. 대중들은 그 즉흥적 성격에도 불구하고 참가자들에게 확신을 주고 나아갈 방향을 제시하는 환경을 마련해줄 수 있다. 이렇게 해주는 것에도 양면 가치가 있을 수 있다. 이 일은 그 구성원들에게 동일한 음악 그룹, 동일한 구단, 동일한 작가의 팬들인 다른 수많은 사람들과 화합하고 있다는 확신을 전해줄 때는 긍정적인 작용을 한다. 동시에 이와 결부해서 구별 특성을 얻는 것은 이러한 편애에 동조하지 않는 모든 사람들과 거리를 둔다는 의미가 된다. 이것은 남들에게 해가 되도록 구별짓는 행위이다.

· · · · 권력과의 직접적인 관계

자크 랑시에르는 1968년에 파리에서 일어난 사건을 회고하면서 대중 속의 개개인의 권력에 대해 언급했다.[2] 항쟁에 나선 대중은 중간에 있는 조직들을 건너뛴다. 그들의 행동은 일종의 '부혈행로'로, 최고 권력기관에 직접 손을 뻗는다. 그들은 왕을 베르사유에서 파리로 데려오고, 군주제를 폐지한다(1789년 프랑스). 인민 공화국을 선포한다(1919년 뮌헨). 사회주의통일당 통치체제를 무너뜨린다(1989년 동독). 국회에 대통령을 탄핵하도록 강요한다(2017년 한국).

　　새로운 대중에게는 본질적 특성 하나가 추가된다. 이 대중에 속하는 개개인은 누구나 자신에게 최고 권력기관에 대한 영향력이 있다고 여긴다. 미디어 사회에서 개개인에게는 상시적으로 권력자의 결정에 참여할 기회가 제공된다. 누구나 권력자들과 인기 스타들의 트위터 메시지를 받을 수 있으며, 페이스북을 통해 그들의 사생활에 대한 소식을 접할 수 있고, 수상으로부터 메시지를 받을 수도 있다. 이보다 더 중요한 것은 누구나 그들에게 답신을 할 수 있다는 점이다. 누구나 축하를 보낼 수 있고, 비판을 가할 수 있고, 증오 메일을 작성할 수 있으며, 욕을 퍼부을 수도 있다. 누구나 모두를 대상으로 자신의 의견을 전파할 수 있고, 뜻을 같이 하는 사람들을 모을 수 있으며, 요구사항을 제시할 수도 있고, 위협하는 각본을 짤 수도 있다. 우리는 이메일 계정을 통해 디젤 자동차로 개조하는 비용을 독일 자동차 산업체가 내야 할지 아니면 자동차 주인 자신이 내야 할지에 관해 투표를 하라는 요구를 받게 될지도 모른다. 축구 국가대표팀 경기가 끝나면 국민들이 월드컵에 출전할 선수들을 지명할 것이라는 소문이 돈다. 베를린 시민들은 복잡한 승인 절차에 관해서는 들어보지도 않고 테겔 공항이 개항될 것인지 결정할 것이라고들 한다. 이 모든 것은 실제의 정치와는 상당히 거리가 멀다. 이것은 직접적인 정치 참여를 바라는 자신의 소망이 실현되는 것을 보고 싶어 하는 유권자 대중에게서 환심을 사기 위한 말이다.

개개인이 권력과 직접적인 관계를 맺는 것은 현대 대중의 구성원들에게는 무척이나 매력적이다. 소셜 미디어를 통해 유명 인사들과 직접적인 듯이 보이는 접촉을 가지는 것은 사실은 가상의 접촉일 뿐이다. 그렇지만 이 접촉은 수신자들이 네트워크를 통해 자신의 팬들의 애정 철회, 심지어 분노와 경멸을 경험할 때는 상당한 위력을 보인다. 그러나 권력자와 실제로 마주치는 것은 이와는 전혀 다른 엄청난 일이 된다. 무솔리니나 차우셰스쿠의 경우에 그랬듯이 저항에 나선 대중은 권력자의 궁전, 개인 저택, 중앙당사로 밀고 들어가 그 내부를 파괴하고 권력자를 붙잡아 임시로 설치된 재판정 앞으로 끌고 나온다. 그럴 때 대중으로 뭉친 개인들은 느닷없이 지금까지 최고 권력을 누렸던 자가 군대나 경호원의 보호도 받지 못하고 속수무책으로 내맡겨져 있는 모습에 직면하게 된다. 권력자가 실각하고 나면 항쟁을 일으킨 사람들은 그의 처소로 몰려가 늘어선 방들을 돌아다니며 그의 개인 소유물, 침실과 욕실을 구석구석 살펴본다. 플로베르는 1848년에 파리에서 일어난 2월 혁명 때 젊은 주인공 프레데릭 모로가 겪는 혼란을 서술한다. 모로는 다소 우연하게도 혁명 대중에 휩쓸려 왕궁의 늘어선 방들로 침입해 사람들이 가구 설비를 마구 부수는 모습을 지켜본다.[3] 내밀한 공간을 더럽히는 것은 과거의 권력자에게서 아우라의 마지막 찌꺼기마저 제거하는 행위다. 혁명 대중은 권력자가 통치 기관을 통해 자신과 일반인 사이에 설정해 놓은 거리를 없애버린다. 대중은 이제 권력자보다 훨씬 더 강력하다. 권력자는 대중과 거리를 유지할 수 있는 동안에만 통치자였다.

대중 체험으로부터 생겨난 감정은 모든 참가자들에게 공유된다. 이 감정은 주관적이면서도 동시에 집단적이다. 개개인이 어떤

(새로운) 대중에 속한 것과 그의 내적 본질은 서로 보완해주는 관계에 있다. 집단적 정서 속에서 개개인은 모든 개인의 차이를 넘어 대중과 생각이 일치한다는 것을 알게 된다. 이탈리아에서 성공한 신생 정당 5성 운동Cinque Stelle이 대중의 일체화 작용을 보여주는 사례가 된다. 그들의 유권자 홍보 전략 중에는 수만 명의 사람들이 엘리트층이 영원히 사라지기를 바라는 집회와 혼연일체가 되는 축제도 있다. 로마 근교 마리노에서 벌어진 그들의 선거 집회에 관한 기사를 살펴보자. "마리노 지방선거를 위해 평소에는 평생 만난 적도 없는 사람들이 모여든다. '우리와 그들'이라는 핵심 구호만이 그들을 하나로 뭉치게 해줄 뿐이다. (…) 함께 참가한 사람은 전역한 육군 장성 한 명, 함석장이 한 명, 이탈리아 경쟁 관리 당국의 고위 공무원 한 명, 실업자 두 명, 도시계획 전공 대학 교수 한 명, (…) 여자 건물 관리인 한 명, 슈퍼마켓 과장 한 명, 기술자 한 명, 초등학교 여교사 한 명, 기업가 한 명, 여대생 한 명, 정보학자 한 명이었다. 이들이 바로 주민인 남녀 시민들이다."4 시장은 집회 참가자들에 단합할 것을 호소한다. "적은 우리들 사이에 있지 않습니다. 적은 저 밖에 있습니다." 참가자들 사이에서는 지도자들에 대해서뿐 아니라 대중 속의 개개인 상호 간에 대해서도 친밀한 인간적 관계가 생겨난다(시장은 그들을 형제자매fratelli e sorelle라 부른다). 대중은 직접적인 행동을 통해 우리들로 변한다.

변화를 불러오는 현재의 수많은 세력들은 대중 현상이다. 오늘날 이 세력들은 페이스북, 트위터, 아마존, 구글이라 불린다. 내일이면 다른 이름으로 불릴 수도 있겠지만, 이것들은 대중이 이용하며, 대중을 위해 만들어진다. 이것들의 핵심 기능은 엄청난 양의 데이터를 디지털 방식으로 처리하는 일이며, 사용자들의 진정한 가치는 믿음과 정서—인간들을 서로 연결해준다는 믿음과 고객과 상품을 정서적으로 연결해준다는 믿음—에 의해 형성된다. 두 가지의 결합은 인간적인 면과 상품적인 면이 서로 대체할 수 있게 되었다는 것을 보여준다.[5]

·····행동의 의미와 존재의 느낌

부르디외의 1983~1986년의 강의록에는 프란츠 카프카의 소설 『소송』에 대해 주목할 만한 지적이 들어 있다. K.는 자신의 판결을 기다리고 있다. 그가 어떤 죄를 범했는지에 관해서는 텍스트에서 언급되지 않는다. 부르디외는 그 문제에 관해 이리저리 추측하는 것은 무의미한 일이기도 하다고 주장한다. 개개인이 법 앞에 머물면서 판결을 기다리고 있다는 상황만이 유일하게 중요하다. 인간이 자신에 대해 받을 수 있는 가장 보편적인 판결은 '우리가 자신의 삶에 어떤 의미를 부여할 수 있는가?' 하는 것이다. 이것을 깨닫게 되면 자신이 존재하고 있다는 느낌이 든다.[6] 이 생각을 새로운 대중에 전용하자면 이런 의미가 된다. 개개인은 대중 속에서 행동, 목표, 힘든 노력의 공통성을 통해 어떤 의미를 얻고 자신이 존재한다는 느낌을 가진다. 이렇게 보자면 대중 속에서의 행동은 자신의 존재 문제에 대해—아무튼 일시적으로는—해답을 줄 수 있다.

피에르 부르디외의 사회학 이론에 의하면 구별 특성은 우리의 사회 조직 그리고 개인이라는 우리의 기질에 근본이 되는 원리다. 구별 특성은 각 개인의 사회적 그리고 개인적 특별함을 부각한다. 안드레아스 레크비츠는 더 나아가 구별 특성을 '개인의 혼동되지 않는 개성'이라고 부른다.[7] 개개인의 혼동되지 않는 개성이란 그의 유일성을 의미한다. 이 생각을 좀 더 밀고 나간다면 개개인은 자신의 유일성에 있어 남들과의 비교는 불가능해질 것이다. 그런데 구별 특성이라는 개념에는 두 가지 의미가 들어 있다. 각 개인은 남들과 구분되지만, 다른 한편으로 남들도 그 개인과 구분된다. 우리 사회의 폭넓은 중산층 구성원들을 서로 동등하게 해주는 것은 바로 특별한 개인이 되고자 하는 노력이다. 이렇게 구분되려는 온갖 노력에도 불구하고 개인들을 서로 결합시켜주는 것은 피에르 로장발롱에 의하면 이 노력에 대한 상호 간의 인정이다.[8]

로장발롱과 레크비츠의 설명은 마치 우리 사회 도처에 고독한 창작을 통해 자기 자신을 만들어내는 예술가들이 활동하고 있는 듯한 인상을 준다. 사회 행위자를 자기 자신을 창조하는 고독한 인간으로 보는 다소 낭만적인 이 관점을 로장발롱은 다음과 같은 발언으로 상대화한다. "누구나 다 같은 정도로 유일하다chacun est pareillement unique."[9] 구분된다는 것은 오늘날에는 주로 사회적인 면이다. 이것은 개개인이 구분되기 위해서는 남들을 필요로 한다는 점에서 사회를 지탱해준다. 개개인을 서로 결속해주고 새로운 대중이 되게 해주는 것은 유일성을 얻으려는 그들의 노력에 대한 상호 간의 인정이다. 개인들이 인정받기 위해 대결을 벌이는 것이 아니라 노력에 대해 서로 인정해주는 것이 발견된다. 다시 말해 그들의 유일성에 대한 믿음을 지지해주는 것이다. 이 믿음이 오늘날 사회적 구별 특성을 촉진하는 에너지다. 상호 간의 인정은 서로에 대한 비교라는 규범을 확립하고, 그 결과인 '미세한 차이'를 보이는 사회 구조를 있는 그대로 보여준다.

개개인은 특별한 개인들이다. 그들의 특별함은 그들 개인의 위치가 남들과의 근소한 차이로 나타나는 '객관적인' 좌표를 이용해 제시될 수 있다. 개개인에게 그들의 특별한 존재를 보증해주는 것은 남들과 공동으로 어울려 보여주는 좌표다. 우리는 자신의 행동에 대한 믿음과 특별한 의미를 우리 자신으로부터 얻어내지는 않는다. 이 믿음은 남들과 함께 하는 우리의 활동에 기초한 믿음이다. 우리는 개개인을 행동과 토론과 평가의 밀접한 연관관계 속에 편입하는 사회 환경을 통해 존재 의미를 얻는다.

개인의 특별함과 새로운 대중 속에서의 경험은 서로 어긋나지 않는다. 볼만한 전시회로 몰려가는 문화 대중의 활동에서 개개인은 자신의 행동의 의미와 존재감을 깨달을 수 있다. 특별함을 얻으려고 노력하는 과정에서 개개인은 무엇보다 고립된 주체가 되지 않으려고 각별히 애쓴다. 대중 속에 존재하면 개개인은 자신의 행동의 의미와 경험의 질에 대한 의구심을 쉽게 품지 않게 된다. 문화 대중은 개개인에게 자신이—대부분의 다른 사람들과 마찬가지로—전시회를 방문하도록 자극했던 문화자본을 지니고 있음을 확신시켜준다. 대중 속의 개인은 동일한 사회적 취향을 다른 개인들과 공유한다.[10] 이러한 생각에서 중요한 것은 개개인이 가치와 존재감을 추구할 때 문화 대중이 해주는 지지다. 전시회 방문객의 사례는 천부적인 예술 전문가들에게는 해당되지 않는 것이 명백하다. 그들은 오히려 전시회 방문객 무리를 피하려 들 것이며, 방해받지 않고 예술품에 몰두할 수 있는 기회를 찾을 것이다.

레크비츠는 유일성을 가진 개개인들의 사회 구조를 '대학 교수, 대졸자, 수준 높은 자격을 갖춘 사람들의 환경'으로 특징지운다. "이 환경은 1980년대부터 점차 소규모 엘리트층을 이루는 것에서 벗어나 (…) 서구 사회에서—이 추세는 갈수록 심화된다—인구의 약 3분의 1로 확대되고 있다. 이들은 새로운 중산층이다."[11] 사회학 통계 자료를 이용한다면 이 환경은 (부르디외가 마르크스에 의거해 지칭했듯이) '명목상의 계층'으로 나타낼 수 있다. 이 환경은 그 구성원들의 사회 행동을 통해 파악할 때야 비로소 현실성을 얻는다. 이 환경은 그 구성원들이 자신의 생활방식과 사회적 취향을 남들과 함께 어울려 실현한다는 사실 때문에 생동감을 준다. 대부분의 경우에 개개인은 이때 자신이 대중의 일원이라는 사실을 의식하지 못한다. 반면에 관찰자에게는 이 사실은 명확하다.

대중은 수행적 개념이다. 대중의 존재 조건에는 본질상 구체적, 육체적 행동의 수행이 포함된다. 최근 들어 가상의 대중을 형성하고 그 구성원들의 현존을 가장할 수 있는 가능성이 추가되었다. 사회 결속체를 나타내는 그 밖의 어떤 개념—계층, 집단, 공동체, 단체—도 수행의 요소는 요구하지 않는다. 대중처럼 수행을 해야 할 의무가 있는 또 다른 사회 행동 분야는 실천적 믿음이라는 의미에서의 종교다. 대중처럼 종교도 교회 참석, 제의식적 행동, 공동의 행위에서 나타나는 기분의 고조에 기반을 두고 있다. 브라질의 복음 중심주의 운동의 경우처럼 과격한 신생 분파에서는 예배를 올릴 때의 종교적 행동이 도취의 특색을 띠면서 통제 불능으로 이어질 수도 있다.

유일성을 가진 인격person이라는 개념의 종교적 근원에 대해 언급한 사람으로는 마르셀 모스[12], 루이 뒤몽[13], 찰스 테일러[14], 장피에르 베르낭[15]이 있다. 인격 개념이 대중과 결합되는 것에 관해서는 지금까지 거의 탐구되지 않았다. 이 둘은 예전에 짐작되었던 것보다 더 밀접하게 연관되어 있다. 가령 인격을 강화하고, 고상하게 해주고, 인격에 의미와 가치를 부여할 수 있는 것은 새로운 대중이다. 더구나 이것은 교리도 없고, 신학도 없이 오로지 기분의 고조와 정서 반응만으로도 가능하다. 종교의 '열광적인' 예배식의 작용은 대중의 작용과 똑같이 흥분하기 쉬운 기질과 공감 능력과 신체를 통한 느낌에 기반을 두고 있다.

두 현상은 역사적으로 서로 교차된다. 종교에서 대중이 출현했고, 종교는 대중운동에서 전파의 원동력을 얻었다. 지그문트 프로이트가 종교의 최면 작용과 리비도적 작용을 대중행동에 대한 모델로 선택한 것은 뛰어난 직감력 덕분이었다. 하지만 그는 제도화된 교회를 끌어들였다. 종교적인 면이 아직 유동적이거나 심지어 생겨나고 있는 곳에서 그에 필적하는 것을 찾는 것이 더 유익하다. 대중의 참여가 종교에 활기를 부여하는 것과 마찬가지로 종교적 요인들도 그 구성원들이 의미와 기분의 고양을 얻으려고 애쓰는 대중의 행동 속에 섞여든다.

· · · · ·동질화와 복수화

여론 형성, 사회의 결속과 내부 갈등 같은 중요한 과정들이 새로운 대중에서 비롯된다는 사실이 현재에 관해 시사하는 바는 무엇일까? 누구나 '같은 정도로 유일'하다면 각 개인은 예전에는 소수의 사람들만 가졌던 권력, 즉 대중에게 방향을 제시하는 권력을 자신을 위해 가진다. 새로운 대중 속에서 각 개인은 전통적 대중 속에서 지도자가 맡았던 역할을 떠맡는다. 새로운 대중은 각자가 지도자인 대중, 혹은 동일한 결과가 되겠지만 지도자 없는 지도자 대중이다.

　이 변화를 거치면서 복수화되고 이질화된 우리 사회는 더 이상 대중을 형성하지 못할 것이라는 널리 유포된 견해는 효력을 잃는다. 복수화와 대중 형성은 서로 모순되는 관계에 있지 않다. 1950~60년대의 '대중사회'에서는 국민의 대다수가 하나의 대중에 귀속되었던 반면에 그 후로는 다양한 하위 집단들이 생겨났다. 독일에서 이 새로운 양상은 정치적으로 양대 '대중 정당'인 기독민주당CDU과 사회민주당SPD의 줄어드는 지지자 비율과 더 작은 새로운 운동들(이탈리아의 '5성 운동' 같은)의 탄생에서 드러난다. 갈수록 심화되는 문화의 다원화에서도 이와 비슷한 발전 양상을 확인할 수 있다. 복수화는 사회의 분열을 초래하는 것이 아니라 여러 가지 새로운 종류의 결속체를 불러온다.

　복수화의 작용으로 공동으로 지켜야 할 규범이 점차 사라짐으로써 새로운 대중의 형성이 촉진된다. 개개인은 자신이 처한 여건, 자신이 살고 있는 친숙한 환경에서 나아갈 방향을 찾는다. 이것은 개인이 살아가면서 아비투스를 형성하는 것을 통해서뿐 아니라 자신의 사회적 취향과 일치하는 특유한 대중에 참여하는 것을 통해서도 일어난다. 대중행동에 대한 참여도 특히 젊은 참가자들에게는 계층 특유의 아비투스를 습득하게 해주는 것 외에 확고해진 자아관도 심어줄 수 있다. 새로운 대중이 오늘날에는 사회 전체의 집결mobilizing이 되는 경우는 극히 드물다. 그렇지만 그들의 영향력은 그 규모보다는 그들의 집결의 위력과 공동의 지향성에 달려 있다.

새로운 대중은 과거의 대중보다 규모는 작을지도 모른다. 그러나 이들은 종종 관계가 더 긴밀하며, 이들이 어떤 아비투스의 잔존물, 즉 생활방식의 전형적인 요소들을 지니고 있다는 점에서 전통적 대중보다 더 높은 강도를 보인다. 이들은 구성원들의 수가 더 적어서 더욱 폐쇄적으로 활동하게 된다. 과장해서 표현하자면, 한 사회가 이질적일수록 그 속에서 형성되는 하위 집단들은 더욱 더 동질적이다. 대형 정당들이 중요성을 잃는다고 해서 정치 분야가 붕괴되거나 마구잡이식으로 빠져들지는 않는다. 이것은 오히려 정치적 차이들을 선명하게 해준다. '대중 정당'은 사회의 최대한 많은 부분을 대표해야 한다는 요구 때문에 폭넓은 유권자층으로 파고들지 않을 수 없다. 이런 정당은 기능이 포괄적으로 수행되며, 서로 다른 소수 파벌들을 통합해야만 하는 문제를 안고 있다. 반대로 이런 정당과 경쟁 관계에서 형성되었거나 거기서 떨어져나온 세력에서 생겨난 소규모 정당이나 새로운 운동 단체는 (다른 정당, '기득권층', 정치 '체제' 전체와의) 구별짓기에 의해 위상이 정해진다. 이런 군소 정당은 얼마 안 되는 관심사에만 개방적인 태도를 보이면 되고, 고려해야 할 사항도 더 적다. 군소 정당은 모든 면에서 더 쉽고 빠르게 자신의 사안을 지지하는 대중을 결집시킬 수 있다. 이것을 통해 새로운 대중에게서 전형적으로 나타나는 높은 강도와 공동의 지향성이 생겨난다. 이와 유사하게 새로운 문화 대중도 규모는 적지만 더욱 긴밀한 결속체를 형성한다. 이 집단은 종종 그 구성원들만 알아볼 수 있는 매우 엄격하고 특수한 법도code를 키워낸다. 어떤 새로운 대중의 준거 체계(기준계)가 오직 '내부에 의해서만', 즉 그 구성원들 자신에 의해서만 해독될 수 있다면, 이것은 폐쇄적 대중이 생겨난 것이 된다. 여기서는 스스로 자족하는 개별 대중이 형성된 것이다. 다른 대중들과의 의사소통은 힘들거나 심하면 불가능하기까지 하다.

바로 사회의 복수화가 개별 대중들을 이렇게 동질화하는 것이 어떻게 가능할까? 한 가지 이유는 개별 대중들의 갈등이나 파편화를 완화해줄 수도 있는 필수적인 담론의 부재 때문이다. 이것은 사회 전체를 아우르는 여론의 상실 때문에 생겨났다. 이제는 한 나라의 중요한 문제들이 결정되는 무대가 하나만 있는 것이 아니라 수많은 플랫폼들이 있다. 이 플랫폼들은 특수한 동질적 개별 대중들이 생겨나는 데 유리한 작용을 한다. 이 개별 대중들 앞에는 더 작은 규모의 수많은 집단들이 있다. 이 개별 대중들은 더 작은 집단들보다 두드러져 보여야 하며, 자신의 정체성 제시를 매력적으로 보이게 만들어야 한다. 이것이 소규모 개별 대중들이 더 작은 집단들에 비해 꾸준히 '자신의 개성을 선명하게 내세우는' 두 번째 이유다.

이런 새로운 양상이 앞날에 관해 알려주는 바는 무엇인가. 이 상황이 '평행 사회'에 대해 경고를 해야 할 정도로 파괴적인 결과를 불러올 것인가, 아니면 새로운 대중이 오히려 새로운 견해와 생활양식을 위한 실험의 장으로 드러날 것인가. 이 질문은 미해결로 남아 있다. 그러나 새로운 대중의 중요성이 현재로서는 인격 개념을 그대로 남겨두지는 않을 것이라는 점은 확실해 보인다. 사회적 정체성과 주관적 정체성의 구분은 갈수록 희미해진다.

주

들어가는 말

1 P. Rosanvallon, La société des égaux, pp.359-370, 2011.

2 G. Le Bon, *Psychologie der Massen*, 1982.

3 J. Ortega y Gasset, *Der Aufstand der Massen*, 2012.

4 *SPIEGEL*, 36, 2018.9.1..

5 P. Sloterdijk, *Die Verachtung der Massen*, p.19, 2000.

6 M. Makropoulos, Theorie der Massenkultur, 2008 참조.

7 G. Tarde, *Die Gesetze der Nachahmung*, 2003.

8 자크 랑시에르J. Ranciére가 2018.1.19.에 베를린의 Centre Marc Bloch에서 한 1968
년 문제와 관련한 강연에서.

9 D. Riesman, *Die einsame Masse*, 1958.

10 G. Anders, *Die Antiquiertheit des Menschen*, 2002.

11 이 표현은 안드레아스 레크비츠A. Reckwitz도 저서 『Die Gesellschaft der Singularitäten』
(2017)에서 받아들였다.

12 P. Bourdieu, *Die scholastische Sicht*, 1998 참조.

13 H. Bude, *Das Gefühl der Welt: Über die Macht von Stimmungen*, 2016.

14 지향성 개념과 관련해서는 다음을 참조하라. J. Searle, Intentionalität, 1991.

15 E. Canetti, *Die Fackel im Ohr: Lebensgeschichte 1921-1931*, p.92, 1980.

16 Ovid, *Metamorphosen*, I, pp.1-18, 1992.

17 E. Canetti, *Masse und Macht*, p.14, 1976.

18 H. M. Enzensberger, *Der Untergang der Titanic: Eine Komödie*, Vierzehnter
Gesang, p.51f, 1978.

19 E. Canetti, *Masse und Macht*, p.15, 1976.

1장 대중은 어떻게 탄생하는가?

1 D. Du Maurier, 'The Birds', 2008.

2 A. Hitchcock, *The Birds*, Universal Film, USA, 1963.

3 F. Truffaut, Mr. Hitchcock, wie haben Sie das gemacht?, p.289, 2003.

4 같은 곳, p.285. 히치콕은 여기서 '까마귀들'에 관해 말하고 있다. 그러나 실제로는 조련
받은 큰까마귀raven들이다.

5 같은 곳, p.277f.

6   P. Handke, "Ratschläge für einen Amoklauf", in: *Die Innenwelt der Außenwelt*, p.19, 1969.

7   E. Canetti, *Die Fackel im Ohr*, p.80, 1980.

8   E. Pound, *Personae: Sämtliche Gedichte 1908-1921*, 2006.

9   이것은 인간 특유의 모방 행동의 특성들이다. 유럽 사상의 역사에 있어 이 특성들은 '미메시스'라는 명칭으로 통합되어 있다. 다음을 참조하라. G. Gebauer · C. Wulf, *Mimesis: Kultur-Kunst-Gesellschaft*, 1992 그리고 G. Gebauer · C. Wulf, *Spiel, Ritual, Geste*, 1998.

10 *Tagesspiegel*, 2016년 6월 11일.

11 이어지는 설명 중 Tagesspiegel의 설명과 차이가 나는 부분은 직접 목격한 것을 바탕으로 한 것이다.

12 이 표현은 미국에서 흑인 대학생들의 거리 시위에서 유행하기 시작했다. 이들은 인종차별을 하는 한 레스토랑에서 백인을 위해 예약된 바에 앉아서 자리를 비켜주기를 거부했다.

13 E. Morin, "Pour une sociologie de la crise", 1968을 참조하라.

14 1968년 3월 낭테르 대학의 상황에 관해서는 『리베라시옹Liberation』에 실린 2018년 3월 24, 25일의 기사를 참고하라.

15 이어지는 설명에 대해서는 다음을 참조하라. H. Bahrmann · C. Links (1994), Chronik der Wende. Die DDR zwischen 7. Oktober und 18. Dezember 1989; H. Bahrmann · C. Ch. Links (1995), Chronik der Wende 2; H.-H. Hertle (1996), Chronik des Mauerfalls.

16 H. Bahrmann · C. Links, *Chronik der Wende: Die DDR zwischen 7. Oktober und 18. Dezember 1989*, p.8, 1994. 저자들은 이어서 이렇게 전한다. "연출된 기념행사에 관해 어떻게 받아들여야 할지 매우 잘 알고 있는 고르바초프는 그 며칠 전에 동독 지도부의 개혁 거부감에 대한 질문을 받고 기자들에게 외교적 수완을 발휘하면서도 오해의 여지가 없도록 설명했다. '인생은 너무 늦게 오는 자를 벌한다.'"

17 라이프치히 사태의 과거 경위에 관해서는 다음 책의 자세한 설명을 참조하라. Peter Wensierski, *Die unheimliche Leichtigkeit der Revolution: Wie eine Gruppe junger Leipziger die Rebellion in der DDR wagte*, München, DVA, 2017.

18 H. Bahrmann · C. Links, *Chronik der Wende*, p.17, 1994.

19 같은 곳, p.30.

20 같은 곳, p.33.

21 같은 곳, p.36.

22 같은 곳, p.45.

23 같은 곳, p.54.

24 같은 곳, p.77.

25 H.-H. Hertle, *Chronik des Mauerfalls*, p.104, 1996.

26 H. Bahrmann·C. Links, *Chronik der Wende*, p.81, 1994.

27 같은 곳, p.88.

28 이 일의 상세한 설명에 대해서는 다음을 참조하라. H.-H. Hertle, *Chronik des Mauerfalls*, pp.118-148, 1996.

29 H. Bahrmann·C. Links, *Chronik der Wende*, p.92, 1994.

30 H.-H. Hertle, *Chronik des Mauerfalls*, p.148, 1996.

31 H. Bahrmann·C. Links, *Chronik der Wende*, Chronik der Wende, p.92, 1994.

32 1월 9일 저녁에 국경 통과 지점에 모여 있던 서베를린 사람들은 언론매체를 통해 장벽 개방 소식을 들었다-이것은 아직 본격적으로 시작되지도 않은 사건이었다. 동독 시민이 국경 통과 허락을 받기도 전에 반대편에서는 이미 환영 나온 대중이 기다리고 있었다. 20시에 내보내는 ARD 텔레비전 방송의 뉴스에 이미 NBC 방송에서처럼 '역사적 사건'이라는 말이 언급되었다.

33 H.-H. Hertle, *Chronik des Mauerfalls*, p.261, 1996.

34 같은 곳, p.262.

35 *Frankfurter Allgemeine Zeitung*, 2016년 12월 9일.

36 J. Rancière, "Auf dem Schlachtfeld: Tolstoi, die Literatur, die Geschichte", 2011.

37 같은 곳, p.91.

38 같은 곳, p.92.

39 같은 곳, p.93.

40 같은 곳, p.95.

41 같은 곳, p.92.

42 같은 곳, p.96.

43 같은 곳, p.96.

44 같은 곳, p.94.

2장 대중은 어떤 원리로 움직이는가?

1 M. Foucault, *Geschichte der Gouvernementalität I: Sicherheit, Territorium, Bevölkerung*, 2004 참조.

2 르봉은 이 논제와 그 다음 논제들을 다음 책에서 전개하고 있다. G. Le Bon, *Psychologie der Massen*, 1982.

3 É. Durkheim, *Die elementaren Formen des religiösen Lebens*, 1981.

4 G. Le Bon, *Psychologie der Massen*, 1982.

5 대중 의식의 특징에 관해서는 다음을 참조하라. G. Le Bon, *Psychologie der Massen*, p.11ff, 1982.

6 같은 곳, p.16f.

7 같은 곳, p.42.

8 같은 곳, p.47.

9 S. Freud, *Massenpsychologie und Ich-Analyse*, 1982a.

10 같은 곳, p.69.

11 같은 곳.

12 같은 곳, p.65.

13 Peter Gay, *Freud: Eine Biographie für unsere Zeit*, p.454 재인용, 2004.

14 S. Freud, *Massenpsychologie und Ich-Analyse*, p.68, 1982a.

15 같은 곳, p.78, 그다음에 소개되는 대중의 특성들도 여기에 나와 있다.

16 같은 곳, p.78f.

17 같은 곳, p.85.

18 같은 곳.

19 같은 곳, p.88f.

20 같은 곳, p.90.

21 같은 곳, p.98f.

22 같은 곳, p.106. 히틀러가 대중을 최면 상태에 빠뜨리는 능력을 체득한 것에 관해서는 그의 최초의 시도를 가까이에서 서술한 적이 있는 기자 콘라드 하이덴Konrad Heiden이 전하고 있다. "외모에 신경 쓰지 않아서 거의 꼽추 같다는 느낌을 주는 형체가 별안간 팽팽해지고 뜻밖에 대천사처럼 불타오를 때면, 마치 그의 손과 발이 보이지 않는 끈으로 보이지 않는 모범 인물의 손과 발에 묶여 있어서 그를 당겨주는 것 같았다. …… 대중은 히틀러의 암시력을 통해 그들이 보지 못한 것을 보게 되고, 보았던 것을 보지 못하게 되었다.(하이덴이 Stefan Aust, *Hitlers erster Feind: Der Kampf des Konrad Heiden*, p.142f 재인용. 히틀러가 대중과 결혼한 ('나의 신부의 이름은 독일이다') 탈성화된 금욕자로 자기연출을 한 것도 대중과의 감정상의 유대가 자신에게 얼마나 중요했는지를 보여준다.)"

23 같은 곳, p.107.

24 같은 곳, p.112.

25 같은 곳, p.108.

26 같은 곳.

27 S. Freud, *Totem und Tabu*, 1982b.

28 S. Freud, *Massenpsychologie und Ich-Analyse*, p.119, 1982a.

29 같은 곳, p.133.

30 여기에 관해서는 제4장 '포퓰리즘'을 참고하라. 특히 그곳의 마지막 항목 '사랑을 실천하는 대중'.

31 M. Kerrou, "Der 'arabische Frühling' – eine europäische Erfindung?", p.303, 2017.

32 S. Moscovici, *Das Zeitalter der Massen*, p.482, 1984에 나오는 C. F. Graumann.

33 *Frankfurter Allgemeine Zeitung*, 2016년 11월 13일자에 실린 녹색당 정치인 J. Hilje 의 기사.

34 S. Freud, *Massenpsychologie und Ich-Analyse*, p.96, 1982a.

35 St. Zweig, *Die Welt von Gestern*, p.240f, 1985.

36 같은 곳, p.241f.

37 C. Clark, *Die Schlafwandler: Wie Europa in den Ersten Weltkrieg zog*, 2013을 참조 하라.

38 M. 호르크하이머와 테오도어 W. 아도르노는 프로이트의 개념 구상에 대해 이렇게 반 박한다. "오늘날의 대중의 심리에서 지도자는 더 이상 아버지가 되지 않으며 또한 (⋯⋯) 각 개개인의 무기력한 자아의 투사가 되지도 않는다." (M. Horkheimer·Th. W. Adorno, *Dialektik der Aufklärung*, p.251f, 1988). 지도자는 '개인 특성의 소멸'에서 제외되어 있는 것이 아니라 소멸의 화신이 된다. 개인 특성의 소멸을 초래하는 행사로서의 또 다른 대 중 행사는 호르크하이머와 아도르노에 의해 고려의 대상조차 되지 않는다.

39 이후의 내용을 우리는 F. Nietzsche, *Fröhliche Wissenschaft*, 1988, 특히 경구 110('인 식의 기원')과 335('물리학이여 영원하라!')를 인용해서 설명한다.

40 E. Canetti, *Die Blendung*, p.509, 2012.

41 N. Elias, *Die Gesellschaft der Individuen*, p.31, 1991.

42 같은 곳, p.47.

43 같은 곳, p.61.

44 É. Durkheim, *Die elementaren Formen des religiösen Lebens*, 1981.

45 존재 가치의 개념과 실질적 의미에 관해서는 다음을 참조하라. H. U. Gumbrecht, *Diesseits der Hermeneutik*, 2004 그리고 H. U. Gumbrecht, *Präsenz*, 2012.

46 G. Tarde, *Die Gesetze der Nachahmung*, 2003 참조.

47 미메시스의 개념에 관해서는 다음을 참조하라. G. Gebauer·C. Wulf, *Mimesis: Kultur-Kunst-Gesellschaft*, 1992.

48 E. Brynjolfsson·A. McAfee, *Machine, Platform, Crowd*, 2017.

49 E. Canetti, *Masse und Macht*. Bd.1, p.83.

50 G. Hortleder, 'Massenhandeln: Canettis Beitrag zur Analyse kollektiven Verhaltens', p.286, 1977.

3장 이중 대중

1   E. Canetti, *Masse und Macht*, p.15, 1960.

2   같은 곳.

3 같은 곳, p.71.

4 같은 곳.

5 G. Sorel, *Über die Gewalt*, p.185-186, 1969.

6 C. Schmitt, *Theorie des Partisanen: Zwischenbemerkung zum Begriff des Politischen*, p.87, 1963.

7 E. Canetti, *Die Fackel im Ohr: Lebensgeschichte 1921-1931*, p.239f, 1982.

8 E. Canetti, *Masse und Macht*, p.71, 1960.

9 같은 곳.

10 M. Heidegger, *Sein und Zeit*, §23: Die Räumlichkeit des In-der-Welt-Seins, 1993 를 참조하라.

11 예를 들면 J. Butler의 (자신의 'Anmerkungen zu einer performativen Theorien der Versammlung'에서) 주장이 있다. 버틀러의 논증에 따르면 동시에 배제가 되지 않는 포괄은 전혀 없다는 것이다. 하지만 그녀는 이렇게 해서 메르켈의 발언의 취지를 오판한다.

12 G. W. F. Hegel, *Phänomenologie des Gestes*, p.259, 1970 참조.

13 E. Canetti, *Masse und Macht*, p.71, 1960.

14 모방적 관계와 모방적 대결이라는 개념은 다음 책에 상세히 설명되어 있다. R. Girard, *Des coshes cacheés depuis la pondation du monde*, 1978. 그리고 G. Gebauer·C. Wulf, *Mimesis: Kultur-Kunst-Gesellschaft*, p.327-355, 1992도 참조하라. 르네 지라르의 미메시스 이론에는 대중과의 연관이 별로 나와 있지 않다. 그가 드는 사례들은 주로 신화와 문학 텍스트에서 가져온 것이다. 여기서 대립 관계는 신화의 지도자, 소설 주인공, 드라마와 소설의 등장인물 같은 개별 인물들 사이에서 전개된다(R. Girard, *Mensonge romantique et vérité romanesque*, 1961).

15 M. Foucault, 'Warum ich Macht untersuche: Die Frage der Subjekts', 1987.

16 *Süddeutsche Zeitung*, 2017.7.22.-23.

17 *Süddeutsche Zeitung*, 같은 곳.

18 G. W. F. Hegel, *Phänomenologie des Geistes*, p.425, 1970.

4장 포퓰리즘

1 H. M. Enzensberger, *Die große Wanderung*, p.27f, 1992.

2 *Frankfurter Allgemeine Zeitung*, 2015년 9월 3일.

3 M. Heidegger, *Sein und Zeit*, 1993에 나오는 존재의 규정성에 관한 상론을 참조하라.

4 G. Le Bon, *Die Psychologie der Massen*, p.43, 1982.

5 가령 트럼프는 정치권에 진입하기 전에 오락 텔레비전의 온갖 쇼 분야에 출연했다. 이렇게 강행군을 하면서 그는 가난한 백인white trash의 모든 어법과 연출 형태를 배워, 그것을 이제 정치 분야에서 사용하고 있다.

6 앞으로는 국민의 포퓰리즘적 구조를 특징적으로 나타내기 위해 '국민'이라는 표현을 사용한다.

7 E. Canetti, *Masse und Macht*, p.10f, 1960에 나오는 카네티의 개방적 대중과 폐쇄적 대중의 구분을 참조하라.

8 G. Deleuze, 'Nomaden-Denken', 1979.

9 F. Nietzsche, *Genealogie der Moral*, 1988

10 J. Bender, *Was will die AfD? Eine Partei verändert Deutschland*, p.45, 2017 재인용.

11 '모방적 욕망'이라는 개념에 관해서는 3장의 미주 14를 참조하라.

12 V. Weiß, *Die autoritäre Revolte: Die Neue Rechte und der Untergang des Abendlandes*, 2017를 참조하라.

13 Jan-Werner Müller, *Was ist Populismus?*, p.44, 2016.

14 Jean-Jacques Rousseau, *Du Contrat Social*, 1964.s

15 Volker Weiß, *Die autoritäre Revolte*, p.25, 2017.

16 힘의 우위에 대한 갈망은 이미 르봉의 전통적 대중 이론에서도 나타난다. 대중은 오직 폭력의 언어만 말하고 이해한다는 것이다. 대중은 비폭력의 상태를 알지 못하며 오직 폭력을 가하는 것과 당하는 것의 차이만 안다. "대중은 항상 나약한 당국에 반발할 태세가 되어 있으면서도 강력한 영주 앞에서는 비굴하게 굽실거린다. 당국의 입장이 흔들리면 항상 자신의 극단적인 감정만 따르는 대중은 무정부 상태에서 노예 상태로, 노예 상태에서 무정부 상태로 번갈아가며 태도를 바꾼다."

17 N. Elias·J. Scotson, Etablierte und Außenseiter, 1993.

18 같은 곳, p.9.

19 같은 곳, p.8.

20 같은 곳, p.12.

21 같은 곳, p.13.

22 같은 곳, p.16.

23 V. Weiß, *Die autoritäre Revolte*, p.99, 2017 재인용.

24 N. Elias·J. Scotson, *Etablierte und Außenseiter*, p.18, 1993.

25 같은 곳, p.19.

26 같은 곳, p.22.

27 같은 곳, p.29.

28 같은 곳, p.45.

29 같은 곳, p.55.

30 *Frankfurter Allgemeine Zeitung*, Volker Weiß, Die autoritäre Revolte, p.141, 2017 재인용.

31 G. Tarde, *Masse und Meinung*, p.45, 2015.

32 같은 곳, p.44.

33 같은 곳, p.45.

5장 대중과 공간

1 R. Sennett, *Fleisch und Stein: Der Körper und die Stadt in der westlichen Zivilisation*, 1995.

2 같은 곳, p.401.

3 같은 곳, p.406f.

4 같은 곳, p.409.

5 El Lissitzky, 'Demonstrationsräume', in: *Ausstellungskatalog der Großen Berliner Kunstausstellung 1923*, p.4, 1923.

6 H. Arendt, *Vita activa oder Vom tätigen Leben*, p.193, 1967.

7 J. Butler, *Anmerkungen zu einer performativen Theorie der Versammlung*, p.16f, 2016.

8 M. Heidegger, 'Bauen Wohnen Denken', p.150, 2000.

9 같은 곳, p.155.

10 같은 곳, p.156.

11 여기에 관해서는 인터넷상에서 '853.ma'라는 제목의 편집되지 않은 비디오 자료가 담긴 그 항쟁 비디오의 기록 자료를 참조하라.

12 M. Heidegger, 'Bauen Wohnen Denken', p.156, 2000.

13 E. Canetti, *Masse und Macht*, p.15, 1960.

14 같은 곳.

15 M. Eliade, *Das Heilige und das Profane: Vom Wesen des Religiösen*, p.15, 1957.

16 같은 곳.

17 같은 곳, p.17.

18 E. Canetti, *Masse und Macht*, p.19, 1960.

19 M. Eliade, *Das Heilige und das Profane: Vom Wesen des Religiösen*, p.35, 1957.

20 G. Agamben, *Profanierungen*, 2005. 특히 9장을 참조하라.

21 R. Barthes, *Mythen des Alltags*, 1976. 바르트의 설명은 1950년대에 해당한다. 그러나 당시에 관찰된 모든 행동 방식들이 오늘날까지 모터쇼에서 나타나는 것은 놀라운 일이다.

22 같은 곳, p.76.

23 같은 곳, p.77.

24 같은 곳, p.78.

25 J. Ortega y Gasset, *Der Aufstand der Massen*, p.9, 2012.

26 같은 곳, p.8.

27 같은 곳, p.13.

28 P. Sloterdijk, *Sphären 2: Globen, Makrosphärologie*, p.838, 1999.

29 J. Ortega y Gasset, *Der Aufstand der Massen*, p.71, 2012.

30 M. Horkheimer·T. Adorno, *Dialektik der Aufklärung*, p.144, 1988.

31 같은 곳, p.145.

32 *Frankfurter Allgemeine Zeitung*, 2016년 8월 11일.

33 여기에 나오는 보고는 *11 Freunde*, #176, 2016년 7월호, p.30을 인용한 것이다.

34 같은 곳.

35 같은 곳.

36 같은 곳, p.35.

37 R. Hitzler, *Eventisierung: Drei Fallstudien zum, marketingstrategischen Massenspaß*, p.86f, 2011.

38 같은 곳, p.87f.

6장 에로스와 고립, 대도시 대중의 묘사

1 E. T. A. Hoffmann, *Des Vetters Eckfenster*, p.3.

2 같은 곳, p.5.

3 같은 곳.

4 같은 곳, p.6f.

5 같은 곳, p.9.

6 E. A. Poe, *Der Mann der Menge*, p.11, 1922.

7 같은 곳.

8 같은 곳.

9 같은 곳, p.16.

10 같은 곳, p.12f.

11 같은 곳, p.14f.

12 같은 곳, p.16.

13 같은 곳.

14 같은 곳, p.21.

15 같은 곳, p.22.

16 같은 곳. p.11.

17 같은 곳, p.17.

18 같은 곳.

19 같은 곳, p.16.

20 E. T. A. Hoffmann의 이야기 모음집의 제목이다.

21 같은 곳.

22 같은 곳.

23 같은 곳, p.257.

24 같은 곳.

25 같은 곳.

26 같은 곳, p.264.

27 엥겔스의 보고문에는 이렇게 나와 있다. "1843년 11월 14일에 카터 씨가 45세의 나이로 사망한 앤 골웨이의 시신을 검시할 때 신문들은 사망자의 거처에 관해 다음과 같이 전했다. 그녀는 런던 버몬지가의 화이트 라이언코트 3번지의 작은 방 한 칸에서 남편과 19세 된 아들과 함께 살았다. 그 방에는 침대도 이불도 그 외의 가구도 전혀 없었다. 그녀는 아들 옆의 깃털 더미 위에 죽은 채 뻗어 있었다. 깃털은 그녀의 벌거벗다시피한 몸 위에 뿌려져 있었다. 담요도 시트도 없었기 때문이다. 깃털은 그녀의 온몸 위에 워낙 단단히 붙어 있어서 의사는 그것을 다 치운 다음에야 시신을 조사할 수 있었다. 그러자 의사는 그녀가 너무 야위어서 앙상한 뼈만 남아 있는 상태에다 해충에게 온통 물어뜯긴 자국을 발견했다. 방바닥 일부가 파헤쳐져 있었는데, 가족들은 그 구멍을 변소로 사용했다. 1844년 1월 15일, 월요일에는 소년 두 명이 런던의 워십가에 있는 경찰 즉결 심판소로 출두했다. 그들은 배가 고파서 어떤 가게에서 설익은 우족 하나를 훔쳐 곧장 먹어치웠기 때문이었다." Engels, 'Zur Lage der arbeitenden Klassen in England', p.262, 1972.

28 같은 곳, p.270.

29 Marx·Engels, 'Das kommunistische Manifest', p.470, 1977.

30 같은 곳, p.472.

31 Marx, 'Der Achzehnte Brumaire des Louis Bonaparte', p.161, 1960.

32 같은 곳, p.198.

33 같은 곳.

34 Marx·Engels, *Werke Band 37*, p.260, 1967.

35 같은 곳, p.260f.

36 Baudelaire, *Le Spleen de Paris: Pariser Spleen*, p.234, 2008.

37 같은 곳, p.235.

38 같은 곳, p.235f.

39 같은 곳, p.237.

40 같은 곳, p.40.

41 같은 곳.

42 같은 곳.

43 Baudelaire, *Mein entblößtes Herz: Tagebücher*, p.9, 1966.

44 보들레르는 일기에서 이 두 가지를 평소처럼 노골적인 표현으로 서로 구분한다. "인간이 예술에 관심을 많이 기울일일수록 미학적 에로스는 인간에게 더욱 어울리지 않는다. (…) 미학적 에로스는 오직 상스러운 놈에게나 딱 어울리며, 성행위는 민중의 서정성[lyricism]이 다. 성행위는 타인에게 밀고 들어가려고 노력하는 것이다. 이와 반대로 예술가는 결코 자신에게서 빠져나오지 못한다." Baudelaire, *Mein entblößtes Herz: Tagebücher*, p.71, 1966.

45 Baudelaire, *Le Spleen de Paris: Pariser Spleen*, p.49f, 2008.

46 보들레르에 따르면 그 어떤 것보다 탁월하게 대중경험의 즐거운 면을 구현하는 미학 적 유형의 인물이 생겨났으니, 그것은 바로 산책자다. 산책자는 대중의 반대상이자 거 울상이다. 그럼에도 산책자는 독특한 개인이라는 주장을 내세우며 대중을 미학적 현상 으로 보이게 한다―이로써 그는 바로 그 구성원들의 독특함을 강요하고 노출시키는 새 로운 대중의 선구자가 된다. 적어도 1차 세계대전이 발발하자 산책자의 게으름의 사회 적, 경제적 기반, 산책자의 생활의 특이한 느림, '자유롭게 떠도는 주의력의 사치(Lothar Müller)'는 파괴되었다. 1920년대의 베를린에서는 파리에서 이주해온 최후의 산책자들 중 한 사람인 프란츠 헤셀[Franz Hessel]이 발견된다. 그가 『베를린에서의 산책』이라는 책을 통해 1929년에 발표한 장식 그림 모음이 이 사라져버린 유형의 마지막 증거들 중 하나 다.

7장 가상의 대중들

1 여기에 대해서는 서문과 1장 '대중은 어떻게 탄생하는가?'를 참조하라.

2 Agamben, *Profanierungen*, p.18f, 2005.

3 같은 곳, p.19.

4 Benjamin, 'Das Kunstwerk im Zeitalter seiner technischen Reproduzierbarkeit', p.481, 1974.

5 같은 곳, p.477.

6 같은 곳, p.480.

7 같은 곳.

8 여기에 대해서는 Morin, *Les Stars*, 1957를 참조하라.

9 Barthes, *Mythen des Alltags*, p.74, 1967.

10 같은 곳.

11 Deleuze · Guattari, *Tausend Plateaus: Kapitalismus und Schzophrenie*, 'Kapitel 7: Das Jahr Null―Die Erschaffung des Gesichts', 1967. "머리가 얼굴로 변한 것이 틀 림없다. 이것은 구멍이 난 모니터, 흰색 스크린-검은 구멍이라는 체계를 통해 일어난다." (p.233).

12 Deleuze, *Das Bewegungs-Bild: Kino 1*, 1996을 참조하라.

13 새로운 미디어가 대중 형성에 미친 영향에 대해서는 Brynjolfsson·McAfee, *Machine, Platform, Crowd*, 2017를 참조하라.

14 *Frankfuter Allgemeine Sonntagszeitung*, 2017년 4월 23일.

15 G. Tarde, *Masse und Meinung*, p.9, 2015.

16 같은 곳. p.13.

17 같은 곳, p.10.

18 같은 곳, p.14.

19 같은 곳, p.29.

20 Spiegel 2016년 2월호 참조.

8장 대중문화 비평

1 여기에 관해서는 5장 '대중과 공간'도 참조하라.

2 워홀의 (당연하지만 직접 저술하지는 않은) 자서전 *From A to B and Back again*(The Philosophy of Andy Warhol)을 참조하라.

3 쥐트도이체 차이퉁, 2018년 4월 7~8일.

4 영국의 브렉시트 국민투표 과정에서도 마찬가지였다. 케임브리지 아날리티카는 2018년에 일어난 페이스북의 엄청난 데이터 스캔들에도 연루되었다. 이 회사는 집중적인 비판을 받은 후에 해산되었지만 명칭을 변경해서 다시 활동하고 있다.

5 타게스차이퉁, p.7, 2016년 12월 17~18일.

6 같은 곳.

7 우리는 부르디외의 아비투스 개념을 적용한다. B. Krais·G. Gebauer, *Habitus*, 2002를 참조하라.

8 부르디외의 사회적 취향의 개념에 관해서는 G. Gebauer, 'Gesellschaft als Universum des Geschmacks: Pierre Bourdieus Kultursoziologie als Morphologie der bürgerlichen Gesellschaft', 2013를 보라.

9 쥐트도이체 차이퉁, 'Voll das Leben', 2017년 4월 4일.

10 같은 곳.

11 O. Spengler, *Der Untergang des Abendlandes: Umrisse einer Morphologie der Weltgeschichte*, p.44, 1923.

12 같은 곳, p.43.

13 Armin Mohler의 논란의 여지가 있지만 적절한 개념이다.

14 M. Heidegger, *Sein und Zeit*, p.118, 1993.

15 같은 곳, p.125.

16 같은 곳, p.126.

17 같은 곳, p.128.

18 같은 곳, p.126f.

19 같은 곳, p.128.

20 같은 곳, p.262.

21 E. Jünger, *Der Arbeiter. Herrschaft und Gestalt*, p.101, 1981.

22 같은 곳, p.233.

23 같은 곳, p.115.

24 같은 곳, p.117.

25 같은 곳, p.98f.

26 같은 곳, p.103.

27 같은 곳, p.101f.

28 같은 곳, p.172f.

29 같은 곳, p.181.

30 같은 곳, p.179.

31 같은 곳, p.178.

32 같은 곳, p.284.

33 같은 곳, p.292.

34 "하나의 호전적 초월성, 높은 금지하는 법칙에서 나온 판결권, 도취와 희생의 배양, (…) 그림자로 된 형상! (…) 호전적 초월성이란−새로운 독일적 인간으로, 결코 순전히 현세적이지도 않고, 결코 순전히 형식적이지도 않다." G. Benn, 'Züchtung 1', in: *Gesammelte Werke, Band 2, Essays und Aufsätze*, p.782f, 2003.

35 "오늘날에는 전혀 알려지지 않는 전쟁들이 수행되는 것도 가능해졌다. 왜냐하면 더 강한 자는 전쟁들을 평화적 침략, 혹은 강도 일당에 대한 경찰의 대처라고 부르는 것을 좋아하기 때문이다." E. Jünger, *Der Arbeiter: Herrschaft und Gestalt*, p.194, 1981.

36 H. Eisler, 'Über moderne Musik', 1976.

37 H. Eisler, 'Gesellschaftlche Grundfragen der modernen Musik', p.173, 1976.

38 같은 곳, p.182.

39 H. Eisler, 'Die Erbauer einer neuen Musikkultur', p.60, 1976.

40 같은 곳, p.114.

41 H. Eisler, 'Avantgardekunst und Volksfront', p.143, 1976.

42 H. Eisler, 'Unsere Kampfmusik', p.81, 1976.

43 H. Eisler, 'Fortschritte in der Arbeitermusikbewegung', p.55f, 1976.

44 같은 곳, p.55.

45 H. Eisler, 'Unsere Kampfmusik', p.73f, 1976.

46 아이슬러가 자신의 대항을 펼치는 곳은 H. Eisler, 'Gesellschaftliche Umfunktionierung der Musik', p.126, 1976이다.

47 M. Hardt · A. Negri, *Empire: Die neue Weltordnung*, p.11, 2002.

48 같은 곳, p.87.

49 같은 곳, p.383.

50 같은 곳, p.401.

51 같은 곳, p.403.

52 같은 곳.

53 P. Sloterdijk, *Sphären: Plurale Sphärologie*, Bd. 3, Schäume, 2004.

54 Howard Rheingold는 이 테마에 관해 웹사이트 smartmobs.com을 제공하고 있다.

9장 대중의 구조

1 "의도'와 '지향성'이라는 용어는 지금부터는 다음에 의거해서 사용된다. J. Searle, *Intensionalität: Eine Abhandlung zur Philosophie des Geistes*, 1991.

2 'P. Bourdieu, *Die feinen Unterschiede: Kritik der gesellschaftlichen Urteilskraft*, 1982.

3 'M. Dobry, *Sociologie des crises politiques*, 2009. M. Ait-Aoudia · A. Roger (Hg.), *La logique du désordre: Relire la sociologie de Michel Dobry*, 2015.

4 'E. Canetti, *Die Fackel im Ohr: Lebensgeschichte 1921-1931*, p.230-237, 1980 참조.

5 'H. Arendt, *Elemente und Ursprünge totalitärer Herrschaft*, 1986.

6 '같은 곳, p.247.

7 'R. Gewarth, *Die Besiegten: Das blutige Erbe des Ersten Weltkriegs*, 2017.

8 'H. Arendt, *Elemente und Ursprünge totalitärer Herrschaft*, p.247, 1986.

9 '쥐트도이체 차이퉁, 'Voll das Leben', 2017년 4월 4일.

9 '같은 곳, p.703.

10 '같은 곳, p.673.

11 '같은 곳, p.696.

12 '피에르 부르디외가 만든 아비투스 개념에 관해서는 다음을 참조하라. B. Krais · G. Gebauer, *Habitus*, 2002

13 '부르디외의 강의 기록을 참조하라. P. Bourdieu, *Sociologie Générale*, Vol. 2, p.153-280, 2016.

14 '환경milieu이라는 표현을 부르디외는 자신의 강의 자체에서 대체로 사회 분야와 동의어로 사용하고 있다. 이 표현이 분야보다 범위가 더 넓게 잡혀 있다는 점에서 사회적 대중 현상에 적용하기에도 매우 적합하다.

16 'S. Kracauer, *Das Ornament der Masse*, 1963.

16 '가령 요아힘 귄터Joachim Günter는 도르트문트 팬들이 RB 라이프치히 팬들을 공격한 것에

관해 Neue Züricher Zeitung에 이렇게 적었다. "패거리는 자신이 평소 같으면 허용하지 않을 그런 표현 형식을 제멋대로 사용하는 개인들의 임시적인 조직이다." 이 폭력행위는 가담자들의 계층 상황과는 별 관계가 없으며, 오히려 그들이 받고 있는 '의사소통의 영향'이 훨씬 더 중요하다고 한다. 축구 경기에서 과격분자들은 '무언가에 끌려 들어가며', '한 집단의 공감'을 느끼고, "남들과 함께 동조하려 한다. 패거리, 이것은 하나로 융합되려는 유혹이다." (2017년 2월 14일)

17 '1968년 5월의 사건 동안 슬며시 달아났다가 2년 후에 프랑스로 귀국한 후 자신의 지위를 되찾을 수 있었던 드골 장군은 사임을 발표했다.

18 〈5월의 11명의 친구들〉(2017)을 보라.

19 쥐트도이체 차이퉁, 2017년 7월 19일.

20 위키피디아Wikipedia의 'Abdel-Majed Abdel Bary' 항목을 참조하라.

21 R. Hitzler, *Eventisierung*, p.33, 2011.

22 같은 곳.

23 같은 곳, p.37.

24 같은 곳, p.37.

25 같은 곳, p.40.

26 같은 곳, 저자의 강조 표시.

27 같은 곳.

28 R. Herbig·H.Knoblauch, 'Die Emotionalisierung der Religion'.

29 같은 곳, p.206.

30 같은 곳.

31 같은 곳, p.207.

32 같은 곳.

33 R. Hitzler, *Eventisierung*, pp.32-34, 2011에 나오는 'High Professional Event 대 Do it Yourself Gemeindefest'라는 단원을 참조하라.

맺는 말

1 H. Bude, *Das Gefühl der Welt: Über die Macht von Stimmungen*, p.55, 2016.

2 2장 '대중은 어떤 원리로 움직이는가?'를 참조하라.

3 G. Flaubert, *L'Éducation sentimentale*, 1869.

4 'La casta. Sie. Und wir', in: *der Süddeutschen Zeitung*, 2018년 2월 12일.

5 E. Illouz, (Hg.), *Wahre Gefühle Authentizität in Konsumkapitalismus*, 2018를 참조하라.

6 P. Bourdieu, *Sociologie Générale*, Vol. 2: Cours au Collège de France (1983-1986), p.182, 2016.

7   A. Reckwitz, *Die Gesellschaft der Singularitäten*, p.107, 2017.

8   P. Rosanvallon, *La société des égaux*, p.369, 2011.

9   같은 곳, p.359.

10 G. Gebauer, 'Gesellschaft als Universum des Geschmacks: Pierre Bourdieus Kultursoziologie der bürgerlichen Gesellschaft', 2013.

11 A. Reckwitz, *Die Gesellschaft der Singularitäten*, p.275, 2017.

12 M. Mauss, "Eine Kategorie des menschlichen Geistes: Der Begriff der Person und des 'Ich'", 1978.

13 L. Dumont, *Essais sur l'individualisme: Une perspective anthropologique sur l'idéologie moderne*, 1983.

14 C. Taylor, *Quellen des Selbst: Die Entstehung der neuzeitlichen Identität*, 1996.

15 J.-P. Vernant, *Sur l'individu*, 1987.

찾아보기

KI신서 8934

새로운 대중의 탄생
Vom Sog der Massen und der neuen Macht der Einzelnen

1판 1쇄 인쇄 2020년 2월 3일
1판 1쇄 발행 2020년 2월 14일

지은이 군터 게바우어·스벤 뤼커   **옮긴이** 염정용
펴낸이 김영곤   **펴낸곳** 북이십일

정보개발본부장 최연순
정보2팀 이승환 이종배   **책임편집** 이종배
해외기획팀 박성아 장수연 이윤경
마케팅팀 한경화 박화인
영업본부장 한충희   **출판영업팀** 오서영 윤승환
제작팀 이영민 권경민
디자인 박소희

출판등록 2000년 5월 6일 제406-2003-061호
주소 (우 10881) 경기도 파주시 회동길 201 (문발동)
대표전화 031-955-2100 **팩스** 031-955-2151 **이메일** book21@book21.co.kr

(주)북이십일 경계를 허무는 콘텐츠 리더

21세기북스 채널에서 도서 정보와 다양한 영상자료, 이벤트를 만나세요!
페이스북 facebook.com/jiinpill21   포스트 post.naver.com/21c_editors
인스타그램 instagram.com/jiinpill21   홈페이지 www.book21.com
유튜브 www.youtube.com/book21pub
서울대 가지 않아도 들을 수 있는 명강의! 〈서가명강〉
유튜브, 네이버, 팟빵, 팟캐스트에서 '서가명강'을 검색해보세요!

ISBN 978-89-509-8616-2 03330